UML 2

Das bhv Taschenbuch

Dr. Thomas Erler /
Dr. Michael Ricken

UML 2

Das bhv Taschenbuch

Copyright © 2005 by verlag moderne industrie Buch AG & Co. KG, Landsberg Königswinterer Str. 418 D – 53227 Bonn www.vmi-Buch.de

1. Auflage

09 08 07 06 05
10 9 8 7 6 5 4 3 2 1

ISBN 3-8266-8139-8

Printed in Germany

Inhaltsverzeichnis

Teil III: Know-how – UML im Softwareentwicklungsprozess

Teil IV: Praxis – Spezialaspekte und Werkzeuge der UML   363

Teil V: Anhang

641

Vorwort

In der Praxis der Softwareentwicklung hat sich die *Unified Modeling Language* (UML) in den letzten Jahren als formale Sprache zur objektorientierten Spezifikation, Visualisierung, Konstruktion und Dokumentation von Softwaresystemen und Geschäftsmodellen durchgesetzt. Dieses Taschenbuch soll Ihnen die Anwendung der UML erleichtern. Es gibt Ihnen einen Überblick über die Grundlagen und die wesentlichen Konzepte der UML. Darüber hinaus enthält es viele praktische Beispiele zur Anwendung der UML.

Durch beliebte und verbreitete Programmiersprachen wie Java, C++ oder C# hat die Objektorientierung in der Softwareentwicklung in letzter Zeit große Bedeutung erlangt. Ihre starke Verbreitung bei der Entwicklung von Internet-Applikationen führt auf dem Arbeitsmarkt zu einer enormen Nachfrage nach Programmierern mit entsprechenden Kenntnissen.

Der effiziente Einsatz objektorientierter Programmiersprachen scheitert jedoch häufig an mangelnden Kenntnissen der zugrunde liegenden objektorientierten Konzepte. Die Objektorientierung ist nämlich nicht nur eine spezielle Art zu programmieren. Sie ist vielmehr ein eigener Denkstil, eine bestimmte Herangehensweise an Problemstellungen. Der große Vorteil der Objektorientierung ist ihre große Ähnlichkeit mit den menschlichen Denkstrukturen. Dadurch wird auch und besonders dem Einsteiger, der sich bisher wenig oder gar nicht mit der Programmierung beschäftigt hat, das Erlernen der Objektorientierung erleichtert.

Um erfolgreich zu programmieren, ist zunächst eine intensive Analyse der jeweiligen Problemstellung erforderlich. Die UML ist eine formale Sprache, die genau diese Phase der objektorientierten Softwareentwicklung unterstützt. Mit den Konzepten der UML können reale Problemstellungen abgebildet und strukturiert werden, um sie daraufhin in einer objektorientierten Programmiersprache zu implementieren. Die UML ist inzwischen zu einem Standard geworden. Sie wird in vielen Projekten eingesetzt und durch zahlreiche softwaregestützte Werkzeuge unterstützt.

Dieses Taschenbuch macht Sie Schritt für Schritt mit den wesentlichen Konzepten der UML vertraut. Zahlreiche durchgängige Beispiele und mehrere Fallstudien veranschaulichen die vorgestellten Konzepte. Neben den Grundlagen der UML stellt dieses Buch auch wichtige Aspekte des Software Engineering vor und gibt Ihnen praktische Checklisten an die Hand, die Ihnen als Leitfaden bei der praktischen Umsetzung objektorientierter Softwareentwicklungsprojekte dienen sollen.

Durch die freundliche Unterstützung der Firmen Gentleware, Borland und Sparx Systems ist es uns möglich, Ihnen auf der beiliegenden CD-ROM einige softwaregestützte UML-Werkzeuge als Evaluierungsversionen zur Verfügung zu stellen. Installation und Handhabung der Tools werden im Buch erläutert.

Sollten Sie weitergehende Fragen zu diesem Taschenbuch oder zur UML haben, besuchen Sie die Internet-Seiten zu diesem Buch unter *http://uml-buch.mindx.de* oder *http://www.stratim.de/uml-tb*. Dort finden Sie ständig aktualisierte Literaturhinweise, Linksammlungen zum Thema UML und Neuigkeiten zu den vorgestellten Tools. Über Anregungen und Verbesserungsvorschläge würden wir uns ebenfalls freuen.

Und nun wünschen wir Ihnen viel Spaß mit der UML und diesem Taschenbuch.

Thomas Erler und *Michael Ricken*

TEIL

Überblick – Vom objektorientierten Denken zur UML

In diesem ersten Teil erhalten Sie einen allgemeinen Einblick in die Objektorientierung als Gestaltungskonzept für die Entwicklung von Software. Außerdem stellen wir Ihnen die grundlegenden Eigenschaften der UML als Modellierungssprache vor.

I

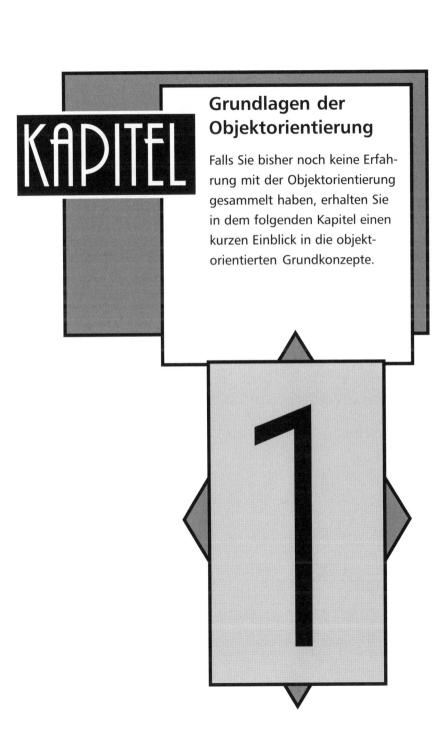

KAPITEL

Grundlagen der Objektorientierung

Falls Sie bisher noch keine Erfahrung mit der Objektorientierung gesammelt haben, erhalten Sie in dem folgenden Kapitel einen kurzen Einblick in die objektorientierten Grundkonzepte.

1

Grundlagen der Objektorientierung

Die *Objektorientierung* ist ein hoch aktuelles Thema. Programmiersprachen wie Java oder C++ haben zu ihrer Verbreitung beigetragen. Programmierer mit Kenntnissen objektorientierter Sprachen sind auf dem Arbeitsmarkt sehr gefragt. Ein wesentlicher Grund dafür ist der Status von Java als *die* Programmiersprache für Internet-Applikationen. Der sich abzeichnende Erfolg von C#, der neuen Programmiersprache von Microsoft, wird diesen Trend sicher noch verstärken.

Die Bedeutung der Objektorientierung ist jedoch nicht auf ein reines Programmierkonzept beschränkt. Sie stellt vielmehr einen eigenen *Denkstil*, eine bestimmte Herangehensweise an Problemstellungen dar.

Die Objektorientierung bietet eine besondere Art, Problemstellungen zu strukturieren. Im weiteren Verlauf dieses Buchs werden Sie erkennen, dass diese stark an das menschliche Problemlösungsverhalten angelehnt ist. Menschen denken in Kategorien. Wir versuchen, unsere Erfahrungen mit bereits erprobten Lösungsmechanismen auf die Bewältigung neuer, bislang noch unbekannter Aufgaben zu übertragen. Neue Erfahrungen ordnen wir ähnlichen, bereits in unserem Gehirn gespeicherten Kategorien zu.

Insofern ist es gar nicht so abwegig, die Objektorientierung als einen besonderen Denkstil zu bezeichnen. Dieser lässt sich nicht allein bei der Entwicklung von Software einsetzen. Er eignet sich ebenso für die Analyse und die Gestaltung von Geschäftsprozessen oder Organisationsstrukturen in einer Unternehmung. Auf diesen Aspekt werden wir im vierten Teil des Buchs noch ausführlich eingehen.

Gerade in der Softwareentwicklung reicht jedoch der bloße Einsatz objektorientierter Sprachen nicht aus, um die Leistungspotenziale der Objektorientierung auszuschöpfen. Viele Softwareprojekte scheitern sogar an dem Versuch, herkömmliche Vorgehensmodelle des Software Engineering einfach auf objektorientierte Projekte zu übertragen.

Um erfolgreich objektorientiert zu programmieren, ist ein objektorientiertes Denken erforderlich.

Die objektorientierte Programmierung verlangt eine Anpassung des Entwicklungsprozesses und der eingesetzten Methoden an den Denkstil – und nicht umgekehrt.

Dies gilt auch und vor allem in den frühen Phasen des Entwicklungsprozesses – in der Analyse und im Entwurf.

Die *UML* (*Unified Modeling Language*) ist eine Modellierungssprache, die besonders diese frühen Phasen des Softwareentwicklungsprozesses unterstützt. Sie stellt eine Notation zur Verfügung, mit der Sie Ihren Problembereich strukturieren und abbilden können. Dabei umfasst die UML sämtliche Konzepte der Objektorientierung und erleichtert so auch die spätere Implementierung Ihres Modells in eine objektorientierte Programmiersprache.

Bevor wir endgültig in die Tiefen der UML einsteigen, gibt Ihnen dieses erste Kapitel einen kurzen allgemeinen Überblick über das Wesen der Objektorientierung. Es soll Ihnen die Grundlagen dieses Denkstils näher bringen. Denn fehlendes objektorientiertes Denken ist auch dem erfolgreichen Einsatz der UML nicht gerade förderlich.

Falls Sie bereits mit den Grundprinzipien der Objektorientierung vertraut sind, können Sie die folgenden Seiten überschlagen und gleich mit dem zweiten Kapitel beginnen. Wenn Sie jedoch wissen wollen, was es mit dem »objektorientierten Denken« auf sich hat, sollten Sie zunächst dieses Kapitel lesen.

Fragt man Softwareprofis nach den ersten Ansätzen der Objektorientierung zur Gestaltung von Software, berichten sie häufig von der Aufbruchstimmung Mitte der achtziger Jahre, die mit der Verbreitung der Programmiersprachen Smalltalk und C++ begann. Kommt man auf die Besonderheiten und Vorteile der Objektorientierung zu sprechen, gelten Objekte, die aus Eigenschaften und Methoden bestehen und sogar zu Klassen zusammengefasst werden können, als die neuen Konstrukte. Im nächsten Atemzug schwärmen Entwickler von der Möglichkeit, Klassen in Vererbungshierarchien anzuordnen und so viel besser als mit anderen Programmiersprachen arbeiten zu können. Diese sehr enge Sicht der Objektorientierung spiegelt jedoch nur ein auf die technologische Ebene verengtes Ergebnis objektorientierter Forschung wider. Die für den gesamten Prozess der Systementwicklung, der von der Planung über die fachliche und technische Modellierung bis hin zur Programmierung reicht, revolutionären Qualitäts- und Produktivitätsfortschritte können sie jedoch nicht vollständig erklären.

Wir bahnen uns den Zugang zur Objektorientierung auf zwei verschiedenen Wegen. Zunächst betrachten wir im nächsten Abschnitt die Modellierung aus der Sicht eines Softwarearchitekten, der, bevor er fachliche Inhalte darstellen und in ein Programm umsetzen kann, für sich selbst, aber immer in Abstimmung mit allen anderen Beteiligten, eine gedankliche Ordnung der fachlichen Zusammenhänge schaffen muss.

Die vollständige Bedeutung der Objektorientierung für die Gestaltung von Software erschließt sich, wenn wir im darauf folgenden Abschnitt auf ihre Entstehungsgeschichte blicken. Dort lassen sich zwei eminent wichtige Impulse nachzeichnen, die gleichzeitig die Bedeutung der Objektorientierung für die Programmierung, aber auch für die Modellierung schlechthin widerspiegeln.

Zum Einstieg ein »Bild«

Versetzen Sie sich in die Lage eines Bankangestellten. Greifen wir die Einrichtung eines Girokontos bei der Bank als Beispiel heraus. Dieses Bild verdeutlicht zunächst das grundlegende Funktionsprinzip, auf dem der objektorientierte Ansatz beruht.

Um ein grundlegendes Verständnis für den objektorientierten Ansatz zu schaffen, betrachten wir mit Hilfe der Bank eine Situation menschlicher Kommunikation und menschlichen Verhaltens, die einen Analogieschluss auf Strukturen objektorientierter Softwaresysteme ermöglicht.

Diese anthropomorphe Perspektive eines Systems kooperierender menschlicher Handlungsträger ermöglicht dann einen intuitiven Zugang zum Verständnis objektorientierter Softwaresysteme, da Sie die Struktur dieses bekannten Falls auf die allgemeine Struktur objektorientierter Systeme übertragen können.

Objekte als kooperierende Handlungsträger

Kooperierende Handlungsträger sind in dem hier dargestellten Beispiel ein Bankkunde und ein Bankangestellter. Kunde und Angestellter kooperieren bei der Einrichtung eines Girokontos bei der Bank und dem Einzahlen von 100 Euro auf das eingerichtete Konto.

Im Kontext des Bankbetriebs sind bestimmte Eigenschaften des Kunden und des Angestellten für die Abwicklung der Kooperation notwendig. Der Bankangestellte, der zuständig für Einrichtung und Abwicklung von Girokonten ist, muss die entsprechenden Arbeitsabläufe zum Einrichten und Einzahlen von Girokonten beherrschen. Der Kunde hält zum Einrichten eines Kontos Angaben zur Person, zum Wohnort sowie zu seinen Einkommensverhältnissen bereit.

Zur Einrichtung des Kontos kommunizieren Kunde und Angestellter. Der Kunde spricht den Angestellten mit der Aufforderung an, ein Girokonto einzurichten. Dabei weiß der Kunde nicht, wie die Arbeitsabläufe zur Einrichtung des Kontos aussehen. Es genügt ihm zu wissen, welcher Angestellte diesen Auftrag ausführen kann und wie er ihn ansprechen kann. Der Angestellte wiederum erfragt im Zuge der Kontoeinrichtung die Personalien und sonstigen Angaben des Kunden, wobei es für ihn nicht relevant ist, ob der Kunde diese Angaben vom Personalausweis oder sonstigen Unterlagen abliest oder sie aus dem Gedächtnis angibt.

Deutlich zeigt sich, dass die Kooperationsträger sich gegenseitig beauftragen und ein Ergebnis des Auftrags als Antwort erwarten.

Die Art und Weise der Durchführung dieser Aufträge obliegt dabei jeweils dem angesprochenen Handlungsträger. Die Kooperation wird in Form von Dienstleistungen durchgeführt, die die Handlungsträger wechselseitig nachfragen. Jeder Handlungsträger weiß vom anderen, welche Dienstleistungen er anbietet, und nimmt diese über die Erteilung von Aufträgen in Anspruch.

Somit ist von jedem Handlungsträger nach außen nur bekannt, welche Dienstleistungen er anbietet. Auf welche Art diese Dienste erbracht werden und welche Informationen dazu notwendig sind, muss nur dem Handlungsträger selbst bewusst sein.

Analogie von Objekten und Kooperationspartnern

Übertragen auf die Objektorientierung werden im Folgenden die Handlungsträger als *Objekte* bezeichnet, die möglichen Dienstleistungen der Handlungsträger (Objekte) als *Verhalten* und die in Anspruch genommenen Dienstleistungen als *Auftrag* an ein Objekt zur Aktivierung eines Verhaltens. Die Verborgenheit der inneren Abläufe und des Zustands wird als *Geheimnisprinzip* bezeichnet.

Objekt
Verhalten
Zustand
Auftrag

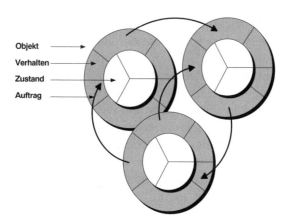

Abbildung 1.1: System kooperierender Objekte

Die Abbildung fasst die Ausführungen noch einmal zusammen und zeigt das Zusammenspiel von Objekten durch die Vergabe von Aufträgen schematisch. Ein wichtiges Prinzip ist dabei, dass die Attribute und die Arbeitsweise der Operationen eines Objekts anderen Objekten verborgen bleiben. Nach diesem Geheimnisprinzip ist fremden Objekten nur die Aufgabe, die sie erfüllen, sowie die Art, in der Methoden aktiviert werden können, bekannt.

Ein Objekt, das ein anderes Objekt beauftragt, aktiviert ein Verhalten, das in einem fremden Objekt gegeben ist. Das Verhalten dieses fremden Objekts wiederum nutzt seine eigenen Zustandswerte sowie eigene und fremde Verhaltensweisen zur Durchführung des Auftrags. So ist es durchaus üblich, Ketten von Verhaltensaktivierungen zur Auftragsdurchführung vorzunehmen.

Mit dem inneren Aufbau von Objekten und dem Prinzip der Kommunikation zwischen Objekten durch Aufträge ist nun ein Grundstein für das Verständnis objektorientierter Systeme gelegt. Wie das Prinzip zusammen mit weiteren Konzepten in Softwaresysteme integriert wurde, zeigen die folgenden Abschnitte. Die Begriffe werden in den folgenden Abschnitten aufgegriffen und ausführlich erläutert.

Denken und Ordnung

Nachdem der vorhergehende Abschnitt einen Einblick in die Funktionsprinzipien der Objektorientierung gegeben hat, betrachten wir hier grundlegende Aspekte des menschlichen Denkens, das Grundlage jeder Modellierung ist.

Eine der größten Gefahren bei dem Einsatz objektorientierter Technologien ist deren falsche Handhabung. Nicht selten gebrauchen erfahrene C-Programmierer, die mit herkömmlichen Programmiersprachen erfolgreich ablauforientiert gearbeitet haben, eine objektorientierte Sprache wie C++, Java oder C# nicht wirklich objektorientiert. Betrachten wir dazu einige Beispiele aus anderen Bereichen.

Blättern Sie ein multimediales Lexikon Seite für Seite durch, um Informationen zu finden, oder nutzen Sie die komfortablen Hypertext- und Suchfunktionen? Schalten Sie bei einem Auto, das ein synchronisiertes Getriebe besitzt, immer noch, wie es früher üblich war, indem Sie »Zwischengas« geben? Beheizen Sie Ihren elektrischen Backofen noch immer mit Holzscheiten? Sie können sich diese Fragen sehr leicht selbst beantworten.

Die Umstellung auf neue Technologien fällt häufig denjenigen Menschen am schwersten, die intensiv mit der Vorläufertechnologie gearbeitet haben. Fragen Sie einen Lkw-Fahrer, der seit etlichen Jahren Lastwagen mit unsynchronisiertem Getriebe gefahren ist, so sagt er, dass ihm die Umstellung nicht so leicht fällt. Der Lehrer, der lange mit dem gebundenen Brockhaus-Lexikon gearbeitet hat, schmökert am PC vielleicht immer noch nach seinen gewohnten Suchstrategien. Spätestens bei der Feuerung eines elektrischen Herdes mit Holzscheiten schütteln Sie den Kopf über den erfahrenen Koch. Der Backofen ist im übertragenen Sinn ein gutes Beispiel dafür, wie viel Effizienz ein Programmierer verschenkt, wenn er objektorientierte Sprachen wie C++, Java und C# und Darstellungsmittel wie die UML ablauforientiert gebraucht. Auch hier ist es so, dass gerade die erfahrenen Programmierer, die die Generation der ablauforientierten Sprachen wie C tagtäglich genutzt haben, mit der Umstellung häufig die größten Schwierigkeiten haben.

Wie können wir ein solches Verharren in gewohnten Gebrauchsmustern erklären? Es liegt nicht daran, dass es keine Gebrauchsanleitung für das Multimedialexikon, das Auto und den Backofen gibt. Ähnlich liegt das Problem bei den objektorientierten Sprachen, für die es ebenfalls einschlägige Gebrauchsanleitungen gibt. Das Problem liegt in den Denkgewohnheiten. Genau hier müssen wir ansetzen, um das Gebrauchsverhalten an die jeweilige Technologie anzupassen. Die Denkgewohnheiten müssen neu geordnet werden, um die neue Technologie effizient zu nutzen.

Neben der Forderung, dass die Nutzer von neuen Technologien sich den neuen Möglichkeiten der jeweiligen Technologie anpassen sollten, gilt umgekehrt für die Erfinder neuer Technologien, dass sie einen möglichst intuitiven Gebrauch ermöglichen sollten. So wird der Hersteller eines Elektroherds die Schalter und Knöpfe deutlich sichtbar und gut erreichbar anordnen. Woran aber müssen Erfinder von Programmiersprachen und -methoden denken?

Die Gestaltung eines Computerprogramms vollzieht sich in zwei grundlegenden, voneinander deutlich zu unterscheidenden Schritten. Zunächst muss die Aufgabe, die mit dem Computerprogramm unterstützt werden soll, aus fachlicher Sicht strukturiert werden. Die beteiligten Fachexperten, die häufig auch spätere Nutzer des Systems sind, und die Softwareexperten müssen jeder für sich eine individuelle gedankliche Ordnung der Fachinhalte schaffen. Dazu kommunizieren sie untereinander so lange, bis sich eine mehrheitlich akzeptierte Sichtweise durchsetzt. Diese Sichtweise wird in Form von Diagrammen und Texten festgehalten. In einem zweiten Schritt wird dann das erstellte Modell verfeinert und um technische Aspekte angereichert, bevor es mit einer Programmiersprache in ein lauffähiges Programm überführt wird.

Eine geeignete Unterstützung liegt also darin, dass die gedankliche Strukturierung, das Aushandeln von gemeinsam akzeptierten Sichten und Aspekte der technischen Konstruktion unter einen Hut gebracht werden müssen. Dabei zeigt die Erfahrung, dass es immer ein Drahtseilakt ist, Denken und Konstruieren aufeinander abzustimmen.

Die beiden elementaren Schritte und deren Abstimmung lassen sich als die drei großen *K* (Kognition, Konstruktion, Kommunikation) der Systemgestaltung zusammenfassen. Die *Kognition* (individuelle gedankliche Strukturierung) wird durch die *Konstruktion* (Festlegung der Inhalte nach technischen Kriterien) ergänzt und zwischen den Beteiligten mittels *Kommunikation* abgestimmt.

Da vor jedem Konstruktionsschritt die gedankliche Vorbereitung als Kognitionsschritt erfolgt, sollten Programmiersprachen und -methoden so ausgerichtet sein, dass der Übergang vom gedanklichen zum technischen Modell sich möglichst reibungslos vollzieht.

Denken und Modellieren

Stellen Sie sich vor, Sie sind verantwortlich für die Entwicklung eines computergestützten Systems für eine Arztpraxis, das sämtliche Patienteninformationen, Diagnosen, Verschreibungen enthalten, aber auch den Informationsfluss vom Empfang ins Arztzimmer unterstützen soll.

Als Softwareentwickler können Sie sich auf den Standpunkt stellen, dass Sie doch kein Arzt und keine Arzthelferin sind und sich damit nicht auskennen. Als verantwortlicher Softwareentwickler müssen Sie jedoch dennoch die Zusammenhänge verstehen. Sie analysieren Dokumente, Abrechnungen, Rezepte, sprechen mit dem Arzt und den Arzthelferinnen und beobachten vielleicht einen Tag lang das Geschehen in der Arztpraxis. Nach und nach entsteht in Ihrem Kopf ein Bild von den Zusammenhängen und Abläufen.

Dabei spielt die Kommunikation mit Ärzten und Arzthelferinnen eine entscheidende Rolle. Arzt und Arzthelfer haben ebenso eine individuelle Sicht der Zusammenhänge und Abläufe. Dabei ist es ein immer wieder zu beobachtendes Phänomen, dass jeder Beteiligte eine andere Sicht der Dinge hat.

Das liegt zum einen an den unterschiedlichen Zielen, die die einzelnen Beteiligten verfolgen. Nehmen wir das Rezept. Für den Arzt ist es wichtig, Wirkstoff und Dosierung dem Patienten mitzuteilen; die Arzthelferin interessiert vornehmlich die Abrechnungsposition, die sie der Krankenkasse gegenüber mitteilen muss; der Patient möchte wissen, unter welchem Namen er das Medikament bekommt und wo die nächste Apotheke zu finden ist. Der Softwareentwickler überlegt vielleicht schon, ob er die Informationen in einer relationalen oder objektorientierten Datenbank hinterlegt. Er interessiert sich häufig weniger für die Inhalte als vielmehr für deren technische Verankerung in der zu erstellenden Software.

Aber selbst zwei Arzthelfer, die dieselben Aufgaben in einer Arztpraxis besitzen, schildern die Zusammenhänge und Abläufe sehr unterschiedlich. Liegt es daran, dass der eine nicht die Wahrheit sagt? Es ist wohl eher so, dass beide auf ihre Art Recht haben.

Jeder Mensch schafft sich mittels Wahrnehmung ein Bild seiner Umwelt und seiner selbst, indem er eine höchst individuelle gedankliche Ordnung in seiner Vorstellung schafft. Und diese Ordnung ist nicht natürlich, sondern künstlich erdacht.

Die Sicht von fachlichen und technischen Zusammenhängen, die der Softwareentwickler im Laufe eines Softwaregestaltungsprozesses aufbaut, ist eine künstlich geschaffene Ordnung.

Modelle sind also immer sowohl von der subjektiven Wahrnehmung als auch von den individuellen Zielen der Beteiligten geprägt. Es gibt keine objektiven Modelle.

Gegenstände und ihre Merkmale

Entscheidend ist die Frage, wie eine gedankliche Ordnung entsteht und ob man durch geeignete Maßnahmen Einfluss auf die Struktur der entstehenden künstlich geschaffenen Ordnung ausüben kann.

Betreten Sie als Softwareentwickler zum ersten Mal die Arztpraxis, so erscheinen Ihnen die Zusammenhänge als Flut von scheinbar nicht zusammenhängenden Eindrücken, mit der Sie zunächst einmal nichts anfangen können.

In einem Lernprozess verstehen Sie nach und nach die Zusammenhänge. Sie trennen wichtige von unwichtigen Wahrnehmungen. Zunächst isolieren Sie Gegenstände, die Sie als Einheit wahrnehmen. Das kann das Rezept von Herrn Meier, der Patient Herr Schulz oder die Abrechnung mit der Krankenkasse für den Monat April sein. Sie identifizieren und benennen die Gegenstände. Da unser Gehirn assoziativ arbeitet, versuchen wir neu identifizierte Gegenstände bereits bekannten, ähnlichen Gegenständen zuzuordnen. So mag es sein, dass wir Ähnlichkeiten zwischen den Patientendaten und den Kundendaten, die wir in einer Bank in einem Projekt analysiert haben, feststellen. Darüber hinaus schaffen wir Assoziationen zwischen den neu identifizierten Gegenständen.

Wie aber entstehen solche Einheiten, die wir als Gegenstände wahrnehmen? Bei materiellen Gegenständen, wie einem Wekker, einem Menschen oder einem Stuhl, ist es der materielle Zusammenhalt. Verschieben wir den Stuhl, so gehört alles, was sich mit bewegt, zum Stuhl. Er bildet damit eine operierende Einheit, die auf eine Manipulation (Verschieben) gemeinsam reagiert. Sie verhält sich anders als die Umwelt, sie hebt sich damit von ihr ab.

Diese bei materiellen Gegenständen offensichtliche Einheit finden wir ebenfalls bei immateriellen Gegenständen. Auch diese identifizieren wir als gemeinsam operierende Einheit. Als Quartalsabrechnung gelten alle Informationen, die zum

Ende eines Quartals an die Krankenkassen übermittelt werden.

Beschreiben wir die Gegenstände näher, neigen wir dazu, sie zu verstehen, als wären sie menschlich. Wir sehen einen Menschen als operierende Einheit, die auf Umweltreize reagiert. Gehe ich auf einen Menschen zu und grüße ihn, so wird er diesen Gruß erwidern. Dieses Prinzip übertragen wir unbewusst auf viele identifizierte Gegenstände: Die Aussagen: »Der Computer stürzt ab«, »Der Fernseher läuft« oder »Der Wind fegt um die Ecke«, verstehen wir, weil wir ein menschliches Verhalten auf beliebige Gegenstände übertragen. Selbst jemand, der nichts von Computern versteht, weiß, dass mit dem Absturz der Rechner nicht mehr funktionsbereit ist.

Eine solche operierende Einheit unterliegt Veränderungen, ohne ihre Identität zu verlieren. Diese Veränderungen lassen sich in Merkmalen beschreiben. So hat der Stuhl neben seinen vier Beinen auch einen Standort, der sich verändern kann.

Gegenstände und Kategorien

Mit einer Vielzahl von Gegenständen, die isoliert nebeneinander stehen, kommen wir Menschen in unserem Denken nur sehr schlecht klar. Das hängt mit der von Miller zum ersten Mal untersuchten Kanalkapazität des menschlichen Denkens zusammen. Sie liegt im Mittel bei sieben. Das bedeutet, dass die meisten Menschen ungefähr sieben Gegenstände gleichzeitig erfassen und verarbeiten können. Auf diese Erkenntnis geht übrigens auch die berühmte Siebener-Regel für die Gestaltung von Präsentationen zurück, die besagt, dass eine gute Präsentation nicht mehr als sieben Hauptpunkte besitzen sollte, jeder Hauptpunkt maximal durch sieben Folien unterstützt werden sollte und jede Folie nicht mehr als sieben Aufzählungspunkte besitzen sollte.

Was machen wir als Systementwickler nun, wenn wir in der Arztpraxis mehrere hundert wichtige Gegenstände bei der Erstellung berücksichtigen müssen? Zunächst versuchen wir, sie nach übereinstimmenden Merkmalen in Gruppen zusammenzufassen. Wir bilden gedankliche Schubladen für Patienten, Rezepte, Abrechnungen, Medikamente.

Kategorien und Taxonomien

Auch die gefundenen Kategorien können uns gehörige Probleme bereiten, wenn sie zu umfangreich werden. Patienten, Arzthelfer, Arzt, Pharmavertreter lassen sich auch wieder zusammenfassen zu einer Kategorie Personen, die mit der Arztpraxis etwas zu tun haben. Auch hier spielen Ähnlichkeiten wieder eine zentrale Rolle. Ähnliche Kategorien werden zueinander in Beziehung gesetzt und entlang einer Spezialisierungshierarchie angeordnet. So können die Personen in Praxispersonal und externe Personen unterteilt werden. Das Praxispersonal unterscheiden wir wiederum in Arzt und Helfer. So schaffen wir eine Ordnung, die Gegenstände zu Kategorien und Kategorien in Kategorienhierarchien zusammenfasst.

Im übertragenen Sinn ordnen wir Gegenstände in Schubladen, die in Schränken stehen. Entscheidend ist jedoch, dass diese Ordnung eine künstlich geschaffene ist.

Die frühen Ansätze

Aus Vergangenem lernen für die Zukunft. Was sich vernünftig anhört, finden wir dennoch nicht in der Entwicklung objektorientierter und anderer Ansätze wieder. Betrachten wir die Entwicklung der Objektorientierung, so finden wir bereits in den fünfziger und siebziger Jahren des letzten Jahrhunderts Ansätze, die gerade die Bedeutung der Objektorientierung für die kognitiven Aspekte der Modellierung betonen. Sie wurden zu großen Teilen in den achtziger und neunziger Jahren ignoriert, um jetzt wieder an Bedeutung zu gewinnen.

Die Wurzeln der Objektorientierung liegen jetzt fast 50 Jahre zurück. Dabei sind einige elementare Erkenntnisse der Pioniere auf diesem Gebiet durch eine Verengung auf konstruktions-technische Überlegungen in der Diskussion verloren gegangen.

Die Geschichte der Informatik beschreitet einen Weg von der Maschinenzentrik zur Anthropozentrik. Das bedeutet, dass der Mensch als Systementwickler und Anwender Maßstab aller Aktivitäten ist und nicht die Technik alle Vorgaben allein bestimmt, wie es lange Zeit der Fall war.

Die Objektorientierung in ihrer heutigen Form ist ein alter Hut. Die Entstehungsgeschichte zeigt, dass sie über 50 Jahre alt ist. Dabei stehen zwei historische Ereignisse für die drei großen *K* der Systemgestaltung.

Simulationen mit Simula – die Evolution

Die Konstruktion eines Softwaresystems stand im Mittelpunkt bei der Entwicklung der Programmiersprache *Simula*. Interessant für das Verständnis der Objektorientierung ist dort die Beschreibung der Anwendungsfälle, die mit objektorientierten Sprachen besonders gut umgesetzt werden können.

Die Entstehungsgeschichte

Die Vorgeschichte dieser Entwicklung begann in den späten vierziger und frühen fünfziger Jahren des letzten Jahrhunderts. *Nygaard* und *Dahl* beschäftigten sich mit Simulationsrechnungen für den ersten norwegischen Nuklearreaktor. Die dort zu bearbeitenden Probleme ließen sich jedoch nur unzureichend durch prozedurale Programmiersprachen abbilden. Typisch für derartige Simulationsprobleme sind nichtdeterministische Abläufe, die durch viele externe Ereignisse beeinflusst werden.

Später entwickelte Nygaard eine solchen Problemen angemessene Programmiersprache. Ansatzpunkt war dabei nicht wie bei prozeduralen Sprachen die Abbildung weitgehend festgelegter Abläufe, sondern die Beschreibung von (Objekt-)Zuständen, die durch Operationen, aktiviert durch externe Ereignisse (Nachrichten), geändert werden können.

Sein Leitmotiv lautete: »Programmieren heißt zu verstehen.« Der Stand des Programms spiegelt den Stand des Verständnisses wider. So entstand mit der Programmiersprache *Simula 1967* die erste Programmiersprache, die wesentliche Konzepte der Objektorientierung – Klassen, Objekte und Vererbung – unterstützte.

Der Simula-Ansatz zeigt, dass aus der Notwendigkeit heraus, komplexe ereignisabhängige Zusammenhänge darzustellen, eine neue Technologie geschaffen wurde. Die Konstruktionseffizienz stand in diesem Ansatz eindeutig im Vordergrund.

Konzeptevolution in Universalsprachen

Um das Neue an objektorientierten Programmiersprachen zu verstehen, ordnen wir die wichtigsten Konzepte von Programmiersprachen.

Programmiersprachen lassen sich grundsätzlich nach verschiedenen Kriterien klassifizieren. So unterscheiden sich Sprachen nach der Sprachgeneration, dem vorherrschenden Anwendungsgebiet oder nach der Art der Beschreibung des Lösungsalgorithmus. Die Beschreibung des Lösungsalgorithmus wird hier durch den Begriff der Repräsentationsform ersetzt, da der Begriff Algorithmus eine funktionale Sicht impliziert, die in der objektorientierten Sicht nicht im Vordergrund steht (siehe Abbildung 1.2).

Die Abbildung 1.2 verdeutlicht, dass die Objektorientierung in einer Entwicklungslinie als vorerst letzte evolutionäre Entwicklungsstufe einer logischen und zugleich auch historischen Abfolge von immer weiter verbesserten Konzepten in Programmiersprachen steht.

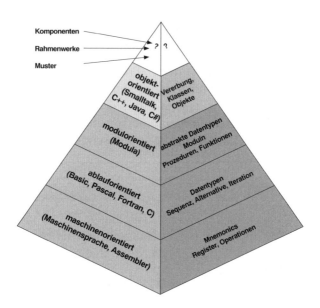

Abbildung 1.2: Sprachenpyramide

Die Abbildung beschreibt den Weg von der prozessorabhängigen hardwarenahen Darstellung bis hin zur objektorientierten Lösungsbeschreibung, die sich an Strukturen menschlicher Kognition und Kommunikation orientiert.

Der Schritt von ablauforientierten über modulare Sprachkonzepte zu objektorientierten Konzepten wird im Folgenden genauer beschrieben. Der ablauforientierte, primär prozedurale Ansatz geht wohl darauf zurück, dass die *Von-Neumann*-Architektur eine Trennung von Arbeitsspeicher und Prozessor beinhaltet. Der Prozessor in so konzipierten Rechnern operiert mittels eines Programms auf diesem Speicher.

Der Speicherbegriff wird in ablauforientierten Programmiersprachen durch den Begriff der Variablen ersetzt und das Programm in Form zeitlicher Abläufe von Lösungsschritten formuliert.

Die erste wichtige Abstraktionsstufe, die weg von prozessorabhängigen Programmen führte, waren Programmiersprachen,

die Datentypen verwenden sowie die Prinzipien der strukturierten Programmierung beinhalten. Eine Trennung von Daten und Lösungsverfahren war gemäß der Orientierung an der
Von-Neumann-Architektur immer noch vorhanden.

Eine Abkehr von diesem Prinzip bildet die nächste Stufe der
modulorientierten Programmiersprachen und die Erweiterung
um abstrakte Datentypen. Abstrakte Datentypen legen den
Schwerpunkt auf den Verhaltensaspekt. Sie definieren einen
gültigen Wertebereich sowie die auf diesen Bereich zulässigen
Operationen. Innerhalb eines Programms können Exemplare
des abstrakten Datentyps erzeugt und benutzt werden. An dieser Stelle ist das Prinzip der Trennung von Daten und Funktionen aufgehoben. Ein abstrakter Datentyp erscheint nach außen als Einheit, die bestimmte Operationen ausführen kann.

Ein Modul ist, ähnlich einem abstrakten Datentyp, eine zusammengehörige Menge von Prozeduren und Daten. Jedes
Modul ist unabhängig von einem bestimmten Programmkon-
text. Im Gegensatz zu abstrakten Datentypen dient ein Modul
nicht als Muster für eine Menge gleichartiger Exemplare, sondern besitzt eine definierte Schnittstelle nach außen, während
seine inneren Abläufe verborgen bleiben.

Zusammenfassend bleibt festzustellen, dass die Aufhebung der
Trennung von Daten und Ablauf eines Programms einerseits
aus datenorientierter Sicht in der Erweiterung des Datentyps
zu abstrakten Datentypen geschieht. Andererseits wird die
Aufhebung durch Erweiterung des Prozedurkonzepts auch
beim Modulkonzept erreicht. Beide Ansätze verbergen innere
Abläufe vor dem Benutzer und bieten die Möglichkeit, Probleme abstrakt zu formulieren.

Die Objektorientierung vereinigt die Ideen beider Ansätze, indem sie das dem abstrakten Datentyp ähnliche Klassenkonzept als Zusammenfassung gleichartiger Objekte anbietet und
Implementierungsdetails nach außen verbirgt. Darüber hinaus
stellt das Klassenkonzept die Möglichkeit zur Modulbildung
zur Verfügung, da eine Klasse wie ein Modul zur Lösung aller
mit ihr verbundenen Teilprobleme verwendet wird.

Begrifflich tritt im objektorientierten Klassenkonzept die Beschreibung von Zustand und Verhalten von Objekten mit gleichen Eigenschaften an die Stelle der Definition von Wertebereich und Operationen für Daten gleichen Datentyps.

Diese Ausführungen zeigen, dass aus der Sicht der Konstruktionsprinzipien von Programmiersprachen nur kleine Schritte von abstrakten Datentypen und Modulen hin zu Objekten und Klassen führen – eher eine geringfügige Evolution denn eine bahnbrechende Revolution.

Dennoch wird Objektorientierung allgemein als andersartig und revolutionär geschildert. Das Revolutionäre und die Essenz der Objektorientierung erschließt sich eben nicht allein aus den Konstruktionsprinzipien, sondern in ihren grundlegenden Ansätzen und Annahmen, die hinter den Konstruktionsprinzipien stehen. Diese Aspekte greift der folgende Abschnitt auf.

Kommunikation mit Smalltalk – die Revolution

Im Gegensatz zum Simula-Ansatz ist der *Smalltalk*-Ansatz zum einen in seinen Sprachkonstrukten konsequenter objektorientiert und beruht zum anderen auf einem weiter gefassten Leitbild, das die Aufgaben eines Computers sowie das Verhältnis zwischen Computer und Benutzer explizit formuliert.

Der grundlegende Ansatz der Sprache Smalltalk geht auf Thesen von *Alan Kay* über reaktive Systeme zurück. In seiner »personal computing vision« beschreibt er ein so genanntes Dynabook als »hand-held, high-performance computer with a high-resolution display, input and output devices supporting visual and audio communication paths, and network connections to shared information resources«. Am *Xerox Palo Alto Research Center (PARC)* beschäftigte sich seit 1970 die *Learning Research Group (LRG)*, die 1980 in *Software Concepts Group (SCG)* umbenannt wurde, zunächst mit dem Ziel, den Softwarepart der Dynabook Vision von Kay umzusetzen. Dazu sollte das Softwaresystem Smalltalk entwickelt werden.

Die Designprinzipien, die hinter der Programmiersprache
Smalltalk stehen, werden im Folgenden ausführlicher erläutert, da sie verdeutlichen, auf welche Weise sich der objektorientierte Ansatz sowohl in seiner Konzeption als Programmiersprache, aber insbesondere auch im Hinblick auf seine Fun-
dierung von anderen Ansätzen zur Programmierung unterscheidet.

Menschliches Lernverhalten

Ausgangspunkt für die Forschungen war die Überlegung,
menschliches Lernverhalten von Kindern auf den menschlichen Umgang mit dem Computer zu übertragen. Adele Gold-
berg hat diesen Ansatz 1981 beschrieben.

Grundlegende Forschungsziele der Learning Research Group
waren zum einen die Entwicklung einer Programmiersprache,
die als Bindeglied zwischen Modellen des menschlichen Geistes und den Schaltkreisen des Rechners dienen kann. Zum
anderen sollte eine Schnittstelle zwischen Rechner und Benutzer entwickelt werden, die so weit wie möglich menschlichen
Kommunikationsformen entspricht.

Ausgangspunkt für die Konzeption der Programmiersprache
Smalltalk sind zwei Kerngedanken. Das Verhältnis von
Mensch und Computer sowie deren Verhältnis zu einer kreativen Tätigkeit sollten untersucht werden. Im Zentrum der Betrachtung stand bei den Smalltalk-Entwicklern folgerichtig
der Mensch, der bei seiner geistig-kreativen Arbeit von einem
Computer in geeigneter Form unterstützt werden soll. Somit
kommt dem Computer eindeutig eine Werkzeugfunktion zu.

»If a system is to serve a creative spirit, it must be entirely
comprehensible to a single individual.« (Diese Aussage geht
auf Ingalls zurück).

Daraus folgt, dass dieses Werkzeug für den Benutzer im Hinblick auf die durchzuführende Tätigkeit so anzupassen ist,
dass eine bestmögliche Unterstützung gewährleistet ist. Aus

dieser menschzentrierten Perspektive heraus leiten die Entwickler zwei Grundgedanken für die *Mensch-Computer-Interaktion (MCI)* ab.

Grundlage der MCI ist nach dem eingangs beschriebenen Forschungsziel eine beschreibende (Computer-) Sprache, die als Schnittstelle zwischen den Modellen des menschlichen Geistes und dem Modell der Rechner-Hardware dient. Aufgrund des Werkzeugcharakters des Computers dient die Semantik menschlicher Kommunikation als Maßstab und soll auf den Rechner übertragen werden. Ansatzpunkt der Überlegungen war ein vereinfachtes menschliches Kommunikationsmodell, das Kommunikation auf einer expliziten und einer impliziten Ebene darstellt, wie folgende Abbildung zeigt.

Die explizite Kommunikation umfasst den Austausch von Nachrichten durch Worte, Bewegungen und Gesten. Die implizite Kommunikation umfasst Annahmen über gemeinsame Kultur und Erfahrungen der Kommunikationspartner.

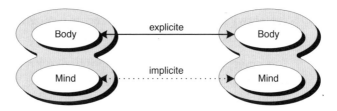

Abbildung 1.3: Smalltalk-Kommunikationsmodell (in Anlehnung an Ingalls)

Die Abbildung deutet die umfassenden Bezüge der Objektorientierung zur Kommunikationsforschung und Erkenntnistheorie an. Die Diskussion in der Informatik reduziert Objektorientierung häufig auf formale Aspekte von Programmiersprachen oder Analyse- und Designmethoden.

Ingalls betont in seiner Begründung der Objektorientierung drei Bezugspunkte, die konstituierend für die Entwicklung der Objektorientierung sind:

«The mechanisms of human thought and communication have been engineered for millions of years, and we should respect them as being of sound design. Moreover, since we must work with this design for the next million years, it will save time if we make our computer models compatible with the mind, rather than the other way around.« (Ingalls über das Ziel der Smalltalk-Forschung.)

Er legt hier fest, wie Computer aufgebaut sein sollen. Frei nach dem Motto, so wie der Mensch von jeher funktioniert, kann das auch für Computer nicht schlecht sein. Hier zeigt sich deutlich der Nutzen und die Gefahr von Metaphern. Auf der einen Seite steht eine vorstellbare Struktur, die mit einem oder wenigen Worten beschrieben ist, und auf der anderen Seite die Gefahr, die mit dem Spruch »jeder Vergleich hinkt« zutage tritt. Eine Metapher enthält keine Begründung der Sinnhaftigkeit der von ihr erzeugten übertragenen Vorstellungen. Ein naturwissenschaftlich geprägtes Denken in Kausalbezügen führt, angewendet auf eine Metapher, nicht zu validen Ergebnissen. Später werden Leitbilder und Metaphern erneut aufgegriffen, um ihre Sinnhaftigkeit und ihren Einsatzkontext im Vergleich zu anderen Methoden zu betrachten.

Intuitiv schließt Ingalls, dass eine Übereinstimmung von menschlichem Denken und Kommunizieren mit dem Aufbau und der Funktionsweise von Computersystemen eine Voraussetzung zur Gestaltung »guter« Arbeitssysteme ist.

Grundlegender Bezugspunkt ist der Mensch als Maßstab und Vorbild für die Funktionsweise und den inneren Aufbau von Computermodellen. Das menschliche Denken dient als Vorbild für die Gestaltung von Informationssystemen. Die menschliche Kommunikation ist Vorbild sowohl für die Mensch-Maschine-Interaktion als auch für die maschineninterne Kommunikation.

Die im Folgenden dargestellten Designprinzipien, die hinter der Sprache Smalltalk stehen, konkretisieren die im Bezugsrahmen aufgespannten Grundsätze. Sie stammen von Ingalls, einem Entwickler der Sprache Smalltalk. Aufgrund der seinerzeitigen Neuheit des Konzepts und der Schaffung einer neuen Begriffswelt veröffentlichten die Mitarbeiter der Learning Research Group am Palo Alto Research Center folgende Prinzipien:

✔ *Personal Mastery*: If a system is to serve a creative spirit, it must be entirely comprehensible to a single individual.

✔ *Good Design*: A system should be built with a minimum set of unchangeable parts; those parts should be as general as possible; and all parts of the system should be held in a uniform framework.

✔ *Purpose of Language*: To provide a framework of communication.

✔ *Scope*: The design of a language for using computers must deal with internal models, external media, and the interaction between these in both the human and the computer.

✔ *Objects*: A computer language should support the concept of »object« and provide a uniform means for referring to the objects in its universe.

✔ *Storage Management*: To be truly »object-oriented«, a computer system must provide automatic storage management.

✔ *Messages*: Computing should be viewed as an intrinsic capability of objects that can be uniformly invoked by sending messages.

✔ *Uniform Metaphor*: A language should be designed around a powerful metaphor that can be uniformly applied in all areas.

✔ *Modularity*: No component in a complex system should depend on the internal details of any other component.

✔ *Classification*: A language must provide a means for classifying similar objects, and for adding new classes of objects on equal footing with the kernal classes of the system.

✔ *Polymorphism*: A program should specify only the behaviour of objects, not their representation.

✔ *Factoring*: Each independent component in a system should appear in only one place.

✔ *Leverage*: When a system is well factored, great leverage is available to users and implementers alike.

✔ *Virtual Machine*: A virtual machine specification establishes a framework for the application of technology.

✔ *Reactive Principle*: Every component accessible to the user should be able to present itself in a meaningful way for observation and manipulation.

Die aufgeführten, auch im Original in einer Aufzählung dargestellten Prinzipien beziehen sich auf unterschiedliche Betrachtungsebenen. Es erscheint sinnvoll, diese Begriffe zu ordnen, um aus den Ordnungsbegriffen eine Verbindung zu den eingangs erläuterten Bezugspunkten herzustellen und damit die Vielschichtigkeit der Objektorientierung zu verdeutlichen.

Personal Mastery beschreibt eine intentionale Maxime – die Herrschaft des Menschen über den Computer –, an der alle weiteren Prinzipien sich ausrichten. Umgesetzt werden soll diese Herrschaft durch ein einfaches universelles Design (*Good Design*), das einer grundlegenden Metapher (*Uniform Metaphor*) entspricht, die für alle Bereiche eines Informationssystems gilt.

Diese Metapher leitet aus der Vorstellung kommunizierender Menschen, *Purpose of Language*, einheitlich referenzierbare Elemente (*Objects*) ab, die durch Nachrichten (*Messages*) mit anderen Systemelementen in Verbindung treten.

Das *Reactive Principle* bedingt, dass in Übereinstimmung mit der *Personal Mastery* jedes für den Benutzer verfügbare Objekt auch zur Überwachung und Manipulation für den Benutzer zugänglich ist.

Das *Scope*-Prinzip erweitert die Gültigkeit der einheitlichen Objektsicht neben dem internen Modell und der Interaktion von Mensch und Maschine insbesondere auch auf externe Kommunikationsmedien – im Konzept ein früher umfassender Ansatz, den Wissenschaft und Praxis aktuell unter dem Stichwort Multimedia diskutieren.

Neben den Zielen und Funktionsprinzipien der Objektorientierung werden hier die Strukturprinzipien der Klassenbildung (*Classification*) geordnet, die sowohl gleichartige Anwendungs- und Systemobjekte zusammenfasst als auch die als *Factoring* bezeichnete Vererbung, die entlang einer Klassenhierarchie Redundanzen vermeidet, indem sie Spezialisierungen immer als Veränderungsbeschreibung, bezugnehmend auf ein allgemeineres Konzept, vornimmt.

Klassifizierende Hierarchien scheinen Ingalls ein typisches kognitives Ordnungsinstrument zu sein. Ein häufig angeführtes Beispiel ist die Taxonomie der Tierwelt, die eine Artenhierarchie darstellt. Diesen Aspekt haben Sie einleitend ja bereits kennen gelernt.

Die Strukturprinzipien Objektbildung, Klassenbildung und Vererbung sind sowohl in Bezug auf die Struktur menschlichen Denkens als auch in Bezug auf softwareinhärente Qualitätskriterien wichtige Bausteine für hochwertige Softwaresysteme.

Als rein softwaretechnisch motivierte Prinzipien sind die Modularität (*Modularity*) – eine inhärente Eigenschaft der Objektstruktur – und die virtuelle Maschine (*Virtual Machine*), die als hardwareunabhängige Zwischenform zwischen Interpreter und Compiler die Plattformunabhängigkeit bei Geringhaltung der Performanceverluste bewirkt, zu sehen.

Entwicklung im Abriss

Die Entwicklung von Programmiersprachen war der entscheidende Motor für die Objektorientierung in der Informatik.

Dieser Abschnitt zeigt die wichtigsten Programmiersprachen und die für die Entwicklung verwendeten objektorientierten Entwicklungsmethoden.

Programmiersprachen im Zeitablauf

Dieser Abschnitt enthält eine kurze Übersicht über objektorientierte Programmiersprachen und stellt deren Konzepte im Überblick dar.

Generell lassen sich Programmiersprachen, die objektorientierte Konzepte enthalten, nach verschiedenen Kriterien unterscheiden. Sie können zunächst wiederum wie Programmiersprachen nach der Sprachgeneration, dem Anwendungsgebiet oder der Beschreibung des Lösungsalgorithmus unterschieden werden.

Auch hier ist es sinnvoll, das Kriterium der Beschreibung des Lösungsalgorithmus auszuwählen. Im Fall objektorientierter Sprachen ist der Begriff Lösungsalgorithmus irreführend und sollte durch die Bezeichnung Repräsentationsform ersetzt werden, da die Algorithmik Ablaufstrukturen betont, die Objektorientierung hingegen für die Aufhebung der Fokussierung von Daten oder Ablaufstrukturen steht.

Grundsätzlich gibt es Sprachen, die eine oder mehrere Repräsentationsformen unterstützen. Beinhaltet eine Sprache mehr als eine Repräsentationsform, so wird sie als *hybride Sprache* bezeichnet. Hybride Sprachen unterstützen häufig das prozedurale und das objektorientierte Paradigma.

In diesen Hybridsprachen wie C++ oder Object-Pascal wird ein Klassentyp meist als Erweiterung eines Strukturtyps abgeleitet. Methoden werden aus Prozeduren und Funktionen syntaktisch gebildet. Methodenaufrufe werden aus Prozedur- bzw. Funktionsaufrufen abgeleitet. Durch die Integration des Vererbungskonzepts entsteht so eine hybride Sprache.

Wird innerhalb des objektorientierten Sprachparadigmas der Grad der Unterstützung objektorientierter Prinzipien unterschieden, so hat sich folgendes Klassifikationsschema durchgesetzt:

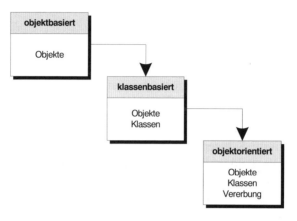

Abbildung 1.4: Klassifikationsschema objektbasierter Sprachen (geht auf Wegener zurück)

Den geringsten Grad an Unterstützung bieten Programmiersprachen, die lediglich Objekte als Konstrukt beinhalten. Können Objekte mit gleicher Datenstruktur und gleichen Methoden durch Klassen beschrieben werden, wird eine solche Programmiersprache als *klassenbasiert* bezeichnet. Lassen sich die Klassen wiederum durch Vererbungsbeziehungen strukturieren, so gilt die Sprache als *objektorientiert*. Neben der Vererbung hat sich auch das Prinzip des Polymorphismus als anerkannt wichtige Eigenschaft etabliert.

Die folgende Abbildung zeigt die Entstehung objektorientierter Programmiersprachen. Objektorientierte Sprachen sind in der Abbildung grau hinterlegt. In der Regel sind die objektorientierten Sprachen aus nicht objektorientierten Sprachen, die weiß dargestellt sind, hervorgegangen oder haben bestimmte Eigenschaften von diesen übernommen. In der Darstellung sind zwei wesentliche Ursprünge objektorientierter Sprachen auszumachen. Zum einen ist der bereits beschriebene Entstehungsprozess der Sprachen im *Simula-Smalltalk*-Zweig zu nennen und zum anderen die aus der funktionalen Sprache *Lisp* entstandenen, der künstlichen Intelligenz zuzurechnenden Sprachen.

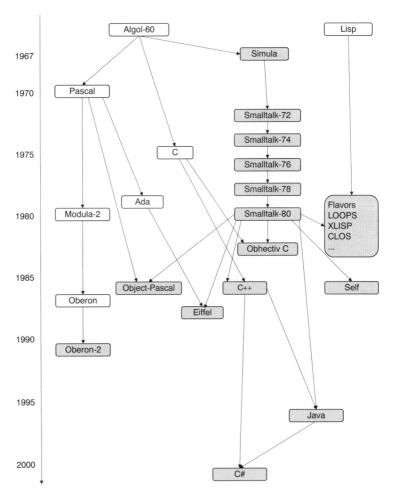

Abbildung 1.5: Programmiersprachen

Im Folgenden werden kurz wichtige Eigenheiten der Sprachen *Simula*, *Eiffel*, *Smalltalk*, *C++*, *Java* und *C#* erläutert.

Die Sprache *Simula 67* wurde von *Nygaard* und *Dahl* 1966 aus der Sprache *Algol* (1960) entwickelt. In *Simula* werden zustandsbeschreibende Daten und Zustandsübergänge definiert, um so komplexe, ereignisgesteuerte Simulationen abbilden zu können.

Smalltalk wurde im Jahr 1972 durch die *Learning Research Group* am *Xerox Palo Alto Research Center* zur Verbesserung der Kommunikation zwischen Mensch und Maschine entwickelt und ist in der Version *Smalltalk-80* als Universalsprache konzipiert.

Die Sprache *Eiffel* wurde von Bertrand Meyer im Jahr 1988 als Antwort auf die typungebundene Interpretersprache *Smalltalk* entworfen mit dem Ziel, Korrektheit, Portabilität, Effizienz und Robustheit zu verbessern durch Typbindung, Kompilation und Pre- und Postconditions, die die Zustandskorrektheit von Objekten gewährleisten.

Die Sprache *C++* ist eine Erweiterung der weltweit verbreiteten Sprache *C* und bietet als Hybridsprache im objektorientierten Bereich hohe Effizienz und Objekte mit flexibel definierbaren Zugriffsrechten an. Dabei werden die beschriebenen Grundkonzepte, wie das Geheimnisprinzip, zum Teil kontrolliert außer Kraft gesetzt.

Die Programmiersprache *Java* stellt im Wesentlichen eine Kombination der objektorientierten Syntax von *C++* mit einer auf *Smalltalk* basierenden Architektur, die Bytecode durch eine virtuelle Maschine ausführt, dar.

Neueste Entwicklung ist die Programmiersprache *C#*, die sich sehr eng an *Java* anlehnt, aber auch Elemente von *C++* besitzt.

Objektorientierte Methoden im Zeitablauf

Da objektorientierte Methoden nicht auf anderen Methoden wie zum Beispiel den strukturierten Methoden aufsetzen, soll dieser Abschnitt kurz die Entwicklung hin zur UML darstellen. Dagegen erfahren Sie im einleitenden Abschnitt zur UML mehr zu der Entwicklung der UML selbst.

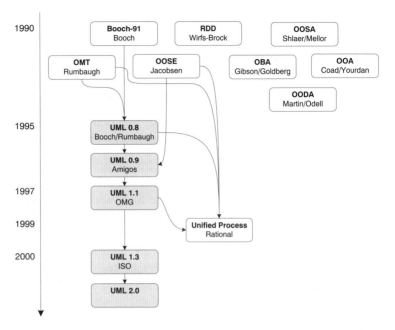

Abbildung 1.6: Vorläufer und Versionen der UML

Betrachten wir die Landschaft objektorientierter Methoden, finden wir verschiedene Ansätze. Je nach Verwendungszweck können wir sie in konstruktionsorientierte und kognitionsorientierte Methoden unterscheiden.

Aus der Anwendungssicht lassen sie sich in Universalmethoden und Methoden zur Geschäftsprozessanalyse unterscheiden.

Nach der Ausrichtung unterscheiden wir stärker verhaltensorientierte von zustandsorientierten Methoden.

Die UML ist ausgerichtet als Software-Konstruktionsmethode, die aber auch Elemente zur Geschäftsprozessanalyse enthält. Sie kann sowohl zustands- als auch verhaltensorientiert angewendet werden. Zur Versionsabfolge kommen wir im einleitenden Abschnitt zur UML zurück. Die Version 1.4 ist in der Grafik ausgelassen, da sie lediglich einige wenige Erweiterungen und Klarstellungen zur Version 1.3 enthält. Die aktuelle Version 2.0 bietet unter der Haube eine Reorganisation, die Ansätze wie die *Model Driven Architecture* (*MDA*) fördern.

Die *OBA* (*Object Behavior Analysis*) ist Vertreter einer streng verhaltensorientierten Sicht, mit der die Smalltalk-Erfinder viele Smalltalk-Projekte erfolgreich realisiert haben.

OOA von Coad/Yourdan legt den Schwerpunkt auf die Erstellung von Fachmodellen und ist eher zustandsorientiert.

Eine besondere Ausrichtung besitzt die Methode *RDD* (*Responsibility Driven Design*) von Wirfs-Brock, die eine ausdrücklich vermenschlichende Sichtweise einnimmt. Damit steht sie in guter Tradition zum Smalltalk-Ansatz. Objekte werden wie in unserem eingangs dargestellten Bank-Beispiel als Auftraggeber und Auftragnehmer agieren, die vereinbarte Dienstleistungen anbieten und nachfragen.

Objekte

Wie die bisher dargestellten Grundprinzipien im objektorientierten Ansatz umgesetzt wurden, zeigen die folgenden Abschnitte.

Der Name *Objektorientierung* lässt unschwer erkennen, dass sich in diesem Gestaltungskonzept alles um *Objekte* dreht. Sie werden diesen Begriff vermutlich selbst auch umgangssprachlich häufig verwenden.

Was ist ein Objekt?

Doch was ist eigentlich ein Objekt? Meist denkt man zunächst an Gegenstände im Allgemeinen. Jeder Gegenstand ist ein Objekt. Nach dieser Definition befinden sich jede Menge Objekte in Ihrer unmittelbaren Umgebung:

✔ der Stuhl, auf dem Sie sitzen,

✔ das Haus, in dem Sie wohnen,

✔ das Auto in Ihrer Garage,

✔ dieses Taschenbuch, das Sie gerade lesen.

Einige der genannten Objekte setzen sich wiederum aus anderen Objekten zusammen:

✔ Der Stuhl besteht aus einer Lehne, einer Sitzfläche und in der Regel vier Stuhlbeinen.

✔ Das Haus hat ein Dach, Wände, Zimmer, Türen usw.

✔ Das Auto setzt sich aus einem Chassis, einer Karosserie und Rädern zusammen.

✔ Sogar das Buch lässt sich in einen Umschlag und einzelne Seiten aufteilen, die jede für sich ein eigenes Objekt darstellen.

Im Rahmen einer solchen gegenständlichen Sichtweise können auch Menschen, Tiere und Pflanzen unter den Objektbegriff gefasst werden.

Die Definition des Objektbegriffs geht jedoch in der Objektorientierung weit über die rein gegenständliche Betrachtung hinaus. Hier werden auch abstrakte Konstrukte als Objekte bezeichnet. Dazu zählen beispielsweise:

✔ Beziehungen

   ✔ Familie

   ✔ Arbeitsverhältnis

   ✔ Mitgliedschaft in einem Verein

✔ Verträge

✔ Prozesse

   ✔ Arbeitsabläufe im Büro

   ✔ Warenlieferungen

   ✔ Entwicklung eines Computerprogramms

   ✔ Reifenwechsel

✔ Ereignisse

✔ Lottogewinn

✔ Einstellung eines neuen Mitarbeiters

✔ Frühlingsanfang

Vermutlich werden Sie spätestens jetzt einwenden: Na, wenn man es so betrachtet, dann besteht die Welt ja nur noch aus Objekten!

Modellierung mit Objekten

Genau das ist die Philosophie, die hinter der Objektorientierung steckt: Die Welt wird als Sammlung von Objekten und ihrer Beziehungen verstanden. Allerdings geht es jeweils nur um einen kleinen Teil der Welt – nämlich um die direkte Umgebung, die Sie für Ihren ganz konkreten Problembereich als relevant ansehen. Auf den Punkt gebracht, kann der Objektbegriff vorerst so definiert werden:

> Ein Objekt ist eine identifizierbare Einheit, die aus einem bestimmten Kontext isolierbar ist.

Den Kontext bestimmen Sie selbst durch die Abgrenzung Ihrer jeweiligen Problemstellung. Wenn Sie beispielsweise ein Warenwirtschaftssystem entwickeln wollen, dann gehört alles, was für die Warenwirtschaft in Ihrer Unternehmung relevant ist, zum aktuellen Kontext. Jedes Element innerhalb dieses Betrachtungsfokus, ob es sich nun um einen Gegenstand, einen Menschen oder einen abstrakten Geschäftsprozess handelt, ist ein Objekt.

Die folgende Abbildung veranschaulicht das Prinzip der Modellbildung.

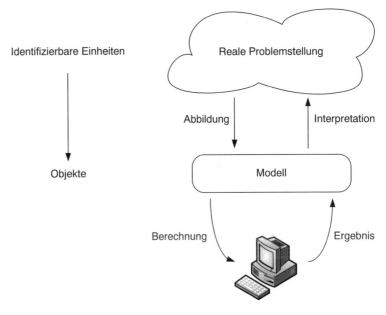

Abbildung 1.7: Modellbildung

Reale Problemstellungen, die mit Hilfe eines Programms gelöst werden sollen, sind in der Regel äußerst komplex und besitzen Wechselwirkungen mit vielen anderen Aufgabenstellungen. Es ist daher unmöglich, *sämtliche* Aspekte der Realität in der Softwareentwicklung zu berücksichtigen.

Durch Abstraktion wird deshalb die Realität in vereinfachter Form in einem Modell abgebildet. Das Modell repräsentiert nicht alle, aber dennoch die wesentlichen Aspekte, die zur Lösung der jeweiligen Aufgabenstellung eine Rolle spielen. Das Modell ist hinreichend einfach, um durch ein Computerprogramm berechnet werden zu können, und gleichzeitig genügend exakt, um eine auch in der Realität brauchbare Lösung zu gewährleisten. Die Ergebnisse der Berechnung gelten jedoch zunächst nur für die speziellen (vereinfachten) Modellannahmen und müssen anschließend noch für die reale Problemsituation interpretiert werden.

In der objektorientierten Modellierung werden sämtliche identifizierbaren Einheiten, die für die Problemlösung relevant sind, in Form von Objekten repräsentiert. Hierbei ist die persönliche Einschätzung des Modellierers (bzw. des beauftragten Teams) von entscheidender Bedeutung. Nur diejenigen Aspekte der Realität, die er für relevant hält, fließen in das Modell ein. Die Qualität des Modells – und damit auch der Berechnungsergebnisse – hängt maßgeblich von der individuellen Sichtweise des Modellierers auf die Problemstellung ab.

Beauftragen Sie drei verschiedene Teams mit ein und derselben Modellierungsaufgabe – Sie werden mindestens drei unterschiedliche Modelle erhalten.

Doch wie werden die in der Realität identifizierten Einheiten in einem Objekt repräsentiert? Die drei folgenden Abschnitte erläutern mit dem Namen, dem Zustand und dem Verhalten die drei Bestandteile eines Objekts, mit denen alle seine Eigenschaften erschöpfend beschrieben werden könne.

Name – eindeutige Identifikation von Objekten

Eine wichtige Voraussetzung für die Abbildung von Elementen der realen Problemstellung in Objekten ist ihre Identifizierbarkeit. Jedes Element muss sich klar von den übrigen Elementen abgrenzen lassen. Verwechslungen, Überschneidungen und Doppeldeutigkeiten sind zu verhindern. Daher wurde in der obigen Definition der Begriff »identifizierbare Einheit« gewählt.

Die Objektorientierung löst die Aufgabe, identifizierbare Einheiten der Realität zweifelsfrei zu bestimmen, durch die Vergabe von eindeutigen *Namen.*

Jedes Objekt ist durch seinen Namen eindeutig identifizierbar und von anderen Objekten abgrenzbar.

Haben Sie beispielsweise in Ihrer realen Problemstellung ein Element »Kunde« identifiziert, dann existiert das Objekt mit dem Namen Kunde in Ihrem Objektmodell genau ein Mal. Wollen Sie mehrere Kunden in dem Modell abbilden, dann muss jedes einzelne Kundenobjekt einen eigenen, unverwechselbaren Namen erhalten. Sie könnten beispielsweise die Kunden durchnummerieren. Die Kundenobjekte hießen dann Kunde1, Kunde2, ... KundeX. Eine andere Möglichkeit besteht darin, die tatsächlichen Namen der Kunden auch für die Objektbezeichnungen zu verwenden: KundeMeier, KundeSchmidt usw.

Über den Namen ist jedes Objekt eindeutig identifizierbar. Damit beschreibt das Objekt aber noch keinerlei Eigenschaften des realen Elements, das es im Modell repräsentiert. Die Objektorientierung unterscheidet zwei Arten von Eigenschaften: statische und dynamische.

Zustand – statische Objekteigenschaften

Statische Eigenschaften eines Objekts werden als *Zustand* bezeichnet. Der Zustand drückt die aktuelle Situation eines Objekts aus, die mit Hilfe von *Attributen* beschrieben wird.

Der Zustand eines Objekts wird durch die aktuellen Werte seiner Attribute definiert. Er beschreibt statische Eigenschaften des Objekts.

Angenommen, Sie möchten ein Auto als Objekt identifizieren. Der Name des Objekts wäre dann beispielsweise meinAuto. Nun kann Ihr Auto verschiedene Zustände besitzen. Es kann an der Ampel stehen, mit 120 km/h über die Autobahn fahren, manchmal sitzen Sie allein in Ihrem Wagen und ein anderes Mal fährt Ihre gesamte Familie mit. All diese Situationen stellen unterschiedliche Zustände des Objekts meinAuto dar.

In diesem Beispiel lassen sich die genannten Zustände mit Hilfe von zwei Attributen definieren. Ob das Auto steht oder fährt, lässt sich mit einem Attribut geschwindigkeit beschreiben. Die aktuelle Geschwindigkeit des Autos wird dann durch den entsprechenden Attributwert repräsentiert. Ein zweites Attribut anzahl_Insassen zeigt an, wie viele Personen in dem Auto sitzen.

Die folgende Abbildung enthält eine grafische Darstellung des Objekts meinAuto mit den genannten Attributen.

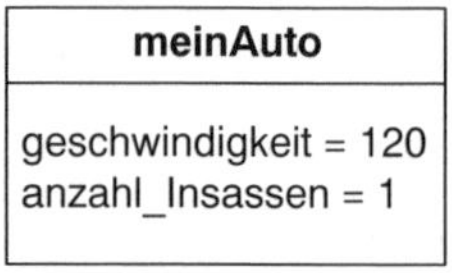

meinAuto
geschwindigkeit = 120 anzahl_Insassen = 1

Abbildung 1.8: Das Objekt meinAuto

In der Abbildung beträgt die aktuelle Geschwindigkeit des Autos 120 km/h und es befindet sich ein Insasse an Bord. Wenn Sie nun langsamer fahren (z.b. 50 km/h), sitzen Sie immer noch in demselben Auto, es ändert lediglich seinen Zustand.

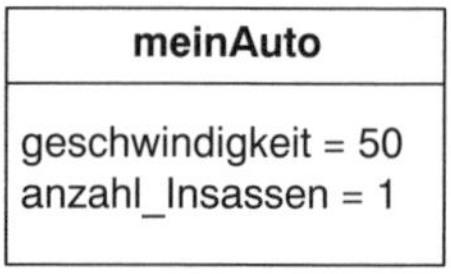

meinAuto
geschwindigkeit = 50 anzahl_Insassen = 1

Abbildung 1.9: Das Objekt meinAuto mit verändertem Zustand

Die Abbildung zeigt die objektorientierte Darstellung des veränderten Zustands. Das Attribut geschwindigkeit hat jetzt den Wert 50 statt 120.

Der Zustand eines Objekts bildet eine *Momentaufnahme.* Er repräsentiert durch die Attributwerte die Situation Ihrer realen Problemstellung zu einem bestimmten Zeitpunkt.

Jedes Objekt der realen Welt findet seine Entsprechung in einem solchen Objekt des Modells. Wenn Sie in Ihr Programm ein zweites Auto aufnehmen wollen, dann müssen Sie ihm einen anderen Namen geben, da jedes Objekt durch seinen Namen eindeutig identifizierbar sein muss. Definieren wir also ein zweites Auto, das ebenfalls nur einen Insassen hat und gerade 50 km/h schnell fährt:

meinAuto	deinAuto
geschwindigkeit = 50 anzahl_Insassen = 1	geschwindigkeit = 50 anzahl_Insassen = 1

Abbildung 1.10: Die Objekte meinAuto und deinAuto

Das neue Objekt heißt, wie der obigen Abbildung zu entnehmen ist, deinAuto. Es gibt also jetzt zwei Objekte in unserem Modell: meinAuto und deinAuto. Auch wenn beide Objekte denselben Zustand besitzen (50 km/h Geschwindigkeit und ein Insasse), so handelt es sich dennoch um zwei verschiedene Objekte, die jeweils ein eigenes Element der realen Welt repräsentieren. Welches Auto gemeint ist, kann jederzeit durch den Namen des entsprechenden Objekts eindeutig bestimmt werden.

Zwei Objekte, die ein und denselben Zustand besitzen, repräsentieren dennoch zwei verschiedene Elemente der realen Problemstellung.

Vielleicht ist Ihnen die etwas eigenartige Schreibweise der Namen und der Attribute aufgefallen. Sie entspricht der objektorientierten Konvention, die in vielen Modellierungs- und Programmiersprachen Verwendung findet. Auch für die UML und die Beispiele in diesem Buch gilt die folgende, allgemein übliche Vereinbarung:

✔ Objektnamen beginnen mit einem Kleinbuchstaben (z.B. `auto`).

✔ Bei zusammengesetzten Objektnamen beginnt das erste Wort mit einem Kleinbuchstaben, alle weiteren Wörter stehen ohne Leerzeichen sofort dahinter und beginnen mit einem Großbuchstaben (z.B. `meinAuto`).

✔ Für Attribute gelten dieselben Regeln wie für Objektnamen (z.B. `geschwindigkeit` und `hoechstGeschwindigkeit`).

✔ Alternativ können zusammengesetzte Bezeichnungen zur besseren Lesbarkeit auch durch einen Unterstrich getrennt werden (z.B. `anzahl_Insassen`).

Verhalten – dynamische Objekteigenschaften

Um den Zustand eines Objekts zu ändern, ist die Ausführung einer Aktion erforderlich. In dem obigen Beispiel muss etwa ein zusätzlicher Passagier in das Auto einsteigen, damit sich die Anzahl der Insassen erhöht. Die Fähigkeit von Objekten, Aktionen durchzuführen, wird als *Verhalten* bezeichnet.

Erst durch das Verhalten, das die dynamischen Eigenschaften eines Objekts beschreibt, kommt Bewegung in Ihr Objektmodell. Die Aktionen, in denen sich das Verhalten eines Objekts äußert, werden in der Objektorientierung als *Operationen* oder auch als *Methoden* bezeichnet.

Das Verhalten eines Objekts wird durch seine Operationen (Methoden) beschrieben. Sie definieren dynamische Eigenschaften des Objekts.

Damit haben wir nun alle Bestandteile von Objekten beisammen:

✔ den Namen zur eindeutigen Identifikation,

✔ den Zustand für die Beschreibung statischer Eigenschaften

✔ und das Verhalten zur Repräsentation dynamischer Eigenschaften von Objekten.

Zusammengefasst können wir daraus eine abschließende Definition für den Objektbegriff ableiten.

Ein Objekt ist eine identifizierbare Einheit, die aus einem bestimmten Kontext isolierbar ist. Es wird durch seinen Namen, seinen Zustand und sein Verhalten eindeutig beschrieben.

Mit der Datenkapselung und der Kommunikation zwischen Objekten beleuchten die beiden folgenden Abschnitte zwei in diesem Zusammenhang wichtige Aspekte ein wenig näher.

Datenkapselung

Hinter dem Zusammenspiel von Attributen (Zustand) und Operationen (Verhalten) steht ein weiteres wichtiges Prinzip der Objektorientierung. Alle (statischen und dynamischen) Informationen über ein Objekt werden in seiner Beschreibung zusammengefasst. Die Attribute sind grundsätzlich von außen unsichtbar. Das bedeutet insbesondere, dass Attributwerte eines Objekts nicht ohne weiteres von anderen Objekten geändert werden können. Eine Manipulation von Attributwerten ist nur über die Methoden eines Objekts möglich. Man bezeichnet diese Eigenschaft der Objektorientierung als *Datenkapselung*.

In objektorientierten Modellen bestehen Abläufe aus den Interaktionen von Objekten. Ein Prozess in einem Objektmodell setzt sich also zusammen aus einzelnen Kommunikationsvorgängen zwischen Objekten. Die Operationen dienen den Objekten dazu, Botschaften mit anderen Objekten auszutauschen.

In dem Auto-Beispiel kann die Anzahl der Insassen also nicht einfach durch die *direkte* Zuweisung eines neuen Werts an das Attribut anzahl_Insassen geändert werden. Nur die Operation Einsteigen() darf die Attribute seines Objekts manipulieren. Um die Anzahl der Insassen von einem auf zwei zu erhöhen, bleibt somit keine andere Möglichkeit, als die Operation Einsteigen() zu aktivieren, die dann die gewünschte Aktion durchführt und den Attributwert auf *indirektem* Wege ändert. Die folgende Abbildung veranschaulicht diesen Zusammenhang.

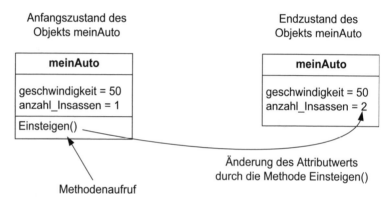

Abbildung 1.11: Manipulation von Attributwerten über Methoden

Diese Vorgehensweise mag auf den ersten Blick umständlich erscheinen. Sie hat aber durchaus ihren Sinn. Eine wesentliche Voraussetzung für die Wiederverwendbarkeit von Softwarebausteinen ist nämlich deren jederzeitige Integrität. Wenn mehrere Objekte (oder Programme) gleichzeitig von außen ohne weiteres in den Zustand eines anderen Objekts eingreifen und ihn manipulieren können, dann ist nicht gewährleistet, dass jeweils mit den korrekten Attributwerten gearbeitet wird. Gibt es aber eine Operation, die allein für solche Manipulationen zuständig ist, lässt sich dieses Problem beheben.

Ein weiterer wichtiger Aspekt für die *Wiederverwendung* von Objekten in verschiedenen Programmen ist die Vermeidung unklarer gegenseitiger Abhängigkeiten. Durch die Definition eindeutiger Schnittstellen ist jederzeit klar, wie und von welchen anderen Elementen auf ein Objekt zugegriffen werden kann. Einzelne Module können daher in verschiedenen Anwendungen wiederverwendet werden, ohne dass die Funktionalität dadurch beeinträchtigt wird. Darüber hinaus können einzelne Module eines Programms verändert werden, ohne dass die übrigen Objekte davon in irgendeiner Weise beeinträchtigt werden.

Klassen

Durch seinen Namen, seinen Zustand und sein Verhalten ist ein Objekt eindeutig definiert. Sie können nun jeden beliebigen Gegenstand Ihrer Umgebung als Objekt beschreiben. Am Beispiel der Autos wurde dies bereits dargestellt.

Was macht aber ein Autohersteller, der sämtliche Autos, die er produziert, in einer objektorientierten Software abbilden möchte? Es wäre ziemlich mühsam, wenn er jedes einzelne Auto neu beschreiben müsste. Auch dafür hat die Objektorientierung mit der *Klassenbildung* eine geeignete Lösung.

Eine Klasse definiert ein Muster zur Beschreibung von Objekten mit gleichen oder ähnlichen Eigenschaften.

Konkrete Klassen

Klassen definieren Muster, denen alle zugehörigen Objekte entsprechen. Mit Hilfe des Musters, das in der Klassenbeschreibung vorgegeben ist, kann eine beliebige Anzahl von Objekten erzeugt werden, die alle dieselben Eigenschaften (Attribute und Operationen) haben. Die Objekte unterscheiden sich lediglich durch ihren Namen (eindeutige Identifizierbarkeit) und ihre konkreten Zustände (Attribut*werte*).

Die Beschreibung einer Klasse in einem Objektmodell entspricht weitgehend der eines Objekts. Auch eine Klasse ist über ihren Namen eindeutig identifizierbar. Im Unterschied zu Objekten beginnt der Klassenname nach objektorientierter Konvention stets mit einem Großbuchstaben. Sie beschreibt darüber hinaus den Zustandsraum ihrer Objekte über Attribute und deren Verhalten über Operationen. Die folgende Abbildung verdeutlicht diesen Zusammenhang anhand des Auto-Beispiels.

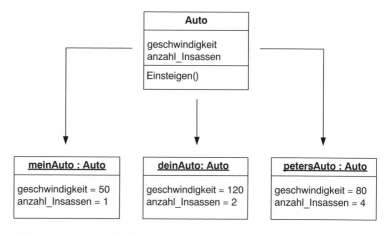

Abbildung 1.12: Die Klasse Auto

Die Klasse Auto definiert in der Abbildung ein Muster für alle ihre Objekte.

Die Objekte einer Klasse werden auch als ihre *Instanzen* bezeichnet.

Klassen, die in der Lage sind, Objekte nach dem in der Klassenbeschreibung definierten Muster zu erzeugen, heißen *konkrete Klassen*.

Dieses Muster besteht aus den beiden Attributen geschwindigkeit und anzahl_Insassen sowie der Operation Einsteigen(). Alle Objekte, die zu der Klasse Auto gehören, besitzen diese Eigenschaften. Sie unterscheiden sich lediglich durch ihren eindeutigen Namen und ihren aktuellen Zustand. In dem Beispiel der Abbildung 1.12 hat die Klasse Auto mit den Objekten meinAuto, deinAuto und petersAuto drei Instanzen. Die drei Autos haben jeweils eine andere aktuelle Geschwindigkeit und damit unterschiedliche Zustände. Doch selbst wenn zwei oder mehr Auto-Objekte identische Zustände aufweisen, so bleiben es doch verschiedene Objekte – genau wie zwei reale Autos, die auf der Autobahn dieselbe Anzahl Insassen haben und mit derselben Geschwindigkeit unterwegs sind.

Abstrakte Klassen

Neben den konkreten Klassen, die Objekte nach dem in der Klassenbeschreibung definierten Muster erzeugen können, gibt es in der Objektorientierung auch so genannte *abstrakte Klassen*.

Diese werden für Verallgemeinerungen oder Oberbegriffe eingesetzt. Im Unterschied zu konkreten Klassen können abstrakte Klassen keine Objekte bilden. Sie sind also stets »leer«.

Abstrakte Klassen definieren lediglich Muster, aus denen die Eigenschaften speziellerer (konkreter) Klassen abgeleitet werden.

In Abbildung 1.13 ist *Fahrzeug* eine abstrakte Klasse – erkennbar an der kursiven Schrift des Klassennamens im Modell. Sie definiert ein Muster allgemeiner Eigenschaften von Fahrzeugen. Demnach besteht der Zustand eines Fahrzeugs aus dem Namen des Besitzers, dem Typ, der Farbe und der Geschwindigkeit. Das Verhalten äußert sich in den Methoden fahren und bremsen.

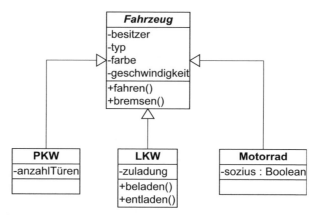

Abbildung 1.13: Abstrakte und konkrete Klassen

Aus dieser Beschreibung werden mit den Klassen PKW, LKW und Motorrad konkrete Arten von Fahrzeugen abgeleitet. In dem Modell der Abbildung existieren keine Objekte vom Typ »Fahrzeug«, da diese Oberklasse als abstrakte Klasse nicht in der Lage ist, Instanzen zu erzeugen. Es können allerdings sehr wohl Exemplare der Typen »PKW«, »LKW« und »Motorrad« gebildet werden. Die Klasse PKW erweitert die Definition von Fahrzeug durch das Attribut anzahlTüren. LKW besitzt zusätzlich das Attribut zuladung und die beiden Methoden beladen und entladen. Motorrad spezialisiert seine Oberklasse mit dem Attribut sozius.

Wie diese Spezialisierung von Klassen genau funktioniert, erläutert der folgende Abschnitt.

Vererbung

Neben der Klassenbildung ist die *Vererbung* ein weiteres wichtiges Konzept der Objektorientierung. Das Grundprinzip der Vererbung besteht darin, aus bereits bekannten und beschriebenen Elementen eines Objektmodells weitere Elemente abzuleiten.

Bei der Vererbung werden bereits existierende Klassen um bestimmte Eigenschaften (Attribute oder Methoden) erweitert und somit *spezialisiert*.

Daher bezeichnet man Vererbungsbeziehungen zwischen Klassen auch als *Generalisierung/Spezialisierung*.

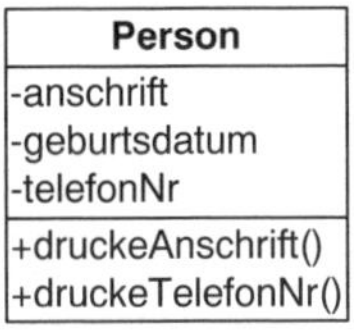

Person
-anschrift
-geburtsdatum
-telefonNr
+druckeAnschrift()
+druckeTelefonNr()

Abbildung 1.14: Die Klasse Person

Im Beispiel der Abbildung wird zunächst eine Klasse mit dem Namen Person definiert. Jede Person besitzt eine Anschrift, ein Geburtsdatum und eine Telefonnummer. Diese Merkmale definieren den Zustand einer Person und werden daher als Attribute der Klasse definiert. Um die Anschrift und das Geburtsdatum einer Person ausgeben zu können, werden die Methoden druckeAnschrift und druckeTelefonNr benötigt. Alle Objekte, die Personen repräsentieren, können nun mit Hilfe dieses Musters – also dieser Attribute und Methoden – beschrieben werden.

Allerdings reichen diese wenigen Attribute in der Regel nicht aus, um bestimmte Gruppen von Personen zu beschreiben. So gibt es z.B. an einer Universität u.a. Professoren, Studenten und Verwaltungsangestellte. Jede dieser Gruppen besitzt neben den allgemeinen Eigenschaften, die durch die Klasse Person abgedeckt werden, weitere zustandsbestimmende Merkmale und Verhaltensweisen. Daher wird für jede der drei Personengruppen eine eigene Klasse definiert, die sich aus der Klasse Person ableitet (vgl. die folgende Abbildung). Zwischen der Klasse Person einerseits und den Klassen Professor, Student und Verwaltungsangestellte andererseits besteht eine *Vererbungsbeziehung*. Person bezeichnet man als *Oberklasse* (oder *Superklasse*), die drei übrigen Klassen als *Unterklassen* (oder *Subklassen*).

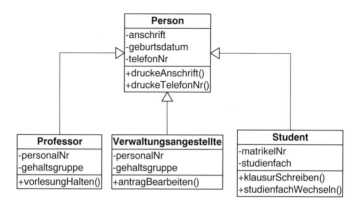

Abbildung 1.15: Die Superklasse Person und ihre Subklassen

Jede der drei Subklassen »erbt« nun die Eigenschaften der Superklasse. Das heißt, die Attribute anschrift, geburtsdatum und telefonNr sowie die beiden Methoden der Superklasse Person sind in den Subklassen verfügbar, ohne dass sie dort explizit genannt werden.

Darüber hinaus können für die Subklassen weitere Eigenschaften vereinbart werden. Diese werden dann, wie in der Abbildung 1.15 zu sehen, in die Klassenbeschreibung aufgenommen. So besitzen Professoren und Verwaltungsangestellte eine Personalnummer und eine Gehaltsgruppe, Studenten eine Matrikelnummer und ein Studienfach.

Die Methoden der Klassen beschreiben wiederum mögliche Verhaltensweisen der Instanzen dieser Klassen. Professoren halten Vorlesungen, Verwaltungsangestellte bearbeiten Anträge und Studenten schreiben Klausuren oder wechseln das Studienfach. Es handelt sich bei allen drei Klassen um spezielle Gruppen von Personen. Jedes zu diesen Klassen gehörende Objekt besitzt daher alle Eigenschaften der Superklasse Person und zusätzlich die Attribute und Methoden, die in der jeweiligen Subklasse definiert sind.

Mit der Vererbung kennen Sie nun eines der wichtigsten Konzepte der Objektorientierung. Die bisherigen Ausführungen beziehen sich auf den Fall, dass eine Unterklasse immer nur zu einer Oberklasse gehört. Man spricht hierbei von *Einfachvererbung*. Im praktischen Einsatz der objektorientierten Modellierung werden Sie jedoch häufig feststellen, dass einige Klassen Ihrer realen Problemstellung, bzw. deren Instanzen, sich mehr als nur einem Muster (einer Oberklasse) zuordnen lassen. Die Unterklasse erbt dann die Eigenschaften von zwei oder mehr Oberklassen. Dies bezeichnet man in der objektorientierten Terminologie als *Mehrfachvererbung* (auch: *multiple Vererbung*).

Sie haben grundsätzlich die Möglichkeit, multiple Vererbungsbeziehungen in Ihre objektorientierten Modelle einzubauen. Allerdings werden diese von einigen Programmiersprachen nicht unterstützt oder sind nur über Umwege realisierbar (z.B. Java und Smalltalk). Hierfür gibt es einen guten Grund: Mehrfachvererbung ist nämlich nicht unproblematisch. Sie kann zu Inkonsistenzen in Ihrem Modell führen.

Die »Verweigerung« multipler Vererbungsbeziehungen durch einige Programmiersprachen dient also u.a. dem Schutz des Programmierers vor logischen Konflikten im Programm.

Polymorphie

Polymorphie bedeutet »Vielgestaltigkeit«. In der Objektorientierung ist Polymorphie ein Konzept, das es Objekten erlaubt, auf ein und dieselbe Nachricht unterschiedlich zu reagieren.

Statt *Polymorphie* wird häufig auch die Bezeichnung *Polymorphismus* verwendet.

Untrennbar damit verbunden ist das so genannte *späte Binden*. Dabei wird erst zur Laufzeit eines objektorientierten Programms festgelegt, welche Methode durch eine bestimmte Nachricht ausgelöst wird. Im Beispiel der folgenden Abbildung besitzt die Klasse Polygon zwei Unterklassen: Kreis und Rechteck.

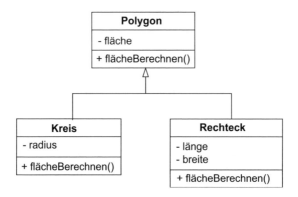

Abbildung 1.16: Polymorphie

Alle drei Klassen der Abbildung besitzen eine Methode flächeBerechnen. Eigentlich wäre das gar nicht nötig. Aus dem Abschnitt zur Vererbung haben Sie bereits erfahren, dass Unterklassen alle Attribute und Methoden ihrer Oberklasse erben. Also besitzen doch hier die Klassen Kreis und Rechteck neben dem Attribut fläche schon eine Methode flächeBerechnen durch die Vererbung von Polygon.

Nun wird aber die Fläche eines Kreises anders berechnet als die Fläche eines Rechtecks. Es ist daher sinnvoll, dass Unterklassen die Methoden ihrer Oberklassen *überschreiben* können. Genau dies geschieht in der obigen Abbildung. Die Klassen Kreis und Rechteck definieren ihre eigenen Methoden flächeBerechnen. Je nachdem, ob es sich bei dem aufgerufenen Objekt um eine Instanz der Klasse Polygon, Kreis oder Rechteck handelt, wird trotz desselben Methodennamens eine andere Rechenoperation ausgelöst.

Das Überschreiben von Methoden ist nicht mit dem Überladen zu verwechseln. Beim Überschreiben wird in einer Unterklasse die aus einer Oberklasse geerbte Methode neu definiert. Beim Überladen richtet sich die Ausführung einer Methode nach der jeweiligen Parameterliste.

Neben dem Überschreiben gibt es in der Objektorientierung auch ein so genanntes *Überladen* von Methoden. Dabei wird der Methodenname innerhalb einer Klasse mehrfach aufgeführt. Jede dieser Methoden beschreibt ein anderes Verhalten und besitzt eine andere Parameterliste. Beim Methodenaufruf erfolgt die Identifikation der »richtigen« (also tatsächlich gemeinten) Methode durch die übergebene Parameterliste.

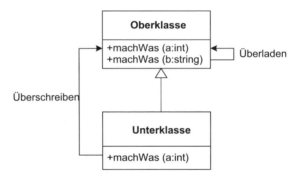

Abbildung 1.17: Überladen von Methoden

Im Beispiel der Abbildung wird die Methode machWas in der Unterklasse überschrieben. Sie wird mit demselben Parametertyp aufgerufen wie in der Oberklasse: mit einem ganzzahligen Parameter. Die zweite Methode mit dem Namen machWas in der Oberklasse hat hingegen statt einer Zahl eine Zeichenkette (Typ String) als Parameter. Welche der beiden Methoden in der Oberklasse bei einem Aufruf aktiviert wird, hängt vom Datentyp des mitgelieferten Parameters ab.

Objektorientierte Systementwicklung

Sie haben nun die wichtigsten Konzepte der Objektorientierung kennen gelernt. Wenn Sie bereits Erfahrungen mit klassischen Programmiersprachen gesammelt haben, dann werden Sie feststellen, dass die Objektorientierung ganz anders an Problemstellungen herangeht. Es ist leicht nachzuvollziehen, dass sich daraus auch ein verändertes Vorgehen im Rahmen der Entwicklung objektorientierter Software ergibt.

Die objektorientierte Systementwicklung besteht aus den drei Phasen

✔ Objektorientierte Analyse (OOA),

✔ Objektorientiertes Design (OOD) und

✔ Objektorientierte Programmierung (OOP).

Die *objektorientierte Analyse* hat die Aufgabe, die Anforderungen an ein Softwaresystem zu ermitteln und die reale Problemstellung abzubilden. Völlig unabhängig von der späteren Implementierung der Software wird der abzubildende Problembereich in Objekten und Klassen sowie ihren Beziehungen beschrieben. Auch die Wahl der Programmiersprache spielt in dieser Phase noch keine Rolle. Die Herausforderung für den Systemanalytiker besteht darin, das objektorientierte Modell so weit von der Realität zu abstrahieren, dass es alle für den Auftraggeber relevanten Bestandteile der realen Problemstellung abbildet.

Das im Rahmen der objektorientierten Analyse erstellte Fachkonzept wird anschließend im *objektorientierten Design* an die Bedingungen der technischen Plattform angepasst und ergänzt um die Modellierung der Benutzungsoberfläche und die Gestaltung der Datenhaltung.

Eng verbunden mit dem objektorientierten Design ist die Implementierung des Modells in einer objektorientierten Programmiersprache (*objektorientierte Programmierung*). Aufgrund des streng modularen Aufbaus können entworfene Klassen direkt implementiert und getestet werden. So ist es möglich, dem Auftraggeber relativ schnell die Funktionalität des Systems vorzuführen und durch eine enge Benutzerbeteiligung am Entwicklungsprozess Fehler frühzeitig zu korrigieren.

Durch die laufende Anpassung des Systems entsteht ein evolutionärer Prozess, in dem die Phasen Analyse, Design und Implementierung ständig wiederholt werden, bis eine zufrieden stellende Qualität der Software erzielt wird.

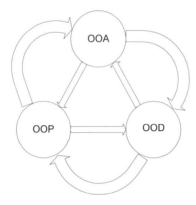

Abbildung 1.18: OOA, OOD und OOP

Wie in der Abbildung zu sehen, kann die Abfolge der Phasen Analyse, Design und Programmierung durchaus unterbrochen werden. Falls nötig, ist auch ein Rücksprung aus der Programmierung ins Design oder gar aus der Analyse in die direkte Implementierung möglich.

Damit haben Sie die wesentlichen Grundlagen der Objektorientierung kennen gelernt und können nun im folgenden Kapitel mit der UML beginnen. Die in diesem ersten Kapitel beschriebenen Konzepte der Objektorientierung werden Ihnen im weiteren Verlauf dieses Taschenbuchs immer wieder begegnen.

Grundlagen der UML

Dieses Kapitel gibt einen Überblick über grundlegende Aspekte der UML. Sie erfahren Näheres zu ihren Zielen, ihrer historischen Entwicklung und der Spracharchitektur. Außerdem werden die wesentlichen Diagrammarten einführend vorgestellt.

Grundlagen der UML

Die *Unified Modeling Language* (*UML*) ist eine formale Sprache zur Spezifikation, Visualisierung, Konstruktion und Dokumentation von Softwaresystemen und Geschäftsmodellen.

Sie unterstützt die Analyse realer Problemstellungen durch die Bereitstellung zahlreicher Diagramme, die in einem objektorientierten Modell verschiedene Aspekte aus jeweils unterschiedlichen Blickwinkeln beleuchten. Dem Modellierer steht mit der UML eine mächtige Sprache zur Verfügung, die es ihm ermöglicht, auch komplexe Zusammenhänge mit Hilfe objektorientierter Konzepte einfach und dennoch umfassend abzubilden.

Bevor wir in die objektorientierte Modellierung mit der UML einsteigen, soll Ihnen dieses Kapitel einen kurzen Überblick über den Hintergrund der Sprache geben. Neben der Zielrichtung und der historischen Entwicklung erfahren Sie hier etwas über die zugrunde liegende Spracharchitektur und erhalten einen ersten Einblick in die verschiedenen in der UML verfügbaren Diagramme zur Beschreibung einer Problemdomäne.

Motivation

Die Entwicklung leistungsfähiger Softwaresysteme ist ein äußerst komplexes Problem. Projekte dieser Art umfassen oft viele Mannjahre. Die zahlreichen Aspekte, die dabei zu berücksichtigen sind, erschweren die Überschaubarkeit des Gesamtprojekts. Anwender und Entwickler arbeiten zunehmend in allen Phasen der Softwareentwicklung, von der Analyse bis hin zur Implementierung, zusammen.

Daraus ergeben sich häufig Schwierigkeiten in der Kommunikation: Der Anwender versteht den Programmierer nicht und umgekehrt. Ähnlich sieht es beim Reengineering von Geschäftsprozessen aus. Auch solche Projekte leiden oftmals unter der fehlenden oder mangelhaften gemeinsamen Kommunikationsbasis zwischen den beteiligten Gruppen.

Modelle – seien es nun Softwaremodelle oder Geschäftsprozessmodelle – können hier hilfreiche Unterstützung bieten. Sie reduzieren die oft enorme Komplexität von Sachverhalten auf ein überschaubares Maß. Indem wir von dem Gesamtproblem abstrahieren und vereinfachte Modelle bilden, können wir komplexe Zusammenhänge besser verstehen und gedanklich verarbeiten.

Darüber hinaus sind Modelle auch geeignet, Projektbeteiligte mit unterschiedlicher Spezialisierung und Erfahrung zusammenzubringen und ihnen die Diskussion gemeinsamer Aufgaben zu erleichtern. Modelle stellen ein Kommunikationsmittel dar, das ihnen eine gemeinsame Sprache und somit gegenseitiges Verständnis ermöglicht.

Vor der Entstehung der UML existierte eine Vielzahl objektorientierter Modellierungssprachen, die alle unterschiedliche (sich zum Teil auch überschneidende) Modellelemente, Notationen und Regeln besaßen. Richtig durchsetzen konnte sich keine dieser Sprachen, was viele Anwender davor zurückschrecken ließ, sich mit objektorientierten Modellen zu beschäftigen.

Die Entwicklung der UML erfolgte (und erfolgt) vor diesem Hintergrund auf der Basis folgender Ziele:

✔ *Bereitstellung einer konkreten, visuellen Modellierungssprache für die Entwicklung und den Austausch umfassender, aussagekräftiger Modelle*
Für die objektorientierte Analyse ist es von großer Bedeutung, dass die verwendete Modellierungssprache *konkrete*, allgemein akzeptierte Konzepte zur Verfügung stellt, die wesentliche Bereiche einer Anwendung abdecken. Die bloße Definition abstrakter Gestaltungsvorschriften birgt gerade beim Austausch von Modellen die Gefahr von Inkonsi-

stenzen und Überschneidungen. Gleiches gilt für die Schnittstellen zwischen den Modellen verschiedener Sichten auf ein und denselben Gestaltungsgegenstand.

✔ *Erweiterbarkeit und Verfügbarkeit von Mechanismen zur Ausweitung der Kernkonzepte*
Die objektorientierte Analyse erfreut sich in der Praxis einer ständigen Ausweitung ihrer Einsatzgebiete. Neben der Softwareentwicklung und der Geschäftsprozessanalyse werden objektorientierte Konzepte z.b. auch zunehmend für die Organisationsgestaltung entdeckt. Neue Anwendungen verlangen oftmals spezielle Modellelemente, die eine Anpassung der Modellierungssprache erfordern. Um die Einheitlichkeit der UML zu gewährleisten, sollten dabei jedoch nicht die Kernkonzepte selbst verändert werden. Vielmehr sind diese so formuliert, dass sich benötigte Erweiterungen direkt aus ihnen ableiten lassen. Die Design-Prinzipien der UML beruhen daher u.a. auf den folgenden Anforderungen:

✔ Der Benutzer soll in der Lage sein, die meisten einfachen Anwendungen mit Hilfe der Kernkonzepte der UML abzubilden, ohne individuelle Erweiterungen vornehmen zu müssen.

✔ Spezialfälle sollen möglichst durch die Ableitung neuer Elemente aus den bestehenden Konzepten lösbar sein.

✔ Für Anwendungsbereiche, die durch die Kernkonzepte nicht abgedeckt werden, sollen diese durch neue Konzepte und Notationen ergänzt werden können.

✔ *Unterstützung von Spezifikationen, unabhängig von den eingesetzten Programmiersprachen und Vorgehensmodellen im Entwicklungsprozess*
Die UML soll alle gängigen (objektorientierten) Programmiersprachen unterstützen. Darüber hinaus soll sie im Umfeld möglichst vieler verschiedener Entwicklungsmethoden und Vorgehensmodelle eingesetzt werden können.

✔ *Aufbau auf einer formalen Basis zur Förderung des Verständnisses der Modellierungssprache*
Ein Dilemma formaler Modellierungssprachen besteht in der Abwägung zwischen der notwendigen Präzision der formalen Definition einerseits und dem bequemen Einsatz der Sprache andererseits. Die UML verfolgt den Anspruch, leicht erlernbar und anwendbar zu sein, dabei jedoch gleichzeitig auf einem in formaler Hinsicht wohl durchdachten Konzept zu basieren.

✔ *Förderung objektorientierter Entwicklungswerkzeuge*
Die Durchsetzung eines Quasi-Standards in der objektorientierten Modellierung fördert auch die Entwicklung und Verbreitung softwaregestützter Werkzeuge. Erst durch eine gemeinsame Modellierungssprache mit einheitlichen Basiskonzepten werden die Modelle über Toolgrenzen hinweg austauschbar.

✔ *Unterstützung weitergehender Entwicklungskonzepte wie Komponenten, Frameworks und Patterns*
Die UML fördert die Entwicklung weitergehender Konzepte, die auf ihren Basiselementen aufbauen. Durch die Ableitung aus den bestehenden Konzepten der UML ist die Interoperabilität von Komponenten, Frameworks und Patterns leichter zu gewährleisten.

Die UML führt die Konzepte verbreiteter und bewährter Modellierungssprachen wie Booch, OMT und OOSE zusammen. Sie überwindet somit die Grenzen der Austauschbarkeit objektorientierter Modelle und vereint die Anwender objektorientierter Modellierung in einer einzigen Sprachregelung.

Sie zielt auf die Etablierung einer Standard-Modellierungssprache und nicht etwa eines bestimmten Vorgehensmodells ab. Da die Modellierungsprozesse bei der Entwicklung von Software und der Gestaltung von Geschäftsprozessen in Abhängigkeit vom Unternehmungskontext und der jeweiligen Problemdomäne stark variieren, ist die UML auf einen weit gefächerten Einsatzbereich – unabhängig vom speziellen Vorgehensmodell – zugeschnitten.

Historie

Mitte der siebziger Jahre tauchten die ersten Modellierungs-sprachen für die objektorientierte Analyse und das objektori-entierte Design auf. Bis etwa Mitte der neunziger Jahre ent-standen mehr als 50 Ansätze, die sich teilweise nur in Nuan-cen, oft aber auch von ihrer grundsätzlichen Zielsetzung her unterschieden. Recht bekannte Modellierungsmethoden wur-den entwickelt von Grady Booch, James Rumbaugh, Ivar Jacob-son sowie Peter Coad und Edward Yourdan.

1995 machten sich Booch und Rumbaugh im Rahmen der Ra-tional Software Corporation daran, ihre Notationen zur so ge-nannten *Unified Method (UM)* zu vereinen. Wenig später stieß Ivar Jacobson dazu und brachte Elemente seines *Object Orien-ted Software Engineering (OOSE)* ein. Dies war die Geburts-stunde der UML-Version 0.9.

Der Zusammenschluss dieser drei Vorreiter objektorientierter Modellierung (seitdem in der Fachwelt bekannt als »die drei Amigos«) führte dazu, dass sich immer mehr namhafte Firmen und andere Organisationen den Bemühungen um eine einheit-liche Sprache anschlossen. Darunter waren u.a. Hewlett-Pack-ard, IBM, Microsoft und Oracle. So wurde die UML-Version 1.1 entwickelt, die 1997 bei der *Object Management Group (OMG)* zur Standardisierung eingereicht und akzeptiert wur-de. Seitdem ist die OMG verantwortlich für die Pflege und Weiterentwicklung der UML, die zunächst lediglich kleineren Änderungen und Ergänzungen unterlag.

Die Object Management Group (OMG) ist eine Vereinigung von Entwicklern und Anwendern objektorientierter Tech-nologien, die versuchen, allgemein anerkannte Standards und Spezifikationen für die Objektorientierung zu schaffen, welche die Entwicklung offener objektorientierter Systeme ermöglichen. Sie wurde 1989 gegründet und hat derzeit ca. 1.000 Mitglieder.

Mit der nun vorliegenden Version 2.0 wurden jedoch nicht nur einige sprachliche Konstrukte verändert und neue Diagramme eingeführt. Auch die Spezifikation wurde gründlich überarbeitet und in weiten Teilen neu formuliert. Insgesamt 13 Diagrammtypen stellt die UML in der Version 2.0 zur Verfügung. Dabei sind das Timing-Diagramm, das Interaktionsübersichtsdiagramm und das Kompositionsstrukturdiagramm neu hinzugekommen. Das bisherige Kollaborationsdiagramm heißt nun Kommunikationsdiagramm.

Für den UML-Anwender bedeutet dies jedoch nicht, dass er alle vertrauten Konzepte über Bord werfen muss. In wesentlichen Zügen bleibt die UML das, was sie auch bisher war. Die neue Spezifikation enthält ein formal korrekteres, konsistenteres und in einigen Aspekten erweitertes Metamodell, das endlich mehr Klarheit für Toolhersteller bringt. Diese sind nun gefragt, ihre Werkzeuge an das neue Metamodell anzupassen. Einige der Tools, die wir auf der beiliegenden CD zusammengestellt haben, erfüllen bereits die Spezifikation der UML 2.0. Mehr dazu erfahren Sie in Teil IV dieses Buchs.

Die Standardisierung durch die Object Management Group hat der Verbreitung der UML einen gewaltigen Schub verliehen. Inzwischen wird sie weltweit in vielen Softwareprojekten eingesetzt. Doch auch im Rahmen des Business Reengineering erfreut sie sich immer größerer Beliebtheit. Zunehmend wird erkannt, dass die Objektorientierung nicht nur ein Programmierkonzept ist, sondern eine erfolgversprechende Herangehensweise insbesondere an schlecht strukturierte Problemstellungen auch betriebswirtschaftlicher Art darstellt.

Spracharchitektur

Die Sprachelemente der UML, die Sie im Rahmen Ihrer Projekte zur Modellierung einsetzen, sind an sich recht einfach und bestehen im Wesentlichen aus grafischen Darstellungen. Gleichwohl basieren sie auf einer eindeutig definierten

Spracharchitektur, um die jederzeitige Konsistenz der Modelle zu gewährleisten.

Die folgenden Ausführungen geben Ihnen einen kurzen Einblick in die Spracharchitektur der UML.

UML-Modelle umfassen grob zwei Arten von Objektmodellen:

✔ *Statische Modelle* (Strukturmodelle) beleuchten die Struktur von Objekten in einem System. Dazu gehören ihre Klassen, Schnittstellen, Attribute und Beziehungen zu anderen Objekten.

✔ *Dynamische Modelle* (Verhaltensmodelle) zeigen das Verhalten der Objekte in einem System. Hierzu zählen ihre Methoden, Zustände und Interaktionen sowie ihre Zusammenarbeit bei der Lösung einer Problemstellung.

Die Architektur der UML basiert auf einer vierschichtigen Metamodell-Struktur. Im Einzelnen sind dies folgende Schichten (Layer):

✔ Objekte,

✔ Modell,

✔ Metamodell und

✔ Meta-Metamodell.

Die folgende Tabelle enthält eine Übersicht, in der die einzelnen Schichten beschrieben werden.

Schicht	Beschreibung	Beispiel
Meta-Metamodell	Infrastruktur für eine Metamodell-Architektur; definiert die Sprache zur Spezifikation eines Metamodells	Meta-Klasse, Meta-Attribut, Meta-Operation
Metamodell	Instanz eines Meta-Metamodells; definiert die Sprache zur Spezifikation eines Modells	Klasse, Attribut, Operation, Komponente

Schicht	Beschreibung	Beispiel
Modell	Instanz eines Metamodells; definiert eine Sprache zur Beschreibung der Problemdomäne	Auto, Besitzer, Typ, Farbe, Fahren, Bremsen
Objekte	Instanz eines Modells; definiert eine spezifische Problemdomäne	Peters grüner Golf

Tabelle 2.1: Vierschichtige Metamodell-Architektur der UML

Die Schicht des *Meta-Metamodells* bildet die Grundlage der Architektur. Ihre Aufgabe besteht darin, die Sprache zur Spezifikation eines Metamodells zu definieren. Das Meta-Metamodell verkörpert die höchste Abstraktionsstufe im Rahmen der Vier-Schichten-Architektur. Es kann viele verschiedene Metamodelle definieren. Umgekehrt können mit jedem Metamodell mehrere Meta-Metamodelle verbunden sein (z.B. Meta-Klasse, Meta-Attribut, Meta-Operation).

Ein *Metamodell* ist eine Instanz eines Meta-Metamodells. Es definiert eine Sprache zur Spezifikation von Modellen. Metamodelle sind konkreter als Meta-Metamodelle und besitzen ihrerseits Modelle als Instanzen (z.B. Klasse, Attribut, Operation, Komponente).

Die Instanzen eines Metamodells heißen *Modelle*. Sie haben die Aufgabe, eine Sprache zu definieren, mit der eine Problemdomäne beschrieben werden kann. Modelle sind somit näher an einer konkreten Problemstellung als Metamodelle (z.B. Auto, Besitzer, Typ, Farbe, Fahren, Bremsen).

Die geringste Abstraktionsstufe im Rahmen der vierschichtigen Architektur der UML bilden die *Objekte*. Sie sind Instanzen von Modellen und beschreiben eine spezifische Problemdomäne. Objekte repräsentieren konkrete Elemente der Problemdomäne (z.B. Peters grünen Golf).

Die logische Struktur des UML-Metamodells ist in *Pakete* (Packages) gegliedert. Diese Pakete fassen Meta-Klassen zusammen, die weiter untergliedert sind, untereinander starke Gemeinsamkeiten aufweisen und mit Meta-Klassen in anderen Paketen lose verbunden sind. Eine eingehende Beschreibung würde den Rahmen dieses Buchs sprengen. Falls Sie sich für die Feinheiten der UML-Architektur interessieren, nehmen Sie die Spezifikation der Object Management Group zur Hand. Dort finden Sie tiefer gehende Informationen (vgl. auch die Literaturhinweise im Anhang).

Die Architektur der UML basiert auf der Einhaltung einiger wichtiger Prinzipien, die der Ausnutzung der Leistungspotenziale objektorientierter Gestaltungsansätze förderlich sind.

✔ *Modularität*: Dieses Prinzip der engen Kohäsion und der losen Kopplung von Sprachelementen wird durch deren Gruppierung zu Paketen und die Organisation in Meta-Klassen umgesetzt.

✔ *Schichtenbildung*: Das UML-Metamodell setzt die Schichtenbildung (Layering) gleich auf zwei Arten um. Zum einen trennt es in seiner Paketstruktur die Konstrukte des Metamodellkerns (Core Constructs) von den Konstrukten, die Erstere verwenden. Zum anderen basiert die gesamte Spracharchitektur auf der konsequenten Einhaltung des soeben beschriebenen Vier-Schichten-Modells.

✔ *Partitionierung*: Dieses Prinzip wird verwendet, um verschiedene konzeptionelle Bereiche innerhalb derselben Schicht zu organisieren. Unterschiedliche Feinheitsgrade in der Partitionierung der einzelnen Bestandteile des Metamodells sollen ein hinreichendes Maß an Flexibilität für zukünftige Erweiterungen und Anpassungen gewährleisten, ohne die Modularität der Spracharchitektur negativ zu beeinflussen.

✔ *Erweiterbarkeit*: Die UML kann auf unterschiedliche Weise erweitert werden.

✔ Es lassen sich neue Dialekte der UML definieren, indem sie über spezielle Profile an einzelne Plattformen (z.b. J2EE/EJB, .NET/COM+) oder Anwendungsbereiche (z.b. Finanzen, Telekommunikation) angepasst wird.

✔ Es können neue Sprachen entwickelt werden, die an die UML angelehnt sind und Teile ihrer Infrastruktur wiederverwenden.

✔ *Wiederverwendung*: Aufgrund der feingliedrigen Struktur und der Flexibilität der Metamodell-Bibliothek lässt sich diese – ob nun als Ganzes oder in Teilen – wiederverwenden.

Diagrammarten

Die UML stellt Ihnen verschiedene *Diagramme* zur Verfügung, um die objektorientierte Analyse Ihrer Problemdomäne grafisch darzustellen. Diese Diagramme unterscheiden sich durch den Blickwinkel, aus dem sie die Problemstellung betrachten.

Die Diagramme der UML analysieren eine Problemstellung aus den vier Blickwinkeln interne, externe, statische und dynamische Sicht.

Im Wesentlichen können dabei zwei Kategorien von Sichtweisen unterschieden werden:

✔ Externe vs. interne Sicht

   ✔ Bei der *externen Betrachtung* (Außensicht) ist das zu analysierende System als »Black Box« zu betrachten. Von Interesse sind dabei lediglich der Input und der Output des Systems. Ein UML-Modell stellt in der externen Sicht also lediglich dar, *was* ein System (z.B. ein Geschäftsprozess oder ein Objekt) leistet und welche Informationen dazu benötigt werden. Wie ein Ergebnis erzielt wird, ist in der externen Sicht belanglos.

✔ Die *interne Sicht* (Innensicht) zeigt an, *wie* ein System arbeitet, um zu einem Ergebnis zu kommen. Die »Black Box« wird hier geöffnet und näher untersucht.

✔ Statische vs. dynamische Sicht

   ✔ Die *statische Sicht* betrachtet die Struktur eines Anwendungsbereichs zu einem bestimmten Zeit*punkt*. Das System wird quasi »eingefroren« und so in seinen Bestandteilen beleuchtet. Statische Aspekte eines objektorientierten Modells sind häufig auch unabhängig vom betrachteten Zeitpunkt (z.b. Klassendiagramm).

   ✔ In der *dynamischen Sicht* wird das Verhalten des Systems bzw. seiner Elemente analysiert. Es handelt sich hier also um eine Zeit*raum*-Betrachtung. Von besonderem Interesse sind die Aktionen der Objekte und ihre Zusammenarbeit bei der Lösung einer Aufgabe.

Mit Hilfe dieser vier Sichten ermöglicht die UML dem Modellierer die Wahl verschiedener Blickwinkel auf eine Problemstellung in beliebigen Abstraktionsstufen. Je nach Art des zu analysierenden Systems und der gewünschten Informationen werden die verschiedenen Diagramme der UML eingesetzt. Durch die Kombination interner, externer, statischer und dynamischer Sichten lässt sich das System vollständig analysieren bzw. modellieren.

Wir wollen Ihnen die verschiedenen von der UML zur Verfügung gestellten Diagramme hier vorab schon einmal kurz vorstellen, damit Sie einen ersten Eindruck von den Möglichkeiten der Modellierungssprache bekommen. Im anschließenden zweiten Teil dieses Taschenbuchs werden die Diagramme dann ausführlich anhand anschaulicher Beispiele erläutert.

✔ *Anwendungsfalldiagramme* dienen der einfachen Darstellung von Prozessen (so genannten Anwendungsfällen). Sie beschreiben diese Prozesse mit ihren Beziehungen untereinander und zu beteiligten Personen, Ereignissen oder anderen Prozessen. Häufig werden für einen Anwendungsfall auch die Begriffe *Use Case* oder *Geschäftsvorfall* verwendet.

✔ *Klassendiagramme* beschreiben die statische Struktur eines Objektmodells. Sie zeigen die Eigenschaften und gegenseitigen Beziehungen von Klassen bzw. der aus diesen Klassen erzeugten Objekte.

✔ *Verhaltensdiagramme* repräsentieren dynamische Sachverhalte innerhalb eines objektorientierten Modells. Die UML stellt verschiedene Arten von Verhaltensdiagrammen zur Verfügung, deren unterschiedliche Betrachtungsweisen sich zu einem objektorientierten Gesamtbild des analysierten Problembereichs ergänzen:

> ✔ *Sequenz-, Kommunikations-, Timing-* und *Interaktionsübersichtsdiagramme* dienen der Verdeutlichung von Interaktionen zwischen Objekten.

> ✔ *Zustandsdiagramme* beschreiben Objektzustände und Zustandsübergänge.

> ✔ *Aktivitätsdiagramme* dienen der Modellierung von Aktionsfolgen.

✔ *Implementierungsdiagramme* unterstützen die Umsetzung objektorientierter Modelle in Programmcode. Sie zeigen die Struktur des Quellcodes eines Programms und der Implementierung zur Laufzeit. Die UML stellt drei spezielle Ausprägungen von Implementierungsdiagrammen zur Verfügung:

> ✔ *Kompositionsstrukturdiagramme*

> ✔ *Komponentendiagramme*

> ✔ *Verteilungsdiagramme*

Damit haben Sie die Grundlagen der Objektorientierung und der UML bereits hinter sich. Im zweiten Teil dieses Taschenbuchs gehen wir anschließend ausführlich auf die einzelnen Diagramme der UML ein. Wir werden dabei die angesprochenen vier Sichten aufgreifen und jedes Diagramm anhand anschaulicher Beispiele erläutern.

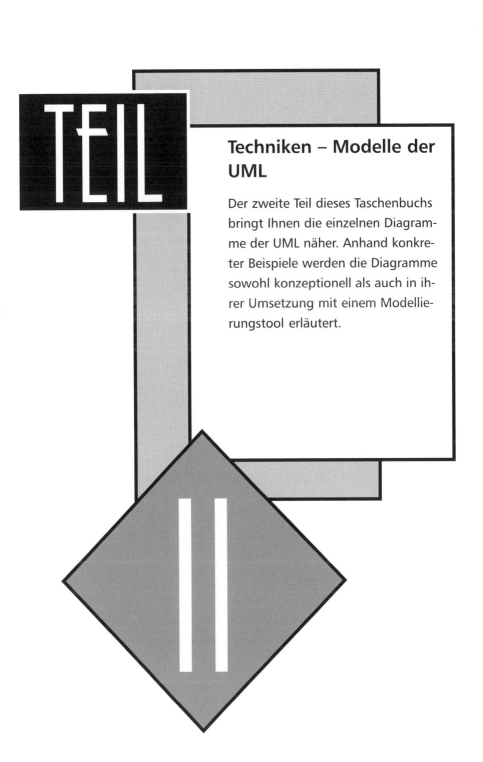

Techniken – Modelle der UML

Der zweite Teil dieses Taschenbuchs bringt Ihnen die einzelnen Diagramme der UML näher. Anhand konkreter Beispiele werden die Diagramme sowohl konzeptionell als auch in ihrer Umsetzung mit einem Modellierungstool erläutert.

KAPITEL

Überblick

Das dritte Kapitel eröffnet den zweiten Teil dieses Taschenbuchs mit einem Überblick über die Diagramme der UML. Dazu wird nach dem Blickwinkel auf die abzubildende Problemstellung in Diagramme für die Außensicht und für die Innensicht differenziert.

3

Überblick

Wie Sie bereits im letzten Kapitel erfahren haben, stellt die UML Diagramme für die objektorientierte Modellierung zur Verfügung, die sich durch ihre Sichtweisen auf die zu analysierende Problemstellung unterscheiden.

Zwei sich ergänzende Blickwinkel sind die *Außensicht* (externe Sicht) und die *Innensicht* (interne Sicht).

Außensicht (Use-Case-Diagramme)

Wie bereits im ersten Teil im Rahmen der Grundlagen der UML erläutert, wird in der Außensicht das zu analysierende System als »Black Box« betrachtet.

Der Nutzer des Systems braucht nichts über die Abläufe innerhalb des Systems selbst zu wissen. Für ihn ist lediglich von Interesse, *was* das System leistet, welche Art von Leistung er zu erwarten hat. Außerdem muss der Nutzer darüber informiert sein, wie er an diese Leistung gelangen kann, welchen Input das System zu deren Erbringung benötigt. Die Abläufe innerhalb des Systems werden in der Außensicht vernachlässigt.

Zur Modellierung der Außensicht dienen in der UML die *Use-Case-Diagramme* (auch *Anwendungsfalldiagramme* genannt). Sie stellen einzelne Geschäftsvorfälle (bei der Geschäftsprozessmodellierung) oder Anwendungsfälle (bei der Softwaremodellierung) grafisch dar.

Elemente von Use-Case-Diagrammen sind *Akteure* und *Anwendungsfälle*.

Akteure

Geschäftsvorfälle werden stets von Akteuren angestoßen.

Dabei muss es sich nicht unbedingt um Personen handeln. Auch externe Ereignisse oder Prozesse können einen Geschäftsvorfall initiieren und somit als Akteure in Erscheinung treten.

Akteure treten in einem Geschäftsprozess nicht in ihrer Eigenschaft als Person (bzw. Ereignis oder Prozess) auf, sondern schlüpfen in eine *Rolle*. Die Rolle repräsentiert in der Regel eine bestimmte Funktion innerhalb des Geschäftsprozesses. Sie kann von verschiedenen Akteuren gleichzeitig oder nacheinander eingenommen werden. Bei einer Hotelbuchung tritt beispielsweise eine Rolle mit der Bezeichnung »Portier« auf. Welcher Mitarbeiter diese Rolle als Akteur ausfüllt, ist für die Beschreibung dieses Systems in der UML unerheblich.

Akteure werden in einem Anwendungsfalldiagramm wahlweise grafisch oder durch eine textuelle Bezeichnung dargestellt, wie die folgende Abbildung veranschaulicht.

Abbildung 3.1: Darstellung von Akteuren in Anwendungsfalldiagrammen

Die Abbildung zeigt auf der linken Seite die grafische und auf der rechten Seite die textuelle Darstellung eines Akteurs (Rolle) mit der Bezeichnung Mitarbeiter. Das grafische Symbol für einen Akteur besteht aus einem »Strichmännchen« mit der entsprechenden Bezeichnung darunter. In der textuellen Darstellung wird lediglich der Rollenname, ergänzt durch das

Schlüsselwort <actor>, in einem einfachen Rahmen verwendet.

In der textuellen Notation können dem Akteur über Attribute und Methoden auch ein Zustandsraum und verschiedene Verhaltensweisen zugewiesen werden.

<actor> Mitarbeiter
-name -personalNr -gehalt
+arbeiten() +versetzen() +gehaltErhoehen()

Abbildung 3.2: Ein Akteur als »spezialisierte Klasse«

Die Darstellung ähnelt, wie die obige Abbildung zeigt, dann der einer Klasse – es handelt sich um eine »spezialisierte Klasse« im Sinne des UML-Metamodells.

Grundsätzlich ist es möglich, wechselseitige Beziehungen zwischen jeweils zwei Akteuren abzubilden. Diese binären Assoziationen existieren allgemein für Klassen und somit auch für Akteure als spezialisierte Klassen.

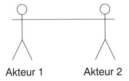

Akteur 1   Akteur 2

Abbildung 3.3: Binäre Assoziation zwischen Akteuren

Allerdings sollten Assoziationen zwischen Akteuren in Anwendungsfalldiagrammen sparsam eingesetzt werden, da hierdurch häufig zusätzliche Systeme in die Darstellung einbezogen werden und die Übersichtlichkeit beeinträchtigt wird.

Assoziationen und Vererbungsbeziehungen werden im vierten Kapitel ausführlich erläutert.

Anwendungsfälle

Anwendungsfälle werden von Akteuren initiiert und bestehen aus einzelnen Aktivitäten. Sie besitzen als Output ein eindeutiges Resultat.

Obwohl es sich bei einem Use Case zunächst um ein Beschreibungsinstrument der Außensicht handelt, ist es hilfreich, Anwendungsfälle im weiteren Verlauf der objektorientierten Analyse schriftlich zu dokumentieren. Dabei sollte der Ablauf des Prozesses möglichst detailliert dargelegt werden. Bedingungen, Regeln, Anforderungen und Alternativen sind in einer solchen Definition ebenfalls zu berücksichtigen.

Für den Geschäftsvorfall einer Hotelbuchung sieht eine schriftliche Dokumentation etwa wie folgt aus:

✔ Anwendungsfall: Hotelbuchung

✔ Bedingung: Zimmer in Zeitraum und Kategorie verfügbar

✔ Alternative: Andere Kategorie anbieten

✔ Ablauf:

  ✔ Verfügbarkeit prüfen

  ✔ Gast registrieren

  ✔ Schlüssel aushändigen

  ✔ Gepäck zum Zimmer transportieren

  ✔ Rechnung erstellen

  ✔ Zahlung abwickeln

Die folgende Abbildung zeigt ein vereinfachtes Anwendungsfalldiagramm einer Hotelbuchung. Alle betroffenen Anwendungsfälle werden in einem Rahmen dargestellt und mit einer möglichst aussagekräftigen Bezeichnung beschriftet. Bei der Verwaltung einer Vielzahl von Anwendungsfällen ist es sinnvoll, diese zusätzlich zu nummerieren.

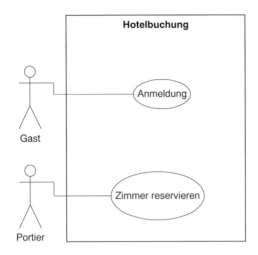

Abbildung 3.4: Vereinfachter Use Case Hotelbuchung

Innerhalb des Rahmens stehen die einzelnen Anwendungsfälle. Ihre jeweiligen Beziehungen zu Akteuren sind in der Abbildung durch Verbindungslinien angedeutet. Im Beispiel der obigen Abbildung ist der Akteur Gast mit dem Anwendungsfall Anmeldung verbunden, der Akteur Portier ist an dem Anwendungsfall Zimmer reservieren beteiligt.

Die Aussagekraft von Anwendungsfalldiagrammen ist allerdings beschränkt. Sie geben nur einen groben Überblick über die Geschäftsvorfälle. Die Abläufe innerhalb eines Prozesses sind nicht im Einzelnen erkennbar. Dafür gibt es mit den Verhaltensdiagrammen eigene Notationen, die ergänzend zu den Anwendungsfalldiagrammen eingesetzt werden können.

Anwendungsfalldiagramme geben einen Überblick über eine Menge von Anwendungsfällen, die untereinander auf verschiedene Art Beziehungen bilden können:

✔ Das Grundkonzept der Vererbung aus der Objektorientierung findet auch in Anwendungsfalldiagrammen Verwendung. Mit Hilfe von *Generalisierungen* können Unterfälle zu Anwendungsfällen gebildet werden. Ein Unterfall beschreibt einen speziellen Anwendungsfall, indem er die Eigenschaften eines generellen Anwendungsfalls erbt und diese erweitert oder überschreibt.

✔ *Include*-Beziehungen bezeichnen den Zugriff eines Anwendungsfalls auf einen anderen. Teilprozesse, die in mehreren Geschäftsvorfällen auftreten, können somit für verschiedene Anwendungsfälle wiederverwendet werden, ohne wiederholt beschrieben werden zu müssen.

✔ Die dritte Form der Beziehung zwischen Anwendungsfällen ist die *Extend*-Beziehung. Sie dient dazu, Erweiterungen von Anwendungsfällen darzustellen, die von bestimmten Bedingungen abhängen. Es handelt sich um optionale Verzweigungen im Ablauf eines Geschäftsprozesses.

Die folgende Abbildung veranschaulicht die drei genannten Arten von Beziehungen anhand des Beispiels eines Fahrzeug-Service in einer Kfz-Werkstatt.

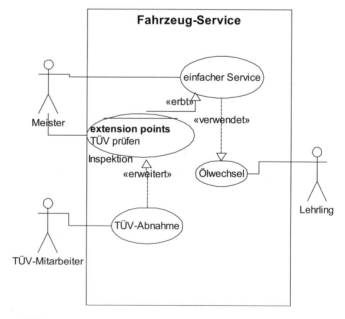

Abbildung 3.5: Anwendungsfalldiagramm Fahrzeug-Service

In dem vereinfachten Beispiel der Abbildung ist der Akteur Meister für die Anwendungsfälle einfacher Service und Inspektion zuständig. Die Rolle Lehrling tritt im Rahmen des Anwendungsfalls Ölwechsel auf und der TÜV-Mitarbeiter nimmt die TÜV-Abnahme vor.

Im Rahmen des einfachen Service wird stets auch ein Ölwechsel vorgenommen. Der Anwendungsfall einfacher Service *verwendet* also den Teilprozess Ölwechsel. Darüber hinaus kann ein Ölwechsel auch als alleiniger Anwendungsfall oder im Zusammenhang mit anderen Anwendungsfällen vorkommen.

Die Inspektion ist ein Spezialfall des einfachen Service. Über die Leistungen des Letzteren hinaus fallen bei der Inspektion noch zusätzliche Arbeiten an. Insofern ist der Anwendungsfall Inspektion eine Spezialisierung des Anwendungsfalls einfacher Service. In der objektorientierten Terminologie *erbt* der Anwendungsfall Inspektion die Eigenschaften des Anwendungsfalls einfacher Service und fügt weitere, eigene Eigenschaften hinzu.

Auch zwischen Akteuren können Vererbungsbeziehungen bestehen. Ein spezialisierter Akteur erbt die Kommunikationsbeziehung, die zwischen dem vererbenden Akteur und dem Use Case besteht. Beide sind also an den gleichen Anwendungsfällen beteiligt.

Die dritte Art von Beziehungen zwischen Anwendungsfällen zeigt die TÜV-Abnahme. Sie ist nur unter bestimmten Bedingungen im Rahmen einer Inspektion durchzuführen. Nur dann, wenn die Gültigkeit der TÜV-Plakette abgelaufen ist, wird der Anwendungsfall TÜV-Abnahme als *Erweiterung* des Anwendungsfalls Inspektion in den Fahrzeug-Service einbezogen.

Die Notation des Anwendungsfalls Inspektion unterscheidet sich von den übrigen Use Cases der Abbildung, da es sich um eine Erweiterung handelt. Der Name des Use Case wird unterhalb der Ellipse notiert, während innerhalb die so genannten *Extension Points* (Erweiterungspunkte) aufgelistet werden. Ein Anwendungsfall kann mehrere solcher Extension Points enthalten, die jeweils unter bestimmten Bedingungen dazu führen, dass ein Use Case um einen anderen Anwendungsfall erweitert wird.

Im Beispiel der obigen Abbildung wird im Rahmen des Use Case Inspektion geprüft, ob das Datum für die nächste HU schon erreicht ist. Der zugehörige Extension Point heißt TÜV prüfen. Gegebenenfalls wird der Anwendungsfall daraufhin um den Use Case TÜV-Abnahme erweitert.

Die UML ermöglicht zusätzlich noch die Notation der Bedingung, die an einen Extension Point geknüpft ist. Sie wird als Notiz mit dem Pfeil der Erweiterungsbeziehung verbunden.

Bitte beachten Sie, dass die TÜV-Abnahme ausschließlich eine Erweiterung des Anwendungsfalls Inspektion ist. Nach der Aussage der Abbildung hat sie nichts mit den Anwendungsfällen einfacher Service oder gar Ölwechsel zu tun.

Leider sind die Bezeichnungen der Beziehungen zwischen Anwendungsfällen ein wenig verwirrend. In der Objektorientierung wird eine Vererbungsbeziehung häufig auch als Erweiterungsbeziehung bezeichnet. Die Erweiterung in Use-Case-Diagrammen meint aber gerade keine Vererbung zwischen Anwendungsfällen, sondern lediglich eine optionale Ausweitung eines Anwendungsfalls um weitere Aktivitäten bzw. Prozesse.

Use-Case-Diagramme dienen der Darstellung der Außensicht eines Objektmodells. Einzelne Arbeitsschritte (Teilprozesse), die zur internen Durchführung eines Vorgangs benötigt werden, werden in das Anwendungsfalldiagramm nicht aufgenommen. In dem Beispiel des Fahrzeug-Service wird das Fahrzeug im Rahmen der Inspektion u.a. einer Sichtprüfung unterzogen, die sich wiederum aus mehreren Arbeitsschritten zusammensetzt. Auch der Ölwechsel besteht aus einzelnen Arbeitsschritten, die für den ausführenden Akteur oder den Betrieb (z.b. bei der Abrechnung) durchaus relevant sind.

Hier wird deutlich, dass es in der Objektorientierung stets auf die Sichtweise ankommt, die man bei der Betrachtung einer Aufgabenstellung einnimmt. Wir untersuchen in der obigen Abbildung den Use Case `Fahrzeug-Service`. Dieser Blickwinkel ist entscheidend für die Definition, welche (Teil-) Prozesse als intern und welche als extern zu bezeichnen sind.

Ein Fahrzeug-Service kann in unserem Beispiel aus einem einfachen Service, einer Inspektion oder lediglich aus einem Ölwechsel oder einer TÜV-Abnahme bestehen. Die Beziehungen zwischen diesen Anwendungsfällen sind in der Abbildung dargestellt. Alle weitergehenden Informationen über die Abläufe und Zusammenhänge innerhalb der genannten Anwendungsfälle sind für die Außensicht im Rahmen des Blickwinkels »Fahrzeug-Service« unwichtig.

Das ändert sich, sobald Sie Ihren Blickwinkel verschieben und den Fahrzeug-Service nicht mehr aus der Sicht des Außenstehenden betrachten. »Zoomen« Sie etwa in den Fahrzeug-Service hinein und betrachten beispielsweise die Inspektion als neuen Use Case, so besteht Ihre Außensicht nunmehr aus den verschiedenen Anwendungsfällen, die im Rahmen der Inspektion eine Rolle spielen. Ihr Diagramm besteht dann u.a. aus den Anwendungsfällen »Bremsen prüfen«, »Lenkung prüfen«, »Zündkerzen wechseln« und deren Beziehungen.

Wie den Bildausschnitt einer Kamera können Sie in der Objektorientierung Ihren Blickwinkel auf eine Problemstellung variieren und erhalten so unterschiedliche Objektmodelle. Die Kunst der objektorientierten Analyse besteht daher nicht nur in dem korrekten Einsatz objektorientierter

Konzepte. Ebenso wichtig ist die Auswahl eines geeigneten Blickwinkels auf die zu lösende Aufgabe und die sinnvolle Abgrenzung der Problemstellung.

Für das Beispiel des Weckers, anhand dessen wir Ihnen in diesem zweiten Teil des Buchs die einzelnen Diagramme der UML erläutern wollen, gibt das Use-Case-Diagramm nicht allzu viel her. Der Vollständigkeit halber wollen wir Ihnen aber dennoch eine Möglichkeit vorschlagen.

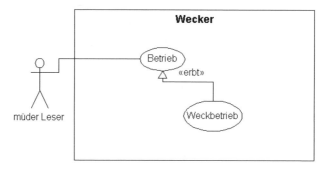

Abbildung 3.6: Use Case Wecker

Die Abbildung zeigt den Akteur müder Leser, der mit dem Anwendungsfall Betrieb verbunden ist. Der zweite abgebildete Anwendungsfall Weckbetrieb ist ein Spezialfall von Betrieb. Ersterer erbt also die Eigenschaften des Letzteren und ergänzt sie um eigene Eigenschaften.

Wie gesagt, das Beispiel ist nicht sehr aussagekräftig. Im Zusammenhang mit der eingehenden Beschreibung der weiteren Diagramme wird der Wecker Ihnen jedoch die Konzepte der UML anschaulich verdeutlichen.

Innensicht

Für die Kommunikation zwischen Anwender und Entwickler ist die Außensicht, die alle inneren Details vernachlässigt,

Grundlage, um Elemente des Systems zu identifizieren. Betrachten wir ein System mit Hilfe von Anwendungsfällen, sehen wir Systemstrukturen und deren Abhängigkeiten, ohne zu wissen, welche Abläufe sich genau dahinter verbergen.

Um ein System zu verstehen und zu konstruieren, legen wir in der Innensicht fest, wie die bisher als Black Box betrachteten Zusammenhänge im Inneren aussehen. Wir schauen in sie hinein und machen Sie damit zur White Box.

Die UML stellt, wie wir in Teil I dargestellt haben, eine Reihe von Diagrammen zur Verfügung, mit denen eine solche Innensicht abgebildet wird. In diesem Abschnitt wollen wir diese Sicht nicht vollständig modellieren. Wir greifen nur notwendige Elemente aus ausgewählten UML-Diagrammen heraus, die es aber dennoch ermöglichen, ein System in seinem Aufbau und seiner Funktionsweise aus fachlicher Sicht zu verstehen und abzubilden.

Die aufgabenorientierte Sicht der Anwendungsfälle dient als Aufhänger, um die inneren Strukturen in einem Lernprozess zu verstehen. Die Erfahrung zeigt, dass es sinnvoll ist, ein System aus verschiedenen Blickwinkeln zu betrachten, um es wirklich zu verstehen.

Jeder sieht's anders

Bereits im ersten Teil haben wir gesehen, dass Entwickler und Anwender bei ihrer subjektiven Betrachtungsweise, die von unterschiedlichen Betrachtungspositionen, aber auch von unterschiedlichem Denkverhalten stammen, Zusammenhänge häufig sehr unterschiedlich sehen.

Im Prozess der Systementwicklung geht es primär darum, diese verschiedenen Sichtweisen aufeinander abzustimmen, so dass ein Modell und darauf basierend Software entsteht, die von den Beteiligten akzeptiert wird.

Die UML bietet den verschiedenen Beteiligten unterschiedliche Diagramme an, die jeweils unterschiedliche formale

Aspekte eines Modells betonen. Betrachten wir den Auftraggeber eines Systems, so wird der primär ökonomische Interessen am System und an der Außensicht besitzen. Ihm gibt das Anwendungsfalldiagramm eine verständliche Gesamtübersicht.

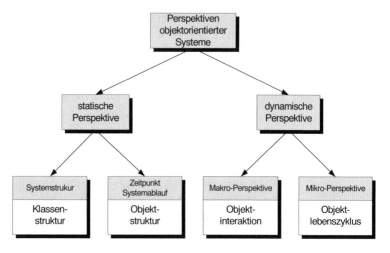

Abbildung 3.7: White-Box-Perspektiven

Betrachten wir ein objektorientiertes System aus vier verschiedenen Blickrichtungen, die jeweils andere Aspekte desselben Systems hervorheben, hat unser Gehirn ausreichend Futter, um ein Verständnis der Zusammenhänge zu erzeugen.

Eine erste Unterscheidung der Perspektiven erfolgt nach zeitlichen Kriterien. Zunächst betrachtet die statische Sicht Systemzustände, in denen die Zeit nicht explizit Bestandteil des Modells ist. Auf der anderen Seite werden dynamische Aspekte eines objektorientierten Systems betrachtet, die Abläufe in Abhängigkeit von der Größe Zeit darstellen. In der statischen Perspektive unterscheidet sich ein Blick auf die zeitlich invariante Systemstruktur von einem Blick auf den Systemzustand zu einem bestimmten Zeitpunkt, der als Schnappschuss oder Momentaufnahme bezeichnet werden kann.

Während die Klassenstruktur die zeitlich invariante Systemstruktur darstellt, existiert zu jeder Zeit, in der das System aktiv ist, eine konkrete Zustandsstruktur aller bestehenden Objekte. Die dynamische Sicht unterscheidet zwei Granularitätsstufen der Betrachtung. Neben einer auf das Verhalten eines einzelnen Objekts beschränkten Sicht, die durch den Begriff der dynamischen Mikro-Perspektive beschrieben werden kann, stellt die dynamische Makro-Perspektive das Zusammenspiel der Objekte auf der Systemebene dar.

Vom Groben zum Detail oder doch umgekehrt?

Vor jeder Überlegung stellen sich den Projektverantwortlichen einige grundsätzliche Fragen:

✔ *Was* will ich modellieren? Welchen Kern hat mein System? Hier wird festgelegt, ob beispielsweise ein Workflow-Management-System, ein Buchhaltungssystem, eine Lagerverwaltung o.Ä. Gegenstand des Projekts ist.

✔ In *welchem Umfang* will ich modellieren? Die Systemgrenzen müssen festgelegt werden. Bezogen auf die Unternehmung müssen Sie festlegen, ob die gesamte Unternehmung oder eine Organisationseinheit (Sparte, Abteilung, Filiale) den Umfang begrenzen. Grundsätzlich lässt sich die Forderung nach einem umfassenden, die Gesamtunternehmung abbildenden Modell der Geschäftsprozesse stellen. Eine solche Lösung ist häufig so komplex, dass sie kaum handhabbar ist. Der Projektansatz greift Inseln heraus (inhaltlich und/oder organisatorisch) und kommt dort sehr viel schneller wegen der geringeren Komplexität zu Modellierungsergebnissen. Schwierig ist in diesem Ansatz die Abstimmung mit anderen Projekten.

✔ *Wie tief* will ich modellieren? Die UML kann sowohl als kognitives Ordnungsinstrument, das zur Darstellung von Geschäftsprozessen eingesetzt wird, als auch weiter in die Tiefe gehend zur Darstellung eines fachlichen und technischen Entwurfs von Softwaresystemen eingesetzt werden.

Greifen wir das einleitende Beispiel einer Bank noch einmal auf. Wollen wir alle Geschäftsaktivitäten der Bank beschreiben oder geht es lediglich um Kreditgeschäfte oder um Finanztransaktionen auf Spar- und Girokonten? Sollen lediglich Geschäftsprozesse dargestellt werden oder eine Software zur Abwicklung der Finanztransaktionen realisiert werden?

Nachdem so Inhalt und Grenzen des Systems vereinbart sind, stellt sich die Frage nach der Vorgehensweise. In welchen konkreten Schritten bauen wir unser objektorientiertes System auf?

Die UML gibt zunächst keine Information, welche Schritte in welcher Reihenfolge abzuarbeiten sind. Die Vorläufer der UML enthielten solche Vorgehensmodelle. Da die Amigos sich jedoch nicht auf ein gemeinsames Vorgehen einigen konnten, ist die UML mehr eine Sammlung von Abbildungstechniken als eine vollständige Methode, die auch den Weg der Modellierung vorgibt.

Die Tatsache, dass kein allgemeingültiges Vorgehensmodell in der UML spezifiziert ist, ist nicht als Nachlässigkeit der Autoren zu deuten. Vielmehr ist es so, dass jedes Projekt sein eigenes Vorgehen benötigt – je nachdem, ob ein Entwicklungsteam nach einem strengen Plan Schritt für Schritt in einem deterministischen Vorgehen von der Planung über das Fachkonzept und den technischen Entwurf zur Implementierung schreitet oder den Entwicklungsprozess je nach Erfordernis in einem evolutionären Prozess flexibel anpasst und keine strengen Abfolgen vorgibt. Beide Vorgehensweisen sind mit der UML vereinbar.

Dementsprechend existieren unterschiedliche Vorgehensmodelle zur Gestaltung objektorientierter Systeme.

Mittlerweile gibt es von den Amigos den *Unified Process*, der ein mögliches Vorgehen definiert und von der Firma Rational im *RUP* (*Rational Unified Process*) auf die Modellierungswerkzeuge der Firma Rational angepasst wurde. Ein von der objektorientierten Modellierung unabhängiges Vorgehen beschreibt das *V-Modell*, das im öffentlichen Sektor eine weite Verbreitung gefunden hat.

Sind Systeminhalt und Systemgrenzen einmal festgelegt, stellt sich die Frage, an welchem Punkt wir beginnen. Gehen wir in unserem Beispiel davon aus, dass unsere Bankmitarbeiter durch ein neues Softwaresystem unterstützt werden sollen, das die Finanztransaktionen von Spar- und Girokonten aller Kunden der betrachteten Bank abwickelt.

Grundsätzlich existieren zwei Herangehensweisen, um das Modell zu erstellen. Wir können von den groben Zusammenhängen ausgehen und dann das Gesamtsystem immer weiter verfeinern, bis wir eine Granularitätsstufe erreicht haben, die es uns ermöglicht, das Ganze in Software zu gießen. Dieses Vorgehen nennt man *Top-Down-Strategie*. Wir gehen von einem Finanztransaktionssystem aus und zerlegen es in die Kundenkonten, die Finanztransaktionen ermöglichen, die Liquiditätsüberwachung und die beteiligten Kunden und Sachbearbeiter mit ihren Aufgaben. Wir legen fest, dass jede Finanztransaktion von einem zuständigen Bankmitarbeiter genehmigt sein muss. Weiterhin hat jede Transaktion einen Einfluss auf die Liquidität unserer Bank. Im nächsten Schritt greifen wir dann die Kundenkonten heraus, von denen aus eine Finanztransaktion möglich ist. Dort spielen Zahlungsein- und -ausgänge die entscheidende Rolle. Betrachten wir ein Girokonto, so existiert dort auch die Möglichkeit zur Überweisung eines Betrags.

Der umgekehrte Weg wird im *Bottom-Up-Vorgehen* beschritten. Wir greifen Teilaspekte des Systems heraus, entwickeln isolierte Teilmodelle und fügen sie später zu einem Gesamtmodell zusammen. So könnten wir unabhängig voneinander die Transaktionen von Sparkonten und die von Girokonten als Modell entwickeln, die in einem zweiten Schritt in den Gesamtkontext der Finanztransaktionen eingeordnet werden, der dann auch die Liquiditätsreservenüberwachung der Bank mit einbezieht.

UML-Kerndiagramme im Überblick

Die vier grundlegenden Perspektiven stellen wir anhand eines
Ausschnitts der Finanztransaktionen dar.

Zum grundlegenden Verständnis objektorientierter Systeme
ist, ähnlich wie in der Systemtheorie, die Kenntnis nur weniger Konzepte und Begriffe notwendig. Das Verständnis technischer objektorientierter Systeme erfordert hingegen eine Erweiterung der elementaren objektorientierten Konzepte und
Begriffe.

Da die erstellten Teilmodelle zumindest in der Analysephase
vorrangig zur Kommunikation zwischen Entwicklern und Anwendern eingesetzt werden, ist für das Verständnis nicht zwingend die Kenntnis der über die objektorientierten Grundkonzepte hinausgehenden technikorientierten Details notwendig.

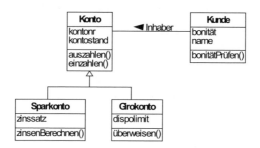

Abbildung 3.8: Klassendiagramm Kontoanwendung

Zunächst wird die *statische strukturorientierte Perspektive* modelliert, die die Abbildung in Form eines *Klassendiagramms* veranschaulicht. Klassen erscheinen wie bereits dargestellt als dreifach unterteilte Rechtecke, die von oben nach unten den Klassennamen, die Zustandsattribute und die Verhaltensweisen
enthalten. Derartige Klassen zeigen die zeitlich invariante
Struktur von Systemelementen auf. Beziehungen, die zwischen den Exemplaren bestimmter Klassen existieren, werden
durch einfache Verbindungslinien dargestellt, Vererbungsbeziehungen als Pfeil, wobei der Pfeil von der erbenden auf die

vererbende Klasse zeigt. In dem gewählten Beispiel stellt die Klasse Konto die vererbende Klasse dar und die Klassen Sparkonto und Girokonto verkörpern die erbenden Klassen.

Alle Definitionsbestandteile der Oberklasse Konto – Zustand und Verhalten – werden an die Unterklassen Sparkonto und Girokonto weitergegeben und erscheinen in den Unterklassen, als seien sie dort definiert.

Die einfache Verbindungslinie zwischen den Klassen Konto und Kunde symbolisiert eine Beziehung zwischen Exemplaren der Klassen Konto und Kunde. Dabei besteht genau dann eine Beziehung zwischen einem Exemplar der Klasse Kunde und einem Exemplar der Klasse Konto, wenn der Kunde Inhaber eines Kontos ist.

Die dargestellte Klassenstruktur besitzt zu jedem Zeitpunkt der Existenz eines Objektsystems eine konkrete Ausprägung, wie die folgende Abbildung für das Kontenbeispiel als Ausschnitt mit sechs Exemplaren der Klassen Sparkonto, Girokonto und Kunde zeigt. Jedes Rechteck steht für ein Objekt, das als Exemplar einer der drei Klassen zugeordnet ist.

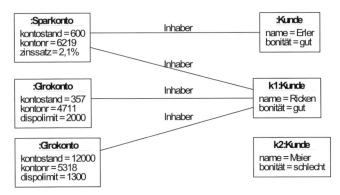

Abbildung 3.9: Objektdiagramm Kontoanwendung

Jedes Objekt ist eindeutig durch die Darstellung als Rechteck identifizierbar. Zusätzlich kann ein unterstrichener Objektname und darüber hinaus der zugehörige Klassenname durch einen Doppelpunkt von der Objektbezeichnung getrennt angegeben werden.

Die ebenfalls aus dem Klassendiagramm bekannte Beziehung zwischen den Objekten stellt auch hier Verbindungslinien her. Der zeitpunktabhängige Zustand manifestiert sich in den Attributen, die die Konten und Kunden-Objekte enthalten.

Während der Zustandsraum aus der zeitlich invarianten Klassenstruktur unveränderlich ist, können sich die konkreten Zustände durch Wertzuweisungen ändern. So könnte der Zinssatz des Sparkonto-Objekts 6219 zu einem anderen Zeitpunkt von 2,1% auf 2,4% erhöht werden. Die zeitliche Veränderung der Beziehungen zwischen Objekten hingegen beschränkt sich zunächst auf ihre Existenz oder Nichtexistenz. Dabei müssen alle Beziehungen zwingend mit den Strukturvorgaben des Klassenstrukturdiagramms übereinstimmen.

Die im Objektdiagramm dargestellte Momentaufnahme im Systemablauf stellt neben anderen Objekten die Kunden Erler und Ricken durch eine Verbindungslinie als gemeinschaftliche Inhaber des Girokontos 6219 dar. Das Objektdiagramm zeigt also die in einem Klassenstrukturdiagramm abgebildeten möglichen Beziehungsstrukturen in einer konkreten Ausprägung zu einem bestimmten Zeitpunkt als Beziehung zwischen Objekten.

Neben der statischen strukturorientierten Perspektive verdeutlichen die dynamischen Teilmodelle Systemabläufe. Die erste *dynamische Sicht* modelliert das *Objekt-Lebenszyklusmodell*. Das Kontenbeispiel in der folgenden Abbildung definiert zugelassene Zustände und Zustandsübergänge eines Objekts von seiner Entstehung (schwarzer Punkt) bis zu seiner Vernichtung (schwarz umrandeter schwarzer Punkt). Die Kästchen stellen Zustände dar, die mit bestimmten Aktionen verbunden sein können. Die Verbindungspfeile repräsentieren Zustandsübergänge, die durch bestimmte Ereignisse, die mit Bedingungen versehen sein können, ausgelöst werden. Ein Konto kann zwei verschiedene Zustände besitzen. Es kann einen positiven Kontostand aufweisen (oberes Kästchen) oder einen negativen Saldo (unteres Kästchen) enthalten.

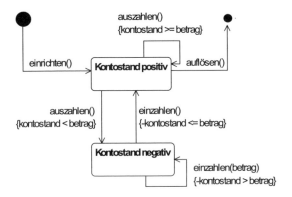

Abbildung 3.10: Zustandsdiagramm Kontoanwendung

Der dargestellte Objekt-Lebenszyklus modelliert mögliche Veränderungen des Zustands eines Objekts.

Die zweite dynamische Perspektive fokussiert mögliche Interaktionen zwischen den relevanten Objekten des Anwendungsbereichs. Die folgende Abbildung stellt die *Objekt-Interaktion* zwischen den Kontenarten Girokonto und Sparkonto in einem *Sequenzdiagramm* dar (siehe Abbildung 3.11).

Gestrichelte senkrechte Linien repräsentieren die drei an der Interaktion beteiligten Objekte der Klassen Kunde, Girokonto und Sparkonto. Die Verbindungspfeile deuten eine Interaktion zwischen Objekten an, wobei die Interaktion ausgelöst wird durch das Objekt, das den Ursprung des Pfeils darstellt. Im Sinne einer Auftragsvergabe beauftragt das Objekt der Klasse Kunde das Objekt der Klasse Girokonto, eine Überweisung vorzunehmen, bei der ein bestimmter Betrag an ein bestimmtes Gegenkonto überwiesen wird. Die Durchführung der Überweisung obliegt dann dem Objekt der Klasse Girokonto selbst.

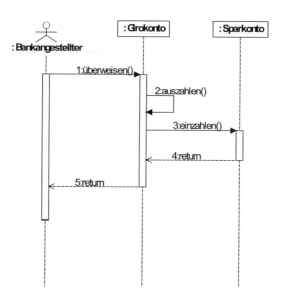

Abbildung 3.11: Sequenzdiagramm Kontoanwendung

Das auslösende Objekt interagiert mit dem Objekt, das durch die Pfeilspitze gekennzeichnet wird. Die Zeitspanne, in der ein Objekt aktiv ist, wird durch einen Längsbalken über dem gestrichelten Objektsymbol abgebildet. Die Interaktionen erfolgen chronologisch von oben nach unten.

An dieser Stelle diente die Behandlung einiger Teilmodelle der UML lediglich der Illustration der Perspektiven und stellt keinesfalls eine erschöpfende Behandlung dar.

Der objektorientierte Ansatz ist bis hierher in seiner historischen Entstehung sowie aus konzeptioneller Sicht dargestellt.

Diagrammarten

Nachdem Sie mit der Außen-
und der Innensicht einen Überblick über die wichtigsten Diagramme gewonnen haben, sehen wir uns diese nun etwas genauer an. Anhand von Beispielen
stellen wir die verschiedenen Diagramme konzeptionell im statischen und im dynamischen Objektmodell vor und zeigen deren
Anwendung.

KAPITEL

4

Diagrammarten

In den vorangehenden Kapiteln haben Sie bereits die statischen und die dynamischen Eigenschaften von Objekten kennen gelernt. Für jede dieser beiden Arten von Eigenschaften stellt die UML verschiedene Diagramme zur Verfügung, mit denen diese Eigenschaften näher untersucht und beschrieben werden können.

Neben der Außen- und der Innensicht lassen sich die Diagramme der UML auch in eine statische und eine dynamische Sicht unterscheiden.

Im Rahmen der Beschreibung der Spracharchitektur der UML haben wir diese beiden Sichtweisen bereits kurz angesprochen:

✔ *Statische Modelle (Strukturmodelle)* beleuchten die Struktur von Objekten in einem System. Dazu gehören ihre Klassen, Schnittstellen, Attribute und Beziehungen zu anderen Objekten.

✔ *Dynamische Modelle (Verhaltensmodelle)* zeigen das Verhalten der Objekte in einem System. Hierzu zählen ihre Methoden, Zustände und Interaktionen sowie ihre Zusammenarbeit bei der Lösung einer Problemstellung.

In den folgenden Abschnitten werden die UML-Diagramme der statischen und der dynamischen Modelle näher erläutert.

Statik: Klassen- und Objektdiagramme

Klassendiagramme beschreiben die statische Struktur eines objektorientierten Modells, die über einen längeren Zeitraum unveränderlich bleibt. Dabei stehen der Aufbau und die Beziehungen von Objekten im Vordergrund der Betrachtung.

Klasse – Bauplan für Exemplare

Über den Aufbau einer *Klasse* haben Sie bereits mit den Grundlagen der Objektorientierung sowie bei der Einführung in die UML einiges erfahren. Eine Klasse beschreibt den Aufbau von Objekten, indem sie Name, Zustand und Verhalten für Objekte festlegt.

Eine Klasse beschreibt die Gemeinsamkeiten von Objekten, deren Zustand den gleichen Aufbau besitzt und deren Verhaltensweisen identisch sind.

Das bedeutet konkret, dass die Attribute, nicht aber die Attributwerte, sowie die Operationen von Objekten, die in einer gemeinsamen Klasse beschrieben werden, identisch sind.

  Stellen Sie sich eine Klasse als eine Art Schablone vor, die den Aufbau zugehöriger Objekte beschreibt. Sie ist somit ein Bauplan, nach dem ein Objekt gefertigt wird. Dabei legt die Klasse den Zustandsraum (Summe der Attribute) sowie sein Verhalten (Summe der Operationen) fest.

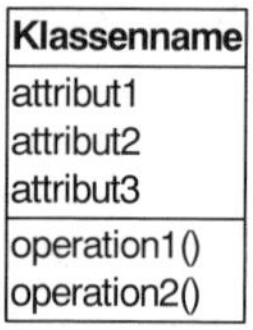

Klassenname
attribut1
attribut2
attribut3
operation1()
operation2()

Abbildung 4.1: Klassenstruktur: UML-Darstellung

In der UML symbolisiert ein Rechteck eine einfache Klasse. Die Abbildung zeigt, dass die grafische Notation aus drei Segmenten besteht.

✔ Das erste Segment beinhaltet den Namen der Klasse. Über diesen Namen ist die Klasse eindeutig identifizierbar. Das bedeutet, dass es in einem objektorientierten Modell niemals zwei Klassen mit einem identischen Namen gibt. Wir werden später sehen, dass Klassen zu Paketen zusammengefasst werden können. Somit können Klassen in verschiedenen Paketen gleiche Namen besitzen. Ihre Identität kann über die Paketzugehörigkeit dann eindeutig festgestellt werden.

✔ Das zweite Segment nimmt die Attribute einer Klasse auf. Sie beschreiben den Zustand (statische Eigenschaften) der aus ihr abgeleiteten Objekte. Aus einer Klasse abgeleitete Objekte bezeichnet man als *Exemplare*.

✔ Im dritten Segment definieren wir die Operationen, die das Verhalten der Exemplare festlegen. Sie legen das dynamische Verhalten der abgeleiteten Objekte fest.

✔ Die Segmente zwei (Attribute) und/oder drei (Operationen) können auch ausgeblendet werden, so dass eine Klasse nur mit ihrem Namenssegment angezeigt wird.

Ein Beispiel für eine solche Schablone ist die Klasse Fahrzeug, die als konzeptionelle Beschreibung im Zustands-Segment die Attribute besitzer, typ, farbe und geschwindigkeit enthält und im Verhaltens-Segment die Operationen fahren() und bremsen() vereinbart.

Fahrzeug
besitzer
typ
farbe
geschwindigkeit
fahren()
bremsen()

Abbildung 4.2: Klasse Fahrzeug: UML-Darstellung

Ein weiteres Beispiel ist die konzeptionelle Beschreibung eines Weckers in einer Klasse (siehe Abbildung 4.3).

✔ Die Klasse Wecker enthält als Attribute die uhrzeit, die weckzeit und weckmodusAktiv.

✔ Die aktuelle Zeit der Attribute uhrzeit und weckzeit kann über die Operationen zeitEinstellen() und weckzeit-Einstellen() manipuliert werden.

Wecker
uhrzeit
weckzeit
weckmodusAktiv
uhrzeitEinstellen()
weckzeitEinstellen()
weckmodusUmschalten()
wecken()

Abbildung 4.3: Klasse Wecker: UML-Darstellung

✔ Die Operation weckmodusUmschalten() dient zur Festlegung, ob der Wecker zur eingestellten Weckzeit klingeln soll oder nicht. Der Aktivierungsstatus wird im Attribut weckmodusAktiv festgehalten.

✔ Die Operation wecken() wird aufgerufen, wenn weckmodusAktiv aktiv geschaltet ist und die weckzeit erreicht ist. Mit anderen Worten, der Wecker klingelt.

Beachten Sie, dass die Attribute uhrzeit, weckzeit und weckmodusAktiv in der Klassendarstellung, die das Konzept Wecker beschreibt, keine Attributwerte enthalten. Sie beschreiben den Zustandsraum, also den strukturellen Aufbau des Zustands, ohne konkrete Werte für die Attribute festzulegen. Erst wenn aus der Klasse ein Objekt erzeugt wird, erhält jedes Attribut in diesem neu erzeugten Exemplar einen konkreten Wert.

Die UML schreibt einige formale Kriterien fest, die unerlässlich sind, um allgemein verständliche und zueinander kompatible objektorientierte Modelle erstellen zu können. Darüber hinaus existieren Konventionen, die von der Gemeinschaft der Modellierer akzeptiert sind:

✔ Der Klassenname steht zentriert und fett im ersten Segment des Klassensymbols.

✔ Klassennamen beginnen mit einem Großbuchstaben.

✔ Attribute und Operationen werden mager gedruckt.

✔ Die Bezeichnungen für Attribute und Operationen beginnen mit einem Kleinbuchstaben.

✔ Operationen unterscheiden sich von Attributen dadurch, dass sie hinter ihrem Namen eine öffnende und eine schließende runde Klammer besitzen. Innerhalb der Klammern können weitere Angaben zur Operation stehen.

✔ Operationen werden mit Verben bezeichnet, um den aktiven Charakter zu unterstreichen.

✔ Die Namen abstrakter Klassen werden kursiv gedruckt.

✔ Bei Attributen oder Operationen, deren Namen sich aus mehreren Wörtern zusammensetzen, schreiben Sie die Wörter ohne Leerzeichen hintereinander, wobei jedes neue Wort mit einem Großbuchstaben beginnt. So bezeichnen Sie ein Attribut, das die Anzahl der Räder eines Fahrzeugs bezeichnet, mit anzahlRäder oder die Operation zum Einstellen der Uhrzeit in der Klasse Wecker als uhrzeitEinstellen().

Objekt – das konkrete Exemplar einer Klasse

Eine Klasse wird immer mit dem Ziel modelliert, direkt oder indirekt Vorlage oder Schablone für *Objekte* zu sein, die aus ihrer Strukturbeschreibung erzeugt werden.

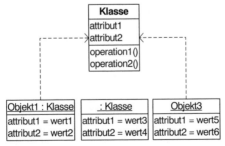

Abbildung 4.4: Aus Klassen erzeugte Objekte: UML-Darstellung

Ein Objekt besitzt ebenfalls ein rechteckiges Symbol. Es unterscheidet sich vom Klassensymbol dadurch, dass der Objektname im ersten Segment unterstrichen ist.

Die einem Objekt zugeordnete Klasse kann auf zwei verschiedene Arten kenntlich gemacht werden. Die erste Möglichkeit besteht in einem gestrichelten Pfeil, der vom Objekt ausgehend auf die Klasse verweist. Die Alternative ist die Nennung des Klassennamens im ersten Segment des Objektsymbols. Dabei wird der Klassenname unabhängig davon, ob das Objekt benannt ist, von einem Doppelpunkt eingeleitet.

Den gestrichelten Pfeil oder alternativ die Nennung des Klassennamens bezeichnet man als *Realize*-Beziehung, da das Objekt als konkrete Ausprägung die Struktur der Klasse realisiert.

Im zweiten Segment legt ein Objekt zu den in der Klasse definierten Attributen Attributwerte in der Form `attribut = wert` fest.

So dient die Klasse `Fahrzeug` dazu, konkrete Fahrzeuge zu beschreiben, wie meinen roten Golf `meinGolf` oder den silberfarbenen Mercedes (hier als nicht benanntes Objekt dargestellt).

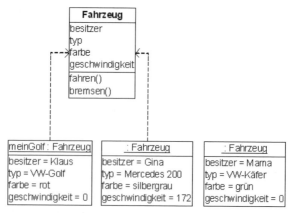

Abbildung 4.5: Aus Klassen erzeugte Objekte (Exemplare): `Fahrzeug`

Den Attributen besitzer, typ, farbe und geschwindigkeit werden konkrete Werte, die in jedem Objekt verschieden sein können, zugeordnet.

Die Klasse Wecker dient als Schablone für alle Wecker dazu, einen alten schwarzen Wecker, meinSchwarzerWecker, zu beschreiben. Auch hier finden wir die in der Klasse definierten Attribute uhrzeit, weckzeit und weckmodusAktiv in jedem aus der Klasse abgeleiteten Objekt mit den zugeordneten konkreten Werten wieder.

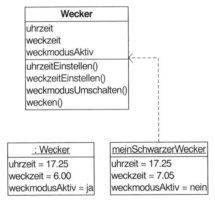

Abbildung 4.6: Aus Klassen erzeugte Objekte (Exemplare): Wecker

Die Operationen werden nicht genannt, da sie vollständig innerhalb der Klasse definiert und daher für alle Objekte identisch sind. Sie können sich daher in der zugehörigen Klasse über die verfügbaren Operationen eines Objekts informieren.

Klassen definieren ihre Attribute und Operationen, so dass die aus diesen Klassen erzeugten Objekte neben ihrer Klassenzugehörigkeit nur noch die konkreten Attributwerte festlegen. Die Operationen sind vollständig in der Klasse vereinbart und dort einsehbar.

Neben den gewöhnlichen Klassen existieren spezielle Formen von Klassen.

Schnittstellen (*Interfaces*) beschreiben nur die von außen sichtbaren Elemente einer Klasse und müssen konkretisiert werden. Weiter unten werden Schnittstellen konzeptionell erläutert und im nächsten Teil in einem Beispiel umgesetzt.

Im Kontext der Vererbung greifen wir so genannte *abstrakte Klassen* auf, aus denen keine Objekte erzeugt werden können.

Parametrisierbare Klassen (*Template, Parameterized Class*) sind Schablonen, die generische Parameter enthalten. Aus diesen generischen Klassen können gewöhnliche Klassen erzeugt werden, die dann die generischen Parameter durch aktuelle Parameter konkretisieren. Die Sprache C++ unterstützt solche Templates.

Metaklassen hingegen sind Klassen, deren erzeugte Objekte auch wieder Klassen sind. Metaklassen sind ein theoretisch hoch interessantes Thema, da sie menschliches Denken gut nachbilden können. So können selbstreferenzielle oder autopoietische Systeme nachempfunden werden. In der praktischen Modellierung mit UML spielen sie meist eine untergeordnete Rolle.

Attribut – identitätslose Eigenschaft

Attribute legen den Zustandsraum einer Klasse fest. Sie definieren eine beliebige Anzahl beschreibender Eigenschaften und Beziehungen, die die Klasse und damit auch die abgeleiteten Objekte näher beschreiben.

Attribute einer Klasse besitzen keinen konkreten Wert. Wohl aber können Sie für Attribute einen bestimmten Wertebereich festlegen. Diese Festlegung entspricht im Wesentlichen der Festlegung eines Datentyps in einer Programmiersprache.

Grundsätzlich lassen sich zwei verschiedene Arten von Attributen unterscheiden. Zum einen gibt es beschreibende Attribute, die selbst keine Identität besitzen. Sie sind jedoch einem Objekt, das eine Identität besitzt, zugeordnet und beschreiben es näher. Das Attribut farbe eines Autos mit dem Attributwert rot hat keine Identität, beschreibt jedoch den roten Golf, der als Objekt eine Identität besitzt, näher. Solche Attribute lassen sich mit den klassischen Datentypen *Integer* (Ganzzahl), *Real* (Fließkommazahl), *String* (Zeichenfolge) oder *Boolean* (Wahrheitswert) auf einen bestimmten Wertebereich einschränken.

Typ	Beispielwerte	Operationen
Integer	1, -3, 234, 1567, ...	*, +, -, /
Real	2.5, -3.265, 500.0, ...	*, +, -, /
String	"Meier", "Chiron", ...	toUpper(), concat()
Boolean	true, false	and, or, xor, not

Tabelle 4.1: Basisdatentypen

Die Tabelle zeigt die Basisdatentypen mit einigen Beispielwerten und wichtigen Operationen, die mit diesen Typen durchgeführt werden können. Sie sind in der *OCL (**Object Constraint Language**)*, die zur Beschreibung von Zusicherungen dient, festgelegt. So stehen bei den Zahlen mathematische Operationen zur Verfügung, bei den Strings Operationen zur Umwandlung von Klein- in Großbuchstaben und Verkettung und bei Wahrheitswerten logische Operatoren.

Die zweite Art von Attributen sind Attribute, die wie das Objekt, das sie als Attribut beschreiben, ebenfalls eine Identität besitzen. Somit ist auch das Attribut ein Objekt, das zur näheren Beschreibung eines anderen Attributs dient. Objekte, die zu ihrer eigenen Beschreibung fremde Objekte nutzen, werden wir im Zusammenhang der Assoziationen noch genauer unter die Lupe nehmen.

Betrachten wir die Klasse Fahrzeug, so können wir die Attribute besitzer, typ und farbe als Zeichenfolgen (String) und die geschwindigkeit als ganzzahligen Wert (Integer) festlegen. Sobald ein Objekt mit konkreten Werten belegt wird, müssen diese Werte dem vereinbarten Datentyp formal entsprechen.

Fahrzeug
besitzer : String typ : String farbe : String geschwindigkeit : Integer = 0
fahren() bremsen()

Abbildung 4.7: Datentypen für Attribute: Fahrzeug

Zusätzlich können so genannte Initialwerte festgelegt werden. Im Fall des Attributs geschwindigkeit wird der Initialwert mit dem Wert 0 festgelegt. Das bedeutet, dass, sobald ein Objekt aus dieser Klasse abgeleitet wird, der Wert des Attributs geschwindigkeit mit 0 definiert wird.

Darüber hinaus können für Attribute, wie für viele andere Elemente in der UML, aber auch *Zusicherungen*, so genannte *Constraints*, vereinbart werden. Constraints beschreiben Bedingungen, die immer erfüllt sein müssen. Dazu steht in UML die bereits erwähnte OCL zur Verfügung.

Die OCL wird in vielen Projekten durch Ausdrücke einer objektorientierten Programmiersprache wie C++, Java oder C# ersetzt. Oft werden auch frei formulierte Zusicherungen definiert.

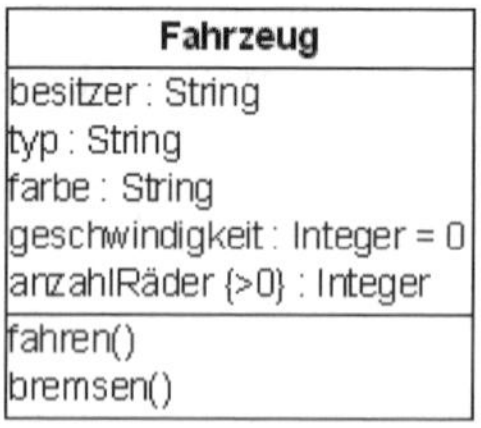

Fahrzeug
besitzer : String typ : String farbe : String geschwindigkeit : Integer = 0 anzahlRäder {>0} : Integer
fahren() bremsen()

Abbildung 4.8: Zusicherung: Attribut Räder

Zusicherungen werden innerhalb geschweifter Klammern hinter dem Attributnamen notiert. So legt das neu definierte Attribut anzahlRäder {>0}: Integer fest, dass die Anzahl der Räder (anzahlRäder) als ganzzahliger Wert (:Integer) immer größer als der Wert 0 ({>0}) sein muss. Diese Bedingung muss zu jeder Zeit der Existenz eines Auto-Objekts erfüllt sein. Weitere Zusicherungen stellen wir Ihnen im Abschnitt über Assoziationen vor.

Operationen – Verhalten eines Objekts

Neben den Attributen unterliegen auch die *Operationen* einer formalen Darstellung. Wir haben gesehen, dass Attribute innerhalb eines vorgegebenen Wertebereichs für jedes Objekt einen beliebigen Wert annehmen können. Auch die Operationen können variabel ausgestattet werden, indem variable Parameter definiert werden können. Zusätzlich kann die Operation nach Ausführung einen Wert als Antwort zurückliefern. Formal sieht das folgendermaßen aus:

Klassenname
attribut1
attribut2
attribut3
operation1() : RückTyp1
operation2(Par1 : Typ1, Par2 : Typ2) : RückTyp2

Abbildung 4.9: Operationen: UML-Darstellung

Die Spezifikation einer Operation operation(Par1 : Typ1, Par2 : Typ2) : RückTyp2 zeigt ähnlich einer Funktion oder Prozedur, die als Operation an die aus dieser Klasse erzeugten Objekte gebunden ist, die Form der Übergabe- und Rückgabeparameter.

Innerhalb der runden Klammern (Par1 : Typ1, Par2 : Typ2) definieren Sie eine beliebige Anzahl von Parametern, die mit einem Namen gefolgt von einer Typangabe nach einem Par1 : Typ1 vereinbart sind. Legen Sie mehrere Übergabeparameter fest, so werden die Vereinbarungen durch ein Komma getrennt.

Neben den Übergabeparametern, die eine Operation beim Aufruf erhält, können Sie auch einen Rückgabeparameter vereinbaren, der ein Ergebnis des Operationsaufrufs zurückliefert. Den Typ des Rückgabeparameters `operation(...)` : `Rück-Typ2` legen Sie im Anschluss an den Bereich der Übergabeparameter getrennt durch einen Doppelpunkt fest.

Definieren Sie Attributtypen und Operationsparameter nicht wahllos, sondern denken Sie dabei vom Ergebnis her. In der Analysephase, in der es um die Darstellung der fachlichen Inhalte geht, stehen Datentypen und Operationsparameter der Übersichtlichkeit oft im Wege. Nutzen Sie ein Klassendiagramm, um mit den Fachexperten die fachlichen Inhalte zu visualisieren, reichen in der Regel Attributnamen und Operationsnamen. In der Entwurfsphase dagegen, die als technische Spezifikation die Implementierung vorbereitet, sind sie sehr hilfreich, da sie eine automatisierte Überführung des UML-Modells in eine Programmiersprache erleichtern.

Das folgende Beispiel definiert Übergabe- und Rückgabeparameter für die der Klasse `Wecker` zugeordneten Objekte.

Wecker
uhrzeit weckzeit weckmodusAktiv
uhrzeitEinstellen(stunde : Integer, minute : Integer) : Boolean weckzeitEinstellen(stunde : Integer, minute : Integer) : Boolean weckmodusUmschalten() wecken()

Abbildung 4.10: Spezifikation von Operationen: `Wecker`

So müssen wir dem Objekt vom Typ `Wecker` beim Stellen der Uhrzeit oder der Weckzeit die neuen Werte für die Stunde und die Minute ...(`stunde : Integer, minute : Integer`) mitteilen. Beide Übergabeparameter sind vom Typ `Integer`, können also ganze Zahlen an die Operation übergeben.

Die Operationen geben als Antwort einen Wert vom Typ ...() : `Boolean` zurück, der anzeigt, ob die Zeit erfolgreich umgestellt wurde (true) oder nicht (false).

Einige Tools zur UML-Modellierung erlauben die Festlegung von Attributen und Operationen direkt in der Syntax einer objektorientierten Programmiersprache wie Java, C++ oder C#. Dadurch wird der nahtlose Übergang vom Entwurf mit UML in eine Programmiersprache erleichtert.

Sichtbarkeit – wer sieht was von wo?

Grundsätzlich gilt bei einer strengen Auslegung der objektorientierten Prinzipien die Regel, dass auf die Attribute einer Klasse von außen ausschließlich indirekt über die Operationen zugegriffen werden darf. So rufen wir die Operation uhrzeitEinstellen(...) auf, die dann eine Wertänderung des Attributs uhrzeit vornimmt. Folglich greifen wir indirekt über die Operation uhrzeitEinstellen(...) auf das Attribut uhrzeit zu.

Die UML gibt dem Programmierer die Möglichkeit, die äußere *Sichtbarkeit* von Attributen und Operationen selbst zu bestimmen. Damit befindet sich die UML in einem Boot mit den objektorientierten Programmiersprachen Java, C++ und C#. Aus Effizienzgründen ist es in manchen Fällen angebracht, das Geheimnisprinzip, das aus konzeptionellen Gründen sinnvoll ist, im konkreten Entwurf aufzuweichen.

Bei der Definition von Sichtbarkeiten sollte grundsätzlich das Geheimnisprinzip Anwendung finden. Nur für begründete Ausnahmefälle, wie die Komplexität und Aufblähung des Codes oder bei Effizienzproblemen, die gut begründet sein müssen, sollten Sie Attribute nach außen sichtbar machen.

Die UML definiert vier verschiedene Sichtbarkeitsstufen.

Sichtbarkeit	Bedeutung	UML-Symbol
public	öffentlich; für alle Klassen sichtbar und benutzbar	+
package	paketweit; für die Klasse selbst sowie für alle Klassen desselben Pakets sichtbar und benutzbar	~
protected	geschützt; für die Klasse selbst sowie für alle Unterklassen sichtbar und benutzbar	#
private	privat; nur für die Klasse selbst sichtbar und benutzbar	-

Tabelle 4.2: Sichtbarkeiten von Attributen und Operationen

Beachten Sie, dass die Sichtbarkeit in den einzelnen Programmiersprachen abweichend von der UML-Spezifikation festgelegt sein kann, auch wenn dort dieselben Sichtbarkeitsbezeichnungen verwendet werden.

Für die Sichtbarkeiten gilt ebenso wie für die Vereinbarung von Typen, dass sie im Analysemodell eher stören, während sie den automatisierten Übergang vom UML-Modell zum Programmcode erleichtern.

Führen wir die Sichtbarkeiten für die Attribute und Operationen der Klasse Fahrzeug ein und legen fest, dass das Attribut besitzer als *private* (-) definiert und damit ausschließlich innerhalb von Fahrzeug-Objekten verfügbar ist.

Fahrzeug
-besitzer : String
#typ : String
+farbe : String
#geschwindigkeit : int = 0
+anzahlRäder {>0} : int
+fahren()
+bremsen()

Abbildung 4.11: Sichtbarkeiten: Fahrzeug

Die Attribute typ und geschwindigkeit sind als *protected* (#) vereinbarte Attribute auch in möglichen Unterklassen von Fahrzeugen wie beispielsweise PKW oder Motorrad sichtbar.

Die Attribute farbe und anzahlRäder sind als *public* (+) vereinbarte Attribute ebenso wie die Operationen fahren() und bremsen() uneingeschränkt verfügbar.

Klassenattribute und Klassenoperationen – Arbeiten ohne Objekte

Gewöhnliche Attribute und Operationen werden in einer Klasse vereinbart und stehen nach der Erzeugung den gebildeten Objekten zur Verfügung. Die Attribute und Operationen sind an ein Objekt gebunden und nur über diese verfügbar.

Für Attribute gilt, dass jedes aus einer Klasse erzeugte Exemplar seinen individuellen Attributwert festlegen kann. So hat das Attribut farbe eines PKW für jeden PKW einen individuellen Wert. Es macht auch nur Sinn, über das jeweilige PKW-Objekt auf das Farb-Attribut zuzugreifen.

Wird dagegen ein Attribut als Klassenattribut definiert, so ist dieses Attribut über die Klasse erreichbar. Es ist an die Klasse und nicht etwa an die aus ihr erzeugten Objekte gebunden. Sie stehen zwar jedem Objekt der Klasse zur Verfügung, besitzen aber, da sie an die Klasse gebunden sind, nur einen einzigen Wert, der damit für alle Objekte identisch ist.

Klassenoperationen und *Klassenattribute* werden in der UML-Notation wie gewöhnliche Attribute und Operationen in den üblichen Segmenten des Klassenrechtecks notiert. Zur Unterscheidung werden sie jedoch unterstrichen dargestellt.

Die folgende Abbildung zeigt am Beispiel des Weckers, wie ein Klassenattribut und eine Klassenoperation vereinbart und genutzt werden können.

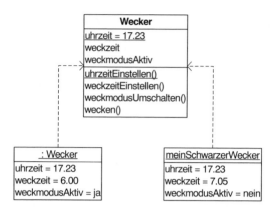

Abbildung 4.12: Klassenattribut und Klassenoperation: Wecker

✔ Die Klasse Wecker vereinbart ein Klassenattribut uhrzeit, das unterstrichen dargestellt ist.

✔ Damit ist das Attribut uhrzeit an die Klasse Wecker gebunden und über diese auch dann verfügbar, wenn noch kein Wecker-Objekt erzeugt ist.

✔ Das Klassenattribut uhrzeit ist für die Objekte :Wecker und meinSchwarzerWecker wie die gewöhnlichen Attribute verfügbar.

✔ Im Unterschied zu gewöhnlichen Attributen wie die weckzeit, die individuell bei jedem Wecker unterschiedlich sein kann, wirkt sich die Änderung der uhrzeit auf alle aus der Klasse Wecker abgeleiteten Objekte gleichermaßen aus.

✔ Die Operation uhrzeitEinstellen() ist als Klassenoperation definiert und zur Kennzeichnung im Operations-Segment der Klasse Wecker unterstrichen dargestellt.

✔ Die Operation uhrzeitEinstellen() kann unabhängig von der Existenz abgeleiteter Objekte über die Klasse Wecker aufgerufen werden, um den Wert des Klassenattributs uhrzeit zu verändern.

✔ Die Operation uhrzeitEinstellen() lässt sich ebenso über die aus der Klasse Wecker erzeugten Objekte :Wecker und meinSchwarzerWecker aktivieren.

Somit ist gewährleistet, dass alle Uhren dieselbe Uhrzeit besitzen und die Uhrzeit auch eingestellt werden kann, wenn im System noch kein Wecker-Objekt erzeugt wurde, da die Uhrzeit in der Klasse hinterlegt ist.

Verwenden Sie Klassenattribute, wenn ein Attributwert für alle aus der Klasse gebildeten Objekte identisch ist und auch unabhängig von der Existenz von Exemplaren sinnvoll mit Werten belegt werden kann. Vereinbaren Sie Klassenoperationen für Aufgaben, die unabhängig von der Existenz von Objekten durchgeführt werden können. Eine sinnvolle Aufgabe ist beispielsweise die Manipulation von Klassenattributen.

Schnittstellen – verkümmerte Klassen

Schnittstellen (*Interfaces*) lassen sich salopp als verkümmerte Klassen beschreiben, da sie lediglich einen Schnittstellennamen und die Aufrufkonventionen von Operationen definieren. Die Arbeitsweise der Operationen sowie Attribute vereinbart die Schnittstelle im Gegensatz zur Klasse nicht.

Wir kommen im nächsten Teil bei der Implementierung eines UML-Modells auf die Schnittstellen zurück und werden dort verdeutlichen, dass Schnittstellen als Ersatz für die Mehrfachvererbung eine wichtige Rolle spielen.

Die UML stellt zwei verschiedene Notationsformen für Schnittstellen zur Verfügung: die Lollipop-Darstellung und die klassenähnliche Notation.

Bei der Lollipop-Notation wird die Schnittstelle als nicht ausgefüllter Kreis dargestellt, der mit den Klassen, die die

Schnittstelle implementieren, über eine durchgezogene Linie verbunden ist.

Das Implementieren einer Schnittstelle bedeutet, dass die Klasse sich verpflichtet, die »verkümmerten« Operationen zu übernehmen und vollständig mit der Definition der Aufgabenlösung zu beschreiben.

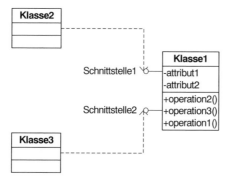

Abbildung 4.13: Schnittstellen: UML-Darstellung (Lollipop)

✔ Schnittstelle1 und Schnittstelle2 vereinbaren die Aufrufkonventionen für operation1(), operation2() und operation3(). Diese Vereinbarung ist in der Lollipop-Darstellung nicht sichtbar.

✔ Klasse1 implementiert beide Schnittstellen und verpflichtet sich damit, operation1(), operation2() und operation3() zu übernehmen und vollständig zu definieren.

✔ Klasse2 und Klasse3 stehen in einer Abhängigkeitsbeziehung zur Schnittstelle1, da sie Objekte des Schnittstellentyps nutzt. Die durch die gestrichelten Pfeile dargestellte Abhängigkeit besagt, dass eine Änderung von Schnittstelle1 eine Änderung in Schnittstelle2 nach sich ziehen könnte und eine Änderung in Schnittstelle2 sich auf Klasse3 auswirkt.

Alternativ kann auch die klassenähnliche Darstellung von Schnittstellen gewählt werden. Eine Schnittstelle ist mit dem

Stereotyp <<interface>> gekennzeichnet und enthält keine
Attribute.

Ein Stereotyp kann für viele UML-Elemente definiert werden und legt Erweiterungen bestehender Elemente fest oder
dient einfach nur zur Klassifikation von Elementen. Im Fall
der Schnittstelle definiert das Stereotyp die Erweiterungen
(Operationen nur mit ihren Aufrufkonventionen zu beschreiben und Verbot der Definition von Attributen) im
Vergleich zu einer gewöhnlichen Klasse.

In der klassenähnlichen Darstellung von Schnittstellen sind
auch die vereinbarten Aufrufkonventionen der Operationen
erkennbar.

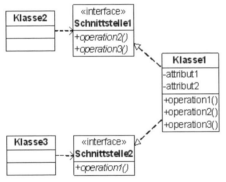

Abbildung 4.14: Schnittstellen: UML-Darstellung (klassenähnlich)

Klassen, die eine Schnittstelle implementieren, die klassenähnlich dargestellt wird, verweisen über einen gestrichelten
Pfeil, der eine dreieckige nicht ausgefüllte Spitze besitzt, auf
die zugehörige Schnittstelle.

✔ Schnittstelle1 vereinbart die Aufrufkonventionen von
operation2() und operation3().

✔ Schnittstelle2 legt die Aufrufkonvention für operati-
on1() fest.

✔ Da Klasse1 beide Schnittstellen implementiert, definiert sie alle drei Operationen vollständig.

Das Konzept von Schnittstellen wird deutlich im Kontext der Implementierung eines UML-Modells.

Vererbung – verteilte Baupläne

Das bereits in den Grundlagen vorgestellte Konzept der *Vererbung* vereinbart eine Weitergabe der Attribute und Operationen von einer Ober- an eine Unterklasse.

Die Beziehung zwischen Ober- und Unterklasse kann als Spezialisierung oder Generalisierung aufgefasst werden. Diese Sicht wird häufig in der fachlichen Analyse eingenommen. Aus technischer Sicht kann die Vererbung aber auch als Erweiterungsmechanismus genutzt werden, der semantisch mit einer Spezialisierung nichts zu tun hat. Demnach werden Klassenhierarchien nicht nach kognitiven Assoziationen, sondern nach konstruktiver Effizienz gebildet.

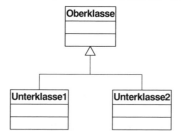

Abbildung 4.15: Vererbung: UML-Darstellung

Die UML stellt eine solche Vererbungsbeziehung als Pfeil dar, der von der Unterklasse auf die Oberklasse zeigt. Die Vererbungsrichtung läuft also entgegengesetzt zur Pfeilrichtung.

Betrachten wir die Vererbung mit den entsprechenden Attributen und Operationen, so werden die Attribute attribut1 und attribut2 genauso wie die Operationen operation1 und

operation2 an die Unterklassen Unterklasse1 und Unter-
klasse2 weitergegeben.

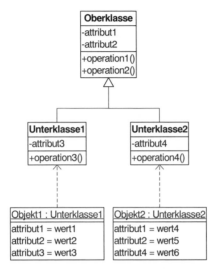

Abbildung 4.16: Vererbung mit Objekten: UML-Darstellung

Die Unterklassen Unterklasse1 und Unterklasse2 definieren
zusätzliche Attribute und Operationen. So enthält die Unter-
klasse1 neben den geerbten Attributen attribut1 und attri-
but2 das Attribut attribut3 und über die geerbten Operationen operation1 und operation2 die Operation operation3.
Analog vollzieht sich die Vererbung in unterklasse2.

Betrachten wir das Objekt Objekt1, so zeigt sich, dass die von
Oberklasse geerbten und die in Unterklasse1 neu definierten
Attribute nicht zu unterscheiden sind. Die Attribute attri-
but1, attribut2 und attribut3 stehen also in den Objekten
gleichberechtigt nebeneinander. Das Gleiche gilt für die Operationen operation1, operation2 und operation3.

Beschreiben wir einen Wecker, so können wir seine Attribute
und Operationen wie bisher einfach benennen. Eine andere
Möglichkeit, die dem menschlichen Denken eher entspricht,
ist die assoziative Ähnlichkeitsbeschreibung. Dabei hilft es

Menschen, neue Erkenntnisse immer auf bekannte Sachverhalte zurückzuführen.

Im Falle des Weckers erscheint uns dieses Vorgehen trivial. Dennoch verdeutlicht es das Prinzip. Versetzen wir uns in die Lage eines Kindes, das zwar eine Uhr, aber keinen Wecker kennt. Um dem Kind das Konzept Wecker zu vermitteln, greifen wir auf das uns am ähnlichsten erscheinende bekannte Konzept – die Uhr – zurück und beschreiben davon ausgehend die Unterschiede und Erweiterungen, um aus dem Konzept Uhr das Konzept Wecker abzuleiten. Ein Kind kann mit der Aussage: »Ein Wecker funktioniert wie eine Uhr, nur dass er zu einer festgelegten Uhrzeit zusätzlich klingeln kann«, sehr schnell das neue Konzept in den Gesamtzusammenhang seines Wissens einordnen. Damit haben wir seine Vorstellung eines Weckers auf die Vorstellung einer Uhr zurückgeführt.

Übernehmen wir diese Vorstellung in das Klassendiagramm, nutzen wir die Vererbungsbeziehung, um den Zusammenhang von Uhr und Wecker darzustellen.

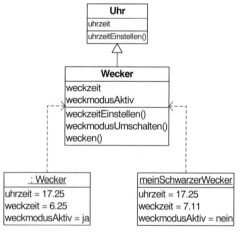

Abbildung 4.17: Vererbung: Uhr – Wecker

Die Abbildung zeigt die Vererbungsbeziehung zwischen den Klassen Uhr und Wecker, wobei die Uhr die vererbende Oberklasse und der Wecker die erbende Unterklasse ist. In der Klasse Wecker entspringt genau ein Vererbungspfeil, so dass hier eine Einfachvererbung vorliegt.

✔ Die Klasse Uhr gibt das Attribut uhrzeit sowie die Operation uhrzeitEinstellen() über die Vererbungsbeziehung (entgegen der Pfeilrichtung) an die Klasse Wecker weiter.

✔ Die Klasse Wecker definiert zusätzlich zu dem geerbten Attribut uhrzeit die Attribute weckzeit und weckmodusAktiv.

✔ Darüber hinaus vereinbart die Klasse Wecker über die geerbte Operation uhrzeitEinstellen() hinaus die Operationen weckzeitEinstellen(), wecken() und weckmodusUmschalten().

✔ Der Wecker besitzt damit die vollständige Funktionalität einer Uhr, die um die Weckfunktionen erweitert wurde.

✔ Die aus der Klasse Wecker erzeugten Objekte :Wecker und meinSchwarzerWecker können folglich mit den Attributen uhrzeit, weckzeit und weckmodusAktiv() beschrieben werden. Darüber hinaus besitzen sie die Operationen uhrzeitEinstellen(), wecken(), weckzeitEinstellen() und weckmodusUmschalten().

Besitzt eine Klasse genau eine direkte Oberklasse, liegt eine *Einfachvererbung* vor. Sie erkennen die Einfachvererbung im Klassendiagramm daran, dass von einer Klasse nur ein Vererbungspfeil ausgeht (d.h. seinen Ursprung hat).

Erweitern wir das Beispiel um eine Funkuhr, einen Radiowecker und einen Funkwecker, so erhalten wir eine mehrstufige Vererbungshierarchie. Das bedeutet, dass Attribute und Operationen über mehr als eine Stufe an mindestens zwei Klassen weitergegeben werden.

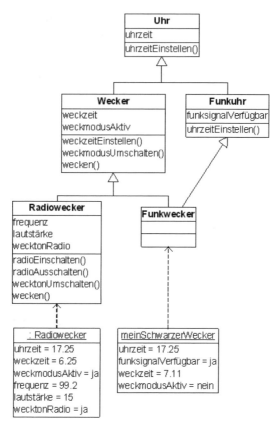

Abbildung 4.18: Mehrfachvererbung: Radiowecker – Funkwecker

✔ Die Klassen Uhr und Wecker sind aus dem vorhergehenden Beispiel unverändert übernommen.

✔ Die Klasse Radiowecker erbt, obwohl sie nicht in einer direkten Vererbungsbeziehung zur Klasse Uhr steht, indirekt über die Klasse Wecker auch die Uhrzeit-Funktionalität der Klasse Uhr.

✔ Die Klasse Wecker ist damit gleichzeitig Unterklasse der Oberklasse Uhr wie auch Oberklasse der Unterklasse Radiowecker.

✔ Die Klasse Radiowecker enthält damit die Attribute uhrzeit (aus der Klasse Uhr über Wecker an Radiowecker weitergegeben), weckzeit und weckmodusAktiv (aus der Klasse Wecker an Radiowecker vererbt) und die in der Klasse Radiowecker selbst definierten Attribute frequenz, lautstärke und wecktonRadio.

✔ Die Attribute frequenz und lautstärke halten die eingestellten Optionen für den Radiobetrieb fest.

✔ Das Attribut wecktonRadio enthält die Information, ob der Wecker mit Klingeln oder dem eingestellten Radiosender weckt.

✔ Wie die Attribute werden auch die Operationen an die Klasse Radiowecker weitergegeben. Damit enthält sie die Operationen uhrzeitEinstellen() (aus der Klasse Uhr), weckzeitEinstellen(), weckmodusUmschalten() und wekken() (aus der Klasse Wecker) sowie die selbst vereinbarten Operationen radioEinschalten(), radioAusschalten(), wecktonUmschalten() und wecken().

✔ Die in der Klasse Radiowecker vereinbarte Operation wekken() überschreibt die geerbte Operation wecken() der Klasse Wecker.

✔ Die im Radiowecker spezialisierte Operation wecken() prüft zunächst, ob die Option wecktonRadio gesetzt ist. Ist das der Fall, aktiviert sie die Operation radioEinschalten(). Ist die Radio-Option nicht gesetzt, so aktiviert sie die überschriebene Operation wecken(), die sie aus der Klasse Wecker geerbt hat. In diesem Fall klingelt der Wecker.

Mehrstufige Vererbung liegt vor, wenn in einer Vererbungshierarchie mindestens eine Klasse existiert, die sowohl von einer Oberklasse Attribute und Operationen erbt als auch die geerbten und neu vereinbarten eigenen Attribute und Operationen an eine Unterklasse weitergibt.

Die Operationsnamen uhrzeitEinstellen() und wecken() sind mehrfach verwendet worden. Diese Polymorphie ist nach objektorientierten Grundsätzen ausdrücklich zugelassen. Da in diesem Fall die betroffenen Klassen in einer Vererbungsbeziehung stehen, ersetzt die aktuelle Version die gerbte Version der Operation. Dieses Ersetzen bezeichnet man als *Redefinition* einer Operation. Nach außen stehen ausschließlich die spezialisierten Versionen der Operationen zur Verfügung. Innerhalb der Operationen können jedoch auch überschriebene Operationen verwendet werden.

Die *Redefinition* (*Überschreiben*) einer geerbten Operation ist erlaubt, da die Polymorphie (Vielgestalt) Grundkonzept der Objektorientierung ist. Überschriebene Operationen können intern, d.h. innerhalb von Operationen dieser Klasse, weiter verwendet werden.

Neben einer mehrstufigen Vererbungsbeziehung und überschriebenen Operationen zeigt die Abbildung auch die Mehrfachvererbung, die bei der Klasse Funkwecker gegeben ist. Der Funkwecker erbt Attribute und Operationen von seinen beiden direkten Oberklassen Wecker und Funkuhr.

Mehrfachvererbung liegt dann vor, wenn eine Unterklasse mehr als eine direkte Oberklasse besitzt. Im UML-Klassendiagramm erkennen Sie Mehrfachvererbung daran, dass von einer Unterklasse mindestens zwei Vererbungspfeile ausgehen (d.h., sie entspringen der Unterklasse).

Die Mehrfachvererbung gibt dem Modellierer einige Probleme auf, die wir anhand des Weckerbeispiels exemplarisch aufarbeiten wollen.

✔ Die Klasse Funkuhr ist eine Spezialisierung der Klasse Uhr, da sie eine spezielle Art zum Einstellen der Uhrzeit besitzt. Damit ist die Klasse Uhr in der umgekehrten Sicht eine Generalisierung der Klasse Funkuhr.

✔ Sowohl die Klasse Uhr als auch die Klasse Funkuhr vereinbaren eine Operation zeitEinstellen(). Die Funkuhr überschreibt die Operation zeitEinstellen(), die sie aus der Klasse Uhr geerbt hat. Sie passt die Operation also an die speziellen Bedürfnisse einer Funkuhr an.

✔ Bei einer »normalen« Uhr nehmen wir die Zeiteinstellung von Hand vor. Für das Modell bedeutet dies, dass die Werte vom Benutzer vorgegeben werden.

✔ Bei einer Funkuhr wird geprüft, ob ein Funksignal, das die Uhrzeit übermittelt, empfangen werden kann. Ist das der Fall, so wird die Uhr in einem periodischen Abstand nach dieser Funkzeit gestellt.

✔ Das Attribut funksignalVerfügbar enthält die Information, ob ein Funksignal anliegt.

✔ Liegt kein Funksignal an, so soll der Benutzer die Möglichkeit erhalten, die Uhr von Hand zu stellen. In dem Fall wird intern innerhalb der spezialisierten Operation zeitEinstellen() eines Funkuhr-Objekts die geerbte und redefinierte Operation zeitEinstellen() der Klasse Uhr aktiviert.

✔ Die Klasse Funkwecker besitzt mit den Klassen Funkuhr und Wecker zwei direkte Oberklassen. Damit ist der Tatbestand einer Mehrfachvererbung erfüllt.

✔ Das Attribut uhrzeit wird über die Klasse Wecker und zusätzlich über die Klasse Funkuhr an die Klasse Funkwecker vererbt. Damit ist es nach den Grundsätzen der Vererbung in der Klasse Funkwecker doppelt verfügbar.

✔ Das Attribut uhrzeit hat einen Konflikt verursacht, der individuell gelöst werden muss. Im Fall des Funkweckers ist nur eine Uhrzeit gegeben, so dass in diesem konkreten Fall nur ein Attribut uhrzeit in der Klasse Funkwecker verfügbar gemacht wird.

✔ Die Klasse Funkwecker erbt die Operation uhrzeitEin-stellen() ebenfalls über beide Vererbungspfade, so dass sie nach Vererbungsregeln zweimal vereinbart ist.

✔ Der Konflikt wird in diesem Fall dadurch verschärft, dass zwei unterschiedliche Versionen der Operation uhrzeit-Einstellen() vorliegen. Über den Wecker gelangt die Ursprungsversion der Klasse Uhr und über die Funkuhr die spezialisierte Variante, die das Anliegen eines Funksignals berücksichtigt, in die Klasse Funkuhr.

✔ Da ein Funkwecker sich bei Einstellen der Uhrzeit nicht von einer Funkuhr unterscheidet, streichen wir die Ursprungsvariante. Theoretisch denkbar wäre auch, dass beide Varianten der Operation verfügbar sind oder nur die Ursprungsversion.

Im Falle der Mehrfachvererbung können Konflikte auftreten, die eine individuelle Konfliktlösungsstrategie erfordern und die nicht generell gelöst werden können. Durch die Mehrfachvererbung wird ein Modell kompliziert und aus der grafischen Darstellung sind für das Verständnis notwendige Konfliktlösungen nicht mehr ersichtlich. Aus diesem Grund verzichten viele Modellierer auf den Einsatz der Mehrfachvererbung und ersetzen ihn durch den Einsatz von Schnittstellen oder eine Kombination aus Assoziation und Einfachvererbung.

Konflikte treten bei der Mehrfachvererbung auf, wenn Attribute und Operationen mehrfach an eine Unterklasse vererbt werden. Hier muss individuell geklärt werden, ob das betroffene Attribut bzw. die betroffene Operation einmal oder mehrfach in der Klasse enthalten ist. Verschärft wird der Konflikt, wenn die Ursprungsversion einer Operation mit der spezialisierten Operation über verschiedene Vererbungspfade an die Unterklasse weitergegeben wird. Auch hier gibt es keine allgemein gültige Konfliktlösung. Es mag Fälle geben, in denen nur die spezialisierte Operation verfügbar ist. In anderen Fällen mag es sinnvoll sein, dass beide Operationen aufgerufen werden können, oder in Ausnahmefällen kann es sogar vorkommen, dass nur die Ursprungsversion der Operation verfügbar gemacht wird.

Aus dem gleichen Grund verzichten einige Programmiersprachen wie Java und C# auf die Implementierung der Mehrfachvererbung. C++ hingegen erlaubt Mehrfachvererbung.

 Wollen Sie unabhängig von der Wahl der Programmiersprache sein, empfiehlt es sich, die Mehrfachvererbung zu vermeiden und im Bedarfsfall durch Schnittstellen oder eine Kombination aus Assoziationen und Einfachvererbung nachzubilden.

Betrachten wir die Vererbung als eines der zentralen Konzepte der Objektorientierung an unserem Fahrzeug.

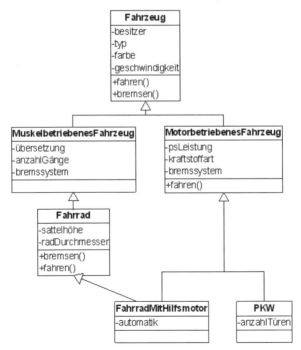

Abbildung 4.19: Mehrfachvererbung: Fahrzeuge

✔ Die Klasse Fahrzeug mit den Attributen besitzer, typ, farbe und geschwindigkeit sowie den Operationen fahren() und bremsen() besitzt mit den Klassen MuskelbetriebenesFahrzeug und MotorbetriebenesFahrzeug zwei direkte Unterklassen.

✔ MuskelbetriebenesFahrzeug definiert zusätzlich zu den geerbten Attributen und Operationen die Attribute übersetzung, anzahlGänge und bremssystem.

✔ Fahrrad erweitert MuskelbetriebenesFahrzeug um die Attribute sattelhöhe und radDurchmesser. Die Operationen bremsen() und fahren() werden speziell für Fahrräder angepasst.

✔ MotorbetriebenesFahrzeug vereinbart zusätzlich die Attribute psLeistung, kraftstoffart und bremssystem. Die Operation fahren() wird spezialisiert und auf motorgetriebene Fahrzeuge angepasst.

✔ PKW als spezielles motorgetriebenes Fahrzeug vereinbart zusätzlich noch das Attribut anzahlTüren.

✔ Die Klasse FahrradMitHilfsmotor besitzt eine Mehrfachvererbungsstruktur und übernimmt Attribute und Operationen sowohl von der Oberklasse Fahrrad als auch von der Oberklasse MotorbetriebenesFahrzeug.

✔ Damit enthält die Klasse FahrradMitHilfsmotor über den linken Vererbungszweig die Attribute:

    ✔ besitzer, typ, farbe und geschwindigkeit aus der Klasse Fahrzeug

    ✔ übersetzung, anzahlGänge und bremssystem aus der Klasse MuskelbetriebenesFahrzeug

    ✔ sattelhöhe und radDurchmesser aus der Klasse Fahrrad

✔ Über den rechten Vererbungszweig erhält sie die Attribute:

✔ besitzer, typ, farbe und geschwindigkeit aus der Klasse Fahrzeug

✔ psLeistung, kraftstoffart, bremssystem aus der Klasse MotorbetriebenesFahrzeug

✔ Dazu kommt das selbst definierte Attribut automatik.

Die Konfliktlösung der über beide Äste vererbten und damit mehrfach vorhandenen Attribute könnte folgendermaßen aussehen:

✔ Die Attribute besitzer, typ, farbe und geschwindigkeit sollten nur einmal in der Klasse FahrradMitHilfsmotor vorhanden sein.

✔ Das Attribut bremssystem sollte doppelt in der Klasse FahrradMitHilfsmotor vorhanden sein, da sowohl eine Rücktrittbremsanlage für Fahrräder als auch die Bremssysteme eines motorbetriebenen Fahrzeugs eingebaut werden.

Damit haben wir gesehen, dass es auch sinnvoll sein kann, im Einzelfall über zwei Wege vererbte Attribute in einer Unterklasse zuzulassen. Zur Unterscheidung ist es theoretisch denkbar, die Attribute umzubenennen oder immer mit der zusätzlichen Klassenangabe ihrer Herkunft aufzurufen.

Betrachten wir die Operationen der Klasse FahrradMitHilfsmotor, so entstehen durch die Mehrfachvererbung ebenfalls Konflikte, die individuell gelöst werden müssen.

✔ Über den linken Vererbungszweig erbt die Klasse FahrradMitHilfsmotor die Operationen fahren() und bremsen() aus der Klasse Fahrrad, die die Ursprungsversionen der Klasse Fahrzeug überschrieben haben.

✔ Über den rechten Vererbungszweig werden die Operationen bremsen() als Ursprungsvariante aus der Klasse Fahrzeug sowie fahren(), die als redefinierte Variante in der Klasse MotorbetriebenesFahrzeug vereinbart ist, vererbt.

Damit ist sowohl die Operation `fahren()` als auch die Operation `bremsen()` doppelt an die Klasse `FahrradMitHilfsmotor` vererbt. Eine Konfliktlösung könnte hier folgendermaßen aussehen:

✔ Die Operation `fahren()` wird in doppelter Ausführung in der Klasse `FahrradMitHilfsmotor` verfügbar gemacht, da das Fahrrad mit Hilfsmotor sowohl mit Motor- als auch mit Muskelkraft gefahren werden kann.

✔ Die Operation `bremsen()` wird ebenfalls doppelt in die Klasse integriert, da die doppelt vorhandenen Bremssysteme individuell gesteuert werden müssen.

Es gibt Fälle, in denen es sinnvoll ist, Attribute und Operationen, die durch Mehrfachvererbung doppelt in einer Klasse vorkommen, in diese Klasse mehrfach zu integrieren. Jedes Attribut und jede Operation muss individuell darauf geprüft werden, ob ein mehrfaches Aufnehmen inhaltlich sinnvoll erscheint oder nicht.

Um die Übersichtlichkeit Ihrer Klassenstrukturen in Klassendiagrammen zu erhalten, sollten Sie nach Möglichkeit auf die Mehrfachvererbung verzichten. Ebenfalls unübersichtlich werden zu tiefe Vererbungshierarchien, da der Betrachter entlang einer Vererbungslinie die Attribute und Operationen einer Klasse zusammenstellen muss. Als Anhaltspunkt für die Modellierung sollten wir eine dreistufige bis vierstufige Hierarchie als sinnvolle Tiefe ansehen. Sie sollte in der Regel deutlich unterhalb des semantischen Differenzials von 7 liegen.

In komplexen Modellen ist es oft nur noch schwer nachzuvollziehen, woher einzelne Attribute und Operationen in tiefen Vererbungshierarchien stammen. Vielstufige und multiple Vererbungsstrukturen sollten Sie insbesondere dann, wenn sie in Kombination auftreten, möglichst vermeiden oder nur äußerst sparsam und mit Bedacht modellieren.

Beschriftungen (vormals Diskriminatoren) für Vererbungshierarchien

Auch Vererbungsbeziehungen können in der UML mit Zusicherungen (Constraints) versehen werden, die nähere Informationen über die Art der Beziehungen enthalten. Bis zur UML 1.5 waren Diskriminatoren vordefiniert.

✔ *disjoint*: Vererbungsbeziehungen sind standardmäßig *disjoint*. Dies bedeutet, dass grundsätzlich davon ausgegangen wird, dass keine Überschneidungen in den Klassendefinitionen vorliegen. Konsequenz daraus ist, dass im Falle der Mehrfachvererbung mehrfach definierte Attribute und Operationen aufgrund der durch *disjoint* festgeschrieben semantischen Unterschiedlichkeit auch unterschiedliche Inhalte verkörpern.

✔ *overlapping*: Die Zusicherung *overlapping* deutet darauf hin, dass Klassen überschneidend definiert sind.

✔ *complete*: Zu einer Klasse sind in einem objektorientierten Modell alle Unterklassen enthalten. Die Festlegung weiterer Unterklassen ist nicht beabsichtigt. Dabei müssen nicht alle im Modell enthaltenen Klassen in einem Klassendiagramm abgebildet sein.

✔ *incomplete*: Das Modell ist noch nicht vollständig. Es sind zwar bereits einige Unterklassen vorhanden, doch ist angesichts der gegebenen Problemstellung damit zu rechnen, dass noch weitere Unterklassen gebildet werden.

Ab UML 2.0 werden Diskriminatoren als einfache frei wählbare Beschriftung des Vererbungspfeils dargestellt.

Die Zusicherungen *complete* und *incomplete* besagen nichts darüber, ob ein Klassendiagramm alle Klassen anzeigt, sondern ob das Modell an sich vollständig ist.

Abstrakte Klassen – Bauplan ohne Bauen

Wird eine Klasse als abstrakt definiert, so können aus ihr niemals Objekte erzeugt werden. Es stellt sich die Frage, welche Existenzberechtigung eine Klasse dann noch hat:

✔ Dient eine Klasse nur dazu, als künstlich gebildete Oberklasse die Gemeinsamkeiten zugehöriger Unterklassen zu beschreiben, so kann sie abstrakt vereinbart werden.

✔ Klassen, die identitätslose Eigenschaften beschreiben, können ebenfalls abstrakt definiert werden. Als Beispiel sei hier die Uhrzeit genannt, die ja keine Identität und damit auch keinen Lebenszyklus mit Anfangs- und Endzeitpunkt besitzt.

✔ Gemäß UML-Notation wird der Klassenname einer abstrakten Klasse kursiv dargestellt.

Das folgende Beispiel zeigt eine abstrakte Klasse, die ausschließlich dazu vorgesehen ist, die Gemeinsamkeiten ihrer Unterklassen zu vereinbaren.

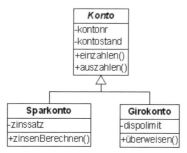

Abbildung 4.20: Abstrakte Klasse: *Konto*

✔ Jedes Konto, egal ob Sparkonto oder Girokonto, besitzt die Attribute kontonr und kontostand.

✔ Jedes Konto können Sie durch auszahlen() erleichtern und durch einzahlen() füllen.

✔ Gehen Sie zur Bank und wollen ein Konto eröffnen, so fragt der Mitarbeiter, was für ein Konto es denn sein soll, ein Sparkonto oder ein Girokonto.

✔ Da die Klasse Konto ausschließlich dazu genutzt wird, die Gemeinsamkeiten aller Konten zu beschreiben, wird sie als abstrakte Klasse vereinbart. Der Klassenname *Konto* erscheint daher kursiv.

Assoziation – Attribute mit Identität

Eine *Assoziation* beschreibt eine fachliche Beziehung zwischen Klassen, die zwischen den aus diesen Klassen gebildeten Objekten realisiert wird. Eine Assoziation ist eine strukturelle Beziehung, über die die verbundenen Objekte miteinander kommunizieren. Man spricht auch davon, dass eine Assoziation Objekte miteinander bekannt macht. Die entstandene Verbindung wird auch als *Link* bezeichnet. Sie werden technisch als Attribute implementiert, so dass man sie von gewöhnlichen Attributen, die als identitätslose Eigenschaften ein Objekt beschreiben, als Attribute mit Identität unterscheiden kann.

Attribute und Beziehungen beschreiben gemeinsam den Zustand eines Objekts. Beziehungen werden genau wie Attribute auch vererbt.

Einfache binäre Assoziation

In einer *binären Assoziation* sind genau zwei Objekte miteinander fachlich verbunden. Dabei können sowohl zwei Objekte von verschiedenen Klassen als auch zwei Objekte, die aus derselben Klasse erzeugt wurden, miteinander verbunden sein.

Klasse1	Rolle1 Assoziation ▶ Rolle2	Klasse2
-attribut1		-attribut3
-attribut2		-attribut4
+operation1()	* *	+operation3()
+operation2()		+operation4()

Abbildung 4.21: Assoziation: UML-Darstellung

Eine Assoziation wird im Klassendiagramm als einfache Verbindungslinie eingezeichnet, die im Fall der binären Assoziation zwei Klassensymbole miteinander verbindet.

✔ Die Assoziation erhält einen Namen und kann mit weiteren Attributen versehen werden.

✔ Die beiden Sterne unterhalb der Verbindungslinie kennzeichnen die *Kardinalitäten* der Assoziation. Sie geben an, wie viele Objekte der einen Klasse mit einem Objekt der anderen Klasse in Verbindung stehen. Im Falle des Sterns kann ein Objekt mit beliebig vielen Objekten der anderen Klasse fachlich verbunden sein.

✔ Eine Assoziation besitzt einen Assoziationsnamen (Assoziation).

✔ Die Leserichtung wird neben dem Assoziationsnamen als Pfeilspitze markiert, so dass Sie auch entgegen der gewohnten Leserichtung einen Assoziationsnamen von rechts nach links interpretieren können.

✔ Weiterhin nimmt jede Klasse in einer Assoziation eine bestimmte Rolle (Rolle1, Rolle2) ein, deren Bezeichnung neben der Klasse am entsprechenden Ende der Assoziation notiert werden kann.

Weitere hier nicht abgebildete Elemente von Assoziationen sind gerichtete, abgeleitete und qualifizierte Assoziationen, auf die wir später noch eingehen. Darüber hinaus können Assoziationen geordnet sein, wenn am Ende einer Assoziation der Zusatz {ordered} notiert ist.

Hüten Sie sich davor, jede noch so unbedeutende Assoziation mit allen Elementen vollständig zu spezifizieren. Gerade in der Analysephase, in der Sie das Modell nutzen, um mit den Anwendern die fachlichen Inhalte zu klären, gehen Übersichtlichkeit, Einfachheit und Klarheit vor Vollständigkeit. Modellieren Sie stets nach dem Grundsatz: »So viel wie nötig, aber nicht mehr.«

Die folgende Abbildung verdeutlicht dies am Beispiel der Assoziation Bankkunde - Girokonto.

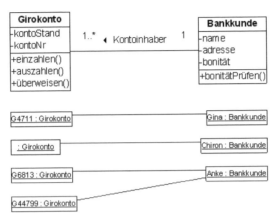

Abbildung 4.22: Binäre Assoziation: Bankkunde – Girokonto

✔ Im oben abgebildeten Klassendiagramm besitzt die Klasse Bankkunde eine Verbindungslinie (Assoziation) zur Klasse Girokonto.

✔ Dabei tritt der Bankkunde in der Rolle des Inhabers auf. Den Assoziationsnamen Kontoinhaber – in der Abbildung gekennzeichnet durch die Beschriftung der Verbindungslinie – lesen Sie von rechts nach links.

✔ Die Ziffern an den Klassensymbolen legen die Kardinalitäten fest. Sie besagen, dass ein Bankkunde ein oder mehrere (1..*) Girokonten als Inhaber führen kann und umgekehrt dass ein Girokonto genau einen (1) Kontoinhaber besitzt.

✔ Das Girokonto-Objekt G4711 ist dem Bankkunden Gina zugeordnet.

✔ Der Bankkunde Chiron ist Inhaber von :Girokonto.

✔ Die Girokonten G6813 und G44799 werden von der Bankkundin Anke geführt.

> Wenn Sie mit der Entity-Relationship-Modellierung im Bereich der relationalen, postrelationalen oder objektrelationalen Datenbanken vertraut sind, finden Sie mit den Assoziationen der UML ein Konstrukt vor, das den Relationen ähnlich ist. Allerdings werden die Beziehungen im objektorientierten Modell völlig anders realisiert.

Für die Exemplare der beiden Klassen bedeutet dies, dass jedes Objekt der Klasse Girokonto mit genau einem (1) Objekt der Klasse Bankkunde verbunden ist und über diese Verbindung kommunizieren kann. Jedes Objekt der Klasse Bankkunde steht umgekehrt mit einem oder mehreren (1..*) Objekten der Klasse Girokonto in Verbindung.

Die Kardinalität definiert also im Rahmen einer Assoziation, wie viele Objekte der einen Klasse ein bestimmtes Objekt der anderen Klasse kennen. Die UML lässt folgende Kardinalitäten zu.

Kardinalität	Bedeutung
1	Verbindung zu genau einem Exemplar der verbundenen Klasse
0..1	Verbindung mit keinem bis maximal einem Exemplar der verbundenen Klasse
*	Verbindung mit keinem, einem oder mehreren Exemplaren der verbundenen Klasse
2..*	Verbindung mit zwei bis vielen Exemplaren der verbundenen Klasse
5	Verbindung mit genau fünf Exemplaren der verbundenen Klasse
1, 5, 8	Verbindung mit einem, fünf oder acht Exemplaren der verbundenen Klasse
1..7, 10, 13..*	Die Anzahl der zugeordneten Exemplare der verbundenen Klasse muss in jedem Fall von null, acht, neun und zwölf verschieden sein

Tabelle 4.3: Bedeutung von Kardinalitäten

Der Bezugspunkt von Kardinalitäten wird oft verwechselt. Die Anzahl der an einer Beziehung beteiligten Objekte wird immer neben dem Klassensymbol angegeben. Das bedeutet, dass ein Exemplar der Ausgangsklasse mit einer Anzahl von Exemplaren der gegenüberliegenden Klasse, neben der auch die zugehörige Kardinalität notiert ist, verbunden ist.

Das bedeutet bezogen auf das Beispiel Girokonto, dass ein Bankkunde mit 1..* Girokonten verbunden und umgekehrt ein Girokonto mit genau 1 Bankkunden assoziiert sein muss.

Sollten Sie bei den folgenden Beispielen mit der Deutung der Kardinalitäten Schwierigkeiten haben, fertigen Sie ruhig ein Objektdiagramm an, das beispielhaft die angegebenen Kardinalitäten umsetzt.

Assoziationsklasse

Ein objektorientiertes Modell stellt stets eine subjektive Sicht auf eine Problemstellung dar, wie unsere Überlegungen zum objektorientierten Denken deutlich darlegen. Welche Elemente und Beziehungen in das Modell einfließen, hängt daher von der persönlichen individuellen Sicht der Beteiligten ab.

Darüber hinaus bietet die Objektorientierung und insbesondere die UML zahlreiche Modellierungsalternativen, um Sachverhalte darzustellen. So besteht auch die Möglichkeit, Assoziationen um Klasseneigenschaften zu erweitern. Dies ist dann sinnvoll, wenn eine detaillierte Beschreibung der Beziehung zweier Klassen notwendig erscheint.

Eine solche *assoziative Klasse* oder *Assoziationsklasse* besitzt in ihrer Spezifikation neben beschreibenden Attributen und Operationen auch die Informationen über die Beziehung zu den beteiligten Klassen. Die Attribute einer Assoziationsklasse werden *Assoziationsattribute* genannt, da sie eine Assoziation näher beschreiben.

Eine Assoziationsklasse wird im Klassendiagramm wie eine normale Klasse dargestellt. Einzige Besonderheit ist eine gestrichelte Verbindungslinie zu der Assoziation, die sie näher beschreibt.

Im dargestellten Beispiel erläutert die Assoziationsklasse Arbeitsvertrag die Assoziation zwischen einer Firma und einer mit ihr verbundenen Person. Das Attribut gehalt stellt in diesem Fall ein Assoziationsattribut dar, das den Arbeitsvertrag genauer spezifiziert.

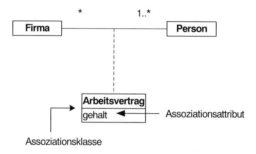

Abbildung 4.23: Assoziationsklasse: Arbeitsvertrag

Die Abbildung zeigt, dass eine Firma 1..* Personen beschäftigt und umgekehrt jede Person an * Firmen über einen Arbeitsvertrag gebunden ist.

Eine assoziative Klasse kann aufgelöst werden in eine gewöhnliche Klasse. Dies ist notwendig, um ein Modell für die Implementierung in einer Programmiersprache vorzubereiten, die keine derartigen Konstruktionen kennt.

✔ Entfernen Sie die Assoziation von Firma zu Person.

✔ Definieren Sie eine Assoziation von Firma zu Arbeitsvertrag.

✔ Vereinbaren Sie eine Verbindung von Person zu Arbeitsvertrag.

✔ Die Kardinalität neben der Firma wird mit 1 notiert.

✔ Ebenso beträgt die Kardinalität neben der Klasse Person 1.

✔ Die Kardinalität am Ende der Assoziation zwischen Firma und Arbeitsvertrag ist nun mit 1..* neben der Klasse Arbeitsvertrag notiert.

✔ Die Kardinalität am Ende der Assoziation zwischen Person und Arbeitsvertrag beträgt * und wird am Assoziationsende neben der Klasse Arbeitsvertrag notiert.

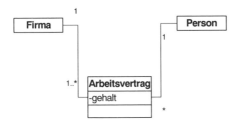

Abbildung 4.24: Aufgelöste Assoziationsklasse: Arbeitsvertrag

Somit werden in einer Firma 1..* Arbeitsverträge geschlossen. Jeder Arbeitsvertrag kann hingegen genau einer Firma zugeordnet werden. Eine Person kann * (beliebig viele oder keinen) Arbeitsverträge besitzen, auf der anderen Seite ist jeder Arbeitsvertrag genau einer Person zugeordnet.

Damit ist im Ergebnis dieselbe Beziehung ausgedrückt, die auch in der Assoziationsklasse vereinbart war.

Eine Assoziationsklasse kann in eine gewöhnliche Klasse überführt werden, indem die zwischen den Klassen ursprünglich vereinbarte Assoziation in zwei Assoziationen aufgespalten wird. Gehen Sie in folgenden Schritten vor:

✔ Entfernen Sie die ursprüngliche Assoziation.

✔ Definieren Sie von jeder ursprünglich assoziierten Klasse eine Assoziation zur ursprünglichen Assoziationsklasse.

✔ Die ursprünglichen Kardinalitäten wandern von den ursprünglichen Enden an die Enden der neu gebildeten neben die ursprüngliche Assoziationsklasse.

✔ Die Kardinalitäten neben den ursprünglich assoziierten Klassen betragen immer 1.

Reflexive Assoziation

Ein Sonderfall der binären Assoziation ist die *rekursive* oder *reflexive Assoziation*, die eine Verbindung von Objekten beschreibt, die aus derselben Klasse erzeugt sind.

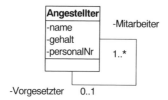

Abbildung 4.25: Reflexive Assoziation: `Angestellter`

Die vorstehende Abbildung zeigt als Beispiel einer reflexiven Assoziation die Klasse `Angestellter`. Objekte dieser Klasse können sowohl in der Rolle eines Mitarbeiters als auch in der Rolle eines Vorgesetzten auftreten.

Dementsprechend liegen Start- und Endpunkt der Assoziation in derselben Klasse `Angestellter`. Die Klasse bezieht sich auf sich selbst. Interpretieren wir die Assoziation, so kann ein Angestellter in seiner Rolle als Vorgesetzter 1..* Angestellte als Mitarbeiter führen. Auf der anderen Seite ist jeder Angestellte in seiner Rolle als Mitarbeiter 0..1 Vorgesetzten unterstellt.

Mehrgliedrige Assoziationen

Die bisherigen Ausführungen beschränken sich auf binäre Assoziationen, die jeweils zwei Objekte miteinander verbinden. Darüber hinaus ermöglichen *mehrgliedrige Assoziationen* oder *n-äre Assoziationen* eine gleichzeitige Kommunikationsbeziehung zwischen drei oder mehr Objekten.

Die Abbildung zeigt das Beispiel einer ternären (dreigliedrigen) Assoziation anhand einer Flugbuchung. Das Beispiel zeigt keine Operationen, da sie für das Verständnis keine Rolle spielen. Die Beziehung stellt die Buchung eines Platzes in einem Flugzeug für einen Passagier dar. Dazu werden die Flugnummer, das Datum des Fluges sowie die Anzahl der Sitzplätze in dem eingesetzten Flugzeugtyp benötigt. Jeder Platz hat eine Platznummer, befindet sich in einer bestimmten Klasse (First-, Business-, Economy-Class) und wird zu einem festgelegten Preis angeboten. Ein Passagier bucht über seinen Namen. Darüber hinaus besitzt er einen Status (etwa Vielflieger). Die Kardinalitäten betragen jeweils 1, was bedeutet, dass genau ein Passagier einen Platz in einem Flugzeug bucht.

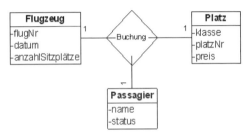

Abbildung 4.26: Ternäre Assoziation: Flugbuchung

Die drei Klassen Flugzeug, Platz und Passagier sind durch die Beziehung Buchung miteinander verbunden. Die Abbildung zeigt, dass von einer Raute ausgehende Verbindungslinien zu den Klassen führen, die an der Assoziation beteiligt sind. Im Zentrum der Raute wird der Name der Assoziation notiert.

Auch eine mehrgliedrige Beziehung lässt sich mit Hilfe einer Assoziationsklasse näher beschreiben. Dazu führt eine gestrichelte Linie von der Raute zu der entsprechenden Assoziationsklasse.

Im in Abbildung 4.27 dargestellten Beispiel verbindet die gestrichelte Linie die ternäre oder dreigliedrige Assoziation über die Assoziationsraute mit der Assoziationsklasse Buchung. Für jede Buchung werden das Buchungsdatum, der Status, ob der Passagier die Buchung bestätigt hat und der Sonderwunsch nach Diät-Essen hinterlegt.

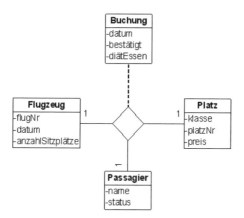

Abbildung 4.27: Ternäre Assoziation mit Assoziationsklasse: Flugbuchung

Auch eine Assoziationsklasse, die eine mehrgliedrige Verbindung näher erläutert, kann in eine gewöhnliche Klasse überführt werden. Dazu übernimmt die bisherige Assoziationsklasse die Zusammenführung der an der Assoziation beteiligten Klassen.

Qualifizierte Assoziation

Eine *qualifizierte Assoziation* stellt die Verbindung zwischen den Objekten der beteiligten Klassen über ein *qualifizierendes Attribut* her. Gewöhnlich werden Objekte per direktem Verweis einander zugeordnet. Dies geschieht über eine Verweisliste, die alle verbundenen Objekte referenziert.

Im Fall der qualifizierenden Assoziation dient der Wert eines qualifizierenden Attributs dazu, die zugeordneten Objekte in Gruppen zu unterteilen. Die Objekte, die denselben Attributwert des qualifizierenden Attributs besitzen, gehören einer gemeinsamen Partition an.

Das qualifizierende Attribut wird am Assoziationsende neben dem Zielobjekt notiert. Das qualifizierende Attribut ist Element der Assoziation und nicht, wie fälschlicherweise oft behauptet wird, Attribut der Klasse.

Das folgende Beispiel verdeutlicht die Zusammenhänge, die abstrakt erklärt verwirrend erscheinen.

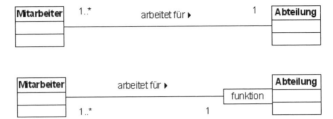

Abbildung 4.28: Qualifizierte Assoziation: Mitarbeiter

✔ Die Abbildung enthält die alternative Darstellung der Beziehung von Mitarbeiter zu einer Abteilung, für die er arbeitet.

✔ Dabei gehört jeder Mitarbeiter einer Abteilung an, während jede Abteilung einen oder mehrere Mitarbeiter beschäftigt.

✔ Das qualifizierende Attribut funktion, das neben dem Rechteck der Klasse Abteilung abgebildet ist, kann beispielsweise die Mitarbeiter einer Abteilung in die Funktionspartitionen Leitung, Verwaltung und Sachbearbeitung unterteilen. Leitung, Verwaltung und Sachbearbeitung sind Werte des zur individuellen Assoziation gehörenden qualifizierenden Attributs funktion.

✔ Somit übt jeder Mitarbeiter in einer Abteilung eine bestimmte Funktion (Leitung, Verwaltung, Sachbearbeitung) aus. Diese individuelle Funktion können auch andere Mitarbeiter der Abteilung besitzen, die dann mit ihm eine gemeinsame Untermenge (Partition) der Abteilungszugehörigkeiten bilden.

Abgeleitete Assoziation

Assoziationen, die aus anderen Assoziationen berechnet werden können, bezeichnet man als *abgeleitete Assoziationen*. Abgeleitete Assoziationen werden nicht implementiert. Sie werden bei Bedarf ad hoc aus gewöhnlichen Assoziationen hergeleitet.

In der UML-Notation werden abgeleitete Assoziationen durch einen Schrägstrich vor dem Assoziationsnamen gekennzeichnet.

Die drei Assoziationen zwischen den Klassen Mannschaft, Fußballliga und Spieler verdeutlichen den Zusammenhang.

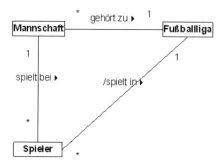

Abbildung 4.29: Abgeleitete Assoziation: Fußball

✔ Ein Spieler spielt bei einer Mannschaft, während einer Mannschaft mehrere Spieler angehören.

✔ Jede Mannschaft spielt in einer Fußballliga, während in einer Fußballliga mehrere Mannschaften gegeneinander antreten.

✔ Die Information, in welcher Fußballliga ein bestimmter Spieler gegen den Ball tritt, lässt sich jederzeit über die Assoziationen spielt bei und gehört zu ermitteln.

✔ Die abgeleitete Assoziation /spielt in muss nicht physisch implementiert sein. Sie kann ad hoc berechnet werden, indem der Pfad ausgehend von einem Spieler über seine Mannschaft zur Fußballliga der Mannschaft verfolgt wird.

✔ Somit spielt jeder Spieler in genau einer Fußballliga. Jede Liga ermöglicht vielen Kickern das Fußballvergnügen.

Ob eine im UML-Modell als abgeleitete Assoziation definierte Beziehung auch im späteren Programm ad hoc hergeleitet wird oder ob sie als gewöhnliche Assoziation realisiert wird, hängt vom Berechnungsaufwand ab.

Gerichtete Assoziation

Eine *gerichtete Assoziation* liegt vor, wenn nur ein Objekt einer Assoziation das oder die anderen Objekte der Beziehung kennt. Das bedeutet, dass eine gerichtete Assoziation nur einseitig navigierbar ist. Damit ist ein Objekt der Beziehung »blind« und weiß nicht um die Beziehung.

Die Navigationsrichtung einer Assoziation wird durch eine Pfeilspitze am Assoziationsende notiert.

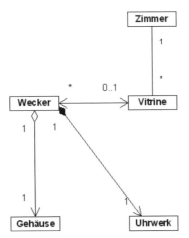

Abbildung 4.30: Gerichtete Assoziationen: Wecker

✔ Ein Wecker-Objekt kennt das Gehäuse-Objekt, das ihm zugeordnet wird.

✔ Der Wecker kann auf das Gehäuse-Objekt zugreifen. Einen derartigen Zugriff bezeichnet man als Navigation in Pfeilrichtung.

✔ Der Wecker kann ebenfalls auf das Uhrwerk zugreifen, da die Komposition in Richtung Uhrwerk navigierbar ist.

✔ Gehäuse und Uhrwerk haben keine strukturelle Möglichkeit, auf den Wecker zuzugreifen, da keine Navigationsmöglichkeit vorgesehen ist. Die Verbindungen bezeichnet man auch als *einseitig gerichtet*.

✔ Die Assoziation zwischen Wecker und Vitrine ist zweiseitig navigierbar, so dass ein Wecker-Objekt auf ein zugeordnetes Vitrinen-Objekt und umgekehrt auch das Vitrinen-Objekt auf das Wecker-Objekt zugreifen kann.

✔ Die Assoziation zwischen Vitrine und Zimmer enthält keine Informationen über die Navigierbarkeit. Das kann entweder als beidseitig navigierbar oder als nicht festgelegte Navigierbarkeit interpretiert werden.

Zweiseitig navigierbare Assoziationen werden zur Implementierung in zwei einseitige, gerichtete Assoziationen zerlegt, die jedoch voneinander abhängig sind. Das bedeutet, dass zu jedem Verweis, der bei einem Wecker-Objekt auf ein Vitrinen-Objekt verweist, ein korrespondierender Rückverweis im Vitrinen-Objekt vereinbart sein muss.

Die Abbildung verdeutlicht das Aufbrechen der zweiseitigen, gerichteten Assoziation in zwei einseitig gerichtete Assoziationen.

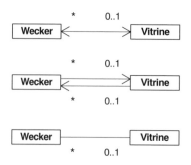

Abbildung 4.31: Gerichtete Assoziation: Wecker

Von den gerichteten Assoziationen deutlich abzugrenzen ist die ungerichtete Variante, die auch als unterspezifiziert interpretiert werden kann. In diesem Fall ist die Navigierbarkeit noch nicht festgelegt und muss spätestens bei der Implementierung vereinbart werden.

Zusicherungen

Zusicherungen haben wir bereits in anderen Zusammenhängen wie z.b. für Attribute und Operationen kennen gelernt. Auch Assoziationen können durch Zusicherungen genauer spezifiziert werden. Auch im Kontext von Assoziationen dienen Zusicherungen (Constraints) dazu, Einschränkungen oder Bedingungen zu formulieren, die während der gesamten Existenz einer Objektverbindung erfüllt sein müssen.

Im Bereich der Assoziationen spielen insbesondere die zwei Zusicherungen or und subset eine wichtige Rolle.

✔ Die Zusicherung or (Or-Restriktion, Oder-Einschränkung) besagt, dass zu einem Zeitpunkt nur eine einzige Beziehung der durch or gekennzeichneten Assoziationen realisiert werden darf. Im deutschen Sprachraum finden wir anstelle des Begriffs or häufig den Begriff ODER.

✔ Die Zusicherung subset (Subset-Restriktion) bildet eine Abhängigkeitsbeziehung. Die abhängige Assoziation enthält eine Teilmenge der Objektverbindungen, die in der korrespondierenden Assoziation vereinbart sind.

Die beiden folgenden Beispiele verdeutlichen diesen Zusammenhang.

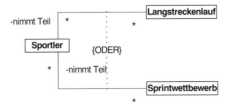

Abbildung 4.32: Zusicherung: ODER

Ein Sportler nimmt entweder an Langstreckenläufen oder an Sprintwettbewerben teil, da bei einem Sportfest die Sprintwettbewerbe und die Langstreckenwettbewerbe gleichzeitig stattfinden. Das bedeutet, dass ein Sportler, der an einem Langstreckenlauf teilnimmt, nicht an einem Sprintwettbewerb teilnehmen kann und umgekehrt ein Sportler, der bei einem Sprintwettbewerb an den Start geht, zu Langstreckenläufen nicht zugelassen wird. Genau genommen handelt es sich aus logischer Sicht um eine Exklusiv-oder-Aussage, da das Vorhandensein einer Objektbeziehung die Objektbeziehungen der jeweils anderen Assoziation ausschließt.

Die Zusicherung subset verdeutlichen wir anhand einer Fußballmannschaft. Eine Fußballmannschaft besteht aus 11 Spielern. Im Klassendiagramm drücken wir das durch eine Assoziation zwischen den Klassen Mannschaft und Fußballspieler aus.

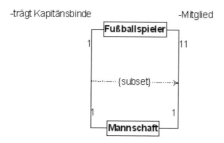

Abbildung 4.33: Zusicherung: subset

✔ Jeder Mannschaft ordnet die Assoziation Mitglied genau 11 Fußballspieler zu. Jeder Fußballspieler kann in der umgekehrten Sicht nur Mitglied genau einer Mannschaft sein.

✔ Eine weitere Assoziation, die die Klassen Fußballspieler und Mannschaft verbindet, ist die Kapitänsrolle, die in jeder Mannschaft ein Spieler wahrnimmt.

✔ Gäbe es die subset-Vereinbarung zwischen den Assoziationen Mitglied und Kapitän nicht, so wäre es möglich, dass ein Spieler von Bayer 04 Leverkusen als Kapitän des FC

Bayern München fungiert. Da diese Zuordnung keinen Sinn ergibt, schränken wir die möglichen Kombinationen mit einer Zusicherung weiter ein.

✔ Die subset-Zusicherung, die als gestrichelter Pfeil die Assoziation Kapitän mit der Assoziation Mitglied verbindet, besagt, dass die Objektverbindungen, die die Kapitänseigenschaft festlegen, auch zu der Menge der Mitgliedschaftszuordnungen gehören müssen. Mit anderen Worten: Kapitän kann nur sein, wer auch Mitglied einer Mannschaft ist.

Aggregation – Teile eines Ganzen

Eine *Aggregation* ist eine besondere Form der Assoziation. Dabei handelt es sich um eine fachliche Verbindung, in der sich ein Objekt aus einem oder mehreren anderen Objekten zusammensetzt. Folglich wird diese Beziehung häufig auch als *Teil-Ganzes-Beziehung*, *Gesamt-Teil-Struktur* oder *Whole-Part-Beziehung* bezeichnet.

Grundsätzlich definiert eine Aggregation neben ihrer Semantik auch eine Rangordnung von Objekten. Die in der Hierarchie höheren Objekte setzen sich aus den Objekten mit niedrigerem Rang zusammen. Umgekehrt sind die in der Hierarchie niedrigeren Objekte Teil der Objekte mit höherem Rang. Die folgende Abbildung zeigt die UML-Darstellung einer Aggregation.

Abbildung 4.34: Aggregation: UML-Darstellung

Eine Aggregation verbindet, wie die einfache Assoziation, zwei Klassen miteinander, wobei sie in einer nicht ausgefüllten Raute endet. Dabei steht die Raute immer am Ende des Ganzen, das man auch *Aggregat* nennt. Die Teilobjekte nehmen in einer Aggregation Aufgaben des Aggregats wahr. Das bedeutet, dass das Aggregat Aufgaben an die Teile delegiert.

Alle Regeln der Assoziationen gelten auch für die Aggregation, da sie lediglich eine Spezialform der Assoziation ist. Die Kardinalitäten legen fest, aus wie vielen Teilen ein Aggregat besteht (Kardinalität neben dem Teil) bzw. zu wie vielen Aggregaten ein Objekt gehört (Kardinalität neben dem Aggregat).

Das folgende Beispiel verdeutlicht den Zusammenhang von Kardinalität und Aggregation.

Abbildung 4.35: Aggregation: LKW

Ein LKW besteht neben anderen Teilen auch aus mehreren Achsen.

✔ Die Raute an der Klasse LKW symbolisiert, dass die Klasse LKW das Aggregat (Ganzes) darstellt.

✔ Das andere Ende der Aggregation, die Klasse Achse, symbolisiert die Teile.

✔ Die Kardinalität auf Seiten der Teile-Klasse legt fest, dass ein LKW mindestens zwei, höchstens jedoch fünf Achsen besitzt. Damit werden über die Aggregation jedem LKW zwei bis fünf Achsen zugeordnet.

✔ Die Kardinalität 1, die neben dem Aggregat LKW notiert ist, legt fest, dass auf der anderen Seite eine Achse zu einem Zeitpunkt nur in genau einen LKW eingebaut sein kann.

Bei der Zuordnung von materiellen Gegenständen fällt es dem Menschen leicht, zwischen einer Assoziation und einer Aggregation zu unterscheiden. Sehr viel schwieriger empfinden wir die Unterscheidung zwischen Aggregation und Assoziation bei abstrakten Gegenständen. Bei abstrakten Gegenständen ist das subjektive Empfinden, ob es sich um eine Aggregation oder eine einfache Assoziation handelt, sehr unterschiedlich.

Mehrstufige Aggregationen

Ähnlich wie bei den Vererbungsbeziehungen können wir auch *mehrstufige Aggregationen* bilden. Nehmen wir als Beispiel ein Buch, das aus mehreren Kapiteln besteht, die wiederum aus mehreren Abschnitten bestehen. Damit kann ein Teil-Objekt selbst wiederum Aggregat sein, das sich aus weiteren Objekten zusammensetzt.

Die UML-Notation dieser mehrstufigen Aggregation für ein Buch könnte folgendermaßen aussehen:

Abbildung 4.36: Aggregationshierarchie: Buch

Die Kardinalitäten könnten bei entsprechend sinnvoller Interpretation auch anders vereinbart werden. Das hängt vom Modellierungsziel ab.

✔ Die Objekte der Klasse Buch besitzen die Attribute titel und verlag.

✔ Ein Buch setzt sich aus mehreren Kapiteln zusammen. Die Attribute kapitelNr und autor charakterisieren jedes Kapitel.

✔ Eine Aggregation verbindet ein Kapitel-Objekt mit genau einem Buch-Objekt. Die Raute neben der Klasse Buch bestimmt die Klasse Buch als Aggregat- und die Klasse Kapitel als Teil-Klasse.

✔ Dabei wird ein Kapitel genau einem Buch zugeordnet und umgekehrt besitzt ein Buch beliebig viele Kapitel.

✔ Ein Kapitel setzt sich wiederum aus Abschnitten zusammen, die mit den Attributen `abschnittNr` und `anzahlSeiten` beschrieben sind.

✔ Die Aggregation, die die Klasse `Abschnitt` mit der Klasse `Kapitel` verbindet, legt fest, dass `Kapitel`-Objekte als Aggregate beliebig viele `Abschnitt`-Objekte enthalten können. Jedes `Abschnitt`-Objekt ist dagegen Teil genau eines Kapitels.

✔ Ein `Kapitel`-Objekt ist damit gleichzeitig Teil eines `Buch`-Objekts und Aggregat, das als Teile `Abschnitt`-Objekte enthält.

Ob die Objekte einer Klasse Aggregate, Teile oder beides sind, ist nur in Beziehung zu den über eine Aggregationsbeziehung verbundenen Teilen festzulegen. Damit kann ein Objekt gleichzeitig Teil eines anderen Objekts und Aggregat sein, dass Teil-Objekte enthält.

Geteilte Aggregation

Bisher haben wir ausschließlich Teile betrachtet, die höchstens in einem Aggregat als Teil vorkamen. Es ist jedoch auch denkbar, dass ein Objekt Teil mehrerer Aggregate ist. Dabei kann es sein, dass die Aggregate Objekte derselben Klasse sind oder auch dass die Aggregate aus unterschiedlichen Klassen erzeugt wurden.

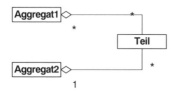

Abbildung 4.37: Geteilte Aggregation: UML-Darstellung

Die oben abgebildete UML-Notation zeigt beide Varianten in einer Grafik.

✔ Ein Teil-Objekt kann Teil mehrerer Objekte vom Typ Aggregat1 sein.

✔ Darüber ist ein Teil-Objekt auch Teil eines Aggregat2-Objekts.

Mehrteilige Aggregation

In den vorangegangenen Abschnitten haben wir die verschiedenen Varianten betrachtet, die sich für Teile im Umfeld von Aggregationen ergeben. Auch ein Aggregat kann sich nicht nur aus einem oder mehreren Teil-Objekten einer einzigen Klasse zusammensetzen. Es ist ebenso denkbar, dass ein Aggregat-Objekt Teil-Objekte verschiedener Klassen zusammenfasst.

Besteht ein Objekt aus mehr als einem Teil-Objekt, so sprechen wir von einer *mehrteiligen Aggregation*. Auch hier besteht die Möglichkeit, dass die in einem Aggregat enthaltenen Objekte von derselben Klasse stammen, wie das Buch aus mehreren Abschnitten besteht, oder aus mehreren Teil-Objekten verschiedener Klassen stammen.

Betrachten wir einen PKW, der aus verschiedenen Einzelteilen zusammengesetzt wird.

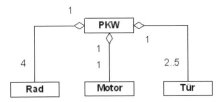

Abbildung 4.38: Mehrteilige Aggregation: PKW

Ein PKW besteht aus vier Rädern, wobei wir hier vom Ersatzrad einmal absehen. Diese Aggregation allein reicht schon aus, um die Beziehung als mehrteilig zu qualifizieren. In diesem Fall stellen die vier Räder mehrere Teil-Objekte derselben Klasse Rad dar.

Weiterhin setzt sich ein PKW aus einem Motor und zwei bis fünf Türen, je nach Bauart, zusammen. Auch die Tür-Objekte allein stellen bereits eine mehrteilige Aggregation dar. Insgesamt sind hier beide Formen der mehrteiligen Aggregation gegeben, da sowohl mehrere Elemente derselben Klasse als auch Objekte verschiedener Klassen als Teile im Aggregat PKW enthalten sind.

Eine alternative Betrachtung eines PKW, die von einem Autokonstrukteur stammen könnte, der Bauteilgruppen und Bauteile plant und realisiert, könnte eine mehrstufige und mehrteilige Aggregation ergeben.

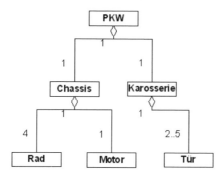

Abbildung 4.39: Mehrstufige Aggregation: PKW

✔ Der PKW setzt sich zunächst aus den Bauteilgruppen Chassis und Karosserie zusammen.

✔ Das Chassis besteht wiederum aus vier Rädern und einem Motor. Die Karosserie enthält Türen.

✔ Damit sind die Klassen Chassis und Karosserie sowohl Teile als auch Aggregate in einer mehrstufigen und auch mehrteiligen Aggregations-Hierarchie.

Komposition – die strenge Aggregation

Die *Komposition* stellt eine spezielle Form der Aggregation dar. Somit gelten im Prinzip alle Regeln, die für die Aggregation vereinbart sind, auch für die Komposition, es sei denn, die Aggregation definiert etwas anderes.

Obwohl die Komposition einen semantischen Unterschied zur Aggregation aufweist, bezeichnen wir das Ganze wie in der objektorientierten Fachwelt üblich weiter als Aggregat, auch wenn es sinnvoll wäre, das Ganze in einer Kompositionsbeziehung als *Kompositum* zu bezeichnen.

Im Unterschied zu einer Aggregation sind in einer Kompositionsbeziehung die Teile vom Aggregat existenzabhängig. Das bedeutet, dass die Teile ohne das Aggregat nicht existieren können. Aus diesem semantischen Unterschied ergeben sich auch formale Unterschiede.

✔ Die Kardinalität auf Seiten des Aggregats beträgt in einer Komposition immer 1. Ein Teil-Objekt gehört immer zu genau einem Aggregat.

✔ Die Teil-Objekte sind abhängig von ihrem Aggregat. Existiert kein Aggregat, so existiert auch kein Teil-Objekt.

✔ Umgekehrt kann es ein Aggregat geben, ohne dass zwingend die mittels Komposition zugeordneten Teile bestehen müssen. Die Teile können auch noch später hinzugefügt werden.

✔ Eine geteilte Aggregation ist nicht zulässig, da damit die Existenzabhängigkeit unterlaufen würde.

✔ Wird ein Aggregat-Objekt vernichtet, muss zwingend auch das zugehörige Teil-Objekt zerstört werden.

✔ Wird ein Aggregat kopiert, müssen auch die per Komposition zugeordneten Teil-Objekte kopiert werden, da sonst eine nicht zulässige geteilte Aggregation der Teile mit Original und Kopie des Aggregats entstünde.

Diese Aspekte müssen insbesondere bei der Implementierung objektorientierter Modelle sauber umgesetzt werden.

In einer Komposition sind die Teile abhängig von ihrem Aggregat. Ohne das Ganze können die Teile nicht existieren. Das Aggregat kann aber umgekehrt sehr wohl ohne seine Teile bestehen.

Die Notation der Komposition entspricht der einer Aggregation, mit dem Unterschied, dass die Raute auf der Seite des Aggregats ausgefüllt ist.

Abbildung 4.40: Komposition: UML-Darstellung

Kardinalitäten werden ebenfalls dargestellt. Beachten Sie, dass geteilte Kompositionen wegen der Existenzabhängigkeit nicht modelliert werden dürfen. Mehrstufige und mehrteilige Kompositionen stellen dagegen kein Problem dar.

Das folgende Beispiel stellt ein Gebäude dar, das sich aus Treppen und Zimmern zusammensetzt.

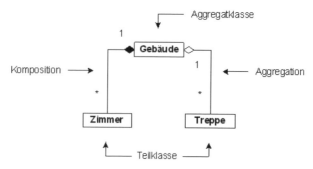

Abbildung 4.41: Komposition: Gebäude

✔ Zwischen der Klasse Gebäude und der Klasse Treppe besteht eine Aggregation.

✔ Ein Gebäude kann beliebig viele Treppen enthalten, muss aber nicht zwingend, wie im Fall eines ebenerdigen, einstöckigen Gebäudes ohne Keller, eine Treppe besitzen.

✔ Eine Treppe kann ohne ein Gebäude existieren. Sie kann im Freien stehen und zu einem höher gelegenen Platz oder zu einer Aussichtsplattform führen. Vielleicht hilft Ihnen auch die Vorstellung, dass eine in ein Gebäude eingebaute Wendeltreppe aus Holz dort wieder ausgebaut werden kann.

✔ Die Teil-Objekte vom Typ Treppe sind somit nicht existenzabhängig von einem Gebäude.

✔ Eine Komposition verbindet Teil-Objekte der Klasse Zimmer mit dem Aggregat-Objekt der Klasse Gebäude.

✔ Mit dem Abriss eines Gebäudes ist zwingend auch die Zerstörung der in dem Gebäude enthaltenen Zimmer verbunden. Somit sind die Zimmer als Teil-Objekte von dem Gebäude, in dem sie sich befinden, existenzabhängig.

✔ Diese existenzielle Beziehung kann nur gewährleistet sein, wenn die Kardinalität auf Seiten des Aggregats wie im Fall des Gebäudes 1 beträgt. Ein Zimmer kann niemals keinem oder mehreren Gebäuden zugeordnet werden.

Bei der Abbildung von Kompositionen materiell vorkommender Objekte wie Gebäuden und Zimmern fällt uns Menschen die Darstellung und auch die Einsicht in die Existenzabhängigkeit sehr leicht. Betrachten wir immaterielle Objekte, so bedarf es immer einer genauen Prüfung, ob eine Assoziation, Aggregation oder Komposition vorliegt.

Während die Unterscheidung zwischen den Alternativen Assoziation oder Aggregation eher akademischer Natur ist, die kaum ernst zu nehmende Konsequenzen nach sich zieht, ist die Unterscheidung zwischen Aggregation und Komposition insbesondere zur Vorbereitung der Implementierung sehr sorgfältig zu treffen. Dabei stehen die Ziele des Modells (das beabsichtigte Systemverhalten) im Vordergrund. Das subjektive Empfinden des Modellierers ist eher nachrangig als Entscheidungskriterium heranzuziehen.

Betrachten wir abschließend noch zwei Beispiele, die die Schwierigkeit der Entscheidungsfindung zwischen Aggregation und Komposition verdeutlichen.

Geht es darum, einen Auftrag zu den in ihm enthaltenen Auftragspositionen in Beziehung zu setzen, so ist es ziemlich eindeutig, dass es sich um eine Komposition handelt. Das Modellierungsziel ist hier eindeutig und auch aus verschiedenen Perspektiven mit den gleichen Zielen verbunden.

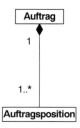

Abbildung 4.42: Komposition: `Auftrag`

Egal ob Auftraggeber, Auftragnehmer, Manager oder Controller einen Auftrag aus ihrer speziellen Sicht beschreiben, für alle gilt, dass eine Auftragsposition Bestandteil genau eines Auftrags sein muss und dass eine Auftragsposition per Definition ohne Auftrag keinen Sinn ergibt. Aus der anderen Sicht ergibt auch ein Auftrag ohne Auftragsposition keinen Sinn, so dass zumindest eine Auftragsposition enthalten sein sollte.

Greifen wir den Zusammenhang des Buches auf, das sich aus Kapiteln und Abschnitten zusammensetzt, so werden Ihnen jetzt vielleicht erhebliche Zweifel kommen, ob es sich um eine Aggregation oder eine Komposition handelt.

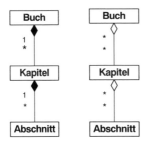

Abbildung 4.43: Aggregation oder Komposition: Buch

Der Leser eines Buches wird sagen, dass ein Kapitel ohne Buch für ihn überhaupt nicht denkbar ist. Genauso wenig kann er sich vorstellen, dass ein Abschnitt ohne Kapitel Sinn hat.

✔ Folglich modelliert er die Objekte der Klasse Abschnitt als existenzabhängige Teile der Klasse Kapitel und stellt sie somit als Komposition dar.

✔ Die Kapitel wiederum stellt er als existenzabhängige Elemente eines Buch-Objekts da.

✔ Zwingend müssen demnach die Kardinalitäten auf Seiten der Aggregate Kapitel und Buch 1 betragen.

✔ Zugestehen mag er vielleicht, dass Bücher nicht zwingend Kapitel und Kapitel nicht unbedingt Abschnitte enthalten müssen – vielleicht handelt es sich um einen Gedichtband –, aber einen oder mehrere enthalten können. Die Kardinalität auf Seiten der Klassen Kapitel und Abschnitt ist somit beliebig (*).

Fragen wir den Roman- oder Fachbuch-Autor, argumentiert der wahrscheinlich ganz anders. Er sagt: »Wenn ich ein Buch schreibe, habe ich eine Idee, die ich zu Papier bringen möchte. Mit dem ersten Abschnitt fange ich an und irgendwann ist dann das erste Kapitel fertig. Erst wenn mehrere Kapitel fertig sind, überlege ich, ob ich einen Verlag suche, der das Ganze als Buch verlegt. Die Hälfte all meiner Kapitel und Abschnitte liegt jedoch bis heute – und wahrscheinlich auch in Zukunft – unvollendet in der Schublade.«

✔ Folglich gilt für ihn die Eigenständigkeit seiner Arbeitsergebnisse in Form von Abschnitten und Kapiteln.

✔ Es besteht bei ihm immer die Absicht, Abschnitte zu Kapiteln zusammenzufassen und Kapitel in einem Buch zusammenzustellen und das Werk einem Verleger anzubieten. Also stellt er den Zusammenhang als Aggregation zwischen den Klassen Abschnitt und Kapitel sowie zwischen Kapitel und Buch dar.

✔ Da er oft Kapitel und Abschnitte, die schon in einem Buch veröffentlicht wurden, auch in andere Bücher integriert, kann aus seiner Sammlung ein Abschnitt mehreren Kapiteln oder ein Kapitel durchaus mehreren Büchern zugeordnet werden – gerade bei Autoren von Fachbüchern eine gängige Praxis. Folglich sind alle Kardinalitäten des Modells beliebig (*).

Wer hat nun Recht mit seiner Darstellung? Der Modellierer, der die Komposition vorzieht, oder derjenige, der eine Aggregation bevorzugt? Sie werden in jedem Projekt solche oder ähnliche Entscheidungen treffen müssen. Dabei geht es jedoch weniger um die subjektive Einschätzung, die ein Modellierer hat, sondern um die Ziele, die mit der Modellierung verfolgt werden.

Geht es um eine Software, die Literaturstellen verwaltet, so werden dort Abschnitte immer in Kapitel und diese immer im Kontext von Büchern auftauchen. Die Komposition ist in diesem Fall die einzige sinnvolle Wahl.

Handelt es sich jedoch um eine Autorenumgebung, die den Autor von Fachbüchern unterstützt bei der Erstellung von Büchern und Artikeln, sollten Abschnitte und Kapitel als selbstständige Einheiten verwaltet werden, so dass die Modellierung einer Aggregation zwischen Abschnitten, Kapiteln und Büchern geboten ist.

Leiten Sie die Assoziationsart (einfache Assoziation, Aggregation, Komposition) und die Kardinalitäten immer aus den Modellzielen ab, die sich aus den Anwendungszielen bzw. dem daraus abgeleiteten Systemverhalten ergeben.

Abschließend erweitern wir das Wecker-Beispiel um einige Elemente, die in Form von Assoziationen, Aggregationen und Kompositionen dem Modell hinzugefügt werden.

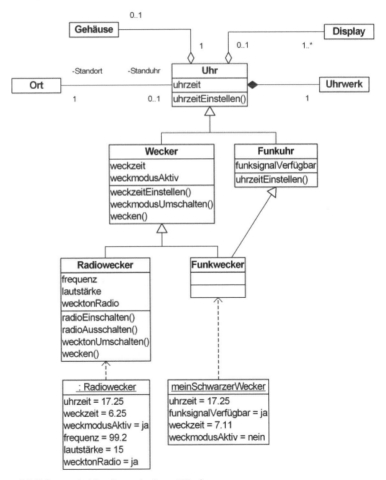

Abbildung 4.44: Assoziation: Wecker

Stellen Sie sich vor, dass das Wecker-Beispiel aus der Sicht eines Uhren- und Weckersammlers erweitert wird. Er stellt seine Uhren in mehreren Vitrinen in seinem Haus aus. Dabei interessiert er sich ausschließlich für funktionstüchtige Uhren. Folglich muss die Uhr ein Uhrwerk besitzen, und auch Display und Gehäuse als Teile, aus denen die Uhr zusammengesetzt ist, sind für unseren Sammler bedeutend.

✔ Jede Uhr der Sammlung wird an einem Ort in den Vitrinen des Sammlers ausgestellt. Diese Zuordnung stellen wir als einfache Assoziation zwischen den Klassen Ort und Uhr dar.

✔ Jede Uhr steht an einem Ort, aber nicht jeder Platz in den Vitrinen ist mit einer Uhr belegt.

✔ An den Assoziationsenden sind die Rollen, die die beteiligten Objekte in der Verbindung einnehmen, vermerkt. Ein Ort wird zum Standort und die Uhr zur Standuhr.

✔ Ein Objekt der Klasse Uhr muss, um in die Sammlung aufgenommen zu werden, ein funktionsfähiges Uhrwerk besitzen. Jedes Uhrwerk ist in eine Uhr eingebaut und jede hier interessierende Uhr enthält genau ein Uhrwerk. Diese existenzielle Abhängigkeit stellt eine Komposition dar.

✔ Sammlerstücke sollten mindestens ein Display besitzen und umgekehrt kann ein Display in eine Uhr eingebaut sein. Es muss jedoch nicht eingebaut sein, da unser Sammler auch Ersatzdisplays in der Schublade liegen hat. Folglich ist dieser Zusammenhang als Aggregation modelliert. Auf der anderen Seite kann es auch sein, dass eine Uhr mehrere Anzeigen besitzt, wie es bei Uhren der Fall ist, die eine Zifferblattdarstellung mit Zeigern und zusätzlich eine Ziffernanzeige besitzen.

✔ In den Vitrinen stehen Uhren mit und ohne Gehäuse. Damit kann ein Uhrwerk in ein Gehäuse eingebaut sein, muss es aber nicht (0..1). Für unseren Sammler besitzen Gehäuse keinen Reiz. Fehlen sie, ist es ihm egal und er kümmert sich auch nicht um ihre Ersatzbeschaffung.

Assoziation oder Vererbung?

Einfachvererbung, Mehrfachvererbung sowie Assoziation, Aggregation und Komposition helfen den Betrachtern eines Klassendiagramms, die einzelnen Elemente auch mit Hilfe ihrer Beziehungen zu erkennen. Das Auswahlproblem des Modellierers bei der Wahl zwischen Assoziation, Aggregation und Komposition haben wir bereits diskutiert. Darüber hinaus besteht mit einigen Einschränkungen sogar die Möglichkeit, eine Vererbungsbeziehung durch eine Kombination aus Assoziation und Zugriffsoperationen zu ersetzen.

Betrachten wir wieder das Beispiel des Weckers. Der Funkwecker als Unterklasse steht in einer Mehrfachvererbungsbeziehung zu den Oberklassen Wecker und Funkuhr. Gesetzt den Fall, Sie möchten die Programmiersprache Java oder C# zur Umsetzung einer Verwaltungssoftware für unseren Uhrensammler einsetzen, so sind Sie gezwungen, ein auf die Einfachvererbung beschränktes Modell zu entwickeln.

Dass ein Funkwecker sowohl Eigenschaften eines Weckers als auch die einer Funkuhr besitzt, steht dabei außer Diskussion. Das Ziel der Umstrukturierung besteht in diesem Fall darin, die Mehrfachvererbung durch eine Kombination aus Einfachvererbung und Assoziation nachzubilden.

✔ Die Nachbildung funktioniert prinzipiell so, dass im Falle von zwei gemeinsamen Oberklassen eine Vererbungsbeziehung entfernt wird.

✔ Die Attribute und speziellen Operationen, die jetzt fehlen, werden in einer neu gebildeten zusätzlichen Klasse definiert.

✔ Die neu gebildete Klasse wird über eine Assoziation, Aggregation oder Komposition allen Klassen zugeordnet, deren Funktionalität durch Entfernen der Vererbungsbeziehung beschnitten wurde. Beachten Sie dabei, dass auch Beziehungen wie Assoziation, Aggregation und Komposition vererbt werden.

Im folgenden Beispiel wird die Vererbungsbeziehung von der Funkuhr zum Funkwecker durch die Klasse Funkempfänger ersetzt.

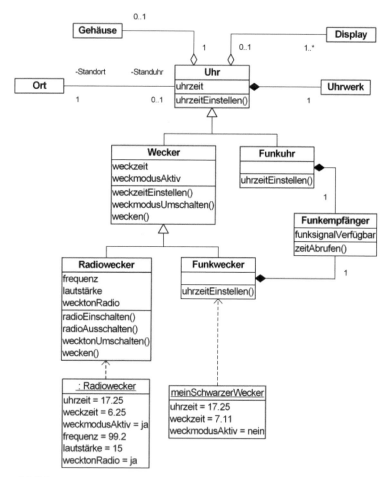

Abbildung 4.45: Assoziation statt Vererbung: Funkuhr

✔ Die Vererbungsbeziehung zwischen den Klassen Funkuhr und Funkwecker wird entfernt.

✔ Bilden Sie eine neue Klasse Funkempfänger. Dieser Funkempfänger erfüllt nun die Zusatzaufgaben, die ein Funk-

wecker zusätzlich zu einem gewöhnlichen Wecker besitzt.
Er kann über ein anliegendes Funksignal die Zeit abrufen
und im Attribut funksignalVerfügbar festhalten, ob ein
Funksignal anliegt.

✔ Über eine Komposition erhalten dann alle Uhren die Funk-
uhr-Funktionalität zurück, die ihnen durch die gekappte
Vererbungsbeziehung entzogen wurde. In diesem Fall stellt
der Funkempfänger ein Bauteil dar, das in die Klasse Funkuhr und Funkwecker eingebaut wird.

✔ Damit der Wecker die Funktionalität nutzen kann, definiert er eine Funktion uhrzeitEinstellen(), die intern die
Operation zeitAbrufen() des Funkempfängers aktiviert.
Der Auftrag zur Zeitermittlung wird also an das Funkemp-
fänger-Bauteil delegiert.

✔ Sollte kein Funksignal anliegen, so teilt die Operation
zeitAbrufen() den erfolglosen Versuch der Funkuhr mit.
Alternativ nutzt sie dann die in der Oberklasse Uhr definierte und überschriebene Operation uhrzeitEin-
stellen() die das »Zeiteinstellen von Hand« beschreibt.

Ziehen Sie eine Kombination aus Einfachvererbung und
Assoziation mit einer zusätzlich gebildeten Klasse der
Mehrfachvererbung vor, da die Mehrfachvererbung neben
konzeptionellen Problemen nicht in allen Programmiersprachen verfügbar ist. Die weit verbreiteten Sprachen C#
und Java unterstützen keine Mehrfachvererbung.

Pakete – Ordnung schaffen

Pakete dienen zur Gliederung und Strukturierung von
Problemstellungen. Dabei sollte jedes Paket ein konsistentes
(Teil-)Modell bilden. Das bedeutet, dass ein Paket immer nach
bestimmten sinnvollen Gliederungskriterien zusammengefas-
ste Elemente enthalten sollte und nicht wahllos zusammenge-
würfelte Klassen.

Vollständigkeit eines Pakets bedeutet dennoch keinesfalls, dass ein Paket isoliert von anderen Paketen zu sehen ist. In der Regel greifen Klassen eines Pakets auf Klassen eines anderen Pakets über Vererbungsbeziehungen und Assoziationen zu.

Klassennamen dürfen sich in verschiedenen Paketen wiederholen, da der vollständige qualifizierte Name einer Klasse sich aus dem Paketnamen und dem Klassennamen bildet. In der Kombination aus Paketname und Klassenname ist eine Klasse dennoch eindeutig zu identifizieren.

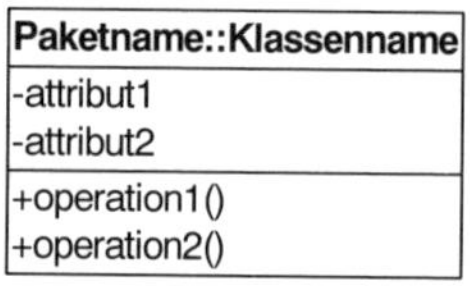

Paketname::Klassenname
-attribut1 -attribut2
+operation1 () +operation2()

Abbildung 4.46: Paketzugehörigkeit: UML-Darstellung

Die UML erlaubt mehrere Darstellungen der Paketzugehörigkeit. Die obige Abbildung zeigt die Notation eines vollständig qualifizierten Klassennamens, der aus dem Namen des Pakets gefolgt von zwei Doppelpunkten und dem Klassennamen im ersten Segment – dem Namenssegment – einer Klasse gebildet wird.

Pakete eignen sich dazu, sehr komplexe Modelle mit einer unübersichtlichen Anzahl von Klassen – eine solche Unübersichtlichkeit ist bereits bei 30 Klassen erreicht – in mehrere Subsysteme zu zerlegen. Damit bleiben die Teilmodelle überschaubar. Wichtig ist in jedem Fall, durch die Organisation in Paketen logische Strukturen zu verdeutlichen und so das Verständnis des Modells dem Betrachter zu vereinfachen.

Dabei eignen sich sowohl fachliche als auch technische Kriterien zur Bildung von Subsystemen. In der Phase der fachlichen Analyse nach fachlichen Kriterien gebildete Pakete können in dem nachfolgenden Schritt der technischen Konstruktion in weitere Unterpakete, die Konstruktionsinformationen der Benutzungsoberfläche und der Datenhaltung unterscheiden, unterteilt werden.

Auch zwischen Paketen können Vererbungs- und Abhängigkeitsbeziehungen bestehen, die sich aus den Beziehungen ihrer Elemente ableiten. Erbt eine Klasse, die zu Paket3 gehört, von einer Klasse aus Paket2, so gelten auch die Pakete als Ober- und Unterpaket, die in einer Vererbungsbeziehung stehen.

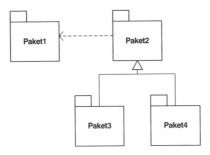

Abbildung 4.47: Abhängigkeiten zwischen Paketen: UML-Darstellung

Somit zeigt schon die Paketsicht, in welchen Paketen Vererbungsbeziehungen zwischen Klassen und Schnittstellen vorliegen.

Das Gleiche gilt auch für die gestrichelt dargestellten Abhängigkeiten, die der folgende Abschnitt gesondert behandelt.

Abhängigkeiten – Änderungen beherrschen

Eine weitere Form der Beziehung zwischen den Elementen eines objektorientierten Modells ist die *Abhängigkeit*. Abhängigkeit bedeutet dabei, dass sich eine Änderung des unabhängigen Elements auf das abhängige Element auswirken kann, aber nicht zwingend auswirken muss. Aus konstruktiver Sicht ist der Modellierer angehalten, bei der Änderung eines unabhängigen Elements immer alle abhängigen Elemente auf deren Kompatibilität zum geänderten Element zu prüfen.

Abhängigkeiten dienen dem Modellierer dazu, des möglichen Rattenschwanzes von Änderungen, die eine Änderung eines Modellelements nach sich zieht, Herr zu werden.

Die folgende Abbildung veranschaulicht die UML-Notation einer Abhängigkeit.

| abhängiges Element |- - - - - - - ->| unabhängiges Element |

Abbildung 4.48: Abhängigkeit: UML-Darstellung

Dabei verbindet ein gestrichelter Pfeil immer ein abhängiges Element mit einem unabhängigen Element. Der Pfeil entspringt dem abhängigen Element und verweist auf das unabhängige Element.

Abhängigkeitsbeziehungen können zwischen verschiedenen Elementen eines Modells bestehen.

✔ Abhängigkeit zwischen zwei Klassen.

✔ Abhängigkeit zweier Pakete. Stehen zwei Klassen, die verschiedenen Paketen angehören, in einer Abhängigkeitsbeziehung, so gelten auch die korrespondierenden Pakete als voneinander abhängig.

✔ Abhängigkeit einer Operation von einer Klasse.

✔ Abhängigkeit einer Klasse von einer Schnittstelle.

Beachten Sie, dass sich Abhängigkeiten immer auf die tatsächlich genannten Elemente beziehen. Hängt eine Klasse von einer anderen ab, so gilt die Abhängigkeit aus konstruktiver Sicht für die Klassendefinition. Sie gilt jedoch nicht für die Exemplar-Objekte dieser Klassen aus inhaltlicher Sicht.

Die UML stellt einige *Stereotypen* zur Klassifikation von Abhängigkeitsbeziehungen zur Verfügung.

✔ access bezeichnet eine Abhängigkeitsbeziehung zweier Klassen, die es der abhängigen Klasse erlaubt, auf die öffentlichen Elemente der unabhängigen Klasse zuzugreifen.

✔ friend definiert eine Abhängigkeit zwischen einer Operation, einer Klasse oder einem Paket und einem Element eines anderen Pakets. Dabei hat das abhängige Element ungeachtet der Sichtbarkeitsdefinition auf die Eigenschaften des unabhängigen Elements Zugriff.

✔ import erlaubt dem abhängigen Element einer Abhängigkeitsbeziehung die Verwendung unabhängiger Elemente in einem fremden Paket. Der Geltungsbereich eines Pakets wird also um die unabhängigen Elemente erweitert. Damit werden die unabhängigen Elemente dem Geltungsbereich des abhängigen Elements hinzugefügt.

Die folgende Abbildung zeigt die UML-Darstellung der Abhängigkeits-Stereotypen.

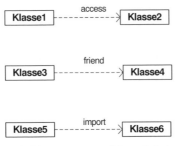

Abbildung 4.49: Abhängigkeit zwischen Klassen

Die Stereotypen sind oberhalb des gestrichelten Abhängigkeitspfeils angeordnet und konkretisieren damit die Art der Abhängigkeit der mit dem Pfeil verbundenen Elemente.

Die Abhängigkeit einer Operation von einer Klasse stellt die nächste Abbildung wie folgt dar.

Abbildung 4.50: Abhängigkeit Klasse und Operation

Der gestrichelte Pfeil entspringt direkt im Namen der abhängigen Operation (operation2()) und verweist auf die unabhängige Klasse (Klasse1).

Die Abhängigkeit einer Klasse von einer Schnittstelle zeigt die folgende Darstellung.

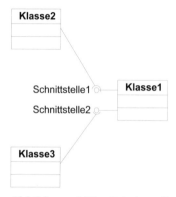

Abbildung 4.51: Schnittstellen: Abhängigkeitsbeziehung

Ein Kreis, den eine Linie mit der zugehörigen Klasse verbindet, gilt als Schnittstellensymbol. Der Abhängigkeitspfeil entspringt einer abhängigen Klasse und verweist auf die unabhängige Schnittstelle.

In der Abbildung verweist das abhängige Element Klasse1 auf die unabhängige Schnittstelle1. Klasse3 ist abhängig von Schnittstelle2. Beide Schnittstellen gehören zu Klasse2. Sie sind dort implementiert.

Zwischen Paketen bestehen die Abhängigkeiten, die auch zwischen den in den Paketen enthaltenen Elementen bestehen. Das bedeutet, dass die Abhängigkeiten, die zwischen den Elementen – also Klassen und Schnittstellen – eines Pakets bestehen, automatisch auf die Ebene der Pakete übertragen werden.

Die folgende Abbildung zeigt diesen Zusammenhang exemplarisch an zwei Paketen, die insgesamt fünf Klassen enthalten, auf.

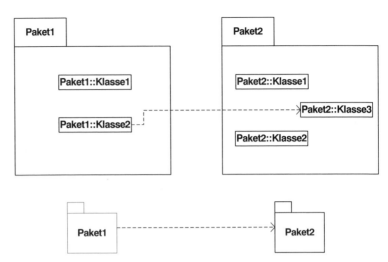

Abbildung 4.52: Klassen- und Paketabhängigkeiten: UML-Darstellung

Paket1 enthält die Klassen Klasse1 und Klasse2, Paket2 die Klassen Klasse1, Klasse2 und Klasse3. Die Unterscheidung der Klassen gleichen Namens ist hier durch die Zugehörigkeit zum jeweiligen Paket gewährleistet, so dass sich die vollständig qualifizierten Namen voneinander unterscheiden.

Der obere Teil der Abbildung zeigt, dass Klasse2 aus Paket1 (Paket1::Klasse2) von Klasse3 aus Paket2 (Paket2::Klasse3) abhängig ist. Daraus leitet sich automatisch auch eine Abhängigkeitsbeziehung zwischen Paket1 und Paket2 ab. Diese Abhängigkeit stellt der untere Teil der Abbildung dar.

Auf Paketebene besagen die Abhängigkeiten, dass in einem Paket unabhängige Elemente existieren, deren Änderung sich auf Elemente eines anderen Pakets auswirken könnten. So sind strukturelle Abhängigkeiten bereits in der Paketübersicht erkennbar. Konkret muss der Entwickler im abgebildeten Fall immer die Elemente im Paket überprüfen. Falls Paket2::Klasse3 geändert werden sollte, muss er die Auswirkungen auf Paket1::Klasse2 untersuchen.

Abhängigkeitsbeziehungen zwischen Elementen verschiedener Pakete erschweren den modularen Aufbau eines Modells. Auch für Pakete gilt das aus der Softwaretechnik bekannte Konzept der schmalen Kopplung zwischen Modulen, das möglichst wenige Abhängigkeiten zwischen Modulen – hier Paketen – fordert. Sind Pakete stark durch Abhängigkeitsbeziehungen miteinander verwoben, ist die Wiederverwendung eines Pakets erschwert und Änderungen in einem Paket führen zu einem Rattenschwanz von Änderungen in weiteren Paketen. Die Pakete verlieren dadurch ihre Eigenständigkeit. Bilden Sie daher Ihre Pakete so, dass möglichst wenige Abhängigkeiten zwischen den Paketen entstehen.

Statik: Kompositionsstrukturdiagramme

Das in der Version UML 2.0 neu hinzugekommene *Kompositionsstrukturdiagramm* (*Composite Structure Diagram*) zeigt die internen Strukturen eines Classifiers.

Classifier können Klassen oder andere Systemelemente wie Zustände oder Aktivitäten sein. Dabei werden die Interaktionspunkte mit anderen Systemelementen herausgegriffen, die die Interaktion mit anderen Systemelementen bestimmen.

Das Kompositionsstrukturdiagramm wird aus Parts, Ports und Kollaborationstypen gebildet. Es kann zur Darstellung der Zusammenhänge von komplexen Modellarchitekturen eingesetzt werden. Dabei werden die inneren Strukturen verdeutlicht.

Parts, Port und Kollaborationstypen stehen zur Verfügung, um die Zusammenarbeit von Systemelementen auszudrücken.

Part

Ein *Part* wird in einem umgebenden Classifier definiert.

Er repräsentiert eine Menge von Ausprägungen, die zu dem umgebenden Classifier oder einer seiner Rollen gehören. Parts können durch *Konnektoren* miteinander verbunden sein. Die Ausprägungen eines Parts sind Teil der Merkmale eines umgebenden Classifiers und damit existenziell vom umgebenden Classifier abhängig.

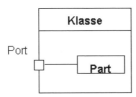

Abbildung 4.53: Notation Part in einer Klasse

Parts können noch durch eine Typangabe erweitert werden. Mehr Angaben zu Parts sind in der UML 2.0 Spezifikation nicht vorgesehen.

Konnektoren (Connector) können Parts verbinden.

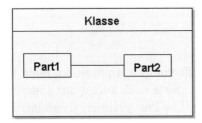

Abbildung 4.54: Konnektor

Diese Zusammenhänge zeigt das folgende Anwendungsbeispiel, das die Komponenten einer Uhr darstellt.

Abbildung 4.55: Parts einer Uhr

In einem Klassendiagramm könnten die Klassen Display und Uhrwerk über eine Komposition mit der Klasse Wecker verbunden sein. Untereinander sind sie dann über eine einfache Assoziation gekoppelt.

> Parts können nicht nur in Kompositionsstrukturdiagrammen, sondern auch in anderen UML-2.0-Diagrammen verwendet werden.

Parts lassen sich außer im Kompositionsstrukturdiagramm in den folgenden UML-2.0-Diagrammen einsetzen:

✔ Klassen- und Objektdiagramme

✔ Komponentendiagramme

✔ Verteilungsdiagramme

✔ Paketdiagramme

Port

Ein *Port* ist ein Kommunikationspunkt, über den ein Classifier mit seinen Parts sowie nach außen mit anderen Classifiern interagieren kann. Ein Port definiert diejenigen Dienste, die ein Classifier nach außen zur Verfügung stellt. Dabei besteht ein Dienst aus einer Menge von Einzeloperationen. Anfragen an einen Dienst sind ebenso an einen Port eines Classifiers adressiert. Ports dienen dazu, Stellen zu markieren, an denen ein Classifier mit seinen Parts oder mit anderen Systemelementen interagiert.

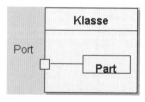

Abbildung 4.56: Port – Klasse – Part

Dabei kann ein Port Interfaces bereitstellen (ProvidedInterface) und Interfaces für verbundene Classifier voraussetzen (RequiredInterface).

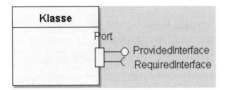

Abbildung 4.57: Port – Klasse nach außen

Ein abschließendes Beispiel zeigt die Zusammenhänge noch einmal auf. Die Klasse Wecker enthält als Teile ein Display und ein Uhrwerk. Dabei kommuniziert die Wecker-Klasse mit den Parts, die ihrerseits untereinander verbunden sind. Nach außen stellt der Wecker eine Schnittstelle für ein externes Display zur Verfügung, über das die Zeit abgegriffen werden kann.

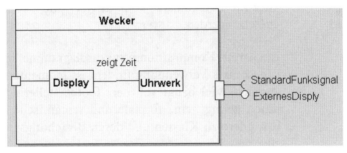

Abbildung 4.58: Kommunikation über Ports

Entgegennehmen kann der Wecker ein externes Funksignal, über das die Uhrzeit gestellt werden kann.

Kollaborationstyp

Ein *Kollaborationstyp* (Collaboration) ist ein abstraktes Konstrukt. Es beschreibt eine Perspektive auf zusammenarbeitende Elemente.

Dargestellt als Ellipse enthält es eine Bezeichnung sowie Rollen von Modellelementen, deren Zusammenarbeit dargestellt wird.

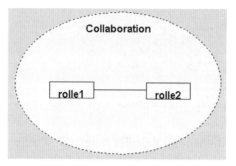

Abbildung 4.59: Kollaborationstyp

Kollaborationstypen können hervorragend zur Erklärung der Zusammenhänge von Analyse- und Designmustern eingesetzt werden.

Inwieweit Kompositionsstrukturdiagramme in der Modellierungspraxis Verwendung finden, ist momentan noch nicht abzusehen. Viel hängt von den Toolherstellern ab, inwieweit es ihnen gelingt, eine formale und semantische Integration insbesondere zu Klassen und deren Beziehungsmodellierung umzusetzen.

Statik: Implementierungsdiagramme

Klassen- und Objektdiagramme repräsentieren eine logische Sicht auf die Zusammenhänge einer Anwendung. Sie enthalten keinerlei Informationen über die Verteilung der modellierten Strukturen auf Softwarekomponenten. Auch eine Zuordnung von Softwarekomponenten auf Arbeitsrechner und Server bleibt dort unbestimmt.

In diese Lücke springen die *Implementierungsdiagramme* und legen die physische Struktur einer Anwendung aus der Sicht von Hardware- und Softwarekomponenten fest. Sie zeigen insbesondere deren Verteilung und Abhängigkeiten. Im Vergleich zu der logischen Sicht sind die Implementierungsdiagramme eher von untergeordneter Bedeutung in der UML.

Komponentendiagramm – realisierte Einheiten

Die UML stellt zwei verschiedene Diagrammtypen zur Verfügung, die jedoch sinnvoll kombiniert werden können:

✔ Das *Komponentendiagramm* beschreibt eigenständige Softwareeinheiten und deren Zusammenspiel. Als *Komponente* bezeichnet man einen wiederverwendbaren Programmcode, der eine abgegrenzte Aufgabe erfüllt. Häufig werden die auf der logischen Ebene definierten Pakete in ähnlicher Zusammensetzung in Komponenten überführt.

✔ Die häufig anzutreffende Kongruenz von Paketen und Komponenten ergibt sich fast zwangsläufig, wenn Pakete nach Kriterien der fachlichen Zusammengehörigkeit zur Lösung von (Teil-)Aufgaben gebildet werden.

✔ Komponenten betonen im Gegensatz zu Paketen die softwaretechnischen Abhängigkeiten, die jedoch wie bereits gesehen häufig mit den fachlichen Abhängigkeiten korrespondieren.

✔ Komponenten sind von außen betrachtet Einheiten, die zur Anbindung anderer Komponenten Schnittstellen besitzen.

✔ Komponentendiagramme stellen Komponenten mit ihren Schnittstellen grafisch dar und zeigen darüber hinaus auch deren Abhängigkeiten.

Die folgende Abbildung zeigt das Symbol für eine Komponente.

Abbildung 4.60: Komponente: UML-Darstellung

Komponentendiagramme werden auch dazu genutzt, statische Abhängigkeiten, wie beispielsweise Compiler-Abhängigkeiten zwischen Programmen, darzustellen.

Abhängigkeiten zwischen Komponenten stellen die bereits erläuterten gestrichelten Pfeile dar. Auch hier zeigt die abhängige Komponente auf die unabhängige Komponente.

Die folgende Abbildung zeigt die UML-Notation der Abhängigkeit von Komponenten.

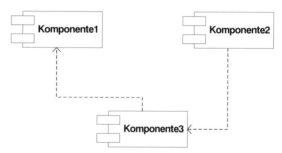

Abbildung 4.61: Abhängigkeiten von Komponenten: UML-Darstellung

✔ Dabei hängt die Komponente2 von Komponente3 ab und Komponente3 wiederum ist abhängig von Komponente1.

✔ Komponente1 ist eine unabhängige Komponente, da sie von keiner weiteren Komponente abhängt.

✔ Komponente2 ist eine abhängige Komponente, die bei Änderungen in Komponente3 überprüft werden muss.

✔ Komponente3 ist abhängig in Bezug auf Komponente1 und unabhängig in Bezug auf Komponente1.

✔ Eine Änderung von Komponente1 kann sich folglich über Komponente3 bis auf Komponente2 durchschlagen.

Komponenten können zusätzlich weitere Elemente wie Objekte, andere Komponenten und Knoten enthalten. Aus inhaltlicher Sicht kann eine Komponente konkretisiert und in ihren Details genauer beschrieben werden. Dazu können die im weiteren Verlauf vorgestellten Anwendungsfalldiagramme oder auch Klassendiagramme eingesetzt werden.

Die technischen Aspekte der Implementierung werden hingegen in Verteilungsdiagrammen beschrieben.

Verteilungsdiagramme – Träger von Komponenten

Verteilungsdiagramme enthalten die Konfiguration einer Hard- und Softwareumgebung. Sie zeigen, welche Komponenten auf welchen Knoten verarbeitet werden und was für Kommunikationsbeziehungen zwischen den Knoten bestehen. Knoten können in diesem Kontext alle physischen Objekte wie Computer, Speicher oder Prozessoren sein.

Darüber hinaus können auch bei der Geschäftsprozessmodellierung Mitarbeiter und Organisationseinheiten als Aufgabenträger einer Aufgabe in den Kontext einbezogen werden. Als Komponenten spielen dann neben Softwarekomponenten auch Vorgehensweisen und Dokumente, die zur Bewältigung von Aufgaben herangezogen werden, eine Rolle.

Die Abbildung 4.62 zeigt ein Verteilungsdiagramm, das auch Softwarekomponenten mit einbezieht.

Die abgebildete Systemlandschaft zeigt die physische Verteilung der folgenden Komponenten:

- ✔ einen dedizierten Datenbankserver (DBServer1), der eine Kundendatenbank enthält

- ✔ einen zweiten Datenbankserver (DBServer2) zur Verwaltung der Lagerhaltung

- ✔ einen Anwendungsserver (AppServer), der Softwarekomponenten für den Vertrieb bereitstellt

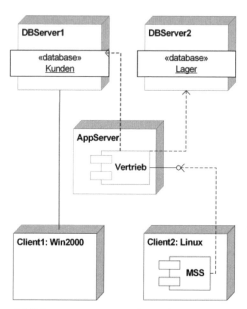

Abbildung 4.62: Verteilungsdiagramm mit Komponenten

✔ einen Arbeitsplatzrechner (Client1), der mit dem Betriebssystem Windows 2000 ausgestattet ist

✔ einen Arbeitsplatzrechner (Client2) mit Linux-Betriebssystem, das als Softwarekomponente ein Management Support System (MSS) bereitstellt.

Zwischen den Knoten und Komponenten bestehen die folgenden Abhängigkeiten und Verbindungen:

✔ AppServer ist abhängig von den beiden Datenbankservern DBServer1 und DBServer2, die ihm Daten über die Kunden und das Warenlager zur Verfügung stellen.

✔ Das Management Support System greift als Komponente von Client2 auf die Dienste des Anwendungsservers (App-Server) zu.

✔ Sollte die Schnittstelle der Vertriebskomponente geändert werden, so muss auch eine Anpassung des MSS geprüft werden.

✔ Zwischen Client1 und DBServer1 besteht eine einfache Kommunikationsbeziehung. Der Win2000-Rechner dient als Zugangsterminal, um Kundendaten zu bearbeiten und auszuwerten.

Abschließend sei noch angemerkt, dass die Implementierungsdiagramme in der UML ein Schattendasein führen. Sie werden im Vergleich zu den Diagrammen der logischen Innensicht eher selten eingesetzt.

Dynamik: Verhaltensdiagramme

Dynamische Modelle repräsentieren das Verhalten der Objekte in einem System. Aus diesem Grund werden sie auch als *Verhaltensmodelle* bezeichnet. Aufgabe der dynamischen Modelle ist es, die Methoden, Zustände (bzw. Zustandsänderungen), Interaktionen und die Kooperation von Objekten abzubilden.

 Dynamische Sachverhalte innerhalb eines objektorientierten Modells werden durch die *Verhaltensdiagramme* dargestellt.

Die UML kennt sieben verschiedene Arten von Verhaltensdiagrammen, deren unterschiedliche Betrachtungsweisen sich zu einem objektorientierten Gesamtbild des analysierten Problembereichs ergänzen:

✔ *Anwendungsfalldiagramme* (Use-Case-Diagramme) bilden Anwendungsfälle eines Systems ab. Sie veranschaulichen dessen Verhalten aus Sicht der Nutzer, die als Akteure an einem solchen Anwendungsfall beteiligt sind.

✔ *Interaktionsdiagramme* stellen Interaktionen zwischen Instanzen dar. Die UML unterscheidet vier Arten von Interaktionsdiagrammen:

✔ *Sequenzdiagramme* veranschaulichen die Beziehungen zwischen Objekten sowie deren Austausch von Botschaften im Zeitablauf.

✔ *Kommunikationsdiagramme* sind eine weitere Form der Interaktionsdiagramme. Sie verdeutlichen, wie die Kommunikationspartner in einem System gemeinsam einen Lösungsweg für eine Problemstellung finden.

✔ *Zeitverlaufsdiagramme* (Timing-Diagramme) bilden das Verhalten von Systemelementen im Zeitverlauf ab.

✔ *Interaktionsübersichtsdiagramme* geben einen groben Überblick über das Zusammenspiel von Interaktionen in einem System.

✔ *Zustandsdiagramme* zeigen verschiedene Zustände von Modellelementen und die Übergänge zwischen den Zuständen.

✔ *Aktivitätsdiagramme* dienen der Modellierung von Abläufen. Vorgänge werden in einzelne Aktivitäten zerlegt, die dann anhand ihrer Verknüpfungen verdeutlichen, wie das System zu einem bestimmten Ergebnis gelangt.

Anwendungsfalldiagramme wurden bereits im dritten Kapitel im Rahmen der Außensicht erläutert.

Interaktionsdiagramme bieten unterschiedliche Betrachtungswinkel der gleichen Sachverhalte.

Die vier Arten von Interaktionsdiagrammen in der UML (Sequenz-, Kommunikations-, Timing- und Interaktionsübersichtsdiagramme) basieren im Wesentlichen auf den gleichen Informationen über Elemente der betrachteten Domäne. Sie heben jedoch jeweils unterschiedliche Aspekte hervor. Es handelt sich um die Darstellung der gleichen Sachverhalte aus unterschiedlichen Perspektiven.

Basiskonzept

Wenn Objekte in einem System Aktionen ausführen, entsteht *Verhalten*. Es beschreibt, wie sich die Zustände der beteiligten Objekte im Zeitverlauf ändern. Der Zustand eines Objekts ergibt sich aus der Menge seiner Attributwerte zu einem bestimmten Zeitpunkt. Mögliche Verhaltensweisen eines Objekts sind in seinen Methoden (Operationen) beschrieben. Die Methoden greifen wiederum auf Attribute von Objekten zu und können damit Zustandsänderungen herbeiführen.

Die Abbildung dynamischer Aspekte eines Systems, die Verhaltensmodellierung, ist somit eine Beschreibung der inneren Abläufe in den Methoden sowie des Zusammenspiels der Methoden verschiedener Objekte im Verlauf eines Vorgangs. Um diese inneren Abläufe grafisch darzustellen, stellt die UML zahlreiche Diagramme zur Verfügung, die den Modellierer in die Lage versetzen, Verhaltensweisen eines Systems aus unterschiedlichen Blickwinkeln zu betrachten und abzubilden. In ihrer Gesamtheit ergeben diese verschiedenen Blickwinkel ein Gesamtbild der Vorgänge innerhalb einer Methode bzw. des Zusammenwirkens mehrerer Methoden.

Zu den Mechanismen, die bei der Abbildung dynamischer Aspekte eines Systems zum Einsatz kommen, zählen u.a. Automaten (Zustandsdiagramme), den Petrinetzen ähnliche Graphen (Aktivitätsdiagramme), informale Beschreibungen (Use Cases) oder geordnete Ereignissequenzen (Interaktionsdiagramme). Jeder dieser Mechanismen besitzt andere Schwerpunkte in der Darstellung von Abläufen. Häufig können jedoch die meisten Verhaltensweisen eines Systems mit jedem beliebigen Beschreibungsmittel dargestellt werden. Es ist die Aufgabe des Modellierers, diejenigen Diagramme auszuwählen, die in einer konkreten Situation den Anforderungen an den Modellierungsprozess und an das Modell selbst am besten entsprechen. Oft ist es auch sinnvoll, ein und denselben Aspekt mit Hilfe unterschiedlicher Diagramme aus mehreren Blickwinkeln zu beleuchten.

Das Kommunikationsmodell der UML erklärt Vorgänge auf der Basis von *Ereignissen*. Dabei werden verschiedene Arten von Ereignissen unterschieden:

✔ *Start-* und *Endereignisse* stoßen ein Verhalten an bzw. terminieren es.

✔ *Sende-* und *Empfangsereignisse* treten im Zusammenhang mit dem Austausch von Nachrichten auf.

✔ *Änderungsereignisse* betreffen die Wahrheitswerte von Bedingungen.

✔ *Zeitereignisse* beziehen sich auf das Erreichen eines zuvor definierten Zeitpunkts.

✔ *Aufrufereignisse* treten bei direkten Operationsaufrufen in Erscheinung.

Die in den Methoden repräsentierten Aktionen von Objekten lösen Verhalten aus. Dies kann beispielsweise durch das Senden eines Signals oder den Aufruf einer Operation geschehen. Als Ergebnis eines solchen auslösenden Ereignisses wird eine *Anfrage* (*Request*) generiert. Unter einer Anfrage ist ein eigenständiges Objekt zu verstehen, das verschiedene Informationen bezüglich des laufenden Verhaltens enthält. Dazu zählen z.B. Daten über die Art der Anfrage, die Identitäten von Sender und Empfänger eines Signals sowie Informationen über die Vorgänge selbst, die später auch eine Beantwortung der Anfrage ermöglichen sollen.

Jede einzelne Anfrage wird von genau einem sendenden Objekt ausgelöst und ist an genau ein empfangendes Objekt gerichtet. Ein auslösendes Ereignis kann dagegen zu einer Vielzahl von Anfragen führen. Im Besonderen kann ein Objekt auch mit sich selbst kommunizieren, d.h., Sender und Empfänger sind identisch. Praktisch geschieht dies durch den Aufruf einer Methode innerhalb desselben Objekts. Sobald die Anfrage den Empfänger erreicht hat, wird wiederum ein Ereignis ausgelöst: ein Empfangsereignis. Je nach Art der Anfrage führt das Empfangsereignis zu unterschiedlichen Verhaltensweisen bei dem empfangenden Objekt.

Sequenzdiagramme

Die *Sequenzdiagramme* bilden eine Form der Interaktionsdiagramme.

Sequenzdiagramme veranschaulichen Interaktionen zwischen Instanzen im Zeitverlauf.

Der Fokus der Betrachtung liegt dabei auf den zwischen den Kommunikationspartnern im Laufe ihres jeweiligen Lebenszyklus ausgetauschten Nachrichten und den Ereignissen, die dabei auftreten.

Die grafische Darstellung besteht in der Vertikalen aus einer zeitlichen Dimension. In der Horizontalen werden die an der Interaktion beteiligten Objekte aufgeführt. Die Dimensionen können bei Bedarf jedoch auch vertauscht werden.

Objekte werden in Sequenzdiagrammen durch ein Rechteck mit ihrem Namen dargestellt. Sie erhalten zusätzlich eine senkrechte gestrichelte Linie, die den Zeitablauf verdeutlicht. Die Linie symbolisiert die Lebensdauer eines Objekts von seiner Entstehung bis zu seinem Entfernen (*Objektlebenszyklus*).

Sequenzdiagramme zeigen in der Regel nicht die Kommunikation zwischen konkreten Objekten. Vielmehr handelt es sich um Repräsentanten beliebiger Objekte einer bestimmten Klasse bzw. um deren Rollen.

Senkrechte Balken, die eine der gestrichelten Linien überlagern, geben an, wann ein Objekt während des betrachteten Zeitraums aktiv ist. Sie werden auch als *Steuerungsfokus* bezeichnet.

Die Aktivitäten der Objekte äußern sich in der Ausführung von Methoden, die durch *Nachrichten* (*Stimuli*) eines Objekts an ein anderes aktiviert werden. Hat ein Objekt eine Methode beendet, dann sendet es eine Nachricht als Antwort an das aufrufende Objekt. Ein Stimulus wird dabei durch einen durchgezogenen Pfeil dargestellt, die Antwortnachricht durch einen gestrichelten Pfeil.

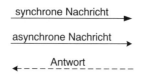

synchrone Nachricht

asynchrone Nachricht

Antwort

Abbildung 4.63: Arten von Nachrichten

✔ Nach *synchronen Nachrichten* wartet der Sender, bis der Empfänger die ausgelöste Aktion beendet hat. Erst danach setzt er seine eigenen Aktionen fort. Synchrone Nachrichten werden im Diagramm durch einen Pfeil mit ausgefüllter Spitze dargestellt (erste Nachricht in der obigen Abbildung).

✔ *Asynchrone Nachrichten* verzögern die Aktionen des Senders nicht. Nach dem Absenden seiner Nachricht nimmt der Sender sofort sein laufendes Verhalten wieder auf. Asynchrone Nachrichten werden im Diagramm durch eine nicht ausgefüllte Pfeilspitze abgebildet (zweite Nachricht in der Abbildung).

✔ *Antwortnachrichten* sind Ergebnisse von Aktionen, die ihrerseits durch eine Nachricht (Stimulus) ausgelöst wurden. So führt ein Methodenaufruf beispielsweise nach Abarbeitung der zugehörigen Anweisung zur Rückgabe eines Ereignisses in Form von Werten. Antwortnachrichten werden durch einen gestrichelten Pfeil mit nicht ausgefüllter Spitze dargestellt (dritte Nachricht in der Abbildung).

Die Reihenfolge der Objekte in einem Sequenzdiagramm spielt keine Rolle. Sie ist beliebig und kann so gewählt werden, dass sich eine möglichst übersichtliche Darstellung ergibt.

Die folgende Abbildung zeigt die genannten Bestandteile eines Sequenzdiagramms in einer schematischen Darstellung.

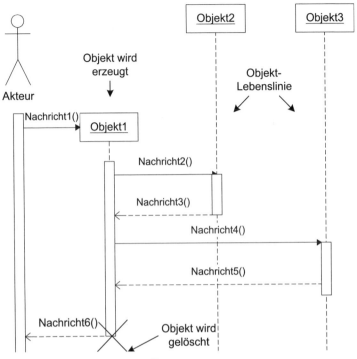

Abbildung 4.64: Sequenzdiagramm

Anhand des Objekt1 lässt sich der Lebenszyklus eines Objekts erkennen. In der UML wird das Erzeugen eines Objekts durch einen Nachrichtenpfeil auf den Objektkörper (das Rechteck mit seinem Namen) symbolisiert. Objekt1 wird in der obigen Abbildung erzeugt (*Objektkonstruktion*), indem ein Akteur die Nachricht1 sendet.

Die beiden übrigen Objekte (bzw. Rollen), mit denen Objekt1 in der obigen Abbildung kommuniziert, existieren bereits vor der Entstehung von Objekt1. Sie sind in der senkrechten Zeitachse über (zeitlich also vor) Objekt1 angeordnet.

Objekt2 und Objekt3 existieren nicht nur bereits vor Objekt1, sie bleiben auch nach dessen Ausscheiden aus dem Modell weiter bestehen (erkennbar an der weitergehenden Lebenslinie von Objekt2 und Objekt3).

In der Abbildung sendet Objekt1 nach seiner Entstehung zunächst eine Nachricht (Nachricht2) an Objekt2, das diese verarbeitet und eine Antwort (Nachricht3 mit gestrichelter Linie) an Objekt1 zurücksendet. Dieser Vorgang bedeutet nichts anderes als den Aufruf einer Methode von Objekt2 durch Objekt1.

Eine weitere Kommunikationsbeziehung besteht zwischen Objekt1 und Objekt3, bevor Objekt1 schließlich gelöscht wird. Das große »X« am Ende der Lebenslinie von Objekt1 symbolisiert dessen Entfernung (*Objektdestruktion*).

Endet ein Nachrichtenpfeil in dem »X«, das die Objektdestruktion symbolisiert, dann löst die entsprechende Nachricht die Zerstörung des Objekts aus.

Die Ausführung von Operationen und das Senden von Nachrichten durch Objekte können an Bedingungen geknüpft sein. Auch für die Wiederholung von Nachrichten und Operationen sind in der UML Sprachelemente vorgesehen.

Bedingungen werden in eckigen Klammern vor den Namen der Nachricht geschrieben. Die entsprechende Nachricht wird nur dann gesendet, wenn die angegebene Bedingung erfüllt ist. Das mehrfache Senden einer Nachricht wird als *Iteration* bezeichnet. Sie wird durch ein * vor dem Namen der Nachricht bzw. vor der Bedingung symbolisiert.

Im Beispiel in Abbildung 4.65 wird Nachricht1 nur dann gesendet, wenn die Bedingung x>2 erfüllt ist. Nachricht2 wird so lange wiederholt, wie die Bedingung x<5 gilt.

Die Abbildung zeigt außerdem die Notation für die gleichzeitige Ausführung zweier Methoden durch ein Objekt. Die Lebenslinie von Objekt2 ist geteilt. Vorausgesetzt, die genannten Bedingungen sind erfüllt, beginnt Objekt2 nach Empfang der Nachricht1 zunächst mit der Ausführung der entsprechenden Methode.

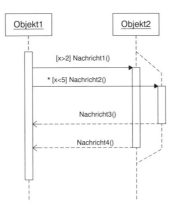

Abbildung 4.65: Wiederholungen und Bedingungen in Sequenzdiagrammen

Während diese noch bearbeitet wird, beginnt die Verarbeitung der zweiten Methode, ausgelöst durch Nachricht2. Das Ergebnis der zweiten Methode wird als Antwort an Objekt1 gesendet (Nachricht3). Schließlich ist auch die erste Methode beendet und die letzte Nachricht (Nachricht4) geht an Objekt1.

Sequenzdiagramm und Klassendiagramm eines Objektmodells müssen stets übereinstimmen. Ein Sequenzdiagramm darf daher nur solche Nachrichten enthalten, die als Methoden in den Klassenbeschreibungen des Klassendiagramms enthalten sind.

Ein weiteres Beispiel für ein Sequenzdiagramm zeigt Abbildung 4.66.

Der Akteur Portier stößt die Buchung eines Zimmers durch einen Gast an. Dazu muss sich der Gast zunächst anmelden. Anschließend wird ein Zimmer gebucht. Dazu führt das Objekt Zimmer seine eigene Methode istFrei aus, um die Verfügbarkeit für den gewünschten Zeitraum zu überprüfen. Wenn der Gast wieder auszieht, wird er vom Portier abgemeldet und das entsprechende Objekt gelöscht.

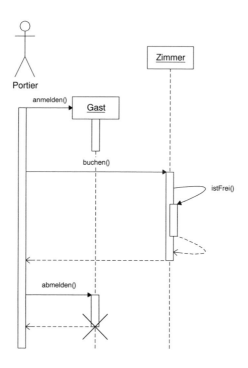

Abbildung 4.66: Sequenzdiagramm Hotelbuchung

Dem Sequenzdiagramm sind die unterschiedlichen Lebenszyklen der Objekte (bzw. Rollen) Gast und Zimmer zu entnehmen. Das Objekt Zimmer existiert bereits vor dem hier betrachteten Zeitraum. Ein neues Objekt Gast wird erst innerhalb des hier betrachteten Zeitraums mit der Anmeldung eines neuen Gastes erzeugt. Nachdem der Gast abgereist ist, wird in dem hier betrachteten Kontext (Sichtweise auf die Problemdomäne »Hotel«) das Objekt Gast nicht länger benötigt. Es kann also gelöscht werden. Das Objekt Zimmer besteht jedoch weiterhin, auch über den im Sequenzdiagramm abgebildeten Zeitraum hinaus.

Da ein Sequenzdiagramm nur solche Nachrichten enthalten kann, die als Methoden in den Klassenbeschreibungen der

Klassendiagramme enthalten sind, müssen die beteiligten
Klassen zumindest die Methoden anmelden, abmelden, buchen
und istFrei enthalten, wie in der folgenden Abbildung dargestellt.

Abbildung 4.67: Klassendiagramm: Hotelbuchung

Die Klasse Gast enthält die Methoden anmelden und abmelden. Zu der Klasse Zimmer gehören die Methoden buchen und
istFrei. Zwischen den beiden Klassen besteht eine binäre Assoziation. In dem Beispiel wird angenommen, dass jeder Gast
genau ein Zimmer bucht und umgekehrt jedes Zimmer zu einem Gast gehört. Sollen für ein Zimmer auch Buchungen verschiedener Gäste im Voraus angenommen werden oder soll ein
Gast mehrere Zimmer buchen können, dann müssen die Kardinalitäten entsprechend angepasst werden.

Zur Verdeutlichung zeigt das folgende Beispiel die Elemente
von Sequenzdiagrammen noch einmal anhand der Überweisung von Girokonten.

Eine vereinfachte Klasse Konto ist in der folgenden Abbildung
dargestellt.

Konto
-kontostand
+einzahlen(in betrag)
+auszahlen(in betrag)
+überweisen(in betrag, in zielkonto)
+prüfeDeckung()

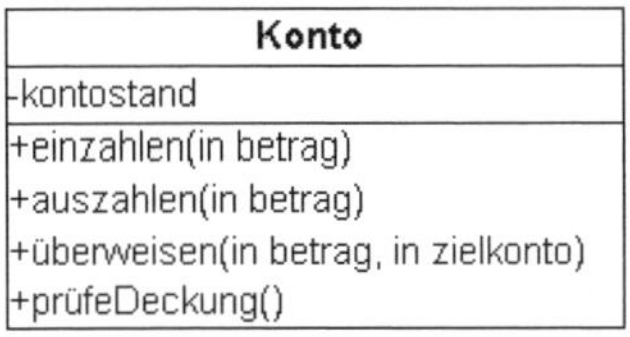

Abbildung 4.68: Vereinfachte Klasse Konto

Die Klasse Konto beschreibt ein Muster für Konten-Objekte,
die eine Variable kontostand als Attribut sowie die Operationen einzahlen, auszahlen, überweisen und prüfeDeckung besitzen. Für eine Überweisung wird der zu überweisende Betrag

sowie das Zielkonto, auf das überwiesen werden soll, benötigt. Einzahlungen und Auszahlungen erfordern jeweils nur eine Angabe über den gewünschten Betrag. Diese Werte werden den Operationen als Parameter übergeben.

Das folgende Sequenzdiagramm zeigt die Vorgänge zwischen den beteiligten Konten-Objekten, wenn ein Bankkunde eine Überweisung vornimmt.

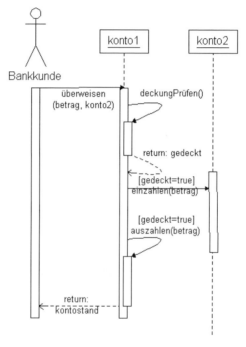

Abbildung 4.69: Sequenzdiagramm: Überweisung

Der Kunde möchte einen bestimmten Betrag von konto1 an konto2 überweisen. Er ruft dazu die Operation überweisen auf. Als Parameter werden der Operation der zu überweisende Betrag und konto2 als Zielkonto übergeben.

Das Objekt konto1 überprüft nun mit seiner Operation prüfeDeckung, ob es für den gewünschten Betrag überhaupt eine ausreichende Deckung besitzt. Das Ergebnis dieser Operation (gedeckt) ist ein Wert vom Datentyp Boolean (wahr oder falsch bzw. true oder false). Anhand des Balkens für den Steuerungsfokus im Sequenzdiagramm können Sie erkennen, dass die Operation prüfeDeckung aus der Operation überweisen heraus aufgerufen wird.

Je nach Ergebnis der Deckungsprüfung werden weitere Operationen ausgeführt. Hat gedeckt den Wert true, so ruft konto1 die Operation einzahlen des Objekts konto2 auf und übergibt ihr als Parameter den zu überweisenden Betrag. Anschließend wird, wiederum abhängig vom Wahrheitswert der Variablen gedeckt, aus der Operation überweisen heraus die Operation auszahlen von konto1 aktiviert. Die Operation überweisen wird abgeschlossen durch die Rückgabe des aktualisierten Kontostands von konto1 an den Kunden.

Die Überweisung eines bestimmten Betrags von einem Konto auf ein anderes wird in dem Beispiel in zwei Schritte aufgeteilt. Vorausgesetzt, das überweisende Konto besitzt eine ausreichende Deckung, wird der zu überweisende Betrag dem einen Konto in einer Einzahlung gutgeschrieben und dem anderen Konto in einer Auszahlung belastet.

Die Nachrichten des Sequenzdiagramms sind die Operationen der beteiligten Objekte. Dementsprechend finden Sie alle Nachrichten in der Klasse Konto als Operationen wieder.

Fragmente

Fragmente kennzeichnen innerhalb eines Sequenzdiagramms Bereiche einer Interaktion, die bestimmten Regeln unterliegen. In Abhängigkeit zuvor definierter Bedingungen werden so alternative Abläufe dargestellt. Dazu stellt die UML verschiedene *Interaktionsoperatoren* zur Verfügung, mit denen Interaktionen gesteuert werden können.

Bezeichnung	Operator	Bedeutung
Alternative	alt	Alternative Verhaltensmöglichkeiten
Assertion	assert	Zusicherung, dass Abläufe und Ereignisse nur in der abgebildeten Form vorkommen (Deckungsgleichheit von Modell und Realität)
Break	break	Abbruch des Ablaufs nach Ausführen des break-Fragments
Consider	consider	Kennzeichnet wichtige Nachrichten, die im Rahmen der Interaktionen berücksichtigt werden sollen
Critical Region	critical	Interaktionen innerhalb dieses Fragments können nicht durch äußere Ereignisse unterbrochen werden
Ignore	ignore	Kennzeichnet irrelevante Nachrichten, die im Rahmen der Interaktionen vernachlässigt werden sollen
Loop	loop	Wiederholung von Interaktionen
Negative	neg	Ungültige Interaktionen
Option	opt	Optionale Verhaltensmöglichkeiten
Parallel	par	Parallele Abläufe
Weak Sequencing	seq	Chronologische Reihenfolge innerhalb eines Fragments auf einer Lebenslinie
Strict Sequencing	strict	Strenge chronologische Ordnung der Interaktionen über alle Fragmente und Lebenslinien hinweg

Tabelle 4.4: Interaktionsoperatoren

Die Ausführung eines Fragments ist jeweils abhängig von einer *Interaktionsbedingung*. Diese besteht aus einem booleschen Ausdruck, der neben der Lebenslinie in die Grafik eingetragen wird, die das erste Ereignis im Rahmen des betroffenen Fragments ausführt.

 Fehlt die Interaktionsbedingung, dann wird ihr Wert standardmäßig als wahr (true) angenommen.

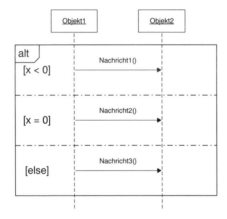

Abbildung 4.70: Interaktionsbedingungen

Die Abbildung zeigt als Beispiel für Fragmente den Operator alt. Welche Nachricht Objekt1 an Objekt2 schickt, ist abhängig von einer Interaktionsbedingung, die über die Variable x gesteuert wird. Hat x einen Wert, der kleiner als Null ist, wird Nachricht1 gesendet, für x = 0 wird Nachricht2 gesendet und in allen anderen Fällen (else) schickt Objekt1 die Nachricht3.

Die einzelnen Alternativen werden innerhalb des Rahmens für den Interaktionsoperator alt durch gestrichelte Linien voneinander getrennt. Nur einer der alternativen Bereiche kommt im Sequenzdiagramm zum Zuge.

Interaktionsreferenzen

Einzelne Bereiche einer Interaktion können durch *Interaktionsreferenzen* in eigene Diagramme ausgelagert werden. Solche Referenzen sind vor allem bei umfangreichen Interaktionen sehr nützlich, da die Übersichtlichkeit von Interaktionsdiagrammen so erhalten bzw. wiederhergestellt werden kann.

Zum einen lassen sich komplexe Interaktionen mit einer Referenz als Platzhalter in ein eigenes Diagramm auslagern, so dass Details, die an dieser Stelle zunächst vernachlässigt werden sollen, ausgeblendet werden können. Zum anderen können aber auch Sequenzen, die wiederholt im Rahmen einer Interaktion auftreten, einmalig beschrieben und dann immer wieder referenziert werden. Diese Vorgehensweise ist auch aus Programmiersprachen als *Prozedurtechnik* bekannt.

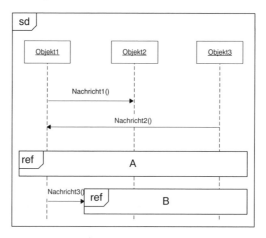

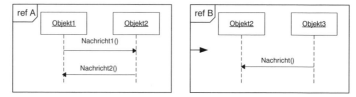

Abbildung 4.71: Interaktionsreferenzen

Die schematische Darstellung der Abbildung enthält zwei Beispiele für Interaktionsreferenzen. Die Objekte Objekt1, Objekt2 und Objekt3 tauschen im obersten Sequenzdiagramm zunächst zwei Nachrichten aus.

Es folgt die Interaktionsreferenz mit der Bezeichnung A. Dieser Bereich wird aus dem ursprünglichen Sequenzdiagramm ausgelagert und weiter unten in einem eigenen Diagramm dargestellt. Dort erfolgt dann eine nähere Beschreibung des Nachrichtenaustauschs zwischen den Objekten Objekt1 und Objekt2. Der Block der Interaktionsreferenz A ist an der entsprechenden Stelle im oberen Sequenzdiagramm einzusetzen.

Die Interaktionsreferenz B erhält eine Nachricht von Objekt1 (Nachricht3) – zumindest sieht es auf den ersten Blick so aus. Tatsächlich wird diese Nachricht von Objekt1 an Objekt2 gesendet. Die Zuordnung der Nachricht sowie der weitere Verlauf der Interaktion ist jedoch ausgelagert in die Interaktionsreferenz B, die wiederum weiter unten in einem eigenen Sequenzdiagramm detailliert wird.

Der Einsatz von Interaktionsreferenzen ist nicht auf Sequenzdiagramme beschränkt. Sie können in allen Interaktionsdiagrammen zur übersichtlichen Gestaltung komplexer Zusammenhänge verwendet werden. Darüber hinaus erlaubt die UML auch die Kombination verschiedener Diagrammarten in einem dynamischen Modell.

Wir wollen nun die Konzepte des Sequenzdiagramms auf unser Wecker-Beispiel übertragen. Die Sichtweise beschränkt sich dabei auf die reine Weckfunktion. Mit Hilfe eines Sequenzdiagramms soll verdeutlicht werden, welche Abläufe im Rahmen der Weckfunktion im Objektmodell zu beobachten sind.

Für die Weckfunktion sind die beiden Attribute weckzeit und weckstatus sowie die Operationen weckstatusUmschalten, weckzeitEinstellen und wecken relevant. Die übrigen Eigenschaften des Weckers sind an der Weckfunktion nicht direkt beteiligt.

Das entsprechende Sequenzdiagramm könnte dann etwa wie folgt aussehen.

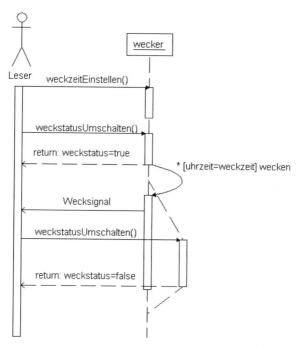

Abbildung 4.72: Sequenzdiagramm: Weckfunktion

Der Leser (Akteur) stellt zunächst die Weckzeit ein, indem er die Operation weckzeitEinstellen des Objekts wecker aufruft. Anschließend muss er noch die Weckfunktion aktivieren. Dazu benutzt er die Operation weckstatusUmschalten, die das Attribut weckstatus mit dem Wert true belegt. Zur Bestätigung erhält der Akteur vom Wecker eine Rückmeldung, die beispielsweise in einer optischen Anzeige besteht.

Während der Akteur nun sanft vor sich hin schlummert, prüft die Operation weckstatusUmschalten ständig, ob die eingestellte Weckzeit mit der aktuellen Uhrzeit übereinstimmt (Bedingung [uhrzeit=weckzeit]). Im Sequenzdiagramm ist die ständige Wiederholung dieser Bedingungsprüfung erkennbar an dem * vor der Bedingung der Operation wecken. Sobald die Weckzeit erreicht ist, wird die Operation wecken aktiviert, die dafür sorgt, dass der Akteur ein Wecksignal (z.b. einen Alarmton) erhält.

Durch erneuten Aufruf der Operation weckstatusUmschalten kann der Akteur das Wecksignal beenden und die Weckfunktion ausschalten. Er erhält wiederum eine Bestätigung durch die Rückmeldung über den aktuellen Weckstatus (jetzt: weckstatus=false).

Kommunikationsdiagramme

Eine weitere Möglichkeit, Interaktionen in der UML darzustellen, bilden die *Kommunikationsdiagramme*.

Sie definieren die Verbindungen zwischen einer Menge von Objekten in einer bestimmten Situation. Mit Hilfe einer hierarchischen Nummerierung kann die Reihenfolge und die Schachtelung der Verbindungen durch Methoden angegeben werden. So sind auch Kommunikationsdiagramme in der Lage, zeitliche Abläufe zu veranschaulichen. Sie sind nicht so sehr zur präzisen Abbildung von Vorgängen geeignet wie Sequenzdiagramme, bieten jedoch eine Alternative, um Interaktionen zwischen Objekten komprimiert zu verdeutlichen.

Die zeitliche Reihenfolge der Nachrichten bzw. Methoden wird durch Ziffern angegeben. Diese Sequenznummern können entfallen, wenn die Abfolge für die betrachtete Situation nicht relevant ist. Ausgangspunkt der Aktionen ist stets eine Nachricht von außerhalb der betrachteten Situation. Sie wird als *Start-Nachricht* bezeichnet und häufig durch einen Akteur ausgelöst. Ein typisches Kommunikationsdiagramm zeigt Abbildung 4.73.

Der Akteur startet den Ablauf, indem er die Nachricht1 (Start-Nachricht) sendet. Dadurch wird Objekt1 erzeugt. Objekt1 aktiviert über Nachricht2 eine Methode von Objekt2 und führt anschließend mit Nachricht3 eine eigene Methode aus. Diese wiederum sendet Nachricht4 an Objekt3. Nachricht5 an Objekt3 beendet den Vorgang.

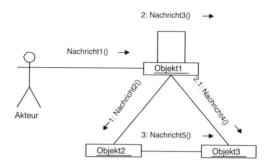

Abbildung 4.73: Kommunikationsdiagramm

Die Reihenfolge der zu sendenden Nachrichten und der dadurch ausgelösten Methoden wird mit den Sequenznummern vor den Nachrichten festgelegt. Eine hierarchische Beziehung findet sich in der Abbildung 4.73 zwischen den Methoden, die von Nachricht3 und Nachricht4 ausgelöst werden, da Letztere aus Ersterer aufgerufen wird.

Auch Kollaborationsdiagramme können Nachrichten mit Bedingungen verknüpfen.

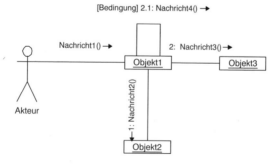

Abbildung 4.74: Bedingungen in Kollaborationsdiagrammen

Die Abbildung zeigt das Kollaborationsdiagramm aus der vorhergehenden Abbildung in leicht veränderter Form. Die Elemente 2 und 2.1 (Nachrichten 3 und 4) haben die Hierarchiestufen getauscht. Schritt 2.1 ist zudem mit einer Bedingung verknüpft. Nur wenn diese Bedingung erfüllt ist, wird die Nachricht gesendet bzw. die entsprechende Methode aktiviert.

Verschiedene Arten von Pfeilen symbolisieren unterschiedliche Kommunikationsbeziehungen in einem Kollaborationsdiagramm. Sie dienen insbesondere der Darstellung spezieller *Synchronisationsbedingungen*. Die folgende Abbildung enthält eine Auswahl dieser Pfeilarten.

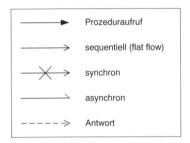

Abbildung 4.75: Synchronisationsbedingungen

✔ Der *Prozeduraufruf* wird durch einen durchgehenden Pfeil mit einer ausgefüllten Spitze symbolisiert. Ein Objekt ruft in dieser Kommunikationsbeziehung eine Methode eines anderen Objekts auf.

✔ Der Sender einer *sequenziellen Nachricht* fährt mit seinen eigenen Operationen erst dann fort, wenn der Empfänger die erhaltene Nachricht vollständig verarbeitet hat.

✔ Bei der *synchronen Nachricht* wartet der Sender mit seinen eigenen Operationen, bis der Empfänger die Nachricht angenommen hat.

✔ Die *asynchrone Nachricht* führt nicht zu einer Unterbrechung der Operationen des Senders. Wann sie vom Empfänger angenommen wird, spielt keine Rolle.

✔ Der gestrichelte Pfeil symbolisiert die *Antwort auf einen Prozeduraufruf*.

Neben den genannten Synchronisationsbedingungen können auch erweiterte Variationen eingesetzt werden. So gibt es beispielsweise *eingeschränkte Nachrichten* (Abbruch, falls Nachricht nicht sofort angenommen wird) und *zeitabhängige Nachrichten* (Abbruch, falls Nachricht nicht innerhalb eines bestimmten Zeitraums angenommen wird).

Wie bei den Sequenzdiagrammen gilt auch hier, dass es sich bei den aufgeführten Elementen nicht unbedingt um konkrete Objekte handelt. Sie stehen lediglich stellvertretend für eine Rolle bzw. eine Menge von Objekten, die in diese Rolle schlüpfen können. Eine Interaktion in einem Kommunikationsdiagramm ist somit eine Spezifikation der Kommunikationsmuster zwischen Rollen. Es wird definiert, welche Nachrichten gesendet werden, welche Methoden aufgerufen werden und welche Rollen Sender- und Empfängerobjekt im Rahmen der Interaktion spielen.

Ein Kommunikationsdiagramm kann an ein Anwendungsfalldiagramm gekoppelt werden, um den Kontext des beschriebenen Verhaltens zu verdeutlichen. Neben Bedingungen sind hier wie beim Sequenzdiagramm auch Iterationen gesendeter Nachrichten möglich.

Anhand des Konten-Beispiels haben wir Ihnen bereits einige Konzepte der UML verdeutlicht. Die folgende Abbildung zeigt die Vorgänge bei der Überweisung von einem Konto auf ein anderes, dargestellt mit Hilfe eines Kommunikationsdiagramms.

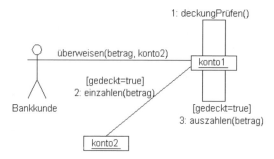

Abbildung 4.76: Kommunikationsdiagramm einer Überweisung

Die Abbildung enthält den Akteur Bankkunde, der die Überweisung durch den Aufruf der Operation überweisen mit den Parametern betrag und konto2 in Gang setzt. überweisen ist eine Operation des Objekts konto1. Die weitere Vorgehensweise der beteiligten Objekte ist der Nummerierung der übrigen Operationen zu entnehmen. Das Objekt konto1 führt die Operation deckungPrüfen aus. Je nach Ergebnis dieser Operation (Wert der booleschen Variable gedeckt ist true oder false) wird die Operation einzahlen des Objekts konto2 mit dem Parameter betrag aufgerufen und die eigene Operation auszahlen ausgeführt – wiederum mit dem Parameter betrag.

Kommunikationsdiagramme zeigen die Zusammenarbeit von Objekten. Daher ist ein Kommunikationsdiagramm für unser Wecker-Beispiel wenig sinnvoll. Es würde allein das Objekt wecker enthalten. Eine Zusammenarbeit zwischen verschiedenen Objekten findet in diesem Anwendungsfall nicht statt.

Timing-Diagramme

Timing-Diagramme (Zeitverlaufsdiagramme) bieten eine weitere Variante für die Abbildung von Interaktionen zwischen Objekten. Sie kommen, wie der Name schon andeutet, insbesondere dann zum Einsatz, wenn zeitliche Aspekte der Kommunikation bzw. Interaktion zwischen Objekten im Vordergrund der Betrachtung stehen.

Ihre wesentliche Aufgabe ist es, Zustandsänderungen eines oder mehrerer Kommunikationspartner im Zeitverlauf abzubilden. Anhand eines Timing-Diagramms ist nachvollziehbar, in welchem Zustand sich das betrachtete Objekt jeweils zu unterschiedlichen Zeitpunkten im Verlauf einer Interaktion befindet. So lässt sich das zeitliche Verhalten von Objekten präzise analysieren und darstellen.

Timing-Diagramme zeigen Bedingungsänderungen entlang den Lebenslinien von Objekten. Es werden Zustandsänderungen aufgrund von Ereignissen im Zeitablauf dokumentiert.

Die zweidimensionale Darstellung des Zeitverlaufsdiagramms enthält

✔ die Lebenslinien der betrachteten interagierenden Objekte,

✔ Nachrichten, die zwischen den Objekten ausgetauscht werden,

✔ Ereignisse, die im Verlauf der Interaktion eintreten,

✔ zeitliche Bedingungen, die mit der Interaktion verknüpft sind, und

✔ Zustände der Objekte im Zeitverlauf.

Die grafische Darstellung der Zeitachse erfolgt, anders als beim Sequenzdiagramm, üblicherweise in der Horizontalen. Die Dimensionen können aber auch hier vertauscht werden. In der vertikalen Dimension werden die Interaktionspartner mit ihren Lebenslinien eingetragen. Die folgende Abbildung verdeutlicht die Struktur des Zeitverlaufsdiagramms am Beispiel einer Ampel.

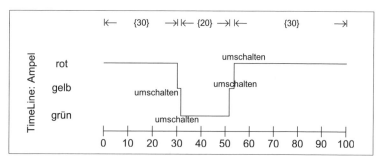

Abbildung 4.77: Zeitverlaufsdiagramm

Die Lebens-»Linie« ist im Timing-Diagramm eigentlich keine Linie, sondern besteht aus der gesamten Höhe des zu dem jeweiligen Objekt gehörenden Bereichs. Im Fall der Ampel nimmt die Lebenslinie also die gesamte Höhe des Rahmens in der obigen Abbildung ein. Der jeweilige Zustand eines Objekts zu einem bestimmten Zeitpunkt lässt sich an der so genannten *Zeitverlaufslinie* ablesen.

Auf der horizontalen Achse sind die Zeiteinheiten in Sekunden abgetragen. Im linken Bereich des Diagramms stehen die drei möglichen Zustände der Ampel: rot, gelb und grün. Die Zeitverlaufslinie beginnt in Höhe des Zustands rot zum Zeitpunkt 0 und reicht zunächst waagerecht bis zum Zeitpunkt 30. Während dieses Zeitraums befindet sich die Ampel im Zustand rot. Nach dreißig Sekunden wechselt sie durch Aktivieren von umschalten in den Zustand gelb. In diesem Zustand verharrt die Ampel nur sehr kurz (zwei Sekunden), um gleich erneut umzuschalten und in den Zustand grün zu wechseln. Nach weiteren 20 Sekunden erfolgt dann wieder der Übergang in den Zustand gelb und schließlich zurück zum Ausgangszustand rot. Optional kann die Dauer (Zeitdauerbedingung) der einzelnen Zustände, wie in der Abbildung zu sehen, am oberen Rand des Diagramms angegeben werden.

Timing-Diagramme werden, wie Sie es bereits von anderen Diagrammen kennen, in einem Rahmen abgebildet, der mit einem Namen versehen werden kann.

Falls Sie lediglich ein einziges Objekt in seinem zeitlichen Verhalten beschreiben wollen, stellt der Rahmen gleichzeitig die Lebenslinie des Objekts dar. Für die Betrachtung des Zusammenspiels mehrerer Objekte in einem Diagramm wird der Rahmen in entsprechend viele waagerechte Bereiche aufgeteilt, die jeweils die Lebenslinie eines Objekts darstellen. Jede Lebenslinie steht für einen Kommunikationspartner. Das Diagramm stellt in der Waagerechten den Ablauf der Interaktion zwischen den Teilnehmern dar. Abbildung 4.78 verdeutlicht dies anhand des vereinfachten Zeitverlaufsdiagramms eines Interviews (mit sehr disziplinierten Kommunikationspartnern).

Als Interaktionspartner stehen sich der Interviewer und der Befragte gegenüber, deren Objektzustände im Zeitverlauf in dem Diagramm vergleichend betrachtet werden. Für jeden Zeitpunkt ist zu erkennen, in welchem Zustand sich die beiden Kommunikationspartner jeweils befinden.

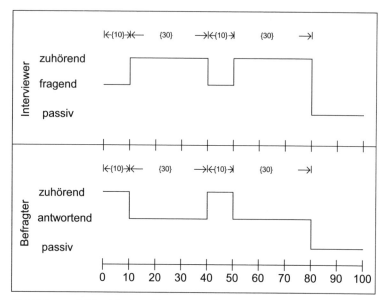

Abbildung 4.78: Timing-Diagramm eines Interviews

In dem Beispiel stellt der Interviewer jeweils zehn Sekunden lang eine Frage, die der Befragte innerhalb von dreißig Sekunden beantwortet.

Während der Interviewer sich im Zustand fragend befindet, ist der Zustand des Befragten zuhörend. Sobald der Interviewer in den Zustand zuhörend übergeht, wechselt der Befragte in den Zustand antwortend. Nach zwei Fragen und den zugehörigen Antworten verbleiben beide Kommunikationspartner im Zustand passiv – das Interview ist beendet.

Jedes betrachtete Objekt in einem Zeitverlaufsdiagramm besitzt eine eigene Zeitverlaufslinie, die seinen jeweiligen Zustand im Zeitablauf anzeigt. Die Linie verläuft immer waagerecht, solange ein Objekt in einem Zustand verharrt. Ein Zustandswechsel ist an einer senkrechten Zeitverlaufslinie zu erkennen.

Schräg verlaufende Zeitverlaufslinien können in einem »sauber« modellierten System nicht vorkommen. Ein Objekt befindet sich zu einem bestimmten Zeitpunkt immer in genau einem eindeutig definierten Zustand, der sich aus der entsprechenden Kombination der Attributwerte ergibt.

Sollte in Ihrer realen Problemstellung ein Zustandsübergang vorkommen, der nicht zeitlos ist, dann existiert wahrscheinlich ein weiterer Zustand, den Sie bisher nicht berücksichtigt haben. Falls es in Ihrem Modell darauf ankommt, diese zeitliche Verzögerung beim Wechsel des Zustands zu erfassen, dann sollten Sie dies durch einen zusätzlichen Zustand, den Sie beispielsweise im Übergang nennen, verdeutlichen. Ist die zeitliche Verzögerung hingegen für Ihr Modell irrelevant, dann muss sie auch nicht durch eine schräge Zeitverlaufslinie abgebildet werden. Es existieren dann im betrachteten Realitätsausschnitt jeweils nur der Ausgangs- und der Endzustand für dieses Objekt.

Zeitdauerbedingungen wurden im Rahmen des Interview-Beispiels bereits erwähnt. Sie geben an, wie lange ein Objekt in einem bestimmten Zustand verharrt, ehe es in einen anderen Zustand übergeht. Die Zeitdauerbedingung wird optional im Kopf des Zeitverlaufsdiagramms eingetragen.

Daneben lassen sich mit Hilfe von *Zeitpunktbedingungen* (meist relative) Zeitpunkte festlegen, zu denen ein Zustandsübergang erfolgen soll. Sie beziehen sich dabei auf zuvor definierte *Zeitbedingungen*.

Die folgende Abbildung verdeutlicht den Zusammenhang von Zeitbedingungen und Zeitpunktbedingungen anhand des Beispiels einer Verkehrsampel im Zusammenspiel mit einer Fußgängerampel.

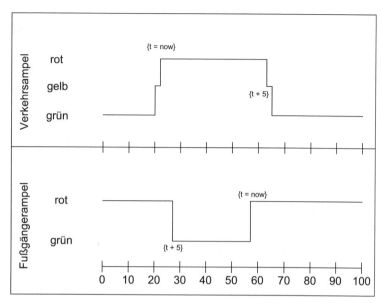

Abbildung 4.79: Zeitbedingungen und Zeitpunktbedingungen

Zunächst steht die Verkehrsampel auf grün, während die Fußgängerampel sich im Zustand rot befindet. Nach zwanzig Sekunden geht die Verkehrsampel in den Zustand gelb über, um zwei Sekunden später auf rot zu stehen. Dieser Zeitpunkt, nach Ablauf von insgesamt 22 Sekunden seit Beginn des betrachteten Zeitabschnitts, wird als *Zeitbedingung* gesetzt ({t = now}).

Die Fußgängerampel schaltet daraufhin zeitversetzt, mit einer Verzögerung von 5 Sekunden, von rot auf grün. Die zugehörige *Zeitpunktbedingung* ({t + 5}) legt fest, dass erst fünf Zeiteinheiten (hier Sekunden) nach t das Umschalten der Fußgängerampel erfolgen soll.

Zeitbedingung und Zeitpunktbedingung werden im weiteren Verlauf des obigen Beispiels noch einmal verwendet, wenn die beiden Ampeln wieder in ihre Ausgangszustände zurückschalten. Zuerst wechselt die Fußgängerampel von grün nach rot. Der Zustandsübergang der Verkehrsampel erfolgt hier ebenfalls wieder um fünf Sekunden versetzt. Dazu wird t zunächst mittels der Zeitbedingung {t = now} auf den neuen Wert 57 gesetzt und anschließend der Umschaltvorgang der Verkehrsampel durch die Zeitpunktbedingung {t + 5} um fünf Sekunden verzögert.

Nachrichten können in Zeitverlaufsdiagrammen im Rahmen der Interaktion zwischen Interaktionspartnern Zustandsänderungen bewirken. Die folgende Abbildung verdeutlicht dies am Beispiel eines Garagentors.

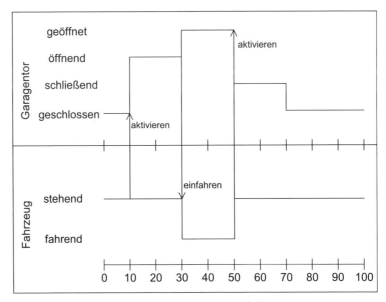

Abbildung 4.80: Nachrichten in Zeitverlaufsdiagrammen

Es werden die beiden Kommunikationspartner Fahrzeug und Garagentor bei ihrer Interaktion modelliert. Das Fahrzeug steht zunächst vor dem geschlossenen Tor der Garage, in die der Fahrer hineinfahren möchte. In dem Beispiel wird davon ausgegangen, dass sich im Fahrzeug ein automatischer Toröffner befindet, der ohne Zutun des Fahrers arbeitet.

Die beiden hier relevanten Zustände des Garagentors sind geöffnet, öffnend, schließend und geschlossen. Für das Fahrzeug werden die Zustände stehend und fahrend betrachtet. Zu Beginn befindet sich das Fahrzeug im Zustand stehend, das Garagentor ist geschlossen – erkennbar an den waagerechten Zeitverlaufslinien innerhalb der jeweiligen Lebenslinie der Objekte.

Im Zeitpunkt t = 10 sendet das Fahrzeug die Nachricht aktivieren an das Garagentor, das daraufhin seinen Zustand von geschlossen in öffnend ändert. Die Nachricht ist durch einen Pfeil von der Zeitverlaufslinie des Fahrzeugs zur Zeitverlaufslinie des Garagentors dargestellt. Der Pfeil endet im aktuellen Zustand des Garagentors. In t = 30 ist das Garagentor vollständig geöffnet und sendet seine Bereitschaft als Nachricht einfahren an das Objekt Fahrzeug, woraufhin dieses aus dem Zustand stehend in fahrend übergeht.

Nach wiederum 20 Zeiteinheiten, das Fahrzeug ist inzwischen in die Garage gefahren, kehrt das Objekt Fahrzeug in den Zustand stehend zurück und sendet erneut die Nachricht aktivieren an das Garagentor. Dieses geht daraufhin zunächst in den Zustand schließend über, um dann seinen Endzustand geschlossen zu erreichen.

In diesem Beispiel führt das Senden der Nachrichten jeweils sofort zu Zustandsänderungen beim Kommunikationspartner. Häufig tritt diese Wirkung aber erst mit Verzögerung ein, weil die Nachrichtenübermittlung selbst sich über einen gewissen Zeitraum erstreckt. Das folgende Beispiel verdeutlicht diesen Zusammenhang (siehe Abbildung 4.81).

Kommunikationspartner sind hier ein Autofahrer und die Bremse seines Autos.

Zunächst befindet sich der Fahrer im Zustand fahrend, die Bremse ist passiv. Im Zeitpunkt t = 20 tritt der Fahrer auf die Bremse, was in der objektorientierten Darstellung als Nachricht bremsen vom Fahrer an die Bremse verstanden werden kann.

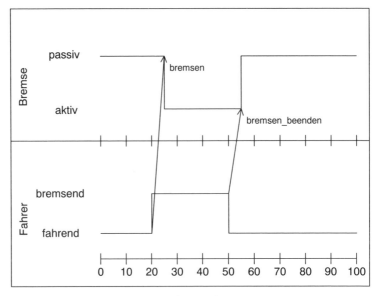

Abbildung 4.81: Nachrichtenübermittlung mit Verzögerung

Der Fahrer befindet sich ab dem Zeitpunkt t = 20 im Zustand bremsend und sendet zeitgleich die Nachricht. Bis diese jedoch bei der Bremse angekommen ist, vergehen fünf Zeiteinheiten (t + 5). Erst danach reagiert die Bremse und ändert wie gewünscht ihren Zustand in aktiv.

Solange der Fahrer noch bremst, bleibt die Bremse aktiv. In t = 50 beendet der Fahrer den Bremsvorgang – im Zeitverlaufsdiagramm erkennbar am Zustandswechsel nach fahrend. Es ergeht wiederum zeitgleich eine Nachricht (bremsen_beenden) an den Kommunikationspartner Bremse. Auch hier tritt jedoch wieder eine Verzögerung bei der Nachrichtenübermittlung ein. Die Bremse erhält die Nachricht erst fünf Zeiteinheiten später und reagiert dann mit einem Wechsel in ihren Ausgangszustand passiv.

Bitte beachten Sie, dass es hier *nicht* um eine verzögerte Zustandsänderung *nach* Empfang einer Nachricht geht. Die

Verzögerung beruht allein darauf, dass die Nachrichten-übermittlung eine gewisse Zeitdauer beansprucht. Sobald die Nachricht beim Kommunikationspartner eingegangen ist, reagiert dieser mit einer Zustandsänderung.

Zur Wahrung der Übersichtlichkeit komplexer Timing-Diagramme sind *Wertverlaufslinien* eine Alternative zu den Zeitverlaufslinien.

Dies gilt insbesondere dann, wenn

✔ Sie die Interaktionen sehr vieler Kommunikationspartner im Zeitablauf gemeinsam betrachten möchten,

✔ Ihr Zeitverlaufsdiagramm ein oder mehrere Objekte mit sehr vielen verschiedenen Zuständen enthält,

✔ die Objekte in Ihrem Zeitverlaufsdiagramm sehr häufig ihre Zustände wechseln.

Die genannten Umstände können die Lesbarkeit eines Zeitverlaufsdiagramms erheblich erschweren. In diesen Fällen sollten Sie daher auf die Variante der Wertverlaufslinie zurückgreifen, die in der folgenden Abbildung beispielhaft dargestellt wird.

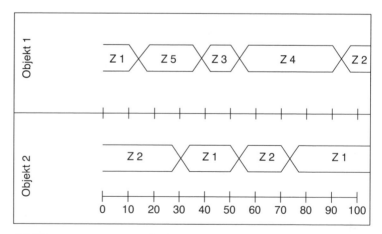

Abbildung 4.82: Wertverlaufsdiagramm

Das Beispiel zeigt zwei Objekte mit ihren Lebenslinien. Das Verharren eines Objekts in einem bestimmten Zustand wird durch eine Wabe symbolisiert, die mit dem Namen des Zustands beschriftet ist. Die Länge der Wabe zeigt an, wie lange das Objekt in diesem Zustand bleibt. Sobald es seinen Zustand wechselt, beginnt in der zeitlichen Dimension des Diagramms eine neue Wabe. In dem Beispiel der Abbildung durchläuft Objekt1 fünf verschiedene Zustände (Z1 bis Z5), während Objekt2 zwischen zwei Zuständen (Z1 und Z2) hin- und herwechselt.

Gleiche Zustandsbezeichnungen bedeuten dabei nur jeweils für dasselbe Objekt, dass es sich auch um denselben Zustand handelt. Es besteht also kein inhaltlicher Zusammenhang zwischen Z1 bei Objekt1 und Z1 bei Objekt2. Dagegen bezeichnen die beiden mit Z1 bezeichneten Waben in der Lebenslinie von Objekt2 identische Zustände.

Interaktionsübersichtsdiagramme

Selbst in Modellen mit einer relativ geringen Anzahl an Klassen bzw. Objekten werden Interaktionsdiagramme aufgrund der Vielzahl der Interaktionen sehr schnell unübersichtlich. Um dennoch den Überblick zu behalten – bzw. ihn auf einem höheren Abstraktionsniveau wiederherzustellen –, wurde in der Version 2.0 der UML das *Interaktionsübersichtsdiagramm* eingeführt. Es zeigt in einer dem Aktivitätsdiagramm ähnlichen Notation, wie verschiedene Interaktionen bei der Realisierung einer Aufgabe zusammenarbeiten.

Die sprachlichen Elemente der Interaktionsübersichtsdiagramme entsprechen denen der Sequenz- und der Aktivitätsdiagramme. Auch ihre inhaltlichen Aussagen sind dieselben. Der Verzicht auf die Darstellung detaillierter Aktionen und Objektknoten führt jedoch zu einem höheren Abstraktionsniveau. Die aus den beiden anderen Diagrammen bekannten Steuerungselemente verbinden stattdessen Interaktionsrahmen miteinander, die Interaktionen oder Interaktionsreferenzen beinhalten.

Die folgende Abbildung zeigt ein Beispiel für ein Interaktionsübersichtsdiagramm. Die mit ref bezeichneten Interaktionsrahmen der Abbildung verweisen jeweils auf eine ausgelagerte
Interaktion. An dieser Stelle stehen die Referenzen als eine Art
Platzhalter für komplexe Interaktionen, die an anderer Stelle
in eigenen Diagrammen ausführlich zu beschreiben sind.

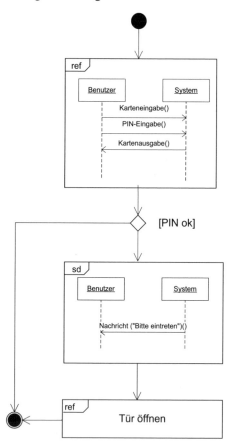

Abbildung 4.83: Interaktionsübersichtsdiagramm

Nach dem Startknoten wird zunächst der Zugang mit dem
Wert Falsche PIN initialisiert. Damit ist dem Benutzer der
Zugang zum System verwehrt, bis eine gültige PIN eingegeben
wurde.

Es folgt eine Interaktion zwischen dem Benutzer und dem System, bei der Zugangskarte und PIN eingegeben werden. Im anschließenden Verzweigungsknoten wird die PIN überprüft. Falls sie nicht korrekt ist, endet die Interaktion. Bei korrekter PIN gewährt das System im Rahmen einer weiteren Interaktion den Zugang und öffnet die Tür.

Die Darstellung des Vorgangs bewegt sich auf einem sehr hohen Abstraktionsniveau. Einzelheiten des Vorgangs sind der Abbildung nicht zu entnehmen. Genau dies entspricht dem Zweck der Interaktionsübersichtsdiagramme. Sie geben einen groben Überblick über die wesentlichen Teilvorgänge, die zu einer Interaktion gehören.

Für den Modellierer bieten Interaktionsübersichtsdiagramme die Möglichkeit, Interaktionen zunächst in grobe Schritte zu unterteilen, diese Schritte miteinander zu verknüpfen und erst später die Details innerhalb der Teilvorgänge genauer zu beschreiben (Top-Down-Ansatz).

Es ist jedoch auch umgekehrt möglich, zuerst die detaillierten Schritte im Rahmen einer Interaktion zu beschreiben und sie dann nach und nach zu Vorgängen zu gruppieren (Bottom-Up-Ansatz). Diese Teilvorgänge können anschließend isoliert betrachtet werden und sind untereinander durch entsprechende Schnittstellen und Übergänge miteinander verbunden.

Zustandsdiagramme

Den Begriff *Zustand* haben Sie bereits kennen gelernt. Er drückt die statischen Eigenschaften eines Objekts aus und wird mit Hilfe von Attributen beschrieben. *Zustandsdiagramme* ermöglichen es Ihnen, die verschiedenen Zustände, die ein Objekt in einem Programm oder in einem Geschäftsprozess einnehmen kann, zu verfolgen.

Ein Zustandsdiagramm dient der Darstellung der Zustände eines Objekts in seinem Lebenszyklus sowie der Abbildung von Zustandsänderungen und auslösenden Ereignissen.

Von Interesse sind hier also zum einen die verschiedenen Zustände selbst und zum anderen die Ereignisse, die zu einer Zustandsänderung führen.

Zur Abbildung von Zuständen und ihren Änderungen betrachtet die UML einen so genannten *Zustandsautomaten*, der aus *Zuständen* und *Zustandsübergängen* (*Transitionen*) besteht.

Da der Zustand eines Objekts durch seine Attribute beschrieben wird, bestimmen die Attribut*werte* seinen jeweils aktuellen Zustand.

Der Zustand bleibt gleich, solange kein Ereignis auf das Objekt einwirkt, das eine Zustandsänderung hervorruft.

Ein Zustand wird immer durch ein Ereignis ausgelöst und bleibt so lange bestehen, bis er durch ein neues Ereignis verändert wird. So durchläuft ein Objekt in seinem Lebenszyklus nacheinander verschiedene Zustände. Jeder dieser Zustände ist an einen bestimmten Zeitpunkt gebunden. Das Objekt besitzt also zu jedem Zeitpunkt genau einen Zustand.

Elemente von Zustandsdiagrammen

Die grafischen Elemente der UML zur Darstellung von Zustandsdiagrammen sind relativ einfach. Die Zustände selbst werden durch abgerundete Rechtecke, Zustandsübergänge durch Pfeile symbolisiert. Ein Pfeil (Zustandsübergang) verbindet jeweils zwei Zustandssymbole (Zustände).

Abbildung 4.84: Zustände und Zustandsübergang

Es sollte nicht jede einzelne Änderung eines Attributwertes gleich als eigener Zustand in ein Zustandsdiagramm aufgenommen werden. Nur solche Zustände bzw. Zustandsübergänge, die eine für die betrachtete Problemstellung wirklich wichtige Bedeutung haben, sollten im Modell abgebildet werden.

Jedes Zustandsdiagramm enthält einen *Start-* (oder Anfangs-) und einen *Endzustand,* um auch in diesem Verhaltensdiagramm Beginn und Ende einer Dynamik erkennen zu können. Die Symbole für Start- und Endzustände zeigt die folgende Abbildung.

Startzustand   Endzustand

Abbildung 4.85: Symbole für Start- und Endzustände

Start- und Endzustände werden als *Pseudozustände* bezeichnet, da Objekte diese Zustände nicht wirklich einnehmen können.

Neu erzeugte Objekte befinden sich zunächst in dem auf den Startzustand folgenden Zustand. Der Endzustand kennzeichnet das Ende des Lebenszyklus eines Objekts. Ein Zustandsdiagramm enthält immer einen Startzustand und kann einen Endzustand enthalten.

Zustände bestehen ähnlich wie Objekte und Klassen aus den drei (optionalen) Elementen:

✔ Name,

✔ Attribute (Zustandsvariable) und

✔ Ereignisse, Bedingungen und Operationen.

Dementsprechend wird das Zustandssymbol bei Bedarf in diese drei Segmente unterteilt, wie die folgende Abbildung zeigt.

```
╭─────────────────────────────╮
│        Zustandsname         │
├─────────────────────────────┤
│  Zustandsvariable (Attribute) │
├─────────────────────────────┤
│   Ereignisse, Bedingungen,   │
│         Aktionen            │
╰─────────────────────────────╯
```

Abbildung 4.86: Elemente des Zustandssymbols

Ein Zustand muss nicht zwangsläufig einen Namen besitzen. Es ist auch möglich, namenlose Zustände in ein Diagramm aufzunehmen. Diese heißen dann *anonyme Zustände*. Mehrere anonyme Zustände in einem Zustandsdiagramm sind alle voneinander verschieden. Andererseits kann ein und derselbe Zustand mehrfach in ein Zustandsdiagramm aufgenommen werden (mehrere Zustandssymbole mit demselben Namen), etwa um die Lesbarkeit des Diagramms zu verbessern. Diese Zustände sind dann alle identisch.

Für die Bezeichnung von Zuständen sollten möglichst keine Verben verwendet werden, um zu verdeutlichen, dass es sich bei dem Zustand selbst nicht um eine dynamische Komponente handelt. Gleichwohl kann ein Zustand mit Aktionen oder Aktivitäten verbunden werden.

Zustandsübergänge

Jeder Zustand kann mit Aktionen verbunden sein, die das Objekt, während es sich in diesem Zustand befindet, ausführt. Dabei werden vier Arten von Aktionen unterschieden:

✔ *Entry-Aktionen* werden automatisch beim Eintritt in einen Zustand ausgelöst. Dabei spielt es keine Rolle, durch welchen Zustandsübergang der Eintritt in den Zustand erfolgt. Die Entry-Aktion wird stets unabhängig vom vorhergehenden Zustand ausgeführt und selbstständig beendet.

✔ *Exit-Aktionen* werden beim Verlassen eines Zustands automatisch ausgeführt.

✔ *Do-Aktionen* werden ständig wiederholt, solange ein Zustand aktiv ist.

✔ *Include-Aktionen* rufen externe Subroutinen auf.

Ein typisches Zustandsdiagramm, das die gerade beschriebenen grafischen Elemente enthält, zeigt die folgende Abbildung.

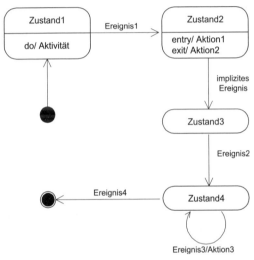

Abbildung 4.87: Zustandsdiagramm

Das schematische Zustandsdiagramm der Abbildung lässt sich wie folgt interpretieren:

Solange der erste Zustand (Zustand1) Bestand hat, führt das Objekt eine Aktivität durch. Ereignis1 löst dann Zustand2 aus, bei dessen Eintritt die Aktion1 (Entry-Aktion) ausgeführt wird. Das Verlassen von Zustand2 führt zu Aktion2 (Exit-Aktion). Zustand3, der mit keinerlei Aktivitäten oder Aktionen verbunden ist, wird durch ein implizites Ereignis erreicht. Ereignis2 überführt das betrachtete Objekt in Zustand4. Ereignis3 zieht Aktion3 nach sich, führt jedoch zu keiner Zustandsänderung. Das Objekt verharrt in Zustand4. Erst mit Eintreten von Ereignis4 erreicht das Objekt seinen Endzustand und wird gelöscht – der Lebenszyklus des Objekts ist beendet.

Ein Zustandsübergang verbindet zwei Zustände miteinander. Er wird stets durch ein *Ereignis* ausgelöst. Für einen Zustandsübergang können verschiedene Arten von Ereignissen verantwortlich sein:

✔ eine Nachricht (Methodenaufruf);

✔ eine Bedingung (Ausdruck vom Typ Boolean); jedes Mal, wenn der Wert der Bedingung von falsch nach wahr wechselt, wird ein Zustandsübergang ausgelöst;

✔ das Erreichen eines bestimmten Zeitpunkts;

✔ der Ablauf einer bestimmten Zeitspanne (so genannter *Elapsed Time Event*).

Bedingungen werden mit dem Schlüsselwort when gefolgt von einem Boolean-Ausdruck formuliert (z.B. when (x=5)). Für Elapsed Time Events gibt es das Schlüsselwort after. Ein gültiger Ausdruck zur Definition einer Zeitspanne lautet etwa: after (10 Sekunden) oder after (2 Minuten nach Beendigung von Zustand1).

Ein Zustandsübergang ist auch ohne explizite Angabe eines Ereignisses möglich. Er wird dann ausgelöst, wenn die mit einem Zustand verbundenen Aktivitäten abgeschlossen sind. Man spricht in diesem Fall von einem *impliziten Ereignis*.

Auch mit dem Zustandsübergang selbst kann eine Aktion verbunden sein, die ausgeführt wird, sobald der Übergang eingeleitet wird. Insofern gleicht sie einer Exit-Aktion.

Die beiden folgenden Abbildungen veranschaulichen die beschriebenen Komponenten von Zustandsdiagrammen anhand des Beispiels des Objekts telefon.

Abbildung 4.88: Zustandsdiagramm des Objekts `telefon`

Das Telefon besitzt die beiden Zustände `bereit` und `aktiv`. Die Übergänge zwischen diesen beiden Zuständen werden durch zwei Ereignisse ausgelöst. Vom Zustand `bereit` wechselt das Telefon in den Zustand `aktiv`, wenn der Hörer abgenommen wird. Umgekehrt ändert sich der Zustand von `aktiv` in `bereit`, wenn der Hörer wieder aufgelegt wird.

Während der Benutzung des Telefons treten weitere Zustände auf, die sich durch den Vorgang des Telefonierens ergeben. Es handelt sich um Unterzustände des Zustands `aktiv`. Die folgende Abbildung ist in abgewandelter Form der UML-Spezifikation der OMG entnommen (vgl. die Quellenhinweise im Anhang). Sie zeigt das Verhalten des Objekts `telefon`.

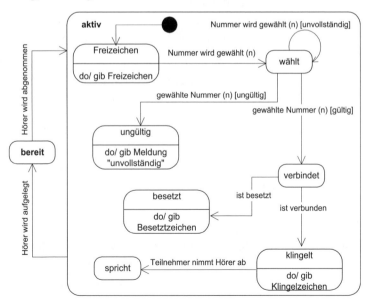

Abbildung 4.89: Detailliertes Zustandsdiagramm des Objekts `telefon`

Der Zustand bereit ist gegenüber der vorhergehenden Abbildung unverändert geblieben. Der große Kasten auf der rechten Seite symbolisiert den Zustand aktiv, der nun in seine Unterzustände zerlegt ist.

Der Übergang vom Zustand bereit zum Zustand aktiv wird ausgelöst durch das Ereignis Hörer wird abgenommen. Innerhalb von aktiv heißt der erste Zustand Freizeichen. Hier wird die Aktivität gib Freizeichen ausgeführt. Nach Abheben des Hörers ertönt somit ein Freizeichen. Das Telefon bleibt in diesem Zustand, bis eine Nummer gewählt wird. Sobald eine Ziffer gedrückt wurde, wechselt das Telefon in den Zustand wählt. Nach jeder weiteren Ziffer wird geprüft, ob die Nummer bereits vollständig ist. Wenn nicht, verharrt das Objekt in diesem Zustand.

Erst bei vollständiger Nummer erfolgt in Abhängigkeit von einer Bedingung ein Zustandsübergang. Ist die gewählte Nummer ungültig, dann nimmt das Telefon den Zustand ungültig an und gibt eine entsprechende Meldung aus. Nur bei vollständiger und gültiger Nummer wechselt das Objekt in den Zustand verbindet. Der Anwender (Akteur) wird mit dem gewünschten Teilnehmer verbunden.

Von diesem Zustand ausgehend gibt es nun wiederum zwei Ereignisse, die zu einer Zustandsänderung führen können. Entweder es ist besetzt, dann wird eine Meldung ausgegeben, oder die Verbindung ist möglich und das Telefon klingelt (Aktion: Ausgabe eines Klingelzeichens). Sobald der Angerufene seinerseits den Hörer abhebt, ist die Verbindung hergestellt und es kann gesprochen werden. Durch Auflegen des Hörers wird schließlich wieder der Zustand bereit erreicht.

Beachten Sie, dass alle in dem Zustandsdiagramm aufgeführten Aktionen und Aktivitäten als Methoden in dem Objekt telefon hinterlegt sein müssen. Das Zustandsdiagramm findet seine Entsprechung in dem zugehörigen Klassendiagramm.

Kreuzung

Mehrere Zustandsübergänge können durch eine *Kreuzung* (*Junction*) zu einem einzigen zusammengefasst werden. Umgekehrt kann eine Transition durch einen *Split* auf mehrere Übergänge aufgeteilt werden. Das Symbol für eine Kreuzung ist dasselbe wie für einen Startzustand – ein ausgefüllter Kreis.

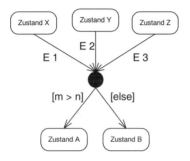

Abbildung 4.90: Kreuzung

In der Abbildung sind Zustand X, Zustand Y und Zustand Z alternative Zustände eines Objekts. Ausgelöst durch die entsprechenden Ereignisse (E1, E2, E3) wird der jeweilige Zustand verlassen. In Abhängigkeit vom Wahrheitswert der Bedingung [m>n] ergibt sich entweder Zustand A oder Zustand B als Folgezustand. Die Kreuzung drückt aus, dass für alle drei Ausgangszustände der bedingte Übergang gleich ist. Ihre Notation ermöglicht eine Reduzierung der Komplexität in der Darstellung.

Auswahl

Eine weitere Möglichkeit, Zustandsübergänge aufzuteilen oder zusammenzufassen, bietet die *Auswahl* (*Choice*) oder *Entscheidung*. Hierbei handelt es sich ebenfalls um einen Pseudozustand, der durch eine Raute symbolisiert wird.

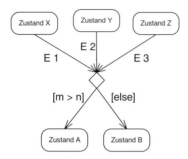

Abbildung 4.91: Auswahl

Die Auswahl unterscheidet sich von der Kreuzung im Zeitpunkt der Auswertung der Bedingungen.

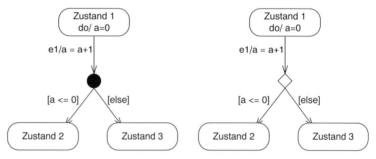

Abbildung 4.92: Kreuzung und Auswahl im Vergleich

Der linke Teil der obigen Abbildung zeigt eine Kreuzung, der rechte Teil eine Auswahl. Alle übrigen Notationselemente sind in beiden Teilen der Abbildung identisch. In Zustand1 wird jeweils eine Aktion ausgeführt, die der Variablen a den Wert 0 zuweist. Die anschließende Transition führt in Abhängigkeit vom Wert der Variablen a entweder zu Zustand2 oder zu Zustand3. Dabei ist zu beachten, dass im Rahmen des Übergangsereignisses e1 der Wert von a um 1 erhöht wird (a=a+1).

Kreuzung und Auswahl führen in diesem Beispiel zu unterschiedlichen Zielzuständen. Während die Kreuzung die Wertänderung in e1 bei der Verzweigung nicht berücksichtigt, wird für die Auswahl der zuvor geänderte Wert bei der Auswertung der Bedingung herangezogen.

Die Kreuzung (in der Abbildung links) arbeitet also mit dem Wert a=0 und verzweigt zu Zustand2. Die Auswahl (in der Abbildung rechts) zieht den geänderten Wert a=1 heran und erreicht daher den Zielzustand Zustand3.

Die Kreuzung wird daher auch als *statische bedingte Verzweigung* bezeichnet. Die Auswahl heißt entsprechend *dynamische bedingte Verzweigung*.

Gabelung und Vereinigung

Mit Hilfe der *Gabelung* (*Splitting*, *Fork*) und der *Vereinigung* (*Synchronisation*, *Join*) lassen sich alternative Zustandsfolgen abbilden.

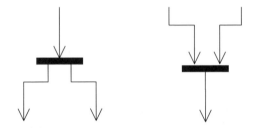

Abbildung 4.93: Gabelung und Vereinigung

Bei einer Gabelung (in der Abbildung links) wird eine eingehende Transition in zwei oder mehr ausgehende Transitionen aufgeteilt. Die Vereinigung (in der Abbildung rechts) führt mindestens zwei Zustandsübergänge zu einem einzigen zusammen.

Eintritts- und Austrittspunkte

Eintrittspunkte können in der grafischen Darstellung eingesetzt werden, um ein Zustandsdiagramm übersichtlicher zu gestalten, wenn mehrere Zustandsübergänge zu einem Unterzustand führen.

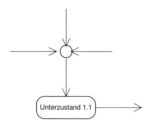

Abbildung 4.94: Eintrittspunkt

Der Eintrittspunkt wird dargestellt durch einen einfachen leeren Kreis. Ein *Austrittspunkt* ist zusätzlich mit einem Kreuz innerhalb des Kreises versehen.

Unterzustände

In dem Beispiel des Telefons wurden die *Unterzustände* bereits eingeführt. Dazu nun noch einige nähere Betrachtungen.

Unterzustände dienen der Verfeinerung eines zu beschreibenden Zustands in einem Verhaltensdiagramm. Ein Objekt kann dabei stets nur genau einen der Unterzustände annehmen – sie schließen sich gegenseitig aus. Abbildung 4.95 zeigt eine grafische Darstellung des Zusammenhangs.

Zustand1 wird in der obigen Abbildung verfeinert durch die Zustände Unterzustand1.1 und Unterzustand1.2. Sowohl das gesamte Zustandsdiagramm mit den Zuständen Zustand1 und Zustand2 als auch das verfeinerte Teildiagramm von Zustand1 besitzen einen Anfangs- und einen Endzustand.

Neben dieser sequentiellen Verschachtelung von Unterzuständen bietet die UML auch die Möglichkeit, eine parallele Verschachtelung von Unterzuständen zu modellieren, wie in Abbildung 4.96 zu sehen ist.

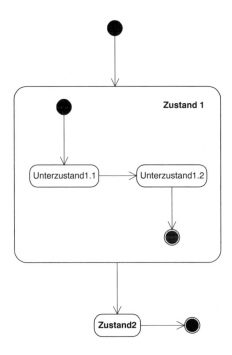

Abbildung 4.95: Verfeinerung durch Unterzustände (sequentiell)

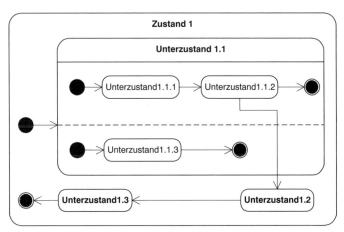

Abbildung 4.96: Verfeinerung durch Unterzustände (parallel)

Zustand1 besitzt in der Abbildung die drei Unterzustände 1.1,
1.2 und 1.3. Unterzustand1.1 kann wiederum die Formen
Unterzustand1.1.1, Unterzustand1.1.2 und Unterzu-
stand1.1.3 annehmen. Dabei sind die Unterzustände 1.1.1
und 1.1.2 einerseits und der Unterzustand 1.1.3 andererseits parallele Unterzustände. Es ist also entweder das eine
oder das andere Verhalten zu beobachten. Die Ereignisse, die
zu einem Zustandsübergang führen, sind in der Abbildung
nicht aufgeführt. Unterzustand1.1.2 führt je nach Ereignis zu
einem Endzustand oder über Unterzustand1.2 zu Unterzu-
stand1.3.

Mit Hilfe von Zustandsdiagrammen lassen sich auch wieder-
holte Vorgänge abbilden. Dazu wird ein Rücksprung zu einem
vorherigen Zustand modelliert. Das folgende Beispiel enthält
einen solchen Rücksprung.

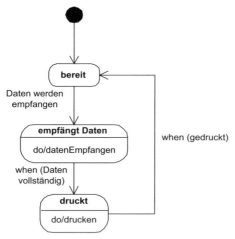

Abbildung 4.97: Wiederholung von Zuständen durch Rücksprünge

In der Abbildung werden die Zustände eines Druckers vereinfacht dargestellt. Zunächst befindet sich der Drucker im Zustand bereit. Sobald der Eingang von Daten registriert wird,
wechselt das Objekt in den Zustand empfängt Daten. In diesem Zustand entfaltet das Gerät die Aktion datenEmpfangen.

Sind die Daten vollständig übertragen (Bedingung when (Daten vollständig)), beginnt das Gerät zu drucken (Aktion do/drucken). Nach Beendigung des Druckauftrags (Bedingung when (gedruckt)) wechselt das Objekt wieder in seinen ursprünglichen Zustand bereit.

Anhand des Zustandsdiagramms lassen sich die Methoden ableiten, die das Objekt Drucker mindestens besitzen muss.

Abbildung 4.98: Objekt Drucker

Es handelt sich dabei um die Methoden datenEmpfangen und drucken. Welche zusätzlichen Eigenschaften (Attribute und Operationen) das Objekt Drucker besitzt, hängt von potenziellen weiteren Verhaltensweisen bzw. der erzeugenden Klasse ab.

Für unser durchgängiges Wecker-Beispiel ergibt sich folgendes Zustandsdiagramm.

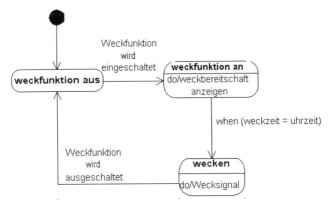

Abbildung 4.99: Zustandsdiagramm Wecker

Der erste Zustand des Weckers ist weckfunktion aus. In diesem Zustand verharrt der Wecker, bis das Ereignis Weckfunk-

tion wird eingeschaltet den Übergang in den Zustand
weckfunktion an auslöst. Dieses Ereignis repräsentiert den
Aufruf der Operation weckstatusUmschalten.

Im Zustand weckfunktion an führt das Objekt die Aktion
weckbereitschaft anzeigen aus. Der Wecker signalisiert also
z.b. durch eine Einblendung im Display, dass die Weckfunktion eingeschaltet wurde.

Ein erneuter Zustandsübergang ist abhängig von der Bedingung weckzeit = uhrzeit. Bei Erreichen dieses Zeitpunkts
nimmt der Wecker den Zustand wecken an, der mit der Aktion
Wecksignal verbunden ist. Das Signal ertönt so lange, bis jemand die Weckfunktion wieder ausschaltet, wodurch der Wekker erneut seinen ursprünglichen Zustand (weckfunktion
aus) annimmt.

Die beiden Aktionen in der obigen Abbildung werden in
den jeweiligen Zuständen ständig wiederholt – erkennbar
an dem Zusatz do. Entry- oder Exit-Aktionen würden nur
ein einziges Mal, beim Eintritt in einen Zustand bzw. beim
Verlassen eines Zustands, ausgeführt.

Aktivitätsdiagramme

In *Aktivitätsdiagrammen* werden Prozesse oder Teile von Prozessen abgebildet, die sich aus mehreren Aktionen zusammensetzen.

Aktionen

Unter einer *Aktion* ist ein elementarer Vorgang zu verstehen,
der nicht weiter zerlegt werden kann oder auf dem gewählten
Abstraktionsniveau nicht weiter zerlegt werden soll. Es handelt sich also um einen Einzelschritt, der ein bestimmtes Verhalten in einem System repräsentiert. Führt eine Folge solcher
Aktionen zu einem bestimmten Ergebnis, dann werden die

Aktionen als *Aktivität* unter einem gemeinsamen Namen zusammengefasst. Insofern ähneln Aktivitätsdiagramme den Flussdiagrammen, die in der EDV schon seit langem zur Modellierung von Abläufen eingesetzt werden.

Als Symbol für Aktionen verwendet die UML ein Rechteck mit abgerundeten Ecken. Innerhalb des Symbols wird die Bezeichnung der Aktion eingetragen.

```
╭─────────────╮
│             │
│ Aktionsname │
│             │
╰─────────────╯
```

Abbildung 4.100: Symbol für eine Aktion

Objektknoten, Verbindungskanten und Steuerungselemente dienen dazu, Aktionen zu einer Folge zusammenzuführen.

Verbindungspfeile, so genannte *gerichtete Kanten*, verknüpfen mehrere Aktionen miteinander und legen so eine Reihenfolge der durchzuführenden elementaren Vorgänge fest.

Die Ablaufsteuerung in Aktivitäten basiert auf dem *Token-Konzept*. Tokens sind Marken, die den aktuellen Fokus des Ablaufs markieren. Sie sind weder im realen System noch im Diagramm des Modells körperlich existent. Es handelt sich lediglich um ein Konzept zur gedanklichen Strukturierung und Ablaufverfolgung in einem Aktivitätsdiagramm.

Zu Beginn einer Aktivität wird ein Token erzeugt und an die erste Aktion des Ablaufs »übergeben«. Es verbleibt dort, bis die Aktion vollständig beendet wurde. Anschließend wird sie von der gerade beendeten Aktion an ihre Nachfolgeaktion weitergegeben. So bewegt sich der Betrachtungsfokus wie ein Staffelstab von einer Aktion zur nächsten und durchläuft damit die gesamte Aktivität.

Das Token-Konzept ist insbesondere bei der Aufspaltung und Zusammenführung von Abläufen sowie bei nebenläufigen Prozessen hilfreich, um komplexe Strukturen gedanklich besser nachvollziehen zu können.

Objektknoten

Daten und Werte werden in einer Aktivität durch *Objektknoten* repräsentiert. Als Symbol wird hierfür ein Rechteck verwendet, das mit einer Beschriftung zur Kennzeichnung des Knotentyps versehen ist.

Abbildung 4.101: Objektknoten

Objektknoten können als *Eingangsparameter* einer Aktion auftreten. Sie liefern dann Daten oder Werte, die erforderlich sind, um die betreffende Aktion auszuführen.

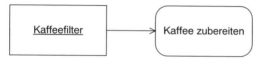

Abbildung 4.102: Objektknoten als Eingangsparameter

Im Beispiel wird für die Durchführung der Aktion Kaffee zubereiten ein Kaffeefilter benötigt.

Aktionen können aber auch Ergebnisse in Form von Daten oder Werten haben. Dann ergibt sich aus einer Aktion ein Objektknoten.

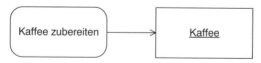

Abbildung 4.103: Objektknoten als Ergebnis einer Aktion

Hier ist der Objektknoten vom Typ Kaffee Ergebnis der Aktion Kaffee zubereiten.

Für einen Objektknoten kann auch ein bestimmter Zustand angegeben werden, der in eckigen Klammern hinter dem Knotentyp notiert wird.

Abbildung 4.104: Objektknoten mit Zustandsinformation

Das Beispiel zeigt den Objektknoten Kaffeekanne, der zunächst den Zustand voll hat. Nach der Aktion Kaffee ausschenken ist die Kanne leer.

Alternativ können die Objektknoten auch in der Pin-Notation als so genannte *Action-Pins* dargestellt werden. Ein eingehender Objektknoten wird dann in Flussrichtung an den Anfang des Aktionssymbols angehängt.

Abbildung 4.105: Objektknoten als Action-Pin

Die Bedeutung ist dieselbe wie in der Abbildung zuvor. Zunächst ist der Objektknoten Kaffeekanne im Zustand voll. Er wird dann als Eingangsparameter für die Aktion Kaffee ausschenken benötigt und hat anschließend (Ergebnis) den Zustand leer.

Objektknoten können über eine *Parametermenge* alternative Mengen von Eingangs- und Ausgangsparameter zur Verfügung gestellt werden. Sämtliche Eingangsparameter der Menge müssen vorhanden sein, damit die zugehörige Aktion beginnen kann. Gleiches gilt für Mengen von Ausgangsparameter, bevor eine Nachfolgeaktion startet.

In der schematischen Darstellung von Abbildung 4.106 ist eine Aktion (Aktion 2) zu sehen, die zwei Mengen von Eingangsparameter und eine Menge von Ausgangsparameter besitzt. Aktion 1 geht in Aktion 2 über.

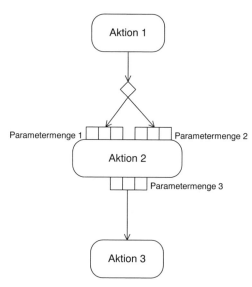

Abbildung 4.106: Parametermenge

Je nach Ergebnis der Bedingungsprüfung müssen sämtliche Parameter entweder von `Parametermenge 1` oder von `Parametermenge 2` verfügbar sein, damit `Aktion 2` starten kann.

`Parametermenge 3` enthält Ausgangsparameter von `Aktion 2`. Erst wenn alle Parameter dieser Menge vorliegen, ist `Aktion 2` beendet und `Aktion 3` kann beginnen.

Objektknoten lassen sich auch in Aktionen einbinden, die während ihres Ablaufs einen ständigen Strom von Parametereingängen erfahren bzw. dauernd Ergebnisse produzieren (*Streams*). Während eines Produktionsvorgangs verbrennt eine Maschine beispielsweise ständig irgendwelche Stoffe und erzeugt so einen Strom von Abgasen, die von einer Filteranlage abgesaugt werden.

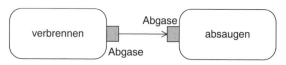

Abbildung 4.107: Objektknoten als Stream

Die grafische Unterscheidung des Streams von einmaligen Inputs und Outputs erfolgt durch die farbige Kennzeichnung des Objektknotens. Beim Stream ist das Rechteck grau oder schwarz ausgefüllt. Der Name des Objektknotens wird wieder neben dem Symbol notiert. Bei Bedarf kann auch hier der Zustand in eckigen Klammern hinzugefügt werden.

Exceptions sind ein wichtiges Element objektorientierter Programmiersprachen. Diese Ausnahmen entstehen beim Eintritt zuvor definierter Ereignisse im Rahmen des Programmablaufs. Man spricht dann vom »Werfen« einer Exception. Nachdem eine Ausnahme aufgetreten ist, wird sie in eigens dazu erstellten Programmblöcken verarbeitet. So lässt sich beispielsweise analysieren, um welche Art von Ausnahme es sich handelt, wann und an welcher Stelle im Programmcode sie aufgetreten ist. Nach der Auswertung wird dann entschieden, wie das Programm fortzusetzen ist.

Die Ausführung einer Aktion kann in Aktivitätsdiagrammen an das Werfen einer Exception geknüpft werden. Die betreffende Aktion wird nur dann ausgeführt, wenn die entsprechende Ausnahme auftritt. Die grafische Darstellung erfolgt mittels eines Dreiecks, das neben dem Symbol der werfenden Aktion an die ausgehende Kante gesetzt wird.

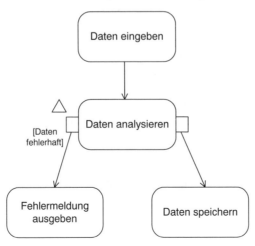

Abbildung 4.108: Exception

Die Abbildung zeigt ein Aktivitätsdiagramm, das mit der Aktion Daten eingeben beginnt. Anschließend sind die Daten zu analysieren und zu speichern. Wird jedoch im Verlauf der Aktion Daten analysieren die Exception Daten fehlerhaft geworfen, dann ist stattdessen eine Fehlermeldung auszugeben.

Das Auftreten einer Ausnahme im Ablauf eines Prozesses kann bereits im Modell berücksichtigt werden. So wird bereits im Vorhinein festgelegt, wie in solchen Fällen zu verfahren ist. Für die Verarbeitung von Ausnahmen (so genanntes *Exception Handling*) steht in der UML mit dem Exception Handler ein eigenes Beschreibungselement zur Verfügung. Der Exception Handler ist ein Knoten, der über ein blitzförmiges Pfeilsymbol mit einer Aktion verbunden wird.

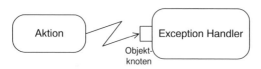

Abbildung 4.109: Exception Handler

Sobald eine Aktion eine Ausnahme wirft, die dem Typ des Objektknotens eines der verbundenen Exception Handler entspricht, wird dieser Handler aktiviert und übernimmt die weitere Verarbeitung des Vorgangs.

Neben der Aufnahme einzelner Werte oder Daten sowie der Abwicklung von Streams sind Objektknoten auch in der Lage, als *Puffer* für eine größere Menge von Daten zu fungieren. Diese Objektknoten werden als *Central Buffer* bezeichnet. Sie können allerdings nur jeweils Daten eines Typs aufnehmen.

Die grafische Darstellung eines Puffers in Aktivitätsdiagrammen erfolgt mittels eines Rechtecks mit dem Eintrag «centralBuffer» und dem Typ des Objektknotens. Optional kann auch hier wieder der Zustand mit aufgenommen werden.

Die folgende Abbildung veranschaulicht die Verwendung von Objektknoten als Puffer am Beispiel der Ermittlung und Auszahlung von Vergütungen für Mitarbeiter.

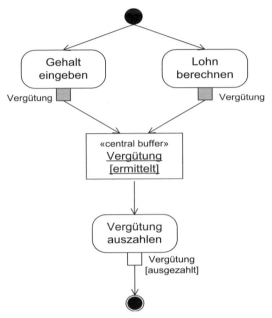

Abbildung 4.110: Objektknoten als Puffer

Nach dem Startknoten folgen zunächst parallel die beiden Aktionen Gehalt eingeben und Lohn berechnen. Angestellte erhalten ein festes Gehalt, Arbeiter einen Lohn, der aus dem Stundenlohn und der Anzahl der geleisteten Stunden ermittelt wird.

Gehalt, Stundenlohn und die Anzahl der geleisteten Stunden könnten als Eingabeparameter ebenfalls in das Aktivitätsdiagramm aufgenommen werden. Aus Gründen der Übersichtlichkeit wird in diesem Beispiel darauf verzichtet.

Vergütung ist der Typ des Objektknotens, der als Stream jeweils die Aktionen Lohn berechnen und Gehalt eingeben

verlässt. Da die Aktionen für jeden Arbeiter bzw. für jeden Angestellten auszuführen sind, ergibt sich ein Datenstrom von
Vergütungen. Die Vergütungen werden im Puffer Vergütung
gesammelt. Es handelt sich um mehrere Daten eines Datentyps. Sobald beide vorhergehenden Aktionen komplett abgeschlossen sind, befindet sich der Central Buffer Vergütung im
Zustand ermittelt. Alle Vergütungen für die Mitarbeiter liegen nun im Objektknoten vor.

Anschließend folgt die Aktion Vergütung auszahlen, wodurch sich als Ergebnis wiederum der Objektknoten Vergütung ergibt. Dieser besitzt nun den Zustand ausgezahlt.

Ein weitergehendes Konzept zum Puffer bildet der *Datenspeicher (Data Store)*. Als Symbol für einen Objektknoten als Datenspeicher dient wiederum ein Rechteck mit dem Namen des
Knotens. Zusätzlich erhält das Rechteck die Beschriftung «da-
tastore». Der Puffer sammelt die eingehenden Daten oder
Werte und gibt sie an die folgende Aktion weiter. Allerdings
wird der Puffer anschließend geleert, d.h., er kann nicht erneut gelesen werden.

Doch auch für die dauerhafte Speicherung von Daten bietet
die UML mit dem Datenspeicher eine Möglichkeit. Die eingehenden Daten werden gesammelt und dauerhaft (persistent)
gespeichert. Ausgehende Kanten liefern lediglich eine Kopie
der Daten, so dass diese jederzeit erneut abgerufen werden
können. Die folgende Abbildung zeigt dies anhand eines Beispiels.

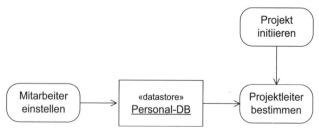

Abbildung 4.111: Objektknoten als Datenspeicher

Bei der Einstellung eines neuen Mitarbeiters werden dessen Daten in einer Personaldatenbank gespeichert. Das Aktivitätsdiagramm symbolisiert dies durch die Aktion Mitarbeiter einstellen, die über eine ausgehende Kante mit dem Datenspeicher Personal-DB verbunden ist. Die Mitarbeiterdaten werden hier dauerhaft gespeichert. Eine Folgeaktion, die sich der Informationen aus der Personaldatenbank bedient, ist Projektleiter bestimmen. Die Personaldaten sind für diese Aktion Eingangsparameter.

Das Besondere am Datenspeicher ist die dauerhafte Verfügbarkeit der Daten. Jedes Mal, wenn für ein Projekt ein Leiter bestimmt werden soll, kann die gleichnamige Aktion auf die Daten zugreifen. Dabei ist es nicht erforderlich, jeweils über die Aktion Mitarbeiter einstellen den Datenspeicher zu füllen. Auch über die Aktion Projekt initiieren ist es Projektleiter bestimmen jederzeit möglich, auf seine Eingangsparameter zuzugreifen.

Ein Puffer könnte dies nicht leisten. Er müsste immer wieder neu gefüllt werden, um dann jeweils ein einziges Mal abgerufen zu werden.

Verbindungskanten

Zur Steuerung des Ablaufs einer Aktivität werden Pfeile (gerichtete Kanten) verwendet, die in den bisherigen Beispielen bereits eingesetzt wurden. Sie werden unterschieden in Kanten für den Kontrollfluss und Kanten für den Objektfluss.

Als *Kontrollfluss* wird eine Kante bezeichnet, die zwei Aktionen oder eine Aktion und ein Steuerungselement miteinander verbindet. Bei allen Kanten in Abbildung 4.112 handelt es sich um Kontrollflüsse.

Eine Aktivität kann mehrere ausgehende Kanten besitzen, die an Bedingungen geknüpft sind. Je nachdem, welche der Bedingungen nach Beendigung des entsprechenden Verarbeitungsschritts erfüllt ist, wird ein anderer Übergang ausgelöst. In Aktivitätsdiagrammen wird zur Modellierung solcher *Entscheidungen* eine Raute verwendet (siehe Abbildung 4.113).

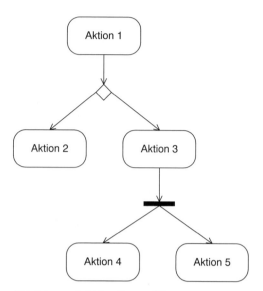

Abbildung 4.112: Kontrollfluss

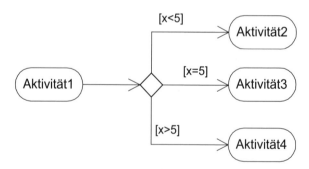

Abbildung 4.113: Entscheidungen in Aktivitätsdiagrammen

Welche Aktivität nach Abschluss von Aktivität1 als Nächste folgt, hängt in dem Beispiel der Abbildung vom Wert x ab. Für x<5 folgt Aktivität2, für x=5 folgt Aktivität3 und falls die Bedingung x>5 erfüllt ist, folgt Aktivität4.

Mit Hilfe von Entscheidungen lassen sich Regeln definieren. Darf etwa der Einkäufer einer Firma Aufträge nur bis maximal 10.000 € in eigener Verantwortung vergeben, so könnte das entsprechende Aktivitätsdiagramm beispielsweise wie folgt aussehen.

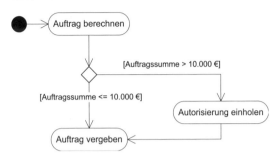

Abbildung 4.114: Darstellung einer Regel mittels Aktivitäts-diagramm

Zunächst wird der Auftrag berechnet. Liegt die Auftragssumme innerhalb des Rahmens von 10.000 €, kann der Auftrag sofort erteilt werden. Bei einer Auftragssumme größer als 10.000 € ist zunächst eine Autorisierung einzuholen. Die entsprechende Aktivität wird dann vor die Auftragsvergabe geschaltet.

Auch die *Teilung* (*Splitting*) und die *Synchronisation* von Aktivitäten sind in der UML vorgesehen. Diese wurden bereits im Zusammenhang mit den Zustandsdiagrammen unter den Bezeichnungen Gabelung und Vereinigung erläutert.

Neben Regeln lassen sich mit Aktivitätsdiagrammen ganze Prozesse modellieren. Die folgende Abbildung demonstriert dies an einem Beispiel, das aus der UML-Spezifikation der Object Management Group stammt (vgl. die Hinweise auf Webquellen im Anhang).

Abbildung 4.115 zeigt die Bereitung eines Erfrischungsgetränks als Aktivitätsdiagramm. Die erste Aktivität besteht darin, ein Getränk zu finden. In dem Beispiel sind die verfügbaren Getränke auf Kaffee und Mineralwasser beschränkt. Bevorzugtes Getränk sei Kaffee. Wird weder Mineralwasser noch Kaffee gefunden, dann werden die Aktivitäten sofort beendet. Ist nur Mineralwasser zu finden, wird dieses geöffnet und anschließend getrunken (Aktivitäten Mineralwasser öffnen und Trinken).

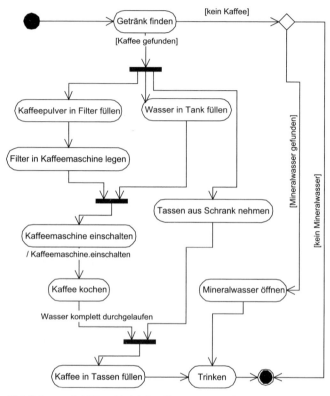

Abbildung 4.115: Aktivitätsdiagramm Erfrischungsgetränk bereiten

Für den Fall, dass Kaffee gefunden wird, zeigt das Aktivitätsdiagramm der Abbildung den gesamten Prozess des Kaffeekochens. Dabei sind zunächst drei parallele Teilprozesse zu erledigen: Kaffeepulver in Filter füllen, Wasser in Tank füllen und Tassen aus Schrank nehmen. Die ersten beiden Teilprozesse werden wieder zusammengeführt und gehen in die Aktivität Kaffeemaschine einschalten über. Letztere kann allerdings erst begonnen werden, wenn Wasser in Tank füllen und Filter in Kaffeemaschine legen beendet sind.

Nachdem das Wasser komplett durch die Maschine gelaufen ist und die Tassen aus dem Schrank geholt wurden, kann der Kaffee eingegossen werden. Als letzte Aktivität folgt schließlich Trinken, womit das Ende des Prozesses erreicht ist.

In dem Beispiel wurden die verschiedenen, bereits eingeführten Elemente von Aktivitätsdiagrammen verwendet. Es lässt zudem erkennen, dass der Abstraktionsgrad für die Darstellung von Prozessen in Aktivitätsdiagrammen weitgehend frei wählbar ist. Ob ein Prozess bis in das kleinste Detail modelliert und abgebildet wird oder nur ein einziges Aktivitätssymbol für den gesamten (Teil-) Prozess steht, bleibt dem Modellierer überlassen. So können besonders komplizierte oder wichtige Teilprozesse im Einzelnen visualisiert und diskutiert werden. Routineaufgaben und weniger wichtige Aspekte lassen sich auf ein angebrachtes Maß reduzieren oder sogar ganz ausblenden.

Objektfluss

Ein *Objektfluss* ist eine Kante, die an zumindest einem Ende mit einem Objektknoten verbunden ist.

Alle Kanten in diesem Aktivitätsdiagramm repräsentieren Objektflüsse (siehe Abbildung 4.116). Zwar befindet sich zwischen Aktion 1 einerseits und den Aktionen Aktion 2 und Aktion 3 andererseits ein Steuerungselement (Auswahl). Die Verbindung der Aktionen erfolgt aber jeweils über einen Objektknoten, der Ergebnis von Aktion 1 bzw. Eingangsparameter der beiden übrigen Aktionen ist. Gleiches gilt für den weiteren Ablauf von Aktion 3 zu den stattfindenden Aktionen Aktion 4 und Aktion 5.

Kanten können an *Bedingungen* geknüpft werden. Ein Übergang von einer Aktion zur nächsten ist nur möglich, wenn die zugehörige Bedingung erfüllt ist, die in eckigen Klammern an der entsprechenden Kante notiert ist.

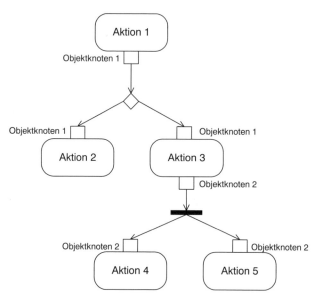

Abbildung 4.116: Objektfluss

In der Regel ist es übersichtlicher, in einem Aktivitätsdiagramm Bedingungen über Verzweigungen zu formulieren. Problematisch werden Kantenbedingungen dann, wenn sie im Zusammenhang mit einer einzigen ausgehenden Kante einer Aktion verwendet werden. Ist die Bedingung in einem solchen Fall nicht erfüllt, so bleibt die Aktivität an dieser Stelle »hängen« und wird nicht ordnungsgemäß beendet.

Mit Hilfe einer *Gewichtung* kann angegeben werden, wie viele Elemente eines Objektknotens vorhanden sein müssen, damit die nachfolgende Aktion ausgeführt werden kann. Die Gewichtung wird an der Kante in der Form {weight = x} angegeben.

Abbildung 4.117: Gewichtung von Kanten

Die Abbildung zeigt ein Beispiel für eine gewichtete Kante. Um Skat zu spielen, müssen zunächst Partner eingeladen werden, mitzuspielen. Die Aktion Spieler einladen hat als Ergebnis den Objektknoten Skatspieler. Damit ein Übergang zur Aktion Skat spielen erfolgen kann, müssen mindestens drei Mitspieler gefunden werden. In der formalen Sprache der Aktivitätsdiagramme bedeutet dies, dass im Ursprung der Kante drei Tokens angesammelt werden müssen (weight = 3), um den Übergang zur Nachfolgeaktion zu vollziehen.

Aktivitätsdiagramme werden mit zunehmender Zahl der beteiligten Aktionen unübersichtlicher. Insbesondere die grafische Darstellung des Vorgangsverlaufs führt dann aus Platzgründen zu einer »abenteuerlichen« Optik. In solchen Fällen sind *Sprungmarken* ein willkommenes Hilfsmittel.

Sprungmarken erlauben es, den Ablauf eines Aktivitätsdiagramms an einer Stelle zu unterbrechen und an einer anderen Stelle fortzusetzen. So können sehr komplexe Diagramme auch auf mehrere Dokumente oder Dateien verteilt werden.

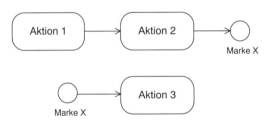

Abbildung 4.118: Sprungmarke

Die Abbildung zeigt eine Folge von drei Aktionen. Aktion 2 und Aktion 3 sind jedoch nicht direkt, sondern über eine Sprungmarke (Marke X) miteinander verbunden. Eine Sprungmarke wird über einen Kreis mit einer Beschriftung dargestellt, die wahlweise innerhalb des Kreises oder daneben steht.

Eine Sprungmarke besteht immer aus zwei identischen Symbolen. Das eine Symbol definiert die Unterbrechung des Ablaufs und das zweite die Wiederaufnahme der Vorgangsbeschreibung. Die Richtung, in welcher der Übergang zu interpretieren ist, ergibt sich aus den Flussrichtungen der beiden Teilsequenzen.

Signale

Um zusätzliche Informationen in ein Aktivitätsdiagramm aufzunehmen, können *Signale* als eine Art Kontrollsymbol eingefügt werden. Dabei handelt es sich um Signale, die während eines Prozesses an ein externes Objekt gesendet oder von einem solchen Objekt ausgehend empfangen werden.

Die folgende Abbildung erläutert die Symbole für eingehende und ausgehende Signale anhand des Beispielprozesses Schlafen.

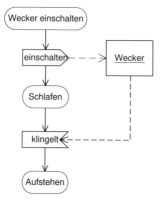

Abbildung 4.119: Eingehende und ausgehende Signale

Die erste Aktivität ist es, den Wecker einzuschalten. Dadurch wird der Wecker als externes Objekt in den Prozess des Schlafens einbezogen. Es wird das Signal einschalten an das Objekt Wecker gesendet. Daraufhin wird die Aktivität Schlafen ausgelöst. Es folgt das Klingeln des Weckers, das als externes Signal eingeht, und schließlich die Aktivität Aufstehen.

Für das Modell, das in der Abbildung den Prozess des Schlafens abbildet, spielt der Wecker nur als externer Signalgeber und -empfänger eine Rolle. Welche Aktivitäten das Objekt in der Zwischenzeit durchführt, ist an dieser Stelle nicht von Bedeutung. Sie können gleichwohl in einem weiteren Aktivitätsdiagramm näher spezifiziert werden.

Eine besondere Form der Ereignisse bilden die *Zeitereignisse*. Ein Zeitereignis wird zu einem festgelegten Zeitpunkt oder nach Ablauf einer bestimmten Zeitspanne ausgelöst und führt dann zum Übergang in die nachfolgende Aktion.

Als Symbol für Zeitereignisse wird eine stilisierte Sanduhr verwendet. Die Sanduhr wird mit einem Namen versehen, der in der Regel das zeitliche Ereignis – den Zeitpunkt oder die Zeitspanne – für den Fortgang des Ablaufs repräsentiert.

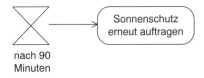

nach 90
Minuten

Abbildung 4.120: Zeitereignis

Die Abbildung zeigt ein Beispiel für ein Zeitereignis. Nach Ablauf von 90 Minuten muss beim Sonnenbaden der Sonnenschutz erneuert werden. Der Ablauf dieser Zeitspanne löst das Zeitereignis aus und stößt die Aktion Sonnenschutz erneut auftragen an.

Unterbrechungsregion

Eine *Unterbrechungsregion* fasst mehrere Aktionen innerhalb eines Aktivitätsdiagramms zusammen. Grafisch wird dieses Element durch ein gestricheltes Rechteck mit abgerundeten Ekken dargestellt. Die Symbole aller zugehörigen Aktionen befinden sich innerhalb dieses Rechtecks.

Eine Unterbrechungsregion kann über normale gerichtete Kanten verlassen werden, indem eine Aktion, die innerhalb des Rechtecks liegt, mit einer anderen Aktion außerhalb der

Region verbunden wird. Zusätzlich besitzt sie jedoch eine weitere Kante, die durch einen blitzförmigen Pfeil symbolisiert wird (*Unterbrechungskante*). Sobald die Region über diese Kante verlassen wird, werden sämtliche Aktionen innerhalb der Region gestoppt (alle Tokens werden verworfen). Der Ablauf wird mit dem Zielknoten der Unterbrechungskante fortgesetzt.

Die folgende Abbildung verdeutlicht dies am Beispiel einer Auftragsbearbeitung.

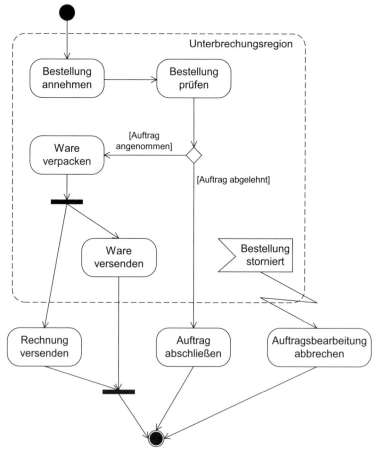

Abbildung 4.121: Unterbrechungsregion

Nach dem Startknoten beginnt der Ablauf des Aktivitätsdiagramms mit der Aktion Bestellung annehmen. Gleichzeitig bewegt sich der Vorgang in die Unterbrechungsregion hinein. Anschließend ist die Bestellung zu prüfen, um dann den Ablauf zu verzweigen. Wird der Auftrag angenommen, dann heißt die Folgeaktion Ware verpacken. Sollte der Auftrag jedoch abgelehnt werden, wird die Unterbrechungsregion verlassen und die Aktion Auftrag abschließen durchgeführt, womit die Aktivität auch gleichzeitig beendet ist.

Nach dem Verpacken der Ware teilt sich der Ablauf in die parallelen Aktionen Rechnung versenden und Ware versenden. Während Rechnung versenden sich bereits außerhalb der Unterbrechungsregion befindet, findet die Aktion Ware versenden noch innerhalb dieses Bereichs statt. Beide Aktionen müssen abgeschlossen sein, bevor sie wieder zu einem Vorgang zusammengeführt werden und ebenfalls im Endknoten landen.

Ein weiteres Element der Unterbrechungsregion ist das Ereignis Bestellung storniert. Es führt über die Unterbrechungskante (»Blitz«) zu der Aktion Auftragsbearbeitung abbrechen. Diese Notation hat gravierende Folgen für den Ablauf der Aktionen in der Unterbrechungsregion. Sobald das Ereignis Bestellung storniert eintritt, werden sämtliche Aktionen innerhalb der Region gestoppt und die Auftragsbearbeitung wird sofort abgebrochen.

In diesem Beispiel könnte es passieren, dass die Bestellung storniert wird, wenn gerade die Aktionen Rechnung versenden und Ware versenden ausgeführt werden. In diesem Fall würde die Aktion Ware versenden gestoppt, da sie innerhalb der Unterbrechungsregion liegt. Rechnung versenden hingegen liegt außerhalb des Bereichs und ist demnach nicht von der Unterbrechung betroffen. Der Kunde erhielte somit trotz Stornierung seiner Bestellung eine Rechnung – aber keine Ware.

Verantwortlichkeitsbereiche

Aktivitätsdiagramme können in *Verantwortlichkeitsbereiche* (so genannte *Swimlanes*) aufgeteilt werden. Die einzelnen Verantwortlichkeitsbereiche werden im Diagramm durch senkrechte Linien optisch voneinander getrennt. Jede Aktivität gehört zu genau einem Verantwortlichkeitsbereich, der seinerseits von einem oder mehreren Objekten implementiert werden kann. Abbildung 4.122 zeigt ein Beispiel für die Aufteilung eines Aktivitätsdiagramms in Verantwortlichkeitsbereiche.

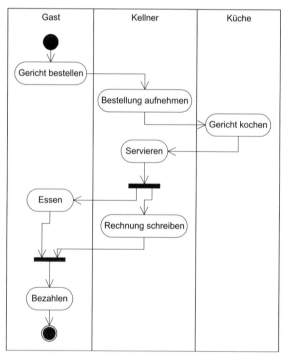

Abbildung 4.122: Aktivitätsdiagramm mit Verantwortlichkeitsbereichen

Die Reihenfolge der Verantwortlichkeitsbereiche spielt keine Rolle. Gleichwohl können durch die Anordnung Beziehungen zwischen den einzelnen Bereichen hervorgehoben werden.

TEIL

Know-how – UML im Softwareentwicklungsprozess

Dieser Teil stellt die in Teil II dargestellten Modellierungstechniken in den Kontext des Softwareentwicklungsprozesses. Ausgehend von dem Fallbeispiel »Mein liebes Geld« werden konkrete Modellierungstechniken praktisch durchgeführt und insbesondere die Implementierung der erstellten UML-Modelle mit der Programmiersprache Java gezeigt.

III

Der Entwicklungspro-
zess – wie Software
entsteht

Dieses Kapitel stellt wesentliche
Aspekte eines Softwareentwick-
lungsprozesses dar und zeigt,
welche Beteiligten bei welchen
Aktivitäten mit der UML welche
Ergebnisse erarbeiten.

Der Entwicklungsprozess – wie Software entsteht

Der Prozess der Entwicklung von Software wird traditionell in verschiedene Phasen gegliedert, in denen unterschiedliche Aktivitäten ausgeführt werden. Wie der Prozess der Softwareentwicklung abläuft, hängt entscheidend davon ab, welche grundlegende Sicht Initiatoren und Entwickler einnehmen.

Sichtweisen von Softwareentwicklung

Grundsätzlich lassen sich drei voneinander verschiedene Sichtweisen unterscheiden.

Die Sicht des kreativen Künstlers

Softwareentwicklung besteht aus der Sicht des kreativen Künstlers darin, Ideen völlig frei von äußeren Zwängen umzusetzen. Jede Vorgabe, sei es eine Vorgehensleitlinie, seien es Termine, Meilensteine oder Reviews, lehnt der Programmierer, der sich als Künstler sieht, kategorisch ab. Er unterwirft sich keiner Methodik zur Darstellung (zum Beispiel UML) und zum Vorgehen (beispielsweise RUP oder OEP) und dokumentiert seine Arbeitsergebnisse selten.

Dieser in der Geschichte der Softwaretechnik praktizierte Ansatz ist seit Ende der 1960er Jahre nur noch sehr selten zu finden. Die Einsicht, dass zur Umsetzung hoch komplexer Aufgabenstellungen, die das Arbeiten im Team unter Zeitdruck und ökonomischen Zwängen erfordert, Koordination, Kommunikation und damit auch Vorgaben notwendig sind, ist mittlerweile in der Fachwelt unbestritten.

Die Sicht des verfahrensorientierten Ingenieurs

Ende der 1960er Jahre steckte die Softwareentwickler-Community in einer Krise. Die entwickelte Software war oft mit Fehlern behaftet, entsprach nicht den Vorstellungen des Anwenders und musste mit erheblichem ökonomischen Aufwand nachgebessert werden.

Diese Situation führte die Community zu einer konsequenten Ausrichtung des Softwareentwicklungsprozesses am Beispiel der großindustriellen Fertigung von Konsumgütern. Dort zeigten tüchtige Ingenieure, dass man den Produktionsprozess – zum Beispiel zur Herstellung eines Automobils – nur exakt und formal durchstrukturieren muss, um eine definierte Qualität mit minimalem Aufwand herstellen zu können.

Diese Ausrichtung am industriellen Fertigungsprozess als Leitbild brachte auch für die Softwareentwicklung formale Verfahren, die Sie heute in vielen Lehrbüchern der Softwaretechnik finden. Ausgangspunkt waren strukturierte höhere Programmiersprachen und Methoden wie die *Strukturierte Analyse (SA)* und das *Strukturierte Design (SD)*, lineare Phasenkonzepte und Ähnliches.

Im Ergebnis brachte jedoch auch dieser Ansatz für Aufgaben, zu deren Lösung Anwender mit dem Rechner und Anwender mit dem Computer stark interagieren müssen, häufig nur unzureichende Ergebnisse. Das lag zum einen daran, dass anders als bei einem Konsumgut die Anforderungen für komplexe interaktive Anwendungen, wie beispielsweise ein intelligentes Workflow- und Groupware-System, von vornherein oft nicht genau festgelegt werden können.

Die Sicht des teamorientierten Designers

Dass Softwareentwicklung mehr ist als das geordnete Zusammenwürfeln von Bits und Bytes, weiß der teamorientierte Designer. Er geht weniger nach einem starren vorgegebenen Phasenschema vor. Er weiß, dass Anforderungen häufig erst im

Dialog zwischen Anwendern und Entwicklern Schritt für Schritt im Laufe eines sich selbst steuernden, also evolutionären Prozesses sinnvoll festgelegt werden können. Für ihn besteht das Ziel seiner Arbeit nicht darin, der Software bestimmte Eigenschaften mit auf den Weg zu geben. Er misst den Erfolg seines Produkts in seiner Einsatzumgebung.

Dazu werden die zu lösenden Aufgaben mit den Menschen und der Technik in Organisationen im Zusammenhang betrachtet. Demnach ist eine Software nur dann erfolgreich, wenn Anwender mit Hilfe der Software ihre Aufgaben zur eigenen Zufriedenheit und im Sinne der Aufgabenstellung ökonomisch effizient erledigen können.

In den letzten Jahren zeigt sich immer mehr, dass gerade für die Entwicklung komplexer, hoch interaktiver Software neue Wege beschritten werden müssen. Der Softwaredesigner versucht, die individuell unterschiedlichen Sichtweisen der beteiligten Entwickler und Anwender durch die Vorgabe von Leitbildern zu harmonisieren. Dazu schafft er freie und ungebundene Kommunikationsstrukturen, in denen alle Beteiligten in einem gemeinsamen Lehr- und Lernprozess, wie Christiane Floyd ihn bezeichnet, Systemstrukturen konstruieren. Geeignete Konstruktionsansätze wie die UML in Kombination mit einem evolutionären Vorgehen, das keine starren linearen Abläufe vorgibt, unterstützen dann die Umsetzung gemeinsam akzeptierter Systemeigenschaften.

In diesem Ansatz werden selbststeuernde Prozesse initiiert und gestärkt, in der Hoffnung, dass daraus ein System, eingebettet in den sozialen und ökonomischen Kontext, entsteht, das später eher dem entspricht, was der Anwender erwartet.

Betrachten Sie wie der ingenieurmäßige Ansatz die Softwareentwicklung durch die Brille eines Ingenieurs, so steht die exakte Spezifikation von Produkteigenschaften im Vordergrund, die mittels formaler Produktionsverfahren umgesetzt werden soll. Der Designer stellt den Prozess in seiner

Entstehung und Entfaltung in den Mittelpunkt, um auf diese Weise ebenfalls ein qualitativ hochwertiges System zu erstellen, das er jedoch immer eingebettet in den Anwendungskontext sieht. Prozess und Produkt sind immer zwei Seiten derselben Medaille.

Welchen Ansatz Sie in einem Softwareentwicklungsprojekt verfolgen, hängt stark von der Problemstellung, aber insbesondere auch von Werten und Überzeugungen der Projektverantwortlichen ab.

Abschließend sei angemerkt, dass wir – die Autoren – die teamorientierte Design-Sicht mit unserer eigenen wissenschaftlichen und praktischen Arbeit fördern und zutiefst davon überzeugt sind, dass dieser Ansatz gerade auch in Zeiten, in denen sich Theorie und Praxis ein wenig auseinander gelebt haben, die Praxis der Softwareentwicklung nachhaltig verbessern kann.

Die Beteiligten – wer entwickelt?

Als Beteiligte eines Systementwicklungsvorhabens bezeichnet man alle Menschen, die mittelbar oder unmittelbar von der Entwicklung und/oder dem Einsatz des Systems betroffen sind. Um der Vielfalt der Einzelpersonen im Entwicklungsprozess Herr zu werden, definiert man einige Kernrollen, die Beteiligte einnehmen. Im Allgemeinen sind dies die Folgenden.

✔ Der *Projektinitiator* oder bei Realisierung durch eine Softwarefirma der Auftraggeber entscheidet über den Start des Projekts bzw. unterzeichnet den Vertrag mit einem Softwarehaus.

✔ Ein *Projektmanager* steuert und koordiniert alle Projektaktivitäten und ist verantwortlich für Termine, Meilensteine, Reviews.

✔ Der *Anwender* kooperiert mit einer Software in einem Arbeitssystem. Dazu muss er nicht zwingend mit der Software interagieren. Es reicht aus, wenn er Arbeitsergebnisse nutzt.

✔ *Benutzer* interagieren direkt mit einer Software. Sie sind direkt mit der Benutzungsschnittstelle des Systems in Kontakt.

✔ *Fachexperten* kennen die fachlichen Inhalte, die in ein Softwaresystem umgesetzt werden. Sie müssen nicht direkt als Anwender oder Benutzer auftreten.

✔ *Analytiker* legen ihren Arbeitsschwerpunkt auf die Modellierung und Darstellung fachlicher Inhalte.

✔ *Designer* modellieren auf der Grundlage des fachlichen Analysemodells einen detaillierten Entwurf, der technische Elemente wie eine Benutzungsoberfläche, Datenbankschnittstelle, Formalisierung und Verfeinerung des Analysemodells unter konstruktiven Gesichtspunkten der Implementierung hervorbringt.

✔ *Architekten* sehen ihren Schwerpunkt in der Konstruktion von Anwendungssystemen. Konstruktion wird dabei schwerpunktmäßig als das Erstellen, Anpassen und Zusammenfügen von Komponenten verstanden. Arbeitsschwerpunkt ist die Entwurfsphase. Analyse wird zur Vorbereitung betrieben und Implementierung zu Testzwecken.

✔ *Entwickler* definieren ihre Tätigkeit von der Programmierung her. Sie sehen Analyse und Entwurf als Mittel zur Vorbereitung ihres Kerngeschäfts, das in der Programmierung liegt.

✔ *Programmierer* sind spezialisiert auf die Implementierung vorgegebener Entwürfe. Sie übernehmen die Entwürfe und sind selten an anderen Aktivitäten des Entwicklungsprozesses beteiligt.

Die hier aufgeführten Rollennamen werden häufig gebraucht, wenn Beteiligte ihre Funktion definieren sollen. Deutlich werden sollte durch die Auflistung, dass hinter jeder Bezeichnung unterschiedliche Grundüberzeugungen und Werte stehen, die zu einer bestimmten Perspektive führen. Da die Rollen Perspektiven enthalten, die sich kreuzen, und folglich nicht überschneidungsfrei sind, betrachten wir im Folgenden exemplarisch die Rolle des *Anwenders* stellvertretend für fachlich orientierte Beteiligte und die des *Entwicklers* als Repräsentanten der Modellierungs- und Implementierungsseite.

Die Aktivitäten – wie geht man vor?

Im professionellen Umfeld entwickeln Teams von Experten Software nach modernen Methoden des Projektmanagements und der Softwaretechnik. Dabei unterstützen Softwarewerkzeuge den gesamten Zyklus der Entwicklung von der Idee bis hin zur Realisierung und darüber hinaus auch während des Einsatzes zur Wartung und Pflege.

Ist die Entscheidung zur Entwicklung eines Softwareprodukts gefallen, so erstellen die Systemanalytiker zunächst einen fachlichen Entwurf, der noch keine softwarebezogenen Details enthält. Im nächsten Schritt verfeinern Softwaredesigner diesen Entwurf und beschreiben ihn in einer formalen Sprache, damit die Programmierer, die diesen Entwurf anschließend mit Hilfe einer Programmiersprache umsetzen, möglichst wenig Aufwand treiben müssen. In jeder Phase des Zyklus arbeiten Entwickler mit Anwendern zusammen.

Auch hier lassen sich grundlegende Sichtweisen unterscheiden, die wir nach zwei Gesichtspunkten darstellen. Zunächst betrachten wir das Verhältnis von Plan und Ausführung.

✔ Das *starre Vorgehen* richtet die Aktivitäten an einem Vorgehensmuster aus. Ein Vorgehensmuster legt die logische und zeitliche Abfolge des Entwicklungsprozesses in einem Plan fest, an dem sich der Projektverlauf verbindlich orientiert. Das Phasenmodell determiniert den Prozessverlauf

✔ Beim *evolutionären Vorgehen*, also einem aus sich selbst heraus sich entwickelnden Entwicklungsprozess, bestimmen die Erfordernisse, die sich aus einer Aktivität ergeben, die Folgeaktivitäten. Hier stellt sich das Verhältnis von tatsächlichem Ablauf und zugrunde liegendem Phasenmodell genau anders herum dar. Der tatsächliche Ablauf determiniert das Phasenmodell.

Beim starren Vorgehen bestimmt das Phasenmodell den tatsächlichen Ablauf und besitzt somit Steuerungscharakter für den Entwicklungsprozess. Beim evolutionären Vorgehen spielt das Phasenkonzept eine untergeordnete Rolle, da es erst ex post als Ergebnis vorliegt und damit keinen direkten gestaltenden Einfluss besitzt.

Im Ablauf können für beide Grundperspektiven im Ergebnis zwei idealtypische Projektverläufe resultieren.

✔ Der *lineare Ablauf* gibt eine Abfolge von der Projektplanung über die Analyse und den Entwurf bis hin zur Realisierung vor, die mit der Einführung endet und nachfolgend von Pflege- und Wartungsaktivitäten ergänzt wird. Entscheidend ist, dass jede Phase im Grundsatz nur einmal durchlaufen wird und nach Abschluss die nächste Phase initiiert. Rücksprünge sind immer Sonderfälle, die bei mangelnden Ergebnissen der vorhergehenden Phasen möglich sind, jedoch nur einen im Kern unerwünschten Schritt darstellen.

✔ Beim *zyklischen Ablauf* ist ein wiederholter Durchlauf von Planung, Analyse, Entwurf und Implementierung ausdrücklich erwünscht. Man geht im Prinzip davon aus, dass Erkenntnisgewinne, die in weiteren Konstruktionszyklen umgesetzt werden, die Systemqualität entscheidend verbessern können.

Beim linearen Ablauf geht man davon aus, dass die Anforderungen an ein System von vornherein bekannt sind und im Projektverlauf konstant bleiben. Sind sie einmal fixiert, gelten sie als konstant und jedes weitere Zwischenergebnis in Analyse, Entwurf und Implementierung wird daran gemessen. Abweichungen von den Vorgaben können dann als unerwünschte, aber notwendige Nachbesserungsschritte eingeleitet werden. Beim zyklischen Vorgehen wird der Wissenszuwachs, der sich bei allen Beteiligten im Projektverlauf ergibt, dadurch systematisch genutzt, dass planmäßig mehrere Zyklen von der Planung über die Analyse und den Entwurf bis hin zur Realisierung durchlaufen werden.

Insbesondere durch die Zusammenarbeit von Anwendern und Entwicklern findet ein solcher Wissenszuwachs statt.

In der folgenden Abbildung sind Fachgebietsexperten (häufig Anwender) hell und EDV-Experten (Entwickler) dunkel dargestellt. Die Anzahl der Personen einer Gruppe symbolisiert dabei das Gewicht in der einzelnen Phase.

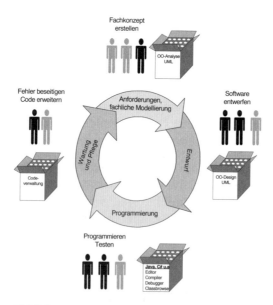

Abbildung 5.1: Aktivitäten und Werkzeuge des Software-entwicklungszyklus

Neben den bereits erwähnten Phasen sind die eingesetzten Werkzeuge und Methoden dargestellt, die typischerweise in objektorientierten Projekten eingesetzt werden.

Dabei kommt der UML als Modellierungssprache eine große Bedeutung insbesondere in den Phasen Analyse und Entwurf zu. Während die UML bei der Analyse als Strukturierungshilfe für kognitive Prozesse und als Kommunikationsmittel zwischen den Beteiligten eingesetzt wird, dient sie beim Entwurf als technische Konstruktionssprache.

Dabei ist der Einsatz eines Modellierungswerkzeugs, wenn Sie die UML einsetzen, absolut zu empfehlen. Im nächsten Teil stellen wir Ihnen bekannte und aus unserer Sicht zu empfehlende Werkzeuge unter dem Aspekt der UML-Modellierung vor, so dass Sie in die Lage versetzt werden, nach eigenen Kriterien das zu Ihren Anforderungen passende Werkzeug zu finden.

Setzen Sie zur Modellierung immer ein UML-Werkzeug ein, da die UML so komplex ist, dass Sie ohne Werkzeug die Vorteile, die Ihnen die UML bietet, nicht ausschöpfen können. Außerdem sind Ihre Modelle kaum erweiter- und änderbar. Darüber hinaus bieten die meisten UML-Tools Konsistenzchecks Ihrer Modelle und eine automatische Codegenerierung (UML-Modelle in Java, C++ oder C#-Code) sowie Reverse-Engineering (Programmcode in ein UML-Modell) an.

Damit ist der Übergang vom objektorientierten Entwurf in eine objektorientierte Programmiersprache sehr erleichtert. Mehr als ein grobes Codegerüst dürfen Sie aber nicht erwarten.

Alle UML-Tools, die sich auf der CD zum Buch befinden, unterstützen die Codegenerierung und z.T. auch das Reverse-Engineering.

Der Entwurf oder das automatisch generierte Codegerüst wird dann in der Programmierung von *menschlichen* Programmierern mit den Standardwerkzeugen Editor (Erstellen des Quellcodes), Compiler (Übersetzen des Quellcodes), Debugger (Testen des Programms) und für objektorientierte Sprachen dem Klassenbrowser (*Classbrowser*, Navigieren in vorgegebenen oder selbst erstellten Klassenbibliotheken) in eine lauffähige Anwendung übersetzt.

Die Ergebnisse – was wird entwickelt?

Betrachten wir noch die Ergebnisse, die auf der Basis einer bestimmten Vorgehensweise zum Ende von Aktivitäten als Dokumente oder Programme entstehen.

Die Abfolge der Aktivitäten Analyse, Entwurf und Programmierung, die logisch aufeinander aufbauen, kann zeitlich auch parallel vorangetrieben werden. So kann es sein, dass als erste Aktion im Projekt ein Prototyp der Benutzungsoberfläche für den Kernbereich entsteht, damit Anwender und Entwickler sich über die Inhalte besser unterhalten können.

Parallel dazu testet ein Programmierer die Performance einer Datenbankkopplung. Wichtig ist, dass Aktivitäten zwar eine Affinität zu einer bestimmten Phase haben, aber eben nicht ausschließlich dort ausgeführt werden. So gibt es Prototypen (Programmierung) in allen Phasen. Auch der Check von Entwurfsmustern (Entwurf) kann in der Analysephase sinnvoll sein (siehe Abbildung 5.2).

Wie gezeigt, ist eine starre Zuordnung von Aktivitäten zu den Phasen ebenso wenig möglich wie die feste und exklusive Zuordnung von Beteiligten zu den Phasen. Ja nicht einmal der zeitliche Ablauf muss der in den Abbildungen gezeigten logischen Abfolge entsprechen.

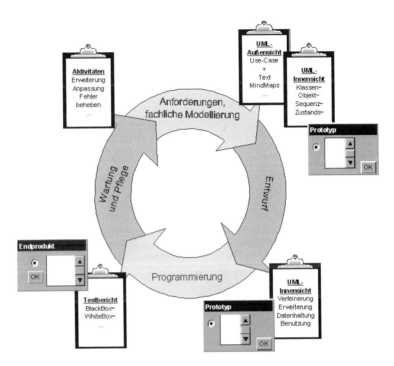

Abbildung 5.2: Ergebnisdokumente im Entwicklungsprozess

Die Kunst, ein Projekt erfolgreich durchzuführen, liegt darin, eine für jedes Projekt individuelle Kombination von Beteiligten, Aktivitäten und Ergebnisdokumenten zu finden, die auf der Basis der jeweiligen Grundperspektive beruht.

Stellt man die Menschen, die an einem Projekt beteiligt sind, in den Mittelpunkt seiner Betrachtung, so treten damit automatisch soziale und kognitive Aspekte als zentrale Erfolgskriterien an die Seite der bekannten ökonomischen und technischen Kriterien. Zu Beginn haben wir die drei *K* der Systementwicklung *Kognition*, *Kommunikation* und *Konstruktion* als die zentralen Elemente identifiziert. Kognition, also das menschliche Denken, die Abstimmung der Denkprozesse durch Kommunikation und die ökonomische technische Umsetzung in Konstruktionsschritten spiegeln Ergebnisse dieser Grundhaltung wider.

Fallbeispiel: »Mein liebes Geld«

In diesem Kapitel werden die Erkenntnisse des fünften Kapitels genutzt, um anhand des Fallbeispiels einer privaten Vermögensverwaltung konkrete Modellierungstechniken praktisch anzuwenden.

Fallbeispiel: »Mein liebes Geld«

Stellen Sie sich vor, Sie sind für die Finanzen und das Vermögen eines mittelständischen Unternehmens zuständig. Um effizient handeln zu können, möchten Sie das Vermögen und die Finanztransaktionen der Unternehmung mit dem PC verwalten, um schnell auf Aktienkurse oder Wertpapierangebote reagieren zu können.

Ihnen schwebt vor, die wichtigsten Anlageformen mit den zentralen Daten im Computer zu verwalten, um flexibel und schnell reagieren zu können. Dazu gehören neben Auswertungen und Übersichten der Vermögensanlagen genauso die Ermittlung der zur Verfügung stehenden finanziellen Mittel. Sie als Finanzchef haben zwei Mitarbeiter, die sich um Finanztransaktionen und die Vermögensanlage im operativen Geschäft kümmern.

Ausgangssituation

Bisher haben Sie Ihre Transaktionen über die Bank abgewickelt und telefonisch oder vor Ort bei Ihrem Bankberater Auskunft über Ihre finanziellen Mittel und sonstigen Vermögenswerte eingeholt, die Sie in unterschiedlichen Depots halten. Da die Planung dadurch unnötig verzögert wird, soll ein System erstellt werden, das Ihnen als Anwender einen Überblick über Finanzmittel und Vermögen bietet.

Nachdem Sie geprüft haben, ob eine fertige Standardlösung am Markt an Ihre individuellen Bedürfnisse angepasst werden kann, entscheiden Sie sich für eine individuell auf Sie zugeschnittene Lösung. Sie beauftragen ein Softwarehaus mit der Umsetzung des Projekts.

Analyse – Anforderungen

Anwender einigen sich mit dem Entwickler auf die folgenden groben Anforderungen, die **zwingend** erfüllt sein müssen:

✔ Verwaltung von Aktien, Wertpapieren und Fonds in Depots

✔ Verwaltung von Giro- und Sparkonten

✔ Jederzeitige Ermittlungsmöglichkeit der Liquidität

✔ Auswertungen über die Zinsen aller Anlagen der Unternehmung

Darüber hinaus ist es **wünschenswert**, Aktienkäufe und Finanztransaktionen aus dem System heraus online durchzuführen:

✔ Unterstützung von Online-Banking für alle Girokonten der Unternehmung

✔ Unterstützung von Online-Brokerage aus dem System heraus

Das System soll **nicht** beinhalten:

✔ Buchführung

✔ Kennzahlenberechnung (Cash Flow o.Ä.)

Analyse – fachliche Beschreibung

Die Modellierung der fachlichen Inhalte wird mit der UML dargestellt. Hilfreiche Zusatztechniken wie das Erstellen von Mind-Maps zur Visualisierung von Ideen und ein Fachlexikon zur Herausbildung einer gemeinsamen Sprache vernachlässigen wir an dieser Stelle.

Anwendungsfälle

Um einen ersten Überblick über die Aktivitäten und Zuständigkeiten des Anwendungsbereichs zu erhalten, modelliert ein

Entwickler zusammen mit dem Finanzchef und einem seiner Mitarbeiter ein Anwendungsfalldiagramm.

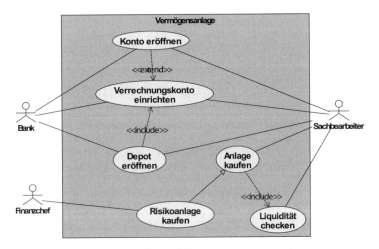

Abbildung 6.1: Anwendungsfall: Vermögensverwaltung

Die Abbildung zeigt einen Ausschnitt, der die Aktivitäten der Einrichtung und des Kaufs von Anlagen zeigt. Um den betrachteten Ausschnitt übersichtlich zu halten, sehen wir von der Darstellung weiterer Aktivitäten wie Verkauf und Strukturüberwachung der Anlagen ab.

✔ Einer der Akteure des Anwendungssystems ist die Hausbank (Bank), bei der die betrachtete Unternehmung ihre Konten und Depots einrichtet. Der Finanzchef und der Sachbearbeiter tragen die Verantwortung für die Aktivitäten aus der Sicht der Unternehmung.

✔ Die Bank und der Sachbearbeiter der Unternehmung sind als Akteure verantwortlich für die Eröffnung eines Kontos (Konto eröffnen).

✔ Bank und Sachbearbeiter sind ebenfalls beteiligt an der Eröffnung eines Depots (Depot eröffnen).

✔ Da jedes Depot mit einem Liquiditätskonto zur Verrechnung ausgestattet wird (Verrechnungskonto einrichten), sind auch dafür Sachbearbeiter und Bank gemeinsam zuständig.

✔ Der Sachbearbeiter erhält allein die Verantwortung für den Kauf von Anlagen, Aktien und Wertpapieren.

✔ Der Finanzchef der Unternehmung kümmert sich ausschließlich um den Kauf von Anlagen, die ein hohes Risiko besitzen (Risikoanlage kaufen).

Die Anwendungsfälle weisen untereinander Verbindungen auf, die im Folgenden kurz erläutert werden:

✔ Eröffnet der Sachbearbeiter in Kooperation mit der Bank ein Depot (Depot eröffnen), so können Anlagen in Form von Aktien und Wertpapieren erst dann gekauft werden, wenn ein Konto zur Abbuchung des Kaufpreises und zur Verrechnung der Zinsen eingerichtet ist. Folglich verwendet der Anwendungsfall Depot eröffnen den Anwendungsfall Verrechnungskonto einrichten (<<uses>> - Beziehung).

✔ Falls noch kein Konto besteht, kann optional der Anwendungsfall Konto eröffnen den Anwendungsfall Verrechnungskonto einrichten erweitern (<<extends>> - Beziehung). Im Unterschied zur <<uses>>-Beziehung stellt extends eine optionale, nicht obligatorische Erweiterung an einem definierten Erweiterungspunkt (Extension Point) dar.

✔ Kauft der Sachbearbeiter eine Anlage (Anlage kaufen), so überprüft er in diesem Zusammenhang immer die Liquidität (Liquidität checken). Da die Liquiditätsprüfung auch in anderen Kontexten eine Rolle spielt, gilt sie als eigenständiger Anwendungsfall, den der Anwendungsfall Anlage kaufen über die uses-Beziehung einbindet.

✔ Der Kauf einer Anlage, die mit Risiko behaftet ist (Risikoanlage kaufen), bedarf einer gesonderten Prüfung, die sehr
viel strenger und genauer als beim Kauf einer gewöhnlichen Anlage ist. Diese Prüfung initiiert immer der Finanzchef selbst. Der Anwendungsfall Risikoanlage kaufen ist
somit ein Spezialfall des Anwendungsfalles Anlage kaufen.
Diese Spezialisierung stellt die Vererbungsbeziehung (Pfeil
mit durchgezogener Linie und dreieckiger Pfeilspitze) dar.

Klassenstruktur

Der Sachbearbeiter erarbeitet zusammen mit dem Finanzchef
und dem Softwareentwickler diese Grobstruktur der Anwendung, die zunächst nur zentrale Klassen, deren Attribute und
Operationen sowie deren Beziehungen untereinander enthält.

Das Ziel dieser fachlichen Darstellung ist dabei, eine möglichst leicht erfassbare Gesamtstruktur darzustellen, die nur
für das Verständnis notwendige Details enthält. Darüber hinaus sollte das Modell dem kognitiven Verständnis der Beteiligten entsprechen, die sich in Kommunikationsprozessen auf
eine Struktur einigen.

Entscheidend für diese Phase ist, dass technische Aspekte weder direkt noch indirekt in die Betrachtung mit einbezogen
werden sollen. Um das zu gewährleisten, ist es sinnvoll, auch
eine personelle Trennung bei den Entwicklern vorzunehmen.
Das heißt, dass es sinnvoll sein kann, zur Ermittlung des fachlichen Modells in der Analysephase von Seiten des Software-
hauses andere Mitarbeiter einzusetzen als in der Entwurfs-
und Realisierungsphase.

Sollte eine Trennung aus personellen Gründen nicht möglich
oder aus anderen Gründen unerwünscht sein, besteht die Gefahr, dass der Entwickler die technische Machbarkeit im Hin-
terkopf hat und damit unbewusst in der Analyse die zum Teil
im Konflikt stehenden Ziele von Analyse und Entwurf miteinander vermischt.

Verhindern Sie die zu starke Berücksichtigung von Entwurfszielen in der Analysephase durch eine personelle Trennung von Analytikern und Entwicklern, die das fachliche Modell in der Entwurfsphase übernehmen und weiterentwickeln. Sollte eine personelle Trennung nicht möglich sein, muss der Entwickler in der Lage sein, zwischen Analyse- und Entwurfszielen sauber zu trennen.

Die folgende Abbildung zeigt die wichtigsten fachlichen Zusammenhänge, ohne Details und technische Informationen zu enthalten.

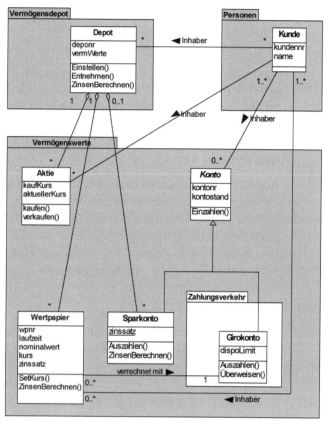

Abbildung 6.2: Analyse: Klassenstruktur

Die gesamte Anwendung umfasst drei Organisationsbereiche, die jedoch miteinander in Beziehung stehen.

✔ Das Paket Vermögensdepot enthält Depots, in denen alle Vermögenswerte, die die betrachtete Unternehmung besitzt, verwaltet werden.

✔ Das Paket Personen enthält Informationen über Mitarbeiter, die berechtigt sind, Transaktionen auf den jeweiligen Konten vorzunehmen. Sie werden der Einfachheit halber als Inhaber geführt, obwohl rein rechtlich die Unternehmung immer Inhaber der Anlagen ist.

✔ Das Paket Vermögenswerte definiert alle Anlageformen, die für unsere Unternehmung in Frage kommen.

✔ Innerhalb des Pakets Vermögenswerte ist ein Unterpaket Zahlungsverkehr vereinbart, das Informationen über die Abwicklung von Transaktionen enthält.

Das Paket Vermögensdepot enthält eine Klasse Depot, die als Kartei für alle Anlagen aufgefasst werden kann.

✔ Jedes Depot erhält eine eindeutige Nummer (deponr).

✔ Wesentliche Aufgaben des Depots bestehen in der Aufnahme neuer Vermögenswerte (Einstellen()), dem Verkauf oder dem Depotwechsel von Vermögenswerten (Entnehmen()). Um den Gesamtertrag eines Depots zu bestimmen, summiert es die Zinsen bzw. Erträge über alle Vermögenswerte (ZinsenBerechnen()).

Jedes Depot definiert verfügungsberechtigte Mitarbeiter als Inhaber, die für ein bestimmtes Depot zuständig sind. Das Paket Personen vereinbart aus diesem Grund die Klasse Kunde.

✔ Ein Kunde ist aus der Sicht der Vermögensverwaltung nur mit den Attributen kundennr und name belegt, die ihn zu diesem Zeitpunkt ausreichend charakterisieren. Hier ist die Terminologie aus dem Bankbereich übernommen, die von Kunden und Inhabern sprechen und nicht von Mitarbeitern, die vertretungsberechtigt sind.

✔ Der Kunde tritt als Inhaber eines Depots auf. Damit hat er die Möglichkeit, Vermögenswerte einzustellen, zu entnehmen und einen Überblick über die Erträge zu ermitteln.

✔ Jedes Depot kann mehrere Kunden als Inhaber besitzen und jeder Kunde mehrere Depots verwalten.

Ein Kunde Kunde besitzt eine weitere Funktion in Bezug auf die Vermögenswerte, die in ein Depot aufgenommen werden können. Für jeden Vermögenswert gibt es Inhaber, die unabhängig von der Depotzugehörigkeit festgelegt werden.

✔ So besitzen Aktie, Wertpapier und die abstrakte Klasse Konto, als Stellvertreter für Sparkonto und Girokonto, eine Beziehung zur Klasse Kunde, die die Inhaberschaft ausdrückt.

✔ Für jeden Vermögenswert muss mindestens ein Inhaber festgelegt werden. Es kann jedoch auch mehr als ein Inhaber bestimmt werden.

✔ Ein Wertpapier ist durch wpnr, laufzeit, nominalwert, kurs und zinssatz beschrieben. SetKurs() dient dazu, aktuelle Kursänderungen zu verbuchen, und ZinsenBerechnen() ermittelt die Erträge. Bei der Implementierung gehen wir detaillierter auf die Attribute und Operationen ein.

✔ Jedes Konto, egal ob Sparkonto oder Girokonto, kann durch seine kontonr und den kontostand näher beschrieben werden. Das Einzahlen() ist ebenfalls für alle Konten identisch.

✔ Ein Sparkonto, das als spezialisierte Variante über eine Vererbungsbeziehung mit der generalisierten Klasse Konto verbunden ist, definiert zusätzlich den zinssatz als Klassenattribut sowie die Operationen Auszahlen()und ZinsenBerechnen(), um den Ertrag zu bestimmen.

✔ Das Girokonto, das ebenfalls von der Klasse Konto erbt, vereinbart zusätzlich das Attribut dispoLimit sowie die Operationen Auszahlen() und Überweisen().

✔ Die Aktie wird mit den Attributen kaufKurs und dem aktuellenKurs beschrieben und kann gekauft (kaufen()) und verkauft (verkaufen()) werden. Da die Projektbeteiligten nur wenig Kenntnisse über Aktien besitzen, wird die weitere Modellierung zurückgestellt und soll später, nachdem die Kernfunktionalität für Wertpapiere und Sparkonten umgesetzt ist, in das System integriert werden.

✔ Aktien und Wertpapiere müssen als Teile genau einem Depot (Aggregat) zugeordnet werden, während jedes Depot beliebig viele Aktien und Wertpapiere enthalten kann.

✔ Sparkonten können einem Depot zugeordnet werden, können aber auch unabhängig von einem Depot verwaltet werden, je nachdem ob die Erträge mit erfasst werden sollen oder nicht.

✔ Girokonten können keinem Depot zugeordnet werden, da sie ausschließlich finanzielle Transaktionen wie beispielsweise den Kauf und Verkauf von Aktien und Wertpapieren realisieren.

✔ Zusätzlich dient das Girokonto dazu, die Zinsen von Wertpapieren aufzunehmen. Das besagt die Assoziation verrechnet mit, in der festgelegt ist, dass jedes Wertpapier mit einem festgelegten Girokonto seine Erträge verrechnet und jedes Girokonto als Gegenpart beliebig vieler Wertpapiere fungieren kann.

Typische Sequenz der Depotverwaltung

Den typischen Ablauf der Depotverwaltung stellt das folgende Sequenzdiagramm dar. Dabei sind drei verschiedene Szenarien hier in einer Abbildung zusammengefasst.

Die Einrichtung eines Depots, die Zinsermittlung aller Werte eines Depots und die Entnahme eines Wertpapiers aus einem Depot zwecks Verkauf zeigen die grundlegende Zusammenarbeit der Objekte, ausgehend vom Sachbearbeiter.

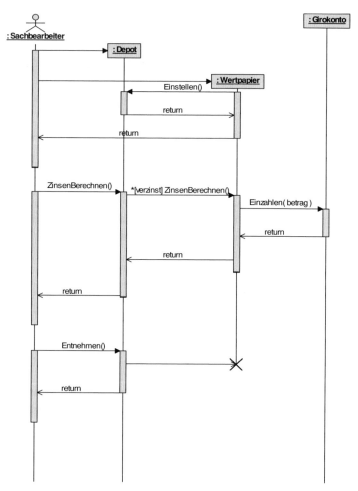

Abbildung 6.3: Sequenz: Wertpapier einstellen, verzinsen, verkaufen

Die erste Sequenz zeigt das Zusammenspiel von Sachbearbeiter, Depot und Wertpapier bei der Eröffnung eines Depots und dem Zukauf eines Wertpapiers.

✔ Der Sachbearbeiter eröffnet zunächst ein :Depot, um anschließend ein :Wertpapier in das System aufzunehmen. Da ein Wertpapier immer einem Depot angehören muss,

wird es über die Operation Einstellen() in das Depot aufgenommen.

✔ Die zweite Sequenz zeigt, wie ein Sachbearbeiter die Zinsberechnung für ein Depot anstößt (ZinsenBerechnen())
und diese Operation wiederum die Zinsberechnung aller
verzinsten Wertpapiere durchführt, um die Ergebnisse auf-
zusummieren und an den Sachbearbeiter zurückzugeben.
Die Operation ZinsenBerechnen() eines jeden Wertpapiers
sorgt dafür, dass der Ertrag dem als Verrechnungskonto
vereinbarten :Girokonto durch Aufruf der Operation Ein-
zahlen() gutgeschrieben wird.

✔ In der dritten Sequenz entnimmt der :Sachbearbeiter ein
:Wertpapier dem :Depot. Die Operation Entnehmen()
sorgt gleichsam dafür, dass das entnommene :Wertpapier
aus dem System entfernt wird.

Auf die Modellierung weiterer Diagramme verzichten wir, da
sowohl die statische Perspektive mit dem Klassendiagramm
als auch die dynamische Perspektive ausreichend detailliert
und verständlich erscheinen.

Entwurf – technische Konstruktion

Im Entwurf geht es um die technischen Aspekte der Konstruktion des Softwaresystems.

Verfeinerung und Erweiterung

Aus der Sicht des Entwurfs wird die Struktur erweitert und
verfeinert, zwecks Vorbereitung der Umsetzung mit einer objektorientierten Programmiersprache.

Für unser Modell legen wir zusätzliche Schnittstellen fest, um
verschiedene Vermögenswerte in einem Depot zusammenfassen und verzinsbare Vermögensgegenstände gruppieren zu
können.

Inhaltlich ergibt sich eine Änderung, indem auch Girokonten Teile eines Depots werden können, damit eine Gesamtübersicht auch die finanziellen Mittel darstellen kann.

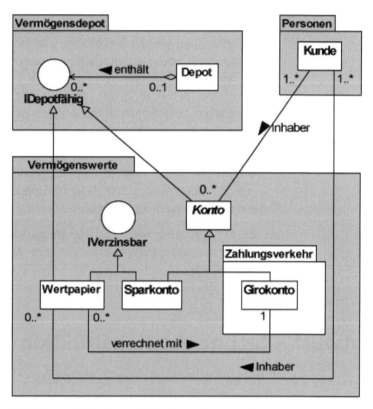

Abbildung 6.4: Entwurf: Strukturelle Veränderung

✔ Die Schnittstelle IDepotfähig vereinbart Operationen, die notwendig sind, damit ein Vermögenswert in einem Depot verwaltet werden kann.

✔ Die Schnittstelle IVerzinsbar definiert Aufrufkonventionen von Operationen, die alle verzinsbaren Vermögenswerte garantiert anbieten müssen.

✔ Da jedes Konto die Schnittstelle IDepotfähig implementiert und alle Objekte, die diese Schnittstelle implementieren, in ein Depot eingestellt werden können, kann ein Depot auch ein Girokonto als Unterklasse der Klasse Konto aufnehmen.

✔ Auch müssen nicht mehr alle depotfähigen Vermögensgegenstände in einem Depot gehalten werden. Damit ist die Anwendung flexibler als in der Analyse vorgesehen.

Des Weiteren werden technisch erforderliche zusätzliche Klassen definiert und den bestehenden Klassen Attribute und Operationen hinzugefügt, die für die internen Abläufe notwendig sind.

Operationen erhalten Parameter und Rückgabewerte, deren Typ ebenfalls vereinbart werden muss.

Die gerade genannten zusätzlichen Vereinbarungen stellen wir im folgenden Kapitel, das sich mit der Realisierung dieses Modells mit der Sprache C# beschäftigt, vollständig dar, da viele Aspekte erst mit der Umsetzung verständlich werden.

Datenhaltung

Viele Anwendungen müssen Daten, die über eine Sitzung hinaus im System erhalten bleiben sollen, dauerhaft speichern. Oft werden Anwendungssysteme mit Datenbanken gekoppelt. Um eine Unabhängigkeit von einem Datenbanksystem zu erreichen, ist es sinnvoll, die Datenhaltungskomponente systematisch vom erstellten fachlichen Modell zu entkoppeln. Vielleicht planen Sie ja, in regelmäßigen Abständen auf neuere Versionen Ihres Datenbanksystems umzusteigen oder gar das Datenbanksystem zu wechseln. Bleibt das fachliche Modell dagegen über mehrere Wechsel des Datenbanksystems hinaus konstant, verringert sich der Aufwand bei einer weitgehenden Entkopplung erheblich.

Benutzungsoberfläche

Es hat sich als Vorteil herausgestellt, das fachliche Modell, das Gegenstand der Analyse war, zu trennen von Datenhaltung und Benutzungskomponente. Die Erfinder der Programmiersprache Smalltalk in den 1970er Jahren haben das so genannte *Model-View-Controller-Paradigma* geprägt, um das fachliche Modell (Model) von seiner visuellen Darstellung (View) und der Interaktion (Controller) mit dem Benutzer zu entkoppeln.

Häufig ist es so, dass verschiedene Benutzergruppen ein Programm nutzen werden. Da hat es Sinn, dasselbe fachliche Modell für unterschiedliche Benutzungstypen auch unterschiedlich zu präsentieren.

✔ *Fachkundige Benutzer* beherrschen die Terminologie des Anwendungsbereichs und kennen elementare Verfahren zur Lösung von Standardaufgaben. Der Computer kann ihnen Routinearbeiten auf Anforderung abnehmen.

✔ *Fachunkundige Benutzer* müssen ohne Fachtermini in der Lösung einer Aufgabe mit Fachwissen und Lösungsverfahren unterstützt werden.

In Bezug auf die Erfahrenheit der Benutzer mit EDV-Systemen unterscheiden wir grob die folgenden beiden Benutzertypen:

✔ *Computererfahrene Benutzer* beherrschen die Bedienung moderner grafischer Benutzungsoberflächen und sind mit Standard-Dialogen zum Öffnen und Speichern von Arbeitsergebnissen sowie der grundlegenden Steuerung eines Rechners über die Tastatur und die Maus geübt.

✔ *Computerunerfahrene Benutzer* wissen wenig über das Handling eines Computers und sollten intuitiv an die Benutzung eines Anwendungsprogramms herangeführt werden.

Egal ob ein Benutzer Erfahrung im Umgang mit Computern besitzt und unabhängig von seinen einschlägigen fachlichen Kenntnissen und Fertigkeiten lassen sie sich in verschiedene Typen unterteilen.

✔ *Der visuelle Typ* findet in grafischen Benutzungsoberflächen mit Piktogrammen und Maussteuerung, die auch im Small-talk-Projekt in den 1970er Jahren erforscht und entwickelt wurden, eine ihm angemessene Interaktionsumgebung. Sie wurde nach der Schreibtisch-Metapher entworfen und bietet dem Benutzer ein bekanntes Szenario, den Schreibtisch mit Dokumenten (Fenstern), Karteikästen (Dateiordner), Papierkorb (Löschroutine) und anderen Werkzeugen (Programme). Die Umgebung ist intuitiv nutzbar, ähnlich einem klassischen Schreibtisch, und ohne viel Vorerfahrung.

✔ *Der textliche Typ* liebt eher spartanisch anmutende, aus der DOS-Zeit bekannte zeichenorientierte Benutzungsoberflächen. Er zieht Tastaturkürzel der Maussteuerung vor und mag keine poppigen bunten Benutzungsoberflächen. Analytische, formal denkende Menschen ziehen häufig textliche Interaktionsformen vor.

Benutzungsstrategien legen fest, in welchem Verhältnis Benutzer und System stehen.

✔ Der Benutzer steuert die Dialogfolge möglichst frei, wenn er qualifiziert ist, um Arbeitsinhalte und Arbeitsabläufe kompetent zu steuern. Der Computer ist sein Assistent, der per Einzelauftrag durch den Benutzer einzelne Arbeitsschritte übernimmt. Der Computer dient als *Werkzeug* des Menschen.

✔ Der systemgeführte Dialog, den Sie von Assistenten oder Wizards kennen, beherrscht eine Methode zur Lösung von konkreten Aufgaben. Der Mensch gilt als *Bediener* des Computers.

Im Ergebnis müssen oft verschiedene Benutzungsstrategien für unterschiedliche Benutzertypen in ein System integriert werden. Folglich sollte das fachliche Modell mit möglichst wenig Aufwand mit mehreren Benutzungsschnittstellen ausgestattet werden können.

Ein anderer eher technischer Aspekt ist die Notwendigkeit, eine Anwendung an neue grafische Oberflächen oder andere

Betriebssysteme anzupassen. Auch da hilft eine klare Trennung zwischen fachlichem Modell und der Benutzungsschnittstelle.

Die präsentierten Elemente können in GUI-Klassen unabhängig vom fachlichen Modell im UML-Klassendiagramm abgebildet werden. Dialogabläufe dagegen lassen sich übersichtlich mit Zustandsdiagrammen darstellen.

KAPITEL

Die Implementierung von UML-Modellen

Dieses Kapitel zeigt, wie Klassen, Schnittstellen und deren definierte Beziehungen mit der Programmiersprache C# umgesetzt werden können. Wir greifen den Entwurf der Fallstudie »Mein liebes Geld« auf und setzen diesen Schritt für Schritt um.

7

Die Implementierung von UML-Modellen

Im Gegensatz zum Vorgehen eines erfahrenen Programmierers entwickeln wir das Modell des Fallbeispiels »Mein liebes Geld« in diesem Kapitel von der Pike auf, als müssten wir viele Erkenntnisse noch erarbeiten. Das hat den Vorteil, dass viele Konzepte und insbesondere auch eine Begründung ihrer Auswahl viel deutlicher wird.

In den vorangegangenen Kapiteln haben Sie erfahren, wie Sie Klassen und Objekte mit der UML in Klassendiagrammen definieren, wie Sie Aktivitäten von Operationen in Sequenzdiagrammen, Zustandsdiagrammen und Aktivitätsdiagrammen festlegen und wie Sie beschreibende Eigenschaften einem Objekt zuordnen.

In den folgenden Abschnitten erarbeiten wir zunächst systematisch den Aufbau, die Nutzung und das Beenden von Objektbeziehungen aus der Perspektive des Programmierers. Derartige Beziehungen sind aus der Sicht eines objektorientierten Programms als Attributwerte in Attributen verankert und können im Lauf der Existenz eines Objekts durch eine einfache Wertzuweisung verändert oder beendet werden. Daher bezeichnen wir sie auch als *dynamische Beziehungstypen.*

Anschließend betrachten wir Beziehungen, die in der Klasse fest verankert sind und sich somit während der Existenz eines Objekts nicht ändern können. Diese elementaren *statischen Beziehungstypen* beziehen sich auf den Aufbau von Klassen und beinhalten die Übernahme von fremden Klassendefinitionen und Schnittstellen in Form der *Vererbung.*

Damit Sie in Systemen, die viele Klassen und Schnittstellen beinhalten, den Überblick behalten, können Sie ausgewählte Klassen und Schnittstellen zu den bereits zu Beginn kurz erläuterten Paketen oder, wie sie in C# genannt werden, *Na-*

mensräumen (*Namespaces*) zusammenfassen. Diese Organisationseinheiten können auch zu übergeordneten Namensräumen zusammengefasst werden, so dass eine hierarchische Struktur von Namensräumen aufgebaut wird.

Namensräume sind Organisationseinheiten, die ähnlich aufgebaut sind wie die Organisation von Unternehmungen. Wie Sie es aus Organigrammen kennen, die Mitarbeiter Abteilungen zuordnen und Abteilungen zu Oberabteilungen zusammenfassen, lassen sich Klassen und Interfaces in Namensräumen zusammenfassen, die ihrerseits wieder eine hierarchische Struktur besitzen können. Stellen Sie sich Namensräume wie ein Organigramm für Klassen und Interfaces vor, das diese Elemente bestimmten Namensräumen zuordnet, die ihrerseits zu übergeordneten Namensräumen zusammengefasst werden können.

»Mein liebes Geld« – Sparkonto in C#

Kern unserer Überlegungen für die Geldanlage ist ein Sparkonto, das wir bei einer Bank eröffnen. Uns interessiert zunächst nur die Kontonummer, der Name des Kontoinhabers sowie der aktuelle Kontostand. Darüber hinaus sollen Einzahlungen und Auszahlungen beliebiger Beträge vorgenommen werden können.

```
          Sparkonto
-kontonr
-inhaber
-kontostand
+Einzahlen( betrag )
+Auszahlen( betrag )
+GetKontostand()
```

Abbildung 7.1: Klasse Sparkonto – Grundform

Zusätzlich zu den hier abgebildeten Strukturinformationen enthält die Klasse Sparkonto in C# einen Individual-Konstruktor (Zeilen 8 - 12), der den Namen des Inhabers (inhaber) und die Kontonummer (kontonr), die als Parameter übergeben werden, den entsprechenden Attributen zuweist.

```
 1: // Listing 7.1
 2: using System;
 3: public class Sparkonto {
 4:     string inhaber;
 5:     int kontonr;
 6:     double kontostand;
```

In der Klasse Sparkonto vereinbaren Sie den Kontoinhaber inhaber als Zeichenkette, die Kontonummer kontonr als Ganzzahl und den Kontostand kontostand als Fließkommazahl.

Der Individual-Konstruktor, den Sie zum Einrichten eines Objekts aufrufen, erhält als Übergabewert den Namen des Inhabers sowie die Kontonummer.

```
 7:     public Sparkonto(string inhaber, int kontonr){
 8:         this.inhaber = inhaber;
 9:         this.kontonr = kontonr;
10:     }
```

Die übergebenen Werte legt der Konstruktor in den Zeilen 8-9 als Attributwerte fest. Damit sind die Angaben dauerhaft, über die Laufzeit des Konstruktors hinaus, im Sparkonto-Objekt verfügbar.

Um eine Einzahlung vorzunehmen, definieren Sie die Operation Einzahlen(...), die bei ihrem Aufruf immer die Angabe eines Betrags benötigt, der dem Sparkonto-Objekt gutgeschrieben werden soll.

```
11:     public void Einzahlen(double betrag){
12:         kontostand += betrag;
13:     }
```

Jede Einzahlung erhöht den Wert des Attributs kontostand um den angegebenen Betrag.

Den entgegengesetzten Weg beschreitet die Operation Auszah-len(...). Sie benötigt ebenfalls die Angabe eines Betrags, der jedoch in diesem Fall ausgezahlt werden soll.

```
14:     public bool Auszahlen(double betrag){
15:         bool gedeckt;
16:         if (gedeckt = kontostand >= betrag)
17:             kontostand -= betrag;
18:         return gedeckt;
19:     }
```

Im Unterschied zu einer Einzahlung darf aber nicht jeder beliebige Betrag ausgezahlt werden. Nur wenn der Kontostand höher als der Auszahlungsbetrag ist, also eine Auszahlung nicht zu einem negativen Kontostand führen würde, darf der Betrag vom Konto abgehoben werden. Die Operation Auszah-len(...) zahlt den geforderten Betrag nur dann aus, wenn dadurch der Kontostand nicht negativ wird – daher die bedingte Anweisung in Zeile 16.

Die Operation GetKontostand() ermöglicht die Abfrage des aktuellen Kontostands.

```
20:     public double GetKontostand(){
21:         return kontostand;
22:     }
23: }
```

Die folgende Startklasse erzeugt ein Sparkonto, führt einige Kontobewegungen durch und gibt anschließend den Konto-stand aus.

```
1: // Listing 7.2
2: using System;
3: class Start {
4:     public static void Main(string[] args) {
5:         Sparkonto meinKonto =
6:                 new Sparkonto("Micha", 4711);
7:         meinKonto.Einzahlen(100);
8:         meinKonto.Einzahlen(300);
```

```
 9:        meinKonto.Auszahlen(1150);
10:        meinKonto.Auszahlen(150);
11:        Console.WriteLine("Kontostand: {0} EURO",
12:                          meinKonto.GetKontostand());
13:    }
14: }
```

Führen Sie die Startklasse aus, so erhalten Sie die folgende Bildschirmausgabe, die nach allen Kontobewegungen einen Kontostand von 250 € anzeigt.

```
Kontostand: 250 EURO
```

Nachdem das Sparkonto-Objekt meinKonto erzeugt wurde (Zeilen 5-6) zahlen Sie die Beträge 100 € und 300 € zunächst ein (Zeilen 7-8), bevor die erste Auszahlung von 1150 € (Zeile 9) abgelehnt wird, da aus der Auszahlung ein negativer Kontostand resultieren würde. Die letzte Auszahlung von 150 € wird hingegen vorgenommen (Zeile 10) und der resultierende Kontostand von 250 € ausgegeben (Zeilen 11-12).

Ausgehend von diesem Sparkonto-Objekt demonstrieren die nächsten Abschnitte die Handhabung von Objektbeziehungen in C#.

Assoziation – »LAG« von Objekten

Nachdem Sie Beziehungen zwischen Objekten bereits zwischen Karaffen und Regalen sowie zwischen Sparschwein-Objekten und den in ihnen enthaltenen Münzfächern aufgebaut haben, werden Sie in diesem Abschnitt am Beispiel des Sparkontos lernen, wie Objekte Beziehungen aufbauen, nutzen und wieder beenden können.

Phasen einer Objektbeziehung

Wenn wir Objekte in einer Analogie mit Menschen gleichsetzen, indem wir ihnen ein Gedächtnis (Zustand bzw. Gesamtheit der Attribute) und eine Reaktionsmöglichkeit auf Umweltereignisse (Verhalten bzw. Gesamtheit der Operationen) zuschreiben, erscheint es nur konsequent, wenn wir die Beziehungen von Objekten ebenfalls mit menschlichen Beziehungen vergleichen.

Betrachten wir den Lebenszyklus eines Objekts von seiner Erzeugung bis zu seiner Vernichtung, so sind die Beziehungen, die es im Laufe seiner Existenz eingeht, mit *LAG*s (Lebensabschnittsgemeinschaft) von Menschen vergleichbar.

Bevor wir von einer Beziehung profitieren können, muss diese zunächst aufgebaut werden. Das bedeutet, dass die Beteiligten sich als Beziehungspartner zunächst anerkennen und die Möglichkeiten und Fähigkeiten des anderen verstehen müssen, um Aufgaben möglichst effizient gemeinsam bewältigen zu können. Bietet eine Beziehung den Beteiligten keine Vorteile mehr, so kann die Bindung wieder gelöst werden.

Beziehung aufbauen

Der erste Schritt einer Beziehung ist immer die bewusste Anerkennung eines Beziehungspartners. Genau wie »im richtigen Leben« gibt es auch zwischen Objekten einseitige und zweiseitige Beziehungen oder, wenn mehr als zwei Objekte beteiligt sind, auch mehrseitige Beziehungen.

Eine derartige einseitige Beziehung geht im folgenden Beispiel auch ein Sparkonto-Objekt mit einem Kunden-Objekt ein.

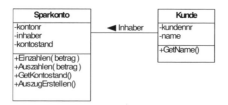

Abbildung 7.2: Sparkonto – Beziehung aufbauen

Um den Aufbau einer Beziehung zu demonstrieren, erstellen wir eine neue Klasse Kunde. Konto-Objekte können dann Beziehungen zu Kunden-Objekten aufbauen, die den oder die Inhaber eines Kontos festlegen.

Vereinbaren Sie zunächst die Klasse Kunde mit den Attributen kundennr und name.

```
1: // Listing 67.3
2: public class Kunde {
3:     int kundennr;
4:     string name;
```

Dem folgenden Individual-Konstruktor übergeben Sie zur Erzeugung eines Kunden-Objekts den Namen und die Kundennummer. Der Konstruktor weist die übergebenen Werte den entsprechenden Attributen zu.

```
5:     public Kunde(string name, int kundennr) {
6:         this.kundennr = kundennr;
7:         this.name = name;
8:     }
```

Zu Dokumentationszwecken stellt jedes Kunden-Objekt auf Anfrage eine Kennung, die sich aus dem Kundennamen und der Kundennummer zusammensetzt, zur Verfügung.

```
9:     public string GetKennung(){
10:         return name + " (" + kundennr + ")";
11:     }
12: }
```

Damit das Sparkonto-Objekt eine Beziehung zu einem Kunden-Objekt aufbauen kann, müssen wir in der Klasse Sparkonto das bisher als Zeichenkette behandelte Attribut inhaber nun als Verweis auf ein eigenständiges Kunden-Objekt definieren. Das Attribut Inhaber ist somit in der Lage, eine Beziehung zu einem Kunden-Objekt herzustellen.

```
1: // Listing 7.4
2: using System;
```

```
 3: public class Sparkonto {
 4:     Kunde inhaber;
 5:     /*...*/
```

Da jedes Sparkonto zwingend bereits zu Beginn seiner Existenz einen Inhaber besitzen muss, ist der Konstruktor die geeignete Operation, um eine solche Beziehung aufzubauen. Dazu wird der Übergabeparameter inhaber mit einem Verweis auf den Kontoinhaber gefüttert.

```
 6:     public Sparkonto(Kunde inhaber, int kontonr){
 7:         this.inhaber = inhaber;
 8:         this.kontonr = kontonr;
 9:     }
10:     /*...*/
```

Der Konstruktor trägt dann diesen Verweis im gleichnamigen Attribut des Objekts ein (Zeile 7). Damit ist die Beziehung vom Sparkonto zu seinem Inhaber über die Zeit, in der der Konstruktor aktiv ist, hinaus im Konto-Objekt verfügbar.

Die Operation AuszugErstellen() zeigt, wie das Sparkonto-Objekt seine Beziehung zum Kunden-Objekt nutzt, um die Kennung eines Kunden in einem Kontoauszug auszugeben.

```
11:     public void AuszugErstellen(){
12:         Console.WriteLine("Konto: {0}, Inhaber: "+
13:             "{1}, Kontostand: {2} EURO",
14:             kontonr,
15:             inhaber.GetKennung(),
16:             kontostand);
17:     }
18: }
```

Dazu ruft die Operation in der Zeile 15 über das Beziehungsattribut inhaber die Operation GetKennung() auf, die dann als Argument der Ausgabeanweisung zusammen mit der Kontonummer und dem Kontostand auf dem Bildschirm ausgegeben wird.

Mit der alleinigen Verankerung der Beziehung im Attribut inhaber der Klasse Sparkonto liegt eine einseitige oder einseitig navigierbare Beziehung vor. Ein Sparkonto-Objekt kennt das als Inhaber zugeordnete Kunden-Objekt und kann seine Operation GetKennung() (Zeile 15) aufrufen. Das Kunden-Objekt hat dagegen keinen Zugriff auf die ihm zugeordneten Sparkonto-Objekte.

Die folgende Startklasse erzeugt ein Sparkonto-Objekt, führt einige Ein- und Auszahlungen aus und gibt anschließend den Kontoauszug auf dem Bildschirm aus.

```
 1: // Listing 7.5
 2: using System;
 3: class Start {
 4:     static void Main(string[] args) {
 5:         Kunde einKunde = new Kunde("Tom", 102);
 6:
 7:         Sparkonto einKonto =
 8:             new Sparkonto(einKunde, 4711);
 9:         einKonto.Einzahlen(100);
10:         einKonto.Einzahlen(300);
11:         einKonto.Auszahlen(150);
12:
13:         einKonto.AuszugErstellen();
14:     }
15: }
```

Das in Zeile 5 erzeugte Kunden-Objekt, das Sie über die Variable einKunde ansprechen können, soll Kontoinhaber des Sparkonto-Objekts einKonto sein. Durch die Übergabe des Verweises einKunde bei der Erzeugung des Konto-Objekts an dessen Konstruktor ist einKunde als Kontoinhaber festgelegt.

Da der Konstruktor den Verweis auf das Kundenobjekt dauerhaft im Attribut inhaber des Sparkonto-Objekts verankert, ist diese Beziehung über die Laufzeit des Konstruktors hinaus verfügbar. Die Beziehung ist erst dann beendet, wenn entweder das Sparkonto-Objekt aufgelöst wird oder eine andere Operation explizit den Verweis entfernt.

Beziehung leben

Nachdem das Sparkonto eingerichtet und damit auch die Beziehung zu seinem Inhaber festgelegt ist, nutzt das Sparkonto-Objekt nach der Durchführung einiger Kontobewegungen (Zeilen 9-11) in der Operation AuszugErstellen() diese Beziehung, um den Namen des Kontoinhabers und seine Kundennummer auf dem Kontoauszug anzugeben.

Die Anweisung in Zeile 13 ruft dazu lediglich die Operation auf. Der Zugriff auf den Inhaber ist, wie Sie im vorhergehenden Listing bereits gesehen haben, intern im Körper der Operation geregelt. Der Aufruf der Operation gibt den folgenden einfachen Kontoauszug, der bisher lediglich das Konto, den Kontoinhaber und den Kontostand enthält, auf dem Bildschirm aus:

```
Konto: 4711, Inhaber: Tom (102), Kontostand: 250 EURO
```

Um die speziellen Fähigkeiten des Kunden-Objekts zu nutzen, muss das Sparkonto-Objekt neben der Zugriffsmöglichkeit, die über das Attribut inhaber festgelegt ist, auch deren Operationen kennen.

Während Menschen in der Lage sind zu lernen, welche Fähigkeiten andere Menschen besitzen und bereit sind, zur Verfügung zu stellen, ist in einem Softwareobjekt der Programmierer dafür verantwortlich, diese Kenntnisse, die nur er besitzt, umzusetzen. So inspiziert der Programmierer während der Erstellung der Klasse Sparkonto die Klasse Kunde und implementiert dann den Aufruf von GetKennung() des Kunden-Objekts innerhalb der Operation AuszugErstellen() des Sparkonto-Objekts. Der Programmierer nutzt also sein Wissen über den Aufbau und die Verwendungsmöglichkeit des Kunden-Objekts, um diese Kenntnisse als interne Operationsaufrufe in Operationen eines Sparkonto-Objekts zu verwenden.

Während Menschen auch Beziehungen zu fremden, bisher unbekannten Menschen aufbauen können, ist das für Softwareobjekte nur sehr begrenzt möglich. Zwar existieren im

.NET-Framework Ansätze zur Ermittlung von Informationen über unbekannte fremde Objekte (Namespace `System.`
`Reflection`), sie vermitteln jedoch ausschließlich die formalen Aspekte einer Kopplung wie die Aufrufkonvention
von Operationen, nicht dagegen ihre inhaltliche Bedeutung.

Beziehung beenden

Im Laufe seines Daseins kann es vorkommen, dass der Kontoinhaber wechselt. So ist z.b. denkbar, dass der Firmeninhaber
seinem Sohn, der als Assistent in der Firma arbeitet, zunächst
auf seinen eigenen Namen ein neues Sparkonto eröffnet hat,
das er ihm nach einer Probezeit zur alleinigen Verantwortung
überlässt.

Für ein Konto ist es entscheidend, dass immer ein Kontoinhaber existiert. Somit ist die Beendigung einer Beziehung zwischen einem Konto und seinem Inhaber nur möglich, wenn im
gleichen Atemzug ein neuer Inhaber festgelegt wird.

Diesen Wechsel wollen wir nun durch die Ergänzung der Operation `InhaberWechseln()` in der Klasse `Sparkonto` vornehmen.

```
1: // Listing 7.6
2: using System;
3: public class Sparkonto {
4:    /*...*/
5:    public void InhaberWechseln(Kunde neuInhaber){
6:       this.inhaber = neuInhaber;
7:    }
8: }
```

Das folgende Programm führt einige Transaktionen durch und
wechselt den Inhaber.

```
1: // Listing 7.7
2: using System;
3: class Start {
```

```
 4:    static void Main(string[] args) {
 5:        Kunde einKunde = new Kunde("Micha", 101);
 6:
 7:        Sparkonto einKonto = new
 8:            Sparkonto(einKunde, 4711);
 9:
10:        einKonto.Einzahlen(100);
11:        einKonto.Einzahlen(300);
12:        einKonto.Auszahlen(150);
13:        einKonto.AuszugErstellen();
14:
15:        Kunde einSohn = new Kunde ("Chiron", 103);
16:        einKonto.InhaberWechseln(einSohn);
17:        einKonto.AuszugErstellen();
18:    }
19: }
```

Der Aufruf der Operation InhaberWechseln(...) beendet in Zeile 16 die Beziehung zu dem alten Kontoinhaber mit dem Namen Micha und stellt gleichzeitig eine Beziehung zum neuen Inhaber Chiron her. Chiron ist nun Inhaber desselben Kontos mit der Kontonummer 4711, wie die folgenden Bildschirmausgaben der Startklasse zeigen.

```
Konto: 4711, Inhaber: Micha (101), Kontostand: 250 EURO
Konto: 4711, Inhaber: Chiron (103), Kontostand: 250 EURO
```

Beziehungsmengen – Kardinalität

Bisher erlaubt die Klasse Sparkonto ausschließlich die Zuordnung genau eines Kontoinhabers. Denkbar ist aber auch, dass ein Vater für sich und seinen Sohn ein Gemeinschaftskonto einrichtet, damit er auch nach dem zehnten Geburtstag seines Sohnes Zugriff auf das Konto besitzt.

Jetzt ist es also denkbar, dass ein neuer Kontoinhaber hinzugefügt wird, ohne dass der oder die bisherigen Kontoinhaber ausscheiden.

Darüber hinaus kann ein Inhaber ausscheiden, ohne dass ein neuer Inhaber an seine Stelle rücken muss, wenn nach dem Ausscheiden noch mindestens ein Inhaber verbleibt.

Die hier im Beispiel beschriebenen zulässigen Zuordnungsmengen einer Objekt-Beziehung, die so genannten *Kardinalitäten*, können auch im Klassendiagramm dargestellt werden. Die Bereichsangabe 1..* (vgl. die folgende Abbildung) am Kunden-Ende der Objekt-Beziehung besagt, dass ein Sparkonto mindestens einen Kontoinhaber besitzen muss. Das *-Symbol weist darauf hin, dass keine Begrenzung für die Anzahl der Kontoinhaber besteht. Der * auf der Seite des Sparkontos bedeutet, dass ein Kunde nicht Inhaber eines Sparkontos sein muss, aber Inhaber eines Sparkontos oder mehrerer Sparkonten sein kann.

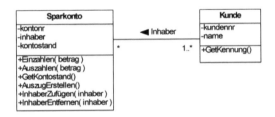

Abbildung 7.3: Sparkonto-Klasse – Beziehung mit Kardinalitäten

Die Operation InhaberWechseln(...) wird ab sofort durch die beiden Operationen InhaberZufügen(...) und Inhaber-Entfernen(...) abgelöst.

Weitere Anpassungen müssen Sie am Attribut Inhaber und an all den Operationen vornehmen, die auf Inhaber zugreifen.

```
1: // Listing 7.8
2: using System;
3: using System.Collections;
4: public class Sparkonto {
5:     ArrayList inhaber;
6:     int kontonr;
7:     double kontostand;
```

Das Attribut Inhaber vereinbaren Sie vom Typ ArrayList (Zeile 5). Diese Klasse bietet ähnlich wie der Typ Array die Möglichkeit, mehrere Objekte aufzunehmen. Im Gegensatz zu einem Array ist die Anzahl der Elemente nicht beschränkt und das Einfügen und Entfernen von Elementen wird durch geeignete Operationen vereinfacht. Da die Klasse ArrayList dem Namensraum System.Collections zugeordnet ist, müssen Sie diesen in Zeile 3 zunächst einbinden.

```
8:    public Sparkonto(Kunde inhaber, int kontonr){
9:        this.inhaber = new ArrayList();
10:       this.inhaber.Add(inhaber);
11:       this.kontonr = kontonr;
12:   }
13:   /*...*/
```

Da der Inhaber jetzt in einem eigenen Collection-Objekt hinterlegt wird, muss auch dieses vor seiner ersten Verwendung mit dem new-Operator (Zeile 9) erzeugt werden. Die Operation Add(...) fügt jetzt dem als Attribut vereinbarten Collection-Objekt den Verweis auf das Inhaber-Objekt inhaber zu.

Um dem neuen Attribut inhaber weitere Inhaber zuzuordnen, vereinbaren Sie die Operation InhaberZufügen(...). Ebenso wie beim Konstruktor übergeben Sie einen Verweis auf den Kunden, der Kontoinhaber werden soll.

```
14:   public void InhaberZufügen(Kunde inhaber){
15:       this.inhaber.Add(inhaber);
16:   }
```

Da das Collection-Objekt inhaber bereits durch den Aufruf des Individual-Konstruktors erzeugt ist, weist die Operation an dieser Stelle den neuen Inhaber lediglich zu.

Die Operation InhaberEntfernen(...) erhält als Übergabewert einen Verweis auf das Inhaber-Objekt, das als Inhaber ausscheidet.

```
17:   public void InhaberEntfernen(Kunde inhaber){
18:       if (this.inhaber.Count > 1) {
```

```
19:              this.inhaber.Remove(inhaber);
20:       }
21:    }
```

Das Attribut Count des ArrayList-Objekts inhaber enthält die Anzahl der dort verzeichneten Inhaber-Objekte. Nur wenn mindestens zwei Inhaber dort verzeichnet sind, darf der Verweis auf den gewünschten Inhaber entfernt werden (Aufruf der Operation Remove).

Die Operation AuszugErstellen() berücksichtigt in ihrer neuen Version alle Inhaber.

```
22:    public void AuszugErstellen(){
23:        string kennungen = null;
24:        foreach(Kunde kunde in inhaber) {
25:            kennungen += kunde.GetKennung() + " ";
26:        }
27:        Console.WriteLine("Konto      : {0}" +
28:                    "\nInhaber    : {1}" +
29:                    "\nKontostand: {2} EURO\n",
30:                    kontonr,
31:                    kennungen,
32:                    kontostand);
33:    }
34: }
```

Zunächst wird in dem obigen Listing die Variable kennungen vereinbart (Zeile 23), die von der foreach-Anweisung (Zeilen 24-26) dazu verwendet wird, der Reihe nach die Kennungen aller Inhaber zu einer Zeichenfolge zusammenzufügen.

Diese Zeichenfolge wird anschließend in der Ausgabeanweisung (Zeilen 27-33) eingesetzt.

Erstellen Sie auch hier wieder eine Startklasse, um die neue Funktionalität unseres Kontos zu überprüfen.

```
1: // Listing 7.9
2: using System;
3: class Start {
```

```
 4:     static void Main(string[] args) {
 5:         Kunde einKunde = new Kunde("Micha", 101);
 6:
 7:         Sparkonto einKonto = new
 8:             Sparkonto(einKunde, 4711);
 9:         einKonto.Einzahlen(345);
10:         einKonto.AuszugErstellen();
```

Nachdem ein Kunden-Objekt erzeugt wurde (Zeile 5), dient es bei der Einrichtung des Sparkontos (Zeilen 7-8) zunächst als alleiniger Kontoinhaber.

| einKonto : Sparkonto |————————| einKunde : Kunde |

Abbildung 7.4: Konto-Objekt – Einfach-Beziehung

Somit besitzt das Sparkonto-Objekt einKonto nach seiner Einrichtung eine Beziehung zu genau einem Inhaber einKunde.

Die folgenden Anweisungen nutzen jetzt die hinzugewonnenen Möglichkeiten. Der Sohn Chiron wird jetzt Mitinhaber des Sparkontos.

```
11:         Kunde einSohn = new Kunde ("Chiron", 103);
12:         einKonto.InhaberZufügen(einSohn);
13:         einKonto.AuszugErstellen();
```

Das neu erstellte Kunden-Objekt einSohn wird zusätzlich zu dem bisherigen Inhaber durch Aufruf der Operation InhaberZufügen(einSohn) im Attribut inhaber des Sparkonto-Objekts festgelegt.

Abbildung 7.5: Sparkonto-Objekt – Mehrfach-Beziehung

Das Sparkonto-Objekt wird nun von den beiden Inhabern einKunde und einSohn gemeinschaftlich geführt.

Nachdem der Vater sich überzeugt hat, dass sein Sohn das Sparkonto in seinem Sinne führt, scheidet er als Kontoinhaber aus und überlässt seinem Sohn die alleinige Verantwortung.

```
14:        einKonto.InhaberEntfernen(einKunde);
15:        einKonto.AuszugErstellen();
```

Um das Objekt einKunde als Kontoinhaber zu entfernen, rufen Sie die Operation InhaberEntfernen(einKunde) auf.

Abbildung 7.6: Sparkonto-Objekt – Ersetzen eines Inhabers I

Damit ist der Sohn einSohn alleiniger Kontoinhaber.

Der Sohn entschließt sich, seine Schwester ebenfalls an dem Sparkonto zu beteiligen.

```
16:        Kunde eineTochter = new Kunde("Gina", 101);
17:        einKonto.InhaberZufügen(eineTochter);
18:        einKonto.AuszugErstellen();
19:    }
20: }
```

Nachdem das zugehörige Objekt eineTochter angelegt ist und anschließend dem Konto hinzugefügt wurde, existieren wieder zwei Kontoinhaber.

Abbildung 7.7: Sparkonto-Objekt – Ersetzen eines Inhabers II

Wenn Sie die Startklasse ausführen, sehen Sie in den vier Kontoauszügen die unterschiedlichen Inhaberkonstellationen.

```
Konto     : 4711,
Inhaber   : Micha (101)
Kontostand: 345 EURO
```

```
Konto     : 4711,
Inhaber   : Micha (101) Chiron (103)
Kontostand: 345 EURO


Konto     : 4711,
Inhaber   : Chiron (103)
Kontostand: 345 EURO


Konto     : 4711,
Inhaber   : Chiron (103) Gina (104)
Kontostand: 345 EURO
```

Die Kontoinhaber werden jeweils in der zweiten Zeile eines Kontoauszugs aufgelistet.

Um einen Inhaber eines Kontos zu entfernen, ist es ebenfalls denkbar, als Argument alternativ die Kundennummer des zu entfernenden Kunden an die Operation InhaberEntfernen(...) zu übergeben. Dann müsste allerdings zusätzlich eine Suchoperation in der Klasse Sparkonto implementiert werden. Andere Möglichkeiten bestehen in der Verwendung der Klasse Hashtable anstelle der Klasse ArrayList oder in der Verwendung der Schnittstelle IComparable.

Besteht bei der Definition der Kardinalität eine Obergrenze, so kann diese durch Überprüfung in der Operation, die eine Beziehung hinzufügt, berücksichtigt werden, so wie die Untergrenze beim Entfernen überprüft wurde.

Die dargestellte Beziehung zwischen einem Sparkonto und seinen Inhabern war in unserem Beispiel nur einseitig navigierbar. Das bedeutet, dass das Sparkonto Zugriff auf seine Inhaber besitzt. Umgekehrt hat in unserem Modell ein Kunde keinen Zugriff auf seine Konten. Wollen Sie diesen Zugriff ermöglichen, ergänzen Sie in der Klasse Kunde ein Attribut vom Typ ArrayList, das einen Verweis auf seine Konten besitzt. Beachten Sie dabei, dass jede Beziehung dann sowohl bei einem

Sparkonto-Objekt als auch bei einem Kunden-Objekt im Rahmen ihres Aufbaus registriert und bei ihrer Beendigung auch wieder entfernt werden muss.

Beziehungsarten

Sie haben gesehen, wie Objekte Verbindungen über eine bestimmte Dauer eingehen, diese nutzen und auch wieder beenden können. Die in der UML oder anderen Ansätzen zur objektorientierten Modellierung unterschiedenen Arten von Objektbeziehungen werden in einer Programmiersprache mit den Mitteln umgesetzt, die sie im vorhergehenden Abschnitt kennen gelernt haben.

Dennoch sollten Sie bei der Umsetzung einige Details beachten, die im Folgenden als Überblick durch konzeptionelle Beispiele dargestellt werden.

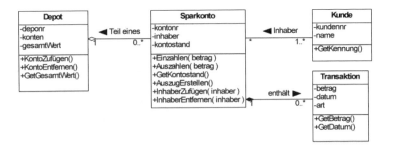

Abbildung 7.8: Sparkonto-Klasse – Beziehungsarten

Einfache Assoziation – fachliche Bindung

Eine einfache Assoziation zwischen selbstständigen Objekten, die eine fachliche Verbindung eingehen, haben Sie bereits im vorhergehenden Beispiel zwischen einem Sparkonto und den Kunden kennen gelernt.

✔ Die Beziehung wird als Attribut in einem oder allen beteiligten Objekten gespeichert. Für komplexe Beziehungen können auch eigene Beziehungsobjekte, die aus Assoziationsklassen erzeugt werden, gebildet werden.

✔ Der Aufbau und die Beendigung der Beziehung erfolgen durch Operationen.

Aggregation – Zusammenfassung unabhängiger Objekte

Eine *Aggregation* fasst unabhängige Objekte als Teile zu einem umfassenden Objekt, dem Ganzen, zusammen. Stellen Sie sich vor, dass ein Sparkonto Teil eines Depots ist.

✔ Die Beziehung wird zwingend in einem Attribut des Ganzen (in unserem Beispiel das Depot-Objekt) registriert.

✔ Der Aufbau und die Beendigung einer Beziehung erfolgen durch Operationen des Ganzen (im Beispiel das Depot-Objekt).

Komposition – Zusammenfassung abhängiger Objekte

Eine *Komposition* fasst ebenfalls Objekte in einem anderen Objekt als Ganzes zusammen. Dabei sind die Teile jedoch abhängig vom Ganzen. Betrachten Sie ein Sparkonto, das nicht nur den Kontostand, sondern wie üblich alle Transaktionen, die ebenfalls Objekte darstellen, speichert.

✔ Diese Beziehung registriert ebenfalls ein Attribut des Ganzen (im Beispiel das Sparkonto-Objekt).

✔ Die abhängigen Objekte (im Beispiel die Transaktions-Objekte) werden ausschließlich von Operationen des umfassenden Objekts (im Beispiel das Sparkonto-Objekt) erzeugt.

✔ Wird das umfassende Objekt vernichtet, gibt es auch für die zugeordneten Kompositions-Objekte keine Existenzberechtigung mehr (keine Transaktionen ohne zugehöriges Konto).

Mit diesen Hinweisen wenden wir uns von den im Zeitablauf änderbaren Strukturen ab und denjenigen Strukturen zu, die zeitunabhängig die Struktur einer Klasse, und damit den Aufbau der daraus erzeugten Objekte, festlegen.

Vererbung – Weitergabe von Strukturen

Im vorhergehenden Abschnitt haben wir einleitend die Beziehungen zwischen Objekten mit den Beziehungen von Menschen verglichen. Eine ähnliche Analogie legt die metaphorische Bedeutung des Begriffs *Vererbung* nahe.

Die Eigenschaften, die einem Menschen als genetische Bausteine mitgegeben wurden, sind im Grundsatz unveränderbar. Das Gleiche gilt auch für Klassen eines objektorientierten Systems. Mit der Vererbung übernimmt eine Klasse vollständig die Struktur einer anderen Klasse. Diese übernommene Struktur ist dann die Basis für Erweiterungen und Spezialisierungen und nur im Ausnahmefall Grundlage von Einschränkungen.

Identifizieren von Vererbungsstrukturen

Um die Weitergabe des Aufbaus einer Klasse zu demonstrieren, erweitern wir zunächst unser Ausgangsbeispiel, das aus der Klasse Sparkonto und der dazu in Beziehung stehenden Klasse Kunde besteht, um eine weitere Klasse. Um auch Transaktionen wie Überweisungen nachvollziehen zu können und Daueraufträge wie unsere monatliche Miete und den Eingang des Gehalts festzuhalten, ergänzen wir nun die Klasse Girokonto.

Die Operationen zum Aufbau und zum Beenden der Inhaber-Beziehung zu Kunden-Objekten wollen wir der Übersicht halber im Folgenden vernachlässigen. Der erste Aufbau erfolgt über den Konstruktor, der im Klassendiagramm hier nicht dargestellt ist.

Zusätzlich wollen wir in der Klasse Sparkonto den Zinssatz zinssatz als Attribut zur Berechnung der Zinsen in der Operation ZinsenBerechnen() verwenden.

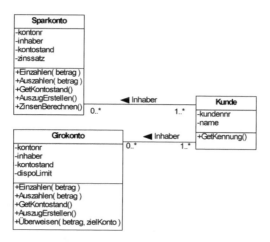

Abbildung 7.9: Konten – ohne Vererbung

Die neu aufgenommene Klasse Girokonto fällt dadurch auf, dass alle Attribute bis auf das Attribut dispoLimit mit den Attributen der Klasse Sparkonto übereinstimmen. Das Dispositionslimit legt fest, bis zu welchem Betrag ein Girokonto überzogen werden darf.

Weiterhin finden sich bis auf die Operation Überweisen() alle Operationen ebenfalls im Sparkonto wieder. Die Operation zum Überweisen rufen Sie auf, um einen Betrag von einem Konto auf ein anderes Konto zu transferieren.

Richten Sie Ihr Augenmerk auf die Assoziation zwischen den Objekten Sparkonto und Kunde sowie Girokonto und Kunde, dann finden Sie auch dort eine übereinstimmende Definition. Das Attribut inhaber, das alle Beziehungen registriert, hat damit in beiden Klassen dieselbe Aufgabe.

Somit sind in beiden Klassen drei von vier Attributen, die auch die übereinstimmende Inhaberbeziehung beinhalten, sowie vier von fünf Operationen identisch.

Beachten Sie, dass übereinstimmende Operationsnamen noch nicht zwingend eine vollständige Übereinstimmung bedeuten. Auch wenn die Aufrufkonventionen einer Operation identisch sind, können sie sich dennoch in ihrem Verhalten, das durch die Anweisungen im Operationskörper festgelegt ist, unterscheiden.

Ebenso wie wir die Struktur von Objekten mit gleichen Attributen und Operationen in einer Klasse beschreiben, um eine mehrfache Definition zu umgehen, suchen wir nach einer Möglichkeit, die übereinstimmenden Operationen und Attribute der Klassen Sparkonto und Girokonto nur einmal im System zu beschreiben. Genau dieses Ziel erreichen Sie durch den Einsatz des Vererbungsmechanismus.

Zunächst lagern Sie alle übereinstimmenden Attribute und Operationen der beiden Klassen in eine separate Klasse Konto aus. Damit umfasst die Klasse den kleinsten gemeinsamen Nenner aller beteiligten Konten. Die Klasse Konto wird folglich auch als Oberklasse, Superklasse oder Basisklasse der Unterklassen oder Subklassen Sparkonto und Girokonto bezeichnet.

Die in der Oberklasse Konto vereinbarten gemeinsamen Attribute und Operationen werden nun über den Vererbungsmechanismus den Unterklassen Sparkonto und Girokonto wieder zur Verfügung gestellt.

In Abbildung 7.10 stellen die Vererbungspfeile von den Unterklassen Sparkonto und Girokonto zu der Oberklasse Konto die Zugriffsrichtung dar. Die Unterklassen greifen auf die Attribute und Operationen der Oberklasse Konto zu und ersparen sich damit eine eigene Definition.

Darüber hinaus vereinfacht die Vererbung auch eine nachträgliche Änderung der Anweisungen innerhalb einer Operation. Über den Vererbungsmechanismus wirkt sie sich automatisch auf alle Unterklassen aus.

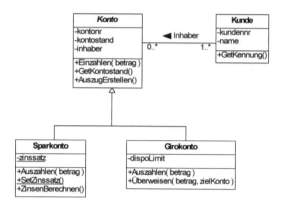

Abbildung 7.10: Konten – Vererbung

Nicht zuletzt können Sie neue Klassen mit erweiterter oder spezialisierter Struktur durch Vererbung und Anpassung mit wenig Aufwand bilden. So könnten Sie spezielle Girokonten für Geschäftskunden, bei denen das Dispositionslimit automatisch nach dem durchschnittlichen Geldeingang jeden Monat angepasst wird, oder ein Zins-Girokonto, das nur online geführt wird, aus der bestehenden Klasse Girokonto ohne großen Aufwand ableiten. Ein weiterer unschätzbarer Vorteil liegt darin, dass Sie die bestehenden, erprobten Klassen getreu der Regel »Never touch a running system« dabei nicht verändern.

Die Operation Auszahlen(...) kann nicht in der Oberklasse Konto definiert werden, da sie in den Klassen Sparkonto und Girokonto unterschiedliche Anweisungen ausführt. Im Girokonto wird bis zum Dispositionslimit ausgezahlt, während ein Sparkonto nie einen negativen Kontostand aufweisen darf.

```
1: // Listing 7.10
2: using System;
3: using System.Collections;
4: public abstract class Konto {
5:     ArrayList inhaber;
6:     int kontonr;
7:     protected double kontostand;
```

```
 8:
 9:    public Konto(Kunde inhaber, int kontonr){
10:        this.inhaber = new ArrayList();
11:        this.inhaber.Add(inhaber);
12:        this.kontonr = kontonr;
13:    }
14:    public void Einzahlen(double betrag){
15:        kontostand += betrag;
16:    }
17:    public double GetKontostand(){
18:        return kontostand;
19:    }
20:    public void InhaberZufügen(Kunde inhaber){
21:        this.inhaber.Add(inhaber);
22:    }
23:    public void InhaberEntfernen(Kunde inhaber){
24:        if (this.inhaber.Count > 1) {
25:            this.inhaber.Remove(inhaber);
26:        }
27:    }
28:    public void AuszugErstellen(){
29:        string kennungen = null;
30:        foreach(Kunde kunde in inhaber) {
31:            kennungen += kunde.GetKennung() + " ";
32:        }
33:        Console.WriteLine("KontoNr.  : {0}\n" +
34:                          "Inhaber   : {1}\n" +
35:                          "Kontostand: {2:f} EURO\n",
36:                          kontonr,
37:                          kennungen,

38:                          kontostand);
39:    }
40: }
```

Die Klasse Konto enthält exakt diejenigen Attribute und Operationen, die bisher in der Klasse Sparkonto implementiert waren.

Einzige Besonderheit ist die Bezeichnung der Klasse als abstract. Da die Klasse Konto nur dazu dient, die Gemeinsamkeiten der Klassen Sparkonto und Girokonto zu beherbergen, und aus ihr niemals ein Objekt erzeugt wird, können wir die Erzeugung mit dem Modifizierer abstract auch formal unterbinden. Der Compiler bestraft jetzt schon den Versuch mit einer Fehlermeldung.

Das Sparkonto erfährt einige Änderungen. Zunächst ist es entlastet von der Vereinbarung der Attribute und Operationen, die von der Klasse Konto zur Verfügung gestellt werden.

```
1: // Listing 7.11
2: using System;
3: public class Sparkonto : Konto{
```

Durch die Angabe der Oberklasse Konto, getrennt durch einen Doppelpunkt hinter dem Klassennamen Sparkonto, definieren Sie die Vererbungsbeziehung. Damit gibt die Oberklasse Konto Attribute und Operationen an die Unterklasse Sparkonto weiter. Zusätzlich erhält die Unterklasse Sparkonto den Typ Konto als weiteren eigenen Typ.

```
4:    static double zinssatz;
```

Da Sparbücher Zinsen abwerfen, statten wir jetzt unsere Klasse Sparkonto mit dem Attribut zinssatz aus. Da wir alle Sparkonten bei derselben Bank führen, besitzen Sie alle denselben Zinssatz. Ändern Sie den Zinssatz, gilt der vereinbarte Wert nun für alle Sparkonten gleichermaßen. Diese Übereinstimmung eines Attributwertes für alle aus dieser Klasse erzeugten Objekte erzwingen wir mit dem Zusatz **static**. Ein solches Klassenattribut ist, wie Sie bereits erfahren haben, an die Klasse gebunden, aber zusätzlich in allen zugehörigen Objekten wie ein Objekt-Attribut verfügbar.

Um den Zinssatz unabhängig von den erzeugten Objekten verändern zu können, definieren wir die Klassen-Operation setZinssatz(...), die ebenfalls mit **static** gekennzeichnet wird.

```
5:    public static void setZinssatz(double
6:                            zinssatz){
7:       if (zinssatz >= 0)
8:           Sparkonto.zinssatz = zinssatz;
9:    }
```

Diese Operation sorgt dafür, dass nur positive Zinssätze in dem Klassenattribut zinssatz gespeichert werden. Um das Klassenattribut vom gleichnamigen Übergabeparameter zu unterscheiden, rufen wir das an die Klasse gebundene Klassenattribut mit Sparkonto.zinssatz auf. Auch Klassen-Operationen können über den Klassennamen unabhängig von Objekten aufgerufen werden. So führt die Anweisung Sparkonto.setZinssatz(2.6) zu einem für alle Sparkonto-Objekte gültigen neuen Zinssatz.

Obwohl wir in der Oberklasse Konto einen Konstruktor definiert haben, benötigt die Unterklasse einen eigenen Konstruktor, da Konstruktoren nicht vererbt werden.

```
10:   public Sparkonto(Kunde inhaber, int kontonr)
11:                       :base(inhaber, kontonr){
12:   }
```

Der Zusatz : base(...) bewirkt hier den Aufruf des in der Oberklasse Konto definierten Konstruktors mit den beiden Ganzzahlwerten inhaber und kontonummer. So können auch Konstruktoren von Unterklassen intern Konstruktoren der Oberklasse nutzen.

Die Operation Auszahlen(...) bleibt unverändert.

```
13:   public bool Auszahlen(double betrag){
14:       bool gedeckt;
15:       if (gedeckt = kontostand >= betrag)
16:           kontostand -= betrag;
17:       return gedeckt;
18:   }
```

Die neu vereinbarte Operation ZinsenBerechnen() berechnet die Zinsen vereinfacht als prozentualen Aufschlag auf den

Kontostand. Das entspricht natürlich nicht dem Verfahren, das Banken anwenden.

```
19:    public void ZinsenBerechnen(){
20:        kontostand*= (100 + zinssatz) / 100;
21:    }
22: }
```

Zur Berechnung der Zinsen können Sie innerhalb einer Operation das Klassenattribut zinssatz genauso benutzen wie das »normale« Attribut kontostand.

Die Klasse Girokonto vereinbart ebenso wie die Klasse Sparkonto eine Vererbungsbeziehung zur Klasse Konto.

```
1: // Listing 7.12
2: using System;
3: public class Girokonto : Konto{
4:    double dispoLimit;
5:    public Girokonto(Kunde inhaber, int kontonr,
6:                    double dispoLimit):
7:                    base(inhaber, kontonr){
8:        this.dispoLimit = dispoLimit;
9:    }
```

Der Konstruktor weist dem zusätzlichen Attribut dispoLimit bei der Erzeugung eines Girokonto-Objekts den als Argument des gleichnamigen Parameters übergebenen Wert zu. Die Festlegung von Inhaber und Kontonummer übernimmt wieder der Konstruktor der Oberklasse Konto, der mit base(...) in Zeile 7 aufgerufen wird.

Auszahlungen erfolgen nur, wenn das vereinbarte Dispositionslimit nicht überschritten wurde (Zeilen 11-13).

```
10:    public bool Auszahlen(double betrag){
11:        bool gedeckt;
12:        if (gedeckt =kontostand+dispoLimit>=betrag)
13:            kontostand -= betrag;
14:        return gedeckt;
15:    }
```

Dabei gibt auch diese Operation eine Rückmeldung, ob ausgezahlt wurde oder nicht.

Die Operation Überweisen(...) transferiert einen anzugebenden Betrag auf ein beliebiges Zielkonto. Dabei erhält die Operation mit dem Übergabeparameter zielKonto einen Verweis auf das Konto, dem der Betrag gutgeschrieben wird.

An diesem Beispiel lässt sich die Umsetzung von einem Sequenzdiagramm in Programmcode sehr anschaulich zeigen.

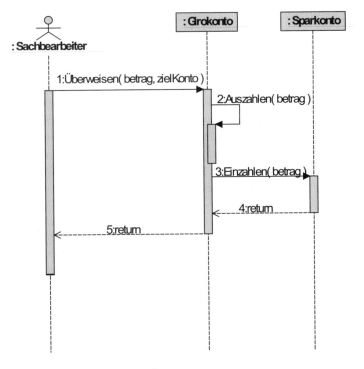

Abbildung 7.11: Sequenz: Überweisung

Wird die Operation Überweisen(...) aufgerufen, so führt sie intern die Operation Auszahlen(...) für das aktive Objekt und bei Erfolg die Operation Einzahlen() des zielKonto-Objekts aus.

Als Antwort gibt sie den Erfolg oder Misserfolg als Wahrheitswert zurück.

```
16:    public bool Überweisen(double betrag,
17:                    Konto zielKonto){
18:        bool gedeckt;
19:        if (gedeckt = this.Auszahlen(betrag))
20:            zielKonto.Einzahlen(betrag);
21:        return gedeckt;
22:    }
23: }
```

Zunächst prüft die Operation, ob der Betrag von dem Girokonto, dessen Operation gerade aktiv ist, ausgezahlt werden kann. Dazu nutzen wir die Operation Auszahlen(...), die mit dem Ausdruck this.Auszahlen(...) aufgerufen wird und einen Wahrheitswert als Antwort zurückgibt (Zeile 18), ob die Überweisung gedeckt ist. Nur wenn der Überweisungsbetrag ausgezahlt werden konnte, wird er dem Zielkonto mit dem Aufruf der Operation zielKonto.Einzahlen(...) gutgeschrieben (Zeile 20). Der Erfolg des Geldtransfers wird als Antwort zurückgemeldet.

Besitzt eine Klasse keine explizit angegebene Oberklasse, so wird sie aus der obersten Systemklasse object abgeleitet. Damit ist jede Klasse als Unterklasse der Klasse object zu dieser auch typkonform.

Die folgende Main()-Operation der Startklasse richtet ein Sparkonto und ein Girokonto ein, leistet zwei Einzahlungen, überweist 500 € auf das Sparbuch und erstellt zuletzt für beide Konten jeweils einen Kontoauszug.

```
1: // Listing 7.13
2: using System;
3: class Start {
4:    static void Main(string[] args) {
5:        Sparkonto.setZinssatz(2.8);
```

In Zeile 5 rufen Sie zunächst die Klassen-Operation setZinssatz(...) auf. Die Operation kann unabhängig von erzeugten Objekten über den Klassennamen aktiviert werden und legt den Zinssatz im Klassenattribut zinssatz für alle Sparkonten gleichermaßen auf den Wert 2.8 fest.

Erst danach richten die folgenden Anweisungen ein Kunden-Objekt und ein Sparkonto-Objekt ein, auf das 100 € eingezahlt werden.

```
6:      Kunde einKunde = new Kunde("Micha", 101);
7:      Sparkonto einSpar =
8:              new Sparkonto(einKunde, 4711);
9:      einSpar.Einzahlen(100);
```

Anschließend wird ein neues Girokonto-Objekt angelegt, das mit einem Dispositionslimit von 2000 € ausgestattet wird.

```
10:     Girokonto einGiro = new Girokonto(
11:             new Kunde("Chiron", 103),
12:             5813, 2000);
13:     einGiro.Einzahlen(300);
```

Beachten Sie, dass in Zeile 11 das Kunden-Objekt mit der Anweisung **new** Kunde(...) im Kontext der Parameter erzeugt und direkt als Übergabewert zugewiesen wird.

```
14:     einGiro.Überweisen(500, einSpar);
```

Anschließend überweist das Girokonto-Objekt einGiro 500 € an das Sparkonto-Objekt einSpar. Beachten Sie, dass die Operation Überweisen(**int** betrag, Konto zielKonto) einen Parameter vom Typ Konto erwartet, jedoch mit dem Objekt einSpar einen Wert vom Typ Sparkonto erhält. Jeder Klassen-Typ ist typkonform zu all seinen Oberklassen-Typen. Das bedeutet, wo ein Konto erwartet wird, dürfen auch spezielle Konten wie Girokonto-Objekte und Sparkonto-Objekte angegeben werden. Allerdings können dann ohne explizite Typumwandlung auch nur in der Klasse Konto vereinbarte Operationen aufgerufen werden.

```
15:        einGiro.AuszugErstellen();
16:        einSpar.AuszugErstellen();
```

Nachdem für beide Konten ein Auszug erstellt ist, werden die Zinsen für das Girokonto berechnet und ein weiterer Auszug erstellt.

```
17:        einSpar.ZinsenBerechnen();
18:        einSpar.AuszugErstellen();
19:   }
20: }
21:
```

Die Main()-Operation erzeugt die folgende Bildschirmausgabe:

```
KontoNr.   : 5813
Inhaber    : Chiron (103)
Kontostand: -200,00 EURO


KontoNr.   : 4711
Inhaber    : Micha (101)
Kontostand: 600,00 EURO


KontoNr.   : 4711
Inhaber    : Micha (101)
Kontostand: 616,80 EURO
```

Redefinition – Operationen werden zu Spezialisten

Wenn Sie die Auszüge der Konten betrachten, fällt auf, dass dort die Art des Kontos sowie Spezialinformationen, wie der Zinssatz beim Girokonto und das Dispositionslimit beim Sparkonto, nicht angegeben sind.

Um diese Informationen ebenfalls im Kontoauszug darzustellen, benötigen Sparkonto-Objekte und Girokonto-Objekte speziell an sie angepasste Operationen zum Erstellen eines Kontoauszugs. Die Klassen Sparkonto und Girokonto müssen also je eine spezialisierte Variante der Operation AuszugErstellen() vereinbaren. Die spezialisierten Operationen der Unterklassen Sparkonto und Girokonto besitzen dann denselben Namen wie die allgemein definierte Operation der Oberklasse Konto. Für Unterklassen-Objekte werden nun die spezialisierten Operationen aufgerufen, obwohl die allgemeine Variante der Oberklasse vererbt wurde.

Besitzen Operationen in verschiedenen Klassen denselben Namen, so liegen polymorphe Operationen vor. *Polymorphie* entstammt dem Griechischen und bedeutet »Vielgestalt«. Übertragen auf objektorientierte Systeme bedeutet dies, dass derselbe Operationsname in unterschiedlichen Klassen mit unterschiedlichen Operationskörpern – also unterschiedlichem (vielgestaltigen) Verhalten – ausgestattet sein kann. Stehen die Klassen zusätzlich in einer Vererbungsbeziehung, wird die Operation der Oberklasse überschrieben. Daher lautet der Fachterminus für das Überschreiben einer Operation in einer Vererbungsbeziehung *Redefinition*.

Neben der Redefinition von Operationen bietet C# auch die Möglichkeit, die Standardoperatoren (+, -, *, / und andere) für eigene Klassen mit neuer Funktionalität zu versehen. Dieses Überschreiben von Operatoren bezeichnen wir als *Überladen* oder *Overloading*.

Zunächst geben Sie die Operation AuszugErstellen() der Oberklasse Konto zum Überschreiben frei, indem Sie dort den Modifizierer **virtual** angeben. Virtuelle Operationen werden erst zur Laufzeit passend zum jeweiligen Objekt ausgeführt. Auf diesen Aspekt kommen wir im nächsten Beispiel zurück.

```
1: // Listing 7.14
2: using System;
3: class Konto{
4:    /*...*/
5:    virtual public void AuszugErstellen(){
6:         /*...*/
7:    }
```

```
8:    /*...*/
9: }
```

Erweitern Sie anschließend die Klasse Sparkonto, indem Sie auch dort eine Operation AuszugErstellen() vereinbaren, die Sie mit dem Modifizierer **override** kennzeichnen. Die Kennzeichnung **override** bedeutet, dass eine Operation mit der gleichen Signatur, die in der Oberklasse Konto gegeben ist, in der Unterklasse Sparkonto neu definiert wird.

```
1: // Listing 7.15
2: using System;
3: class Sparkonto : Konto{
4:    /*...*/
5:    override public void AuszugErstellen(){
```

Die Spezialisierung für ein Sparkonto besteht darin, dass der Kontoauszug zusätzlich eine Kopfzeile erhält, die die Kontoart Sparbuch und den definierten Zinssatz anzeigt.

```
6:        Console.WriteLine("Sparkonto : ({0}%)",
7:                          zinssatz);
```

Der Rest des Kontoauszugs ist identisch mit den Ausgaben der Operation AuszugErstellen(), die in der Oberklasse Konto vereinbart ist. Um diese jetzt überschriebene Operation innerhalb der neu vereinbarten Operation dennoch aufzurufen, verwenden Sie den **base**-Zeiger.

```
8:        base.AuszugErstellen();
9:    }
10:   /*...*/
11: }
```

Der **base**-Zeiger verweist auf die Oberklasse Konto, so dass **base**.AuszugErstellen() die überschriebene Operation der Klasse Konto innerhalb der neu vereinbarten Operation der Klasse Sparkonto aufruft.

Erweitern Sie jetzt noch die Klasse Girokonto um eine Operation AuszugErstellen(), die ebenfalls eine Kopfzeile einfügt.

In der Kopfzeile zeigt der Auszug jetzt die Kennzeichnung Girokonto, gefolgt von dem Dispositionslimit, das für das Konto vereinbart wurde.

```
 1: // Listing 7.16
 2: using System;
 3: public class Girokonto : Konto{
 4:    /*...*/
 5:    override public void AuszugErstellen(){
 6:       Console.WriteLine("Girokonto : Dispo({0})",
 7:                         dispoLimit);
 8:       base.AuszugErstellen();
 9:    }
10:    /*...*/
11: }
```

Unterhalb der Kopfzeile werden durch Aufruf der »alten« Operation AuszugErstellen() die Angaben zur Kontonummer und zu den Kontoinhabern sowie der Kontostand ausgegeben.

```
 1: // Listing 7.17
 2: using System;
 3: class Start {
 4:    static void Main(string[] args) {
 5:       Sparkonto.setZinssatz(2.7);
 6:       Konto einGiro = new Girokonto(
 7:                         new Kunde("Anke", 105),
 8:                         5813,
 9:                         3000);
```

Nachdem der Zinssatz für alle Sparkonten auf 2,7 % festgelegt wurde, wird ein Girokonto-Objekt erzeugt, das als Übergabewert einen Verweis auf ein neu erzeugtes Kunden-Objekt als Inhaber erhält. Der Typ der Variablen einGiro ist Konto. Diese Variable vom Typ Konto verweist auf ein Objekt vom Typ Girokonto. Das ist in diesem Fall zulässig, da die Klasse Girokonto durch die Vererbungsbeziehung zur Klasse Konto nicht nur Attribute und Operationen, sondern darüber hinaus auch den Typ der Oberklasse Konto übernimmt.

```
10:        Konto einSpar = new Sparkonto(
11:            new Kunde("Gina",104),
12:            4711);
```

Ebenso wird ein Objekt der Klasse Sparkonto erzeugt. Der Verweis auf dieses Objekt wird wiederum einer Variablen vom Typ Konto zugewiesen.

Da die Variable vom Typ Konto nur die Operationen kennt, die in dieser Klasse gegeben sind, wandeln Sie den Typ Konto der Variablen durch den Cast-Operator (Girokonto) in den Typ des Girokontos, um die in der Klasse Girokonto neu hinzugekommene Operation Überweisen(...) aufrufen zu können.

Klassen sind immer typkonform zu all ihren Oberklassen. Durch Einsatz des Cast-Operators können Variablen, die auf ein Objekt vom Typ einer ihrer Unterklassen verweisen, auch auf die Operationen zugreifen, die nicht im Typ der Oberklasse vereinbart sind. Der Typ einer Variablen bestimmt, welche Operations-Signaturen für die Variable zulässig sind. Das über diese Variable referenzierte Objekt bestimmt hingegen die Variante dieser Operation, die ausgeführt wird.

Ebenso verfahren Sie mit dem Aufruf der Operation Auszahlen(...), da sie in der Klasse Sparkonto, nicht aber in der Klasse Konto vereinbart ist.

```
13:        ((Girokonto)einGiro).Überweisen(300,
14:                        einSpar);
15:        ((Sparkonto)einSpar).Auszahlen(180);
16:        einGiro.AuszugErstellen();
17:        einSpar.AuszugErstellen();
18:    }
19: }
```

Im Gegensatz zu den nur in den Unterklassen definierten Operationen Überweisen(...) und Auszahlen(...) rufen Sie die Operation AuszugErstellen() ohne den Cast-Operator auf, da ihre Aufrufkonventionen ja in der Klasse Konto ebenfalls bekannt sind. Beachten Sie, dass dennoch die speziellen Auszüge für Girokonten und Sparkonten erstellt werden.

 Unabhängig vom Typ einer Variablen werden immer die Operationen vom Typ des Objekts aufgerufen, wenn die Operationen mit **virtual** und **override** gekennzeichnet sind.

Das Programm stellt jetzt individuelle Kontoauszüge für Sparkonto-Objekte und Girokonto-Objekte dar.

```
Girokonto : Dispo(3000)
KontoNr.  : 5813
Inhaber   : Anke (105)
Kontostand: -300 EURO

Sparkonto : (2,7%)
KontoNr.  : 4711
Inhaber   : Gina (104)
Kontostand: 120 EURO
```

Mit der Vererbung steht Ihnen ein mächtiges Sprachmittel zur Verfügung, um Erweiterungen und Spezialisierungen bestehender Klassen zu implementieren.

Schnittstellen – mehr Schein als Sein

Neben der Vererbung von Klassen kennt C# auch noch die Vererbung von *Schnittstellen* (*Interfaces*). Dabei stellen Schnittstellen spezielle Klassen dar, die keine Attribute und Operationskörper enthalten. Sie definieren lediglich Operationsköpfe, die unter einem Schnittstellennamen zusammengefasst sind.

Damit vereinbart eine Schnittstelle einen Typ, der lediglich die Aufrufkonventionen seiner Operationen, nicht aber ihr Verhalten beschreibt.

Erbt eine Klasse eine Schnittstelle, so verpflichtet sie sich, alle Operationsköpfe der Schnittstelle vollständig mit Operationskörpern zu versehen. Im Gegenzug erhält die Klasse zusätzlich zu ihrem eigenen Typ wie bei Klassen auch den Typ der Schnittstelle, über den alle in der Schnittstelle definierten Operationen aufgerufen werden können.

Vereinbarung von Schnittstellen

Die Schnittstelle IVerzinsbar legt fest, dass alle Klassen, die diese Schnittstelle implementieren, gewährleisten, eine Operation ZinsenBerechnen() zu definieren.

Abbildung 7.12: Schnittstelle – IVerzinsbar

Der Kreis im UML-Klassendiagramm der obigen Abbildung unterscheidet Schnittstellen von Klassen.

```
1: // Listing 7.18
2: public interface IVerzinsbar {
3:     void ZinsenBerechnen();
4: }
```

Die Schnittstelle IVerzinsbar vereinbart die Aufrufkonventionen für eine Operation ZinsenBerechnen(). Die Klasse Sparkonto als Vermögensanlage, die Zinsen abwirft, erbt diese Schnittstelle und vereinbart eine Operation ZinsenBerechnen(), die in der Klasse Sparkonto jetzt auch einen Operationskörper beinhaltet.

Vererbung und Implementierung von Schnittstellen

Da die Operation ZinsenBerechnen() in der Klasse Sparkonto bereits besteht, zeigt das folgende Listing lediglich die Übernahme der Schnittstelle IVerzinsbar in die Klasse Sparkonto.

```
1: // Listing 7.19
2: using System;
3: public class Sparkonto : Konto, IVerzinsbar{
4:    /*...*/
5:    void ZinsenBerechnen(){
6:    {
7:        /*...*/
8:    }
9: }
```

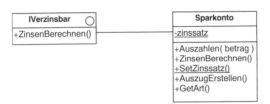

Abbildung 7.13: Schnittstelle – IVerzinsbar mit Implementierung

Dabei werden Schnittstellen genauso gehandhabt wie Klassen, zu denen eine Vererbungsbeziehung besteht (Zeile 3). Die Klasse erbt neben den Attributen und Operationen auch alle Typen der Schnittstelle. Dementsprechend sind Sparkonto-Objekte typkonform zum Typ IVerzinsbar.

Im nächsten Schritt erweitern wir unsere Kontenverwaltung um die Klasse Wertpapier, die wie ein Sparkonto auch eine verzinsbare Vermögensanlage darstellt. Sie erbt folglich ebenso wie die Klasse Sparkonto das Interface IVerzinsbar und implementiert die Operation ZinsenBerechnen().

Die Attribute repräsentieren die Wertpapiernummer (wpnr), den Inhaber (inhaber), den Nominalwert (nominalwert), den Zinssatz (zinssatz), die Laufzeit (laufzeit), den aktuellen Kurswert (kurs) und einen Verweis auf ein Verrechnungskonto (verKonto), dem die Zinsen gutgeschrieben werden.

Operationen sehen Sie vor zur Aktualisierung des Kurswerts (SetKurs()) und zum Erstellen eines Auszugs.

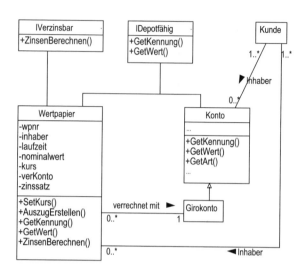

Abbildung 7.14: Schnittstelle – IDepotfähig mit Implementierung

Um Konten und Wertpapiere unter einem Typ zusammenfassen zu können, vereinbaren wir das Interface IDepotfähig. Damit besitzen Sparkonto-Objekte, Girokonto-Objekte und Wertpapier-Objekte denselben Typ IDepotfähig. Mit der Schnittstellenvererbung verpflichten sich die Klassen Konto und Wertpapier, die Operationen GetKennung() und GetWert() zu implementieren.

```
1: // Listing 7.20
2: public interface IDepotfähig {
3:     string GetKennung();
4:     double GetWert();
5: }
```

Das Interface IDepotfähig legt fest, dass alle Klassen, die dieses Interface erben, die Operationen GetKennung() und GetWert() implementieren müssen.

```
1: // Listing 7.21
2: using System;
3: using System.Collections;
```

```
 4: public class Wertpapier: IDepotfähig,IVerzinsbar{
 5:     int wpnr;
 6:     ArrayList inhaber;
 7:     double laufzeit;
 8:     double nominalwert;
 9:     double kurs;
10:     Girokonto verKonto;
11:     double zinssatz;
```

Die Attribute inhaber (Zeile 6) und verKonto (Zeile 10) definieren Assoziationen zu einem Kunden-Objekt, das auf den Inhaber verweist, und zu einem Girokonto-Objekt, dem die Wertpapierzinsen gutgeschrieben werden.

Bei der Erzeugung eines Objekts legen Sie über den Konstruktor alle Attributwerte fest.

```
12:     public Wertpapier(int wpnr,
13:                       Kunde inhaber,
14:                       double laufzeit,
15:                       double nominalwert,
16:                       double kurs,
17:                       Girokonto verKonto,
18:                       double zinssatz){
19:         this.inhaber = new ArrayList();
20:         this.wpnr = wpnr;
21:         this.inhaber.Add(inhaber);
22:         this.laufzeit = laufzeit;
23:         this.nominalwert = nominalwert;
24:         this.kurs = kurs;
25:         this.verKonto = verKonto;
26:         this.zinssatz = zinssatz;
27:     }
```

Da der Kurswert eines Wertpapiers schwankt, können Sie jederzeit über die Operation SetKurs(...) einen veränderten Wert eintragen.

```
28:     public void SetKurs(double kurs){
29:         this.kurs = kurs;
30:     }
```

Die Operation AuszugErstellen() gibt die Attributwerte auf dem Bildschirm aus.

```
31:     public void AuszugErstellen(){
32:         Console.WriteLine("Wertpapiernr. : {0}\n" +
33:             "Inhaber      : {1}\n" +
34:             "Laufzeit     : {2} Jahre\n" +
35:             "Nominalwert  : {3:f} EURO\n" +
36:             "Kurswert     : {4:f} EURO\n" +
37:             "Zinssatz     : {5}%\n",
38:             wpnr,
39:             ((Kunde)inhaber[0]).GetKennung(),
40:             laufzeit,
41:             nominalwert,kurs,
42:             zinssatz);
43:     }
```

Beachten Sie, dass der Zugriff auf ein ArrayList-Objekt (Zeile 39) über einen Indizierer erfolgt, über den auf ein Inhaber-Objekt zugegriffen wird. Da die ArrayList-Elemente immer vom Typ object sind, wandeln wir den Variablen-Typ object zunächst in den Typ des referenzierten Objekts Kunde um. Erst mit der Umwandlung erhalten wir die Möglichkeit, die Operation GetKennung() für das Inhaber-Objekt aufzurufen.

Die Operationen GetWert() und GetKennung() implementieren die gleichnamigen Operations-Schnittstellen von IDepotfähig.

```
44:     public double GetWert(){
45:         return kurs;
46:     }
47:     public string GetKennung() {
48:         return "Wertpapier   " +
49:             wpnr + ", " +
50:             ((Kunde)inhaber[0]).GetKennung();
51:     }
```

Die Operation ZinsenBerechnen() implementiert die Operationsschnittstelle von IVerzinsbar.

```
52:     public void ZinsenBerechnen(){
53:        double zinsen= nominalwert* zinssatz / 100;
54:        verKonto.Einzahlen(zinsen);
55:     }
56: }
```

Der berechnete Zins wird dem vereinbarten Verrechnungskonto verKonto, das bei der Einrichtung des Wertpapier-Objekts über den Konstruktor vereinbart wurde, gutgeschrieben (Zeile 54).

Damit sowohl Sparkonto- als auch Girokonto-Objekte in einem Depot verwaltet werden können, vereinbaren Sie in deren Oberklasse Konto eine Vererbungsbeziehung zur Schnittstelle IDepotfähig und implementieren die Operationsschnittstellen GetKennung() und GetWert().

```
1: // Listing 7.22
2: using System;
3: using System.Collections;
4: public abstract class Konto : IDepotfähig {
5:    /*...*/
```

Die Operation GetKennung() erzeugt eine Zeichenfolge, die aus der Kontoart, der Kontonummer und den Kennungen der Kontoinhaber besteht.

```
6:     public string GetKennung() {
7:        string kennung = GetArt()+ kontonr+", ";
8:        foreach (Kunde kunde in inhaber) {
9:           kennung += kunde.GetKennung();
10:       }
11:       return kennung;
12:    }
```

Die Art des Kontos ermittelt die Operation durch den internen Aufruf der Operation GetArt(), die ebenfalls in dieser Klasse vereinbart ist.

```
13:    public abstract string GetArt();
```

Die Operation GetArt() ist mit dem Modifizierer **abstract** gekennzeichnet und enthält keinen Operationskörper. Eine solche abstrakte Operation darf nur in abstrakten Klassen vereinbart werden und muss in den konkreten Unterklassen vollständig implementiert werden. In der Klasse Konto stellt diese Operation lediglich einen Platzhalter dar. Folglich müssen die Unterklassen Sparkonto und Girokonto die Operation GetArt() vollständig implementieren.

Die abstrakte Operation wird niemals aufgerufen, da der interne Aufruf der Operation GetArt() innerhalb der Operation GetKennung() (Zeile 7) sich immer auf ein Objekt der konkreten Klassen Sparkonto oder Girokonto bezieht. Die Klassen Girokonto und Sparkonto werden wir mit einer vollständig implementierten Variante der Operation GetArt() versehen, so dass die Operation GetKennung() immer die Variante des vorliegenden Objekts vom Typ Sparkonto oder Girokonto aufruft.

Die Operation GetWert(), deren Implementierung vom geerbten Interface IDepotfähig erzwungen wird, delegiert die Ermittlung des Werts an die bereits bestehende Operation Get-Kontostand().

```
14:    public double GetWert(){
15:        return GetKontostand();
16:    }
17: }
```

Jetzt erweitern Sie die Klassen Sparkonto und Girokonto noch um die Operation GetArt(), deren Rückgabewert über die Operation GetKennung() der Klasse Konto eingesetzt wird.

```
1: // Listing 7.23
2: using System;
3: public class Girokonto : Konto{
4:     /*...*/
5:     override public string GetArt(){
6:         return "Girokonto  ";
7:     }
8: }
```

Die Operationen GetArt() in den Klassen Sparkonto und Girokonto sind mit dem Modifizierer **override** versehen, da sie die abstrakte Platzhalter-Operation der Klasse Konto ersetzen.

```
1: // Listing 7.24
2: using System;
3: public class Sparkonto : Konto, IVerzinsbar{
4:    /*...*/
5:    override public string GetArt(){
6:       return "Sparkonto ";
7:    }
8: }
```

Die Klassen Sparkonto und Wertpapier besitzen jetzt den Typ IVerzinsbar und können als verzinsbare Vermögensanlagen zusammengefasst werden.

Schnittstellentyp als Attributtyp

Die Klassen Sparkonto, Girokonto und Wertpapier sind darauf vorbereitet, dass sie in einem Depot als depotfähige Vermögenswerte aufgenommen werden. Ein Depot soll dabei beliebig viele depotfähige Elemente (0..*) enthalten. Ein depotfähiges Element hingegen darf maximal einem Depot (0..1) zugeordnet werden.

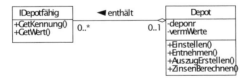

Abbildung 7.15: Schnittstellen – IDepotfähig als Typ von Depot-Elementen

Das Depot besitzt eine Depotnummer (deponr) und soll in der Lage sein, depotfähige Vermögenswerte (vermWerte) in das Depot aufzunehmen (Einstellen()), sie wieder aus dem Depot zu entfernen (Entnehmen()), einen Auszug zu erstellen

(AuszugErstellen()) und für alle verzinsbaren Vermögenswerte im Depot die Zinsberechnung anzustoßen (ZinsenBerechnen()).

```
1: // Listing 7.25
2: using System;
3: using System.Collections;
4: public class Depot{
5:     int deponr;
6:     ArrayList vermWerte;
7:     public Depot(int deponr) {
8:         this.deponr = deponr;
9:         this.vermWerte = new ArrayList();
10:    }
```

Die im Depot enthaltenen Vermögenswerte werden als assoziierte Objekte im ArrayList-Objekt vermWerte (Zeile 6) hinterlegt. Der Individual-Konstruktor legt die Depotnummer fest und erzeugt das ArrayList-Objekt vermWerte, das später die Vermögenswerte aufnimmt.

Die Operation Einstellen(...) fügt dem Depot einen neuen Vermögenswert hinzu. Dazu erhält sie als Übergabewert ein depotfähiges Objekt vom Typ der Schnittstelle IDepotfähig.

```
11:    public void Einstellen(IDepotfähig vermWert){
12:        this.vermWerte.Add(vermWert);
13:    }
```

Durch den Aufruf der Operation Add(...) (Zeile 12) wird der übergebene Vermögenswert dem ArrayList-Objekt vermWerte hinzugefügt.

Mit der Operation Entnehmen(...), die ebenfalls einen Verweis auf das zu entnehmende Objekt erhält, entnehmen Sie dem Depot einen Vermögenswert.

```
14:    public void Entnehmen(IDepotfähig vermWert){
15:        this.vermWerte.Remove(vermWert);
16:    }
```

Die Operation Remove(...) entfernt den angegebenen Vermögenswert aus dem ArrayList-Objckt vermWerte.

Die Operation AuszugErstellen() nutzt die im Interface IDepotfähig vereinbarten Operationen GetKennung() (Zeile 23) und GetWert() (Zeile 24), um eine Übersicht aller im Depot enthaltenen Vermögenswerte zu erstellen.

```
17:    public void AuszugErstellen(){
18:        double gesamtWert = 0;
19:        Console.WriteLine("\nAuszug Depot: {0}",
20:                        deponr);
21:        foreach(IDepotfähig vermWert in vermWerte){
22:            Console.WriteLine("- {0} , {1:f} EURO",
23:                vermWert.GetKennung(),
24:                vermWert.GetWert());
25:            gesamtWert += vermWert.GetWert();
26:        }
27:        Console.WriteLine(
28:            "Gesamtwert: {0:f} EURO\n", gesamtWert );
29:    }
```

Nach der Bildschirmausgabe der Kopfzeile (Zeilen 19-20), die die Depotnummer enthält, durchkämmt die **foreach**-Schleife alle Vermögenswerte des ArrayList-Objkts vermWerte, gibt die ermittelte Kennung (Zeile 23) und den Wert (Zeile 24) auf dem Bildschirm aus und summiert die Werte zu einem Gesamtwert auf (Zeile 25), der anschließend ausgegeben wird (Zeilen 27-28).

Die Operation ZinsenBerechnen() aktiviert für alle verzinsbaren Vermögenswerte im Depot die Berechnung der Zinsen.

```
30:    public void ZinsenBerechnen() {
31:        foreach(IDepotfähig vermWert in vermWerte){
32:            if (vermWert is IVerzinsbar){
33:                ((IVerzinsbar)vermWert).
34:                    ZinsenBerechnen();
35:            }
36:        }
37:    }
38: }
```

Dazu prüft die Operation in Zeile 32 für jeden Vermögenswert, ob er vom Typ IVerzinsbar ist. Vom Typ IVerzinsbar sind alle Vermögens-Objekte, die die geerbte Schnittstelle IVerzinsbar implementieren, also Sparkonto-Objekte und Wertpapier-Objekte. Der zur Prüfung eingesetzte is-Operator erkennt alle Typen einer Klasse, die sich entlang der Vererbungshierarchie angesammelt haben.

Um die Operation ZinsenBerechnen() für die verzinsbaren Vermögenswerte aufzurufen, muss der Typ der Elementvariablen in der ArrayList (object) in den Typ der referenzierten Objekte IVerzinsbar umgewandelt werden. Jetzt ist die Operation erreichbar und wird ausgeführt.

Depotverwaltung – Schnittstellen im Überblick

Abbildung 7.16 zeigt die Struktur unseres Depots noch einmal im Überblick. Alle Kontenarten und Wertpapiere können Sie als depotfähige Vermögenswerte in das Depot einstellen. Von diesen Vermögenswerten sind jedoch nur Sparkonten und Wertpapiere verzinsbar.

Schnittstellen ermöglichen also die gemeinsame Behandlung von Objekten, die zunächst nicht typkonform sind, wie die Klassen Wertpapier und Sparkonto in unserem Beispiel. Durch die Vererbungsbeziehung zu einer gemeinsamen Schnittstelle erhalten beide einen zusätzlichen Typ IVerzinsbar, für den sie die in der Schnittstelle vereinbarte Operation ZinsenBerechnen() aktivieren können.

Die folgende Startklasse testet unser Depot. Nachdem der Zinssatz für alle Sparkonten auf 2,7 % festgelegt wurde, erzeugt die Main()-Operation ein Sparkonto-Objekt, ein Girokonto-Objekt und ein Wertpapier-Objekt. Anschließend erhält das Sparkonto eine Einzahlung von 100 €, bevor das Depot alle drei Vermögenswerte aufnimmt.

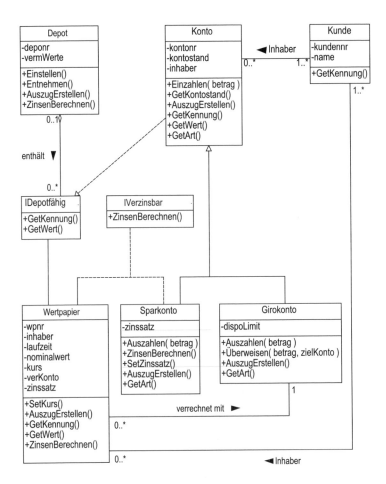

Abbildung 7.16: Schnittstellen – Schaffung typkonformer Klassen

Das Depot stößt daraufhin die Zinsberechnung für alle in ihm enthaltenen zinsfähigen Vermögenswerte an und gibt einen Depotauszug auf dem Bildschirm aus. Zur Kontrolle werden schließlich die detaillierten Auszüge der drei Vermögenswerte erstellt.

```
1: // Listing 7.26
2: using System;
3: class Start {
```

```
4:    static void Main(string[] args) {
5:        Sparkonto.setZinssatz(2.7);
6:
7:        Sparkonto einSpar = new Sparkonto(
8:            new Kunde("Anke",105), 6813);
9:
10:       Girokonto einGiro = new Girokonto(
11:           new Kunde("Mike",101), 4711, 4000);
12:
13:       Wertpapier einWP = new Wertpapier(
14:           11, new Kunde("Gina",104),
15:           3, 200, 265, einGiro, 4.5);
16:
17:       einSpar.Einzahlen(100);
```

Sparkonten und Girokonten arbeiten wie bisher. Das Wertpapier-Objekt einWP erhält über den Konstruktor (Zeilen 13-15) die Wertpapiernummer 11, als Inhaber einen Verweis auf das neu erzeugte Kunden-Objekt "Gina", eine Laufzeit von drei Jahren, den Nominalwert von 200 €, einen Kurswert von 265 € und als Verrechnungskonto einen Verweis auf das Girokonto einGiro. Der Zinssatz ist auf 4,5 %, bezogen auf den Nominalwert, festgelegt.

Das Sparkonto einSpar erhält eine Einzahlung von 100 € (Zeile 17), bevor ein Depot angelegt wird.

```
18:       Depot einDepot = new Depot(1);
19:       einDepot.Einstellen(einSpar);
20:       einDepot.Einstellen(einGiro);
21:       einDepot.Einstellen(einWP);
```

Das Depot-Objekt einDepot erhält die Depotnummer 1 (Zeile 18). Anschließend werden das Sparkonto-Objekt einSpar (Zeile 19), das Girokonto-Objekt einGiro (Zeile 20) und das Wertpapier-Objekt einWP (Zeile 21) in das Depot eingestellt.

Der Aufruf der Operation ZinsenBerechnen() des Depot-Objekts einDepot in Zeile 22 aktiviert eine Zinsberechnung für das Sparkonto einSpar, das 2,7 % von 100 € dem Konto gutschreibt und somit ein Guthaben von 102,70 € aufweist. Für das Wertpapier-Objekt einWp führt die Zinsberechnung von 4,5 %, gerechnet auf den Nominalwert von 200 €, zu einem Zinswert von 9 €, der dem vereinbarten Girokonto einGiro gutgeschrieben wird. Damit besitzt das Girokonto einGiro einen Kontostand von 9 €.

```
22:        einDepot.ZinsenBerechnen();
23:        einDepot.AuszugErstellen();
24:        einSpar.AuszugErstellen();
25:        einGiro.AuszugErstellen();
26:        einWP.AuszugErstellen();
27:    }
28: }
```

Der Auszug, den die Operation AuszugErstellen() (Zeile 23) für das Depot einDepot erstellt, zeigt für alle im Depot enthaltenen Vermögenswerte die Kennung und den Wert an. Die letzte Zeile enthält den über alle Einzelposten aufsummierten Gesamtwert des Depots.

Anschließend sehen Sie zur Kontrolle die Auszüge der einzelnen Vermögenswerte.

Führen Sie die Startklasse aus, dann erstellt die Main()-Operation nach Zuordnung der Konten und des Wertpapiers sowie der Berechnung der Zinsen für das Sparkonto und das Wertpapier die folgenden vier Auszüge:

```
Auszug Depot: 1
- Sparkonto  6813, Anke (105) , 102,70 EURO
- Girokonto  4711, Mike (101) , 9,00 EURO
- Wertpapier   11, Gina (104) , 265,00 EURO
Gesamtwert: 376,70 EURO


Sparkonto : (2,7%)
KontoNr.  : 6813
Inhaber   : Anke (105)
Kontostand: 102,70 EURO
```

```
Girokonto : Dispo(4000)
KontoNr.  : 4711
Inhaber   : Mike (101)
Kontostand: 9,00 EURO
```

```
Wertpapiernr. : 11
Inhaber       : Gina (104)
Laufzeit      : 3 Jahre
Nominalwert   : 200 EURO
Kurswert      : 265 EURO
Zinssatz      : 4,5%
```

Das Sparkonto enthält die 100 € zuzüglich der berechneten 2,70 € Zinsen, das Girokonto die Gutschrift der Wertpapierzinsen von 9 €. Das Wertpapier besitzt immer noch den Kurswert von 265 €, der im Konstruktor angegeben wurde. Damit ergibt sich ein Gesamtwert von 376,70 €.

Die zur Kontrolle ausgegebenen Auszüge für das Sparkonto, das Girokonto und das Wertpapier bestätigen die im Depotauszug enthaltenen Angaben.

Namensräume – Klassen organisieren

Nachdem Sie bereits Anwendungen mit mehreren Klassen und Schnittstellen erstellt haben, lernen Sie in diesem Abschnitt, wie Sie große Anwendungen mit vielen Klassen so strukturieren, dass Sie den Überblick nicht verlieren.

C# bietet Ihnen mit seinen *Namensräumen* (*Namespaces*) die Möglichkeit, Klassen und Interfaces zu Organisationseinheiten zusammenzufassen.

Anders als in anderen Programmiersprachen ist die Zuordnung von Klassen zu Namensräumen eine virtuelle Organisation, die nicht mit der physischen Organisation übereinstimmen muss. Organisieren Sie für eine bessere Übersicht

Ihre Klassen dennoch immer so, dass Sie für jeden Namensraum ein eigenes Unterverzeichnis definieren, in dem Sie
alle zugehörigen Klassen ablegen.

Sie finden ähnliche Strukturen wie Namensräume auch in Organigrammen, die Organisationsstrukturen von Unternehmungen übersichtlich strukturieren. Organigramme ordnen
die Mitarbeiter bestimmten Stellen zu, die eine Aufgabenbe-
schreibung enthalten. Die Stellen werden dann nach bestimmten Kriterien (z.B. funktional in Einkauf, Produktion, Verkauf) zu Abteilungen zusammengefasst. Abteilungen können
auf einer höheren Ebene wiederum nach einem bestimmten
Kriterium zu übergeordneten Abteilungen zusammengefasst
werden.

Vergleichen Sie Mitarbeiter mit aktiven Objekten und Stellenbeschreibungen mit Klassen, dann sind die Abteilungen, in
denen sie zusammengefasst werden, die Namensräume, die ihrerseits wieder auf einer höheren Ebene zu Namensräumen
gruppiert werden können.

»using« – Einbinden von Namensräumen

Zum Einstieg haben Sie bereits gelernt, wie Sie mit der using-
Anweisung Klassen fremder Namensräume zur Benutzung in
eigenen Klassen verfügbar machen. Bereits in den ersten Beispielen, in denen Sie eine Auto-Klasse erstellt haben, haben
Sie die using-Anweisung eingesetzt, um den Namensraum
System einzubinden, der die Klasse Console für Bildschirmausgaben und Tastatureingaben zur Verfügung stellt.

»namespace« – Zuordnen zu Namensräumen

In diesem Abschnitt organisieren wir unsere Klassen in Namensräumen und legen fest, welche Kontakte zwischen Klassen sowie zwischen Operationen und Attributen zugelassen
werden.

Ein UML-Klassendiagramm besitzt mit seinen Paketen eine Strukturierungseinheit, die den Namensräumen von C# und .NET entspricht. Namensräume sind eine logische oder virtuelle Zusammenfassung von Typen. Innerhalb eines Namensraums ist jeder Typname eindeutig, so dass keine identischen Typbezeichnungen vorkommen können.

Wollen wir Kriterien aufstellen, nach denen Klassen, Interfaces und andere Typen zu Namensräumen zusammengefasst werden können, so bieten sich zwei elementare Möglichkeiten. Entweder Sie gruppieren die Elemente nach fachlicher Zusammengehörigkeit oder Sie ordnen nach konstruktionstechnischen Gesichtspunkten, nach denen möglichst wenige Beziehungen zwischen Elementen verschiedener Namensräume bestehen sollten (Prinzip der schmalen Kopplung von Modulen).

Für die Depotverwaltung ordnen wir die Klassen und Schnittstellen nach fachlicher Zusammengehörigkeit vier Namensräumen zu. Um die mit der **using**-Anweisung einzubindenden Namensräume leichter identifizieren zu können, stellt das Klassendiagramm für alle Assoziationen die Zugriffsrichtung (Navigierbarkeit) dar. So muss die Klasse Konto den Namensraum Personen einbinden, da sie die Inhaber-Beziehung aufbaut und den Inhaber registriert. Sie greift dazu auf Informationen der Klasse Kunde zu.

Alle von einer Klasse ausgehend über Verbindungspfeile in Pfeilrichtung erreichbaren Namensräume müssen für diese Klasse eingebunden werden. Das gilt sowohl für die Vererbungsbeziehung als auch für Assoziationen.

Allerdings können Sie über ein Klassendiagramm nicht zwingend alle einzubindenden Namensräume ermitteln, da zusätzlich flüchtige Beziehungen zwischen Klassen entstehen, die sich nicht in Attributen manifestieren und damit keinen Eingang in das Klassendiagramm finden.

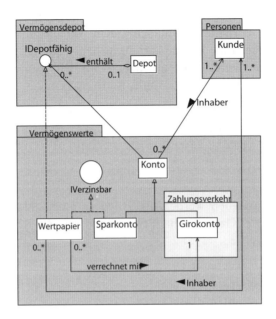

Abbildung 7.17: Namensräume – Depotverwaltung

Die Schnittstelle IDepotfähig und die Klasse Depot ordnen Sie dem Namensraum Vermögensdepot und die Klasse Kunde dem Namensraum Personen zu. Der Namensraum Vermögenswerte enthält das Interface IVerzinsbar sowie die Klassen Konto, Wertpapier und Sparkonto sowie den untergeordneten Namensraum Zahlungsverkehr, der die Klasse Girokonto aufnimmt.

In C# vereinbaren Sie einen Namensraum mit der **namespace**-Anweisung. Die folgenden Quelltexte zeigen die Vereinbarung und die Verwendung von Namensräumen für die Klassen der Depotverwaltung.

```
1: // Listing 7.27
2: /*...*/
3: using Vermögenswerte
4: namespace Vermögensdepot{
5:     public class Depot{/*...*/}
6: }
```

Zeile 4 zeigt die **namespace**-Anweisung, die alle im folgenden Block enthaltenen Elemente dem Namensraum Vermögensdepot zuordnet. Da im Vermögensdepot Konten und Wertpapiere verarbeitet werden, müssen Sie den Namensraum Vermögenswerte mit der **using**-Anweisung (Zeile 3) einbinden.

```
1: // Listing 7.28
2: namespace Vermögensdepot{
3:     public interface IDepotfähig
4:     {/*...*/}
5: }
```

Schnittstellen werden als Typen in einem Namensraum ähnlich wie Klassen behandelt und müssen wie Klassen eingebunden werden.

```
1: // Listing 7.29
2: namespace Personen{
3:     public class Kunde
4:     {/*...*/}
5: }
```

Da von der Klasse Kunde weder Vererbungs- noch Assoziationsbeziehungen ausgehen, wird hier kein Namensraum eingebunden.

```
 1: // Listing 7.30
 2: using System;
 3: using System.Collections;
 4: using Personen;
 5: using Vermögensdepot;
 6: using Vermögenswerte.Zahlungsverkehr;
 7: namespace Vermögenswerte{
 8:     public class Wertpapier : IDepotfähig,
 9:                               Iverzinsbar
10:     {/*...*/}
11: }
```

Die Klasse Wertpapier verweist auf alle fremden Namensräume und bindet sie dementsprechend ein.

```
1: // Listing 7.31
2: namespace Vermögenswerte{
3:     public interface IVerzinsbar
4:     {/*...*/}
5: }
```

Das Interface IVerzinsbar benötigt keinen Zugriff auf fremde Namensräume.

```
1: // Listing 7.32
2: using System;
3: using System.Collections;
4: using Vermögensdepot;
5: using Personen;
6: namespace Vermögenswerte{
7:     public abstract class Konto : IDepotfähig
8:     {/*...*/}
9: }
```

Die abstrakte Klasse Konto bindet für die Schnittstellenvererbung den Namensraum Vermögensdepot und für die Inhaber-Assoziation den Namensraum Personen ein.

```
1: // Listing 7.33
2: using System;
3: using Personen;
4: namespace Vermögenswerte{
5:     public class Sparkonto : Konto, IVerzinsbar
6:     {/*...*/}
7: }
```

Da die in der Klasse Konto benötigte Schnittstelle IVerzinsbar demselben Namensraum Vermögenswerte wie die Klasse Sparkonto angehört, ist sie bereits bekannt. Das explizite Einbinden ist damit nicht notwendig.

```
1: // Listing 7.34
2: using System;
3: using Vermögenswerte;
4: using Personen;
```

```
5: namespace Vermögenswerte.Zahlungsverkehr{
6:    public class Girokonto : Konto
7:    {/*...*/}
8: }
```

Da der Namensraum Zahlungsverkehr dem Namensraum Vermögenswerte untergeordnet ist, werden die Namensbestandteile entlang der Namenshierarchie durch einen Punkt getrennt nacheinander angegeben (Zeile 5). Alternativ zu dieser Syntax lassen sich Namensräume auch ineinander verschachteln. Beachten Sie, dass der übergeordnete Namensraum Vermögenswerte, wie alle fremden Namensräume auch, explizit mit einer **using**-Anweisung bekannt gemacht werden muss.

Die Startklasse bindet schließlich alle Namensräume ein, da Objekte aller Klassen verwendet werden.

```
1: // Listing 7.35
2: using System;
3: using Personen;
4: using Vermögensdepot;
5: using Vermögenswerte;
6: using Vermögenswerte.Zahlungsverkehr;
7: class Start
8: {/*...*/}
```

Die Startklasse selbst ist nicht in einen bestimmten Namensraum eingebunden und somit Bestandteil des globalen Namensraums.

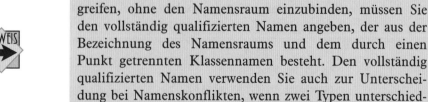

Wenn Sie auf ein Element eines fremden Namensraums zugreifen, ohne den Namensraum einzubinden, müssen Sie den vollständig qualifizierten Namen angeben, der aus der Bezeichnung des Namensraums und dem durch einen Punkt getrennten Klassennamen besteht. Den vollständig qualifizierten Namen verwenden Sie auch zur Unterscheidung bei Namenskonflikten, wenn zwei Typen unterschiedlicher Namensräumen dieselbe Typbezeichnung besitzen.

Sichtbarkeit von Elementen

Neben den Namensräumen, die eine logische Struktur definieren, und den an dieser Stelle nicht besprochenen Assemblies, die eine physische Zuordnung definieren, können wir für alle Typen, Attribute und Operationen bestimmen, wer Zugriff auf das Element erhält.

Klassen, Schnittstellen, Aufzählungs-Typen

Jede Klasse gehört einem Namensraum an. Ist ein Namensraum nicht explizit vereinbart, ist die Klasse Mitglied des *global declaration space*. Somit ist jeder Typ Mitglied eines Namensraums. In einem Namensraum kennen sich alle Klassen gegenseitig. Das bedeutet, dass jede Klasse auf alle anderen Klassen zugreifen kann.

Begrenzen können Sie diesen Zugriff auf alle Typen einer Komponente (Assembly) mit dem Modifizierer `internal`. Durch Kennzeichnung mit `public` geben Sie den Zugriff auf die Klasse unbeschränkt frei.

Geben Sie weder `internal` noch `public` an, so ist die Sichtbarkeit automatisch auf `internal`, also begrenzt auf die Komponente, eingestellt.

Attribute und Operationen

Falls Operationen oder Attribute, die Sie in einer Klasse verwenden wollen, in einem fremden Namensraum vereinbart sind, müssen Sie diesen zunächst über die **using**-Anweisung verfügbar machen.

Ist der Namensraum verfügbar, so kommt es zunächst darauf an, ob die neu zu erstellende Klasse in einer Vererbungsbeziehung zu der Klasse steht, die Sie erstellen. Liegt eine Vererbungsbeziehung vor, so können Sie auf alle Operationen und Attribute der Klasse zugreifen, die mit einem der Modifizierer `protected`, `protected internal` oder `public` versehen sind.

Stehen die Klassen nicht in einer Vererbungsbeziehung, sind aber Bestandteil einer Komponente, so können Sie nur die mit `internal` und `public` gekennzeichneten Attribute und Operationen der bestehenden Klasse verwenden.

Sollten Sie Komponenten (so genannte Assemblies) erstellen, kann die Sichtbarkeit mit dem Modifizierer `internal` auf die im Manifest festgelegten Mitgliedselemente (Klassen, Strukturen, Aufzählungs-Typen, Ereignisse) der Komponente beschränkt werden. Mit der Einschränkung der Sichtbarkeit auf `protected internal` erlauben Sie neben den Komponenten-Typen auch erbenden Klassen außerhalb der Komponente den Zugriff.

Ist die neu zu erstellende Klasse nicht Komponentenmitglied der Klasse, auf die Sie zugreifen, und erbt die neue Klasse auch nicht deren Attribute und Operationen, so können Sie ausschließlich die `public`-Elemente der bestehenden Klasse erreichen.

Die folgende Abbildung fasst die Sichtbarkeiten noch einmal zusammen.

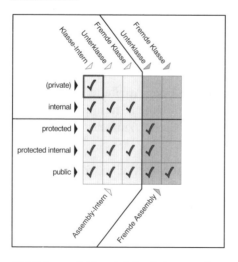

Abbildung 7.18: Sichtbarkeit – Attribute und Operationen

Benutzen Sie die Abbildung als Entscheidungshilfe bei der Festlegung der Sichtbarkeit von Attributen und Operationen. Versuchen Sie immer den Zugriff so weit wie möglich einzuschränken, um ungewollte Manipulationen an Attributen zu vermeiden und nur intern gebrauchte Operationen wirksam vor dem Zugriff anderer Klassen zu schützen. Berücksichtigen Sie dabei nicht nur bestehende Zugriffe auf Attribute und Operationen, sondern auch geplante zukünftige Zugriffe eigener und fremder Komponenten und Anwendungen mit ein.

✔ Wählen Sie zunächst im Kopf der Abbildung die Elemente aus, die einen Zugriff erhalten sollen. Gehen Sie dabei von links nach rechts vor und wählen Sie nur die notwendigen Typen (und nicht mehr) aus.

✔ Gehen Sie im zweiten Schritt für die ausgewählten Elemente die Modifizierer von oben nach unten durch, bis zum ersten Mal ein Modifizierer erreicht ist, der allen ausgewählten Typen den Zugriff erlaubt. Damit haben Sie den passenden Modifizierer gefunden.

Sollen zum Beispiel alle Unterklassen und zusätzlich alle Komponenten-Typen eine Operation aufrufen können, so ist protected internal der passende Modifizierer. Verwenden nur Operationen derselben Klasse ein Attribut, so kennzeichnen Sie es als private.

Depotverwaltung – Sichtbarkeiten

Nachdem Sie die Klassen der Depotverwaltung auf verschiedene Namensräume verteilt haben, vereinbaren wir im letzten Schritt die Sichtbarkeit von Klassen und Schnittstellen sowie deren Attributen und Operationen, so dass ein nicht gewollter Gebrauch möglichst ausgeschlossen wird.

Die folgende Abbildung zeigt die Sichtbarkeiten für die Attribute und Operationen. Dabei entspricht das Minus-Zeichen (-) dem Modifizierer private, die Raute (#) protected und das Plus-Zeichen (+) der globalen Sichtbarkeit public.

Die meisten Attribute sind nur für klasseninterne Operationen sichtbar, die meisten Operationen dagegen öffentlich verfügbar.

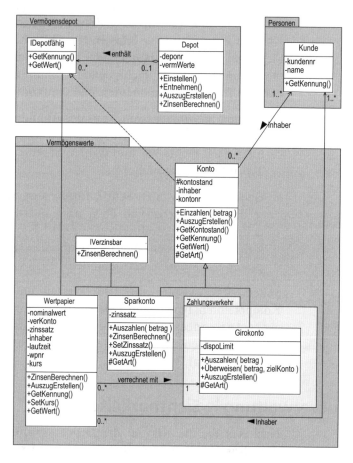

Abbildung 7.19: Namensräume – Strukturierung von Anwendungen

Abweichend davon ist das Attribut kontostand der Klasse Konto als protected definiert, da die Operation Auszahlen(...) der Unterklassen Sparkonto und Girokonto auf das Attribut zugreift, um den durch eine Auszahlung geänderten Kontostand zu speichern.

Schnittstellen-Operationen sind in C# grundsätzlich öffentlich und dürfen nicht mit einem Sichtbarkeits-Modifizierer gekennzeichnet werden.

Die Operation GetArt() ist nur innerhalb der Vererbungshierarchie sichtbar (protected), da die Operation GetKennung() sie ausschließlich intern verwendet. private kann sie aber dennoch nicht vereinbart sein, da die abstrakte Operation der Klasse Konto als Platzhalter dient und für Sparkonto-Objekte und Girokonto-Objekte durch deren konkrete Definition ersetzt wird. Dabei sind ausschließlich sichtbare Operationen überschreibbar.

Da die Standard-Einstellung für Attribute und Operationen private ist, müssen Sie lediglich die drei Operationen GetArt() mit dem Modifizierer protected kennzeichnen. Damit besitzt die Depotverwaltung auch für eine komplexe Erweiterung eine tragfähige Grundstruktur.

TEIL

Praxis – Spezialaspekte und Werkzeuge der UML

Der vierte Teil beschäftigt sich mit praktischen Aspekten der UML. Hier erhalten Sie nützliche Checklisten, die Sie bei der objektorientierten Analyse mit der UML unterstützen. Ein Fallbeispiel zeigt die Anwendung der objektorientierten Modellierung auf Geschäftsprozesse. Der Teil schließt mit einem Überblick und einem funktionalen Vergleich der auf der beiliegenden CD-ROM mitgelieferten UML-Tools.

IV

Checklisten für die objektorientierte Analyse

Die Checklisten in diesem Kapitel bieten Ihnen einen nützlichen Leitfaden zur objektorientierten Analyse. Sie enthalten Hinweise für die in der praktischen Projektarbeit oft schwierige Identifikation objektorientierter Strukturen.

Checklisten für die objektorientierte Analyse

Die Vorgehensweise im Rahmen des objektorientierten Softwareentwicklungsprozesses wurde im dritten Teil dieses Taschenbuchs bereits ausführlich anhand eines konkreten Beispiels vorgestellt. Dort haben Sie erfahren, wie die Diagramme der UML zur Modellierung eingesetzt und schließlich in ein objektorientiertes Programm umgesetzt werden.

In diesem Kapitel wollen wir Ihnen einige Checklisten an die Hand geben, die Ihnen die objektorientierte Modellierung mit der UML erleichtern sollen.

Problemstellung

Trotz eingehender Kenntnis der objektorientierten Strukturen und der Modelle, die Ihnen die UML zur Verfügung stellt, um einen Realitätsausschnitt abzubilden, werden Sie in der Praxis häufig mit einigen Problemen konfrontiert. Die zu bewältigenden Fragen, die sich Ihnen stellen werden, sind u.a.:

✔ *Wie grenze ich den für mich relevanten Problemausschnitt ab?*
Die Abgrenzung des Problemausschnitts hat weit reichende Konsequenzen für den Projekterfolg insgesamt – unabhängig davon, ob Sie Software entwickeln oder einen Geschäftsprozess modellieren wollen. Im Wesentlichen geht es darum, einen für Ihre individuellen Ziele geeigneten Blickwinkel auf die Problemstellung einzunehmen und die für Ihre Aufgabe relevanten Bereiche aus der Realität herauszufiltern.

✔ *Wie finde ich die Elemente, die in meinem Modell abgebildet werden sollen?*
Nachdem Sie Ihren Realitätsausschnitt abgegrenzt haben, stehen Sie vor dem Problem, darin geeignete Elemente zu

finden, die Sie mit Hilfe der UML-Konzepte abbilden können. Wichtige Aspekte einer Problemstellung sind häufig nicht auf den ersten Blick erkennbar. Die Gefahr, ein unvollständiges Modell zu erhalten, ist entsprechend groß.

✔ *Nach welchen Kriterien entscheide ich, wie ein Element im Objektmodell repräsentiert wird?*

In der Praxis erweist es sich oft als schwierig, Objekte zu identifizieren, Klassen und Beziehungen zu bilden oder Abläufe zu beschreiben. Für die Zuordnung identifizierter Objekte zu Klassen und die Definition von Klassenstrukturen oder -beziehungen bieten sich meist zahlreiche Alternativen an, die eine Auswahl erschweren.

✔ *Wie erkenne ich, dass ich alle relevanten Aspekte berücksichtigt habe und mein Modell vollständig ist?*

Gerade die evolutionäre Vorgehensweise im Rahmen der objektorientierten Entwicklung führt dazu, dass sich das Ende dieses Prozesses kaum vorhersagen lässt. Zeit- und Kostenbudget können im Voraus nur annähernd geschätzt werden. Sie werden hier meist auf Erfahrungswerte zurückgreifen müssen, zumal Methoden zur Aufwandschätzung objektorientierter Projekte bisher erst ansatzweise zur Verfügung stehen. Wann ein Objektmodell vollständig ist, hängt von der konkreten Aufgabenstellung ab. Einige allgemeine Hinweise können jedoch dafür sorgen, dass wichtige Aspekte aus Modellsicht nicht unter den Tisch fallen.

Entwicklung objektorientierter Modelle

Die Vorgehensweise bei der objektorientierten Systementwicklung, die Sie in Teil III kennen gelernt haben, gliedert sich in die drei Phasen

✔ Analyse (OOA),

✔ Design (OOD) und

✔ Implementierung (Programmierung, OOP).

Der Schwerpunkt der UML liegt in der objektorientierten Analyse, auf die sich auch die eingangs genannten Hürden des Entwicklungsprozesses beziehen. Mit Hilfe einer groben Vorgehensweise sind die Schwierigkeiten der Analysephase leichter zu bewältigen.

Im Wesentlichen stehen Sie bei der Entwicklung eines objektorientierten Analysemodells vor den folgenden Aufgaben:

✔ Beschreibung eines Anwendungsfalls oder Geschäftsvorfalls

✔ Abgrenzung des relevanten Problemausschnitts

✔ Abgrenzung von Teilsystemen (Paketen) innerhalb der Problemstellung

✔ Definition von Schnittstellen zwischen Paketen

✔ Identifikation von Klassen und Attributen

✔ Ermittlung von Vererbungsstrukturen

✔ Identifikation von Assoziationen

✔ Identifikation von Interaktionen

✔ Identifikation von Ereignissen

✔ Definition von Zuständen und Zustandsübergängen

✔ Identifikation von Aktivitäten

✔ Beschreibung von Operationen

Diese umfangreichen Aufgaben sind in eine geeignete Abfolge zu bringen. Dabei ist es hilfreich, das System aus verschiedenen Blickwinkeln zu beleuchten.

In der Praxis hat sich in der Objektorientierung eine evolutionäre Vorgehensweise, bei der die einzelnen Phasen des Analyseprozesses wiederholt durchlaufen werden, als geeignet herausgestellt. So gelangt man durch die schrittweise

> Verfeinerung zunächst noch recht grober Strukturen zu einem ausgefeilten Modell, das den relevanten Problemausschnitt in geeigneter Form repräsentiert.

Zunächst betrachten Sie das System auf einem relativ hohen Abstraktionsniveau von außen. Dabei untersuchen Sie lediglich, was das System im Groben leisten soll bzw. welche Ergebnisse von einem Geschäftsprozess erwartet werden. Der Anwendungsfall oder Geschäftsvorfall bildet also quasi eine Black Box, in die Sie vorerst nicht hineinsehen können (bzw. wollen).

Zu dieser *groben Analyse* in der Außensicht gehören die Aufgaben

✔ Beschreibung des Anwendungsfalls,

✔ Abgrenzung des relevanten Problemausschnitts,

✔ Abgrenzung von Teilsystemen (Paketen) und

✔ Definition von Schnittstellen zwischen Paketen.

Nach der groben Systemanalyse in der Außensicht haben Sie einen Überblick darüber, *was* Ihr System leisten soll. Nun können Sie sich der Frage zuwenden, *wie* diese Leistung erbracht werden soll. Sie nehmen also einen neuen Blickwinkel ein und betrachten Ihr im Groben bereits abgegrenztes System nun aus der Innensicht.

Als grundsätzliche Vorgehensweise in der Innensicht bietet sich eine Anpassung an den objektorientierten Denkstil an. Dieser unterscheidet, wie Sie ja bereits wissen, zwischen einer *statischen* und einer *dynamischen* Struktur. Die verbliebenen Aufgaben für die Innensicht der objektorientierten Analyse lassen sich recht gut diesen beiden Kategorien zuordnen:

✔ Entwicklung des *statischen Modells*:

  ✔ Identifikation von Klassen, Attributen und Methoden

  ✔ Beschreibung von Klassen und Attributen

✔ Ermittlung von Vererbungsstrukturen

✔ Identifikation von Assoziationen

✔ Entwicklung des *dynamischen Modells*

✔ Identifikation von Interaktionen

✔ Identifikation von Ereignissen

✔ Definition von Zuständen und Zustandsübergängen

✔ Identifikation von Aktivitäten

✔ Beschreibung von Operationen

Damit haben wir die Aufgaben, die im Rahmen der objektorientierten Analyse anfallen, in drei Bereiche aufgeteilt:

✔ grobe Systemanalyse in der Außensicht

✔ statische Analyse in der Innensicht

✔ dynamische Analyse in der Innensicht

Zu Beginn eines Projekts ist es sinnvoll, diese drei Aufgabenbereiche auch in der genannten Reihenfolge anzugehen, um sich zunächst einen genaueren Überblick über die Besonderheiten der jeweiligen Problemstellung zu verschaffen.

Je tiefer Sie jedoch in einen Anwendungsfall eintauchen, desto stärker treten die Interdependenzen zwischen Statik und Dynamik, Außen- und Innensicht sowie zwischen den identifizierten Elementen und Beziehungen zu Tage. Kleine Änderungen in der konkreten Gestaltung der Klassen mit ihren Attributen und Operationen sowie den Assoziationen wirken sich schnell auf Struktur und Verhalten des gesamten Systems aus. Die Abgrenzung der Teilsysteme und die Definition ihrer Elemente haben Einfluss auf die Schnittstellen zwischen den Paketen.

Daraus folgt, dass sich die Entwicklung objektorientierter Modelle – wie auch die objektorientierte Systementwicklung insgesamt – nicht in eine lineare Abfolge pressen lässt.

Die einzig adäquate Vorgehensweise im Rahmen der objektorientierten Analyse ist evolutionär. Sowohl die drei Bereiche (grobe Systemanalyse, statische und dynamische Analyse) als auch die einzelnen Arbeitsschritte innerhalb dieser Bereiche werden in einem sich ständig wiederholenden Prozess durchlaufen.

So gelangt man durch die schrittweise Verfeinerung zunächst noch recht grober Strukturen nach und nach zu einem ausgefeilten Modell, das den relevanten Problemausschnitt in geeigneter Form repräsentiert.

Mehrfache Korrekturen und Anpassungen bereits definierter Modellbestandteile sind dabei absolut üblich. Mit jedem Zyklus des evolutionären Entwicklungsprozesses erhalten Sie neue Erkenntnisse über Strukturen und Zusammenhänge, die sich aufgrund der Interdependenzen in objektorientierten Modellen auf das gesamte System auswirken.

In den folgenden Abschnitten werden die genannten Aufgaben näher untersucht. Die Checklisten sollen Sie bei den einzelnen Arbeitsschritten der objektorientierten Analyse unterstützen.

Grobe Systemanalyse

Im Rahmen der *groben Systemanalyse* geht es vor allem darum, den in einem objektorientierten Modell abzubildenden Problembereich inhaltlich zu erfassen und gegenüber anderen, nicht relevanten Problembereichen abzugrenzen.

Die Hauptaufgabe besteht hier in der Entscheidung, welche Elemente einer Problemstellung in das Modell aufzunehmen sind. Meist ist jedoch die viel schwierigere und umstrittenere Frage, welche Bereiche ausgeklammert werden sollen.

Dabei geht es nicht nur um die Begrenzung der Komplexität des späteren Modells, die der Vielzahl wünschenswerter

Eigenschaften und Bestandteile gegenübersteht. Viel wichtiger ist es in der Regel, den abzubildenden Problembereich dem meist sehr knappen Budget anzupassen.

Externe Restriktionen, die bereits in dieser ersten Phase der objektorientierten Analyse eine wesentliche Rolle spielen, sind:

✔ *Zeitliche Restriktionen*: Das Projekt muss in einem eng begrenzten Zeitrahmen realisiert werden. Gerade objektorientierte Projekte – unabhängig davon, ob es sich um die Softwareentwicklung oder die Geschäftsprozessmodellierung handelt – sind aufgrund der evolutionären Vorgehensweise bezüglich ihres Zeitbedarfs nur sehr schwer einzuschätzen.

✔ *Personelle Restriktionen*: Insbesondere die Fachabteilung kann neben dem normalen Tagesgeschäft nur wenige Mitarbeiter zeitlich begrenzt für andere Projekte abstellen. Das Projektmanagement wird daher stark von externen Einflüssen, die aus dem Tagesgeschäft resultieren, beeinflusst.

✔ *Finanzielle Restriktionen*: Budgets sind stets knapp bemessen. Die Problematik der Einschätzung des Projektaufwands gilt sowohl für den zeitlichen als auch für den finanziellen Ressourceneinsatz.

✔ *Sachmittel-Restriktionen*: Sachmittel wie Hardware, Software, Räume und Präsentationstechnik stehen oft nicht in ausreichender Anzahl zur Verfügung.

Die Konsequenz aus den genannten Restriktionen ist meist, dass sich ein Projekt zur objektorientierten Analyse nicht nur an der abzubildenden Problemstellung und ihren Anforderungen orientiert, sondern das im Rahmen der knappen Ressourcen Mögliche versucht.

Diese Problematik ist bereits bei der Zielanalyse eines Projekts zu berücksichtigen, spielt aber auch hier in der groben Systemanalyse eine wichtige Rolle.

Im Einzelnen besteht die grobe Systemanalyse aus den folgenden Aktivitäten, die anschließend näher untersucht werden:

✔ Beschreibung des Anwendungsfalls

✔ Problemabgrenzung

✔ Definition und Abgrenzung von Teilsystemen

✔ Definition von Schnittstellen zwischen den Teilsystemen

Checkliste Anwendungsfall

Anwendungsfalldiagramme wurden im vierten Kapitel vorgestellt. Sie beschreiben Anwendungsfälle oder Geschäftsvorfälle mit ihren Beziehungen untereinander und zu beteiligten Akteuren, Ereignissen oder Prozessen.

Bevor Sie beginnen, ein Use-Case-Diagramm zu einem Anwendungsfall zu entwerfen, sollten Sie diesen zunächst verbal beschreiben. Die schriftliche Fixierung eines Anwendungsfalls oder Geschäftsprozesses führt zu einem besseren Verständnis der Vorgänge und Zusammenhänge. Zudem ist die Dokumentation des Problembereichs ein wichtiges Hilfsmittel im weiteren Verlauf der Analyse, wenn es darum geht, einzelne Elemente und ihre Beziehungen zu identifizieren und zu beschreiben.

Die verbale Beschreibung eines Anwendungsfalls oder Geschäftsprozesses sollte folgende Bestandteile haben:

✔ Gewünschte Ergebnisse (Ziele) des betrachteten Prozesses

✔ Bedingungen oder Zusicherungen, die bei der Durchführung des Prozesses einzuhalten sind

✔ Regeln für den Prozessablauf

✔ Alternativen im Prozessablauf und Voraussetzungen, die einen alternativen Prozessverlauf auslösen

Vermeiden Sie eine zu detaillierte Beschreibung des Anwendungsfalls. Bedenken Sie, dass es hier lediglich um eine *grobe* Systemanalyse geht. Formulieren Sie zunächst nur das Wichtigste auf einer relativ hohen Abstraktionsstufe. Später wird diese erste grobe Abgrenzung im Rahmen des evolutionären Entwicklungsprozesses ständig verfeinert und konkretisiert.

Die folgende Checkliste hilft Ihnen bei der Beschreibung von Anwendungsfällen und beim Erstellen eines Use-Case-Diagramms. Sie enthält die erforderlichen Aktivitäten sowie die im Rahmen der einzelnen Aktivitäten zu klärenden Fragestellungen. Durch die Beantwortung der Fragen erhalten Sie einen ausreichend genauen Überblick über Ihren Anwendungsfall.

Aktivität	Zu klärende Fragen
Ermittlung von Akteuren	Welcher Akteur löst den Anwendungsfall aus? Welche Personen sind beteiligt? Wer ist verantwortlich für die Planung des Prozesses? Gibt es außer den beteiligten Personen noch weitere Akteure (z.B. Softwaresysteme)? Wer ist verantwortlich für die Durchführung des Prozesses? Wer ist verantwortlich für die Kontrolle des Prozesses? Wer benutzt das System bzw. den Prozess? Wer benötigt Daten oder Ergebnisse aus dem Prozess?
Ermittlung von Aufgaben	Welche Ziele sind mit dem Anwendungsfall verbunden? Welche Ergebnisse soll das System liefern? Welche Arbeitsschritte sind dazu erforderlich? Welche Ziele sind mit jedem dieser Arbeitsschritte verbunden?
Ermittlung von Schnittstellen	Zu welchen anderen Anwendungsfällen bestehen Beziehungen?

Aktivität	Zu klärende Fragen
	Benötigt das System Vorleistungen aus einem anderen System? Gibt das System Daten oder Ergebnisse an andere Systeme weiter? Existieren Vorgaben für die Schnittstellen zu bestimmten Akteuren (z.b. Benutzungs- oberfläche für menschliche Akteure)?
Berücksichtigung von Restriktionen	Welche Abhängigkeiten bestehen zwischen den durchzuführenden Aufgaben? Welche Vor- und Nachbedingungen sind bei den einzelnen Aufgaben zu beachten? Welche Aufgaben unterliegen organisatori- schen, technischen, gesetzlichen oder natürli- chen Beschränkungen?
Ermittlung von Ereignissen	Welche Ereignisse treten standardmäßig in dem Anwendungsfall auf? Welche Auswirkungen haben diese Ereignisse? Welche außergewöhnlichen Ereignisse können auftreten? Welche Auswirkungen haben diese außerge- wöhnlichen Ereignisse? Sollen für den Fall solcher Ereignisse Alternati- ven im Prozessablauf geplant werden?
Strukturierung	Welche Standardaufgaben und welche Spezialfälle gibt es? Welche Teilprozesse können gebildet werden, um ein komplexes System zu vereinfachen? Welche Gemeinsamkeiten gibt es zwischen den Prozessen? Wie können die anfallenden Aufgaben alternativ gruppiert werden? Wie wirken sich alternative Strukturen auf die Ergebnisse und den Zielerreichungsgrad aus?
Erweiterung	Welche zukünftigen Erweiterungen sind bereits absehbar? Welche Erweiterungsmöglichkeiten bietet das System? Ist das System hinreichend flexibel?

Tabelle 8.1: Checkliste Anwendungsfall

Als Ergebnis der Bearbeitung dieser Checkliste erstellen Sie

✔ ein Use-Case-Diagramm und

✔ eine verbale Beschreibung Ihres Anwendungsfalls bzw. Geschäftsprozesses.

Beachten Sie bei der Beschreibung von Anwendungsfällen, dass Sie sich hier in der Außensicht befinden. Das System ist für Sie (zunächst) noch eine Black Box. Die Versuchung ist groß, hier schnell zu sehr ins Detail zu gehen.

Die Beantwortung dieser Fragen ermöglicht eine (grobe) Beschreibung der Inhalte, der beteiligten Akteure und der Rahmenbedingungen eines Anwendungsfalls. Außerdem lassen sich so Interdependenzen mit anderen Anwendungsfällen identifizieren, die in die Betrachtung mit einbezogen werden müssen.

Checkliste Problemabgrenzung

Die Abgrenzung des relevanten Problemausschnitts ist eng mit der Beschreibung des Anwendungsfalls verzahnt. Das Ausloten der Systemgrenzen ist dabei oft mit großen Schwierigkeiten verbunden. Die Aufgabe der Projektbeteiligten besteht darin, eine geeignete Abgrenzung zu finden, die einerseits alle notwendigen Elemente berücksichtigt, andererseits aber auch Überflüssiges und Unnötiges ausschließt.

Die verbale Beschreibung des Anwendungsfalls kann hier eine große Hilfe sein. Dort haben Sie bereits wichtige Elemente Ihres Anwendungsfalls identifiziert und erste Beziehungen zwischen Elementen und anderen Systemen ermittelt.

Die Bedeutung dieser Phase des Modellierungsprozesses für den Projekterfolg ist nicht zu unterschätzen. Zu weite oder zu enge Systemgrenzen können die Qualität der zu entwickelnden Software oder des zu organisierenden Geschäftsprozesses negativ beeinflussen. Sie sollten diese Phase daher mit besonderer Sorgfalt angehen.

Mehr noch als bei der Modellierung von Geschäftsprozessen besteht dieses Problem in der Softwareentwicklung. Die Haltung der Fachabteilung, die das zu entwickelnde System später einsetzen soll, geht häufig dahin, wünschenswerte inhaltliche Funktionen als unbedingt notwendig darzustellen. Umgekehrt neigen Softwareentwickler dazu, ihren »Spieltrieb« auszuleben und technisch aufwändige oder anspruchsvolle Realisierungen zu favorisieren, die in dieser Form vielleicht gar nicht gebraucht werden.

Die Zusammenarbeit von Modellierern oder Softwareentwicklern und Fachabteilung ist nicht nur von rein professionellen Zielen geprägt. Stets spielen auch gruppenspezifische und individuelle persönliche Ziele der Beteiligten eine Rolle. Die Anforderungen der eigentlichen Aufgabe mit diesen widerstrebenden Interessen zu vereinbaren, ist eine nicht zu unterschätzende Herausforderung für das Projektmanagement.

Um dem tatsächlich relevanten Problembereich näher zu kommen, sollten Sie die folgenden Aktivitäten durchführen. Die Beantwortung der in der Checkliste aufgeführten Fragen unterstützt Sie dabei.

Aktivität	Zu klärende Fragen
Zielsetzung	Welche Ziele werden mit dem Geschäftsprozess oder Anwendungsfall verfolgt?
Relevanzprüfung	Ist das betrachtete Element für die Ziele und Aufgaben des Anwendungsfalls oder Geschäftsvorfalls von Bedeutung? Welche Auswirkungen hat der Verzicht auf die Integration des betrachteten Elements für die Erfüllung der Aufgabe oder des Ziels?

Aktivität	Zu klärende Fragen
Ermittlung von Alternativen	Welche Rollen (Stellen) sind an der Aufgabe beteiligt? Welche anderen Rollen sind von der Ausführung der Aufgaben betroffen? Kann die Erfüllung von Aufgaben durch eine Umgestaltung in aufbau- oder ablauforganisatorischer Hinsicht optimiert werden? Können komplexe Wechselwirkungen durch die Einbeziehung weiterer Systeme (Systemvergrößerung) internalisiert werden? Können komplexe Wechselwirkungen durch eine reduzierte Systemsicht (Systemverkleinerung) vernachlässigt werden?

Tabelle 8.2: Checkliste Problemabgrenzung

Bei der Bearbeitung der zugehörigen Checklisten wird Ihnen die Verzahnung der beiden Aufgaben im Rahmen der Modellierung auffallen. Da die Problemabgrenzung und die Beschreibung des Anwendungsfalls eng miteinander verbunden sind, sollten sie in einem evolutionären Prozess gemeinsam durchgeführt werden.

Häufig treten erst bei der detaillierten Beschäftigung mit den Klassen, den Objekten und ihren Beziehungen zusätzliche Aspekte zu Tage, die im Rahmen der groben Systemanalyse zunächst nicht berücksichtigt wurden. Wahrscheinlich werden Sie daher später, bei der Entwicklung des statischen und des dynamischen Modells, weitere Anpassungen vornehmen müssen.

Checkliste Teilsysteme

Die Komplexität von Anwendungsfällen lässt sich durch die Bildung von Teilsystemen reduzieren. Das Gesamtsystem wird dabei in überschaubare Einheiten, so genannte *Pakete*, aufgeteilt, die einen in sich geschlossenen Teilbereich der Problemstellung abbilden und miteinander durch eindeutig definierte Schnittstellen verbunden sind.

Nach welchen Kriterien Sie die Paketbildung vornehmen, hängt von Ihrem konkreten Anwendungsfall ab. Einige mögliche Gliederungskriterien enthält die folgende Tabelle.

Gliederungskriterium	Beschreibung
Inhaltliche Gliederung	Bei der inhaltlichen Gliederung wird nach gemeinsamen Eigenschaften von Aufgaben und Aktivitäten gesucht.
Prozessorientierte Gliederung	Die prozessorientierte Gliederung richtet sich nach der Reihenfolge der anfallenden Aufgaben in einem Anwendungsfall oder Geschäftsprozess. Aktivitäten, die z.B. in einem abgegrenzten Produktionsschritt stattfinden, werden zu Paketen zusammengefasst.
Lokale Gliederung	Bei der lokalen Gliederung bilden Sie Teilsysteme mit Aufgaben, die an demselben Ort (z.B. in der derselben Produktionsstätte oder auch in derselben Datenbank) anfallen.
Funktionale Gliederung	Die funktionale Gliederung unterscheidet Pakete nach der Ausführung der enthaltenen Aufgaben durch spezialisierte Rollen. Dabei kann es sich beispielsweise um eine bestimmte Abteilung handeln, in der funktional gleiche Aufgaben anfallen bzw. erledigt werden.

Tabelle 8.3: Gliederungskriterien für die Paketbildung

Insbesondere bei umfangreichen Aufgaben bietet es sich an, durch Paketbildung kleinere überschaubare Einheiten zu schaffen.

Problematisch ist dabei die Wahl der richtigen Größe der Pakete. Sie sollten weder zu viele noch zu wenige Teilaufgaben und Elemente umfassen.

Zu kleine Pakete konterkarieren den positiven Effekt der Komplexitätsreduktion, da die Zahl der Interdependenzen zwischen den Paketen in der Regel sehr hoch sein dürfte. Zu große Pakete haben den Nachteil, in sich zu komplex zu sein – der mit der Paketbildung beabsichtigte Effekt tritt gar nicht oder nur in geringem Maße ein.

Aktivität	Zu klärende Fragen
Ermittlung von Gliederungskriterien	Ist das betrachtete System in der vorliegenden Form überhaupt teilbar? Ergeben sich bereits aus der Aufbau- oder Ablaufstruktur des Geschäftsprozesses oder Anwendungsfalls Kriterien für die Paketbildung? Erlaubt die Gesamtaufgabe eine inhaltliche, prozessorientierte, lokale oder funktionale Gliederung?
Definition von Paketen	Handelt es sich bei dem betrachteten Element um ein isolierbares Subsystem? Bildet das betrachtete Paket einen Themenbereich ab, der weitgehend für sich allein gesehen werden kann? Liegen die Vererbungsstrukturen der beteiligten Klassen weitgehend innerhalb des Pakets? Können umfangreiche Subsysteme in weitere kleinere Pakete zerlegt werden? Können durch die Umgestaltung von Aufgaben, Prozessen und Zuständigkeiten Pakete gebildet werden, ohne die Ziele zu gefährden?
Berücksichtigung von Interdependenzen	Welche Beziehungen und Abhängigkeiten besitzt das betrachtete Element zu anderen Elementen innerhalb des Systems? Sind von der Integration des betrachteten Elements in ein (Teil-) System weitere Elemente in anderen (Teil-) Systemen betroffen, die ihrerseits wiederum Abhängigkeiten aufweisen?

Tabelle 8.4: Checkliste Teilsysteme

Die Paketbildung steht in engem Zusammenhang mit der Abgrenzung des relevanten Problemausschnitts. Zugleich hat diese Phase im Rahmen der objektorientierten Analyse bereits weitgehende Auswirkungen auf das statische Objektmodell.

Da jedes Paket eine in sich geschlossene Einheit darstellt, die über Schnittstellen mit anderen Systemen kommuniziert, hängt die Definition der Klassen und ihrer Beziehungsstrukturen stark von den identifizierten Paketen ab.

Sie können diese Wechselwirkungen der Paketbildung mit der Problemabgrenzung einerseits und der Klassenbildung andererseits an den Fragen in der Checkliste erkennen. Diese greifen Ergebnisse der Problemabgrenzung auf und erfordern gleichzeitig bereits erste Überlegungen zur Klassenstruktur.

Auch hier zeigt sich somit wieder einmal das Ineinandergreifen der einzelnen Schritte im Modellierungsprozess. Eine streng sequentielle Vorgehensweise ist dabei zwangsläufig zum Scheitern verurteilt.

Bei der Paketbildung bieten sich Ihnen grundsätzlich zwei alternative Vorgehensweisen:

✔ Bei einer *Top-Down*-Vorgehensweise zerlegen Sie zunächst das Gesamtsystem in Teilsysteme. Anschließend versuchen Sie, größere Pakete in weitere Subsysteme zu gliedern, bis Sie ein für Ihre Bedürfnisse angemessenes Komplexitätsniveau erreicht haben.

✔ Im Rahmen der *Bottom-Up*-Vorgehensweise kehren Sie das Verfahren um. Hier erstellen Sie zuerst Ihre Klassenstruktur und suchen dann nach Gemeinsamkeiten der identifizierten Klassen. Klassen mit gleichen Eigenschaften oder Aufgaben fassen Sie zu Paketen zusammen. Solange es im Rahmen der Projektaufgabe sinnvoll ist, generalisieren Sie diese Pakete zu weiteren Oberpaketen.

Checkliste Schnittstellen

Nachdem Sie das Gesamtsystem in Pakete zerlegt haben, definieren Sie Schnittstellen, um die Kommunikation zwischen den einzelnen Teilsystemen sicherzustellen. Über die Schnittstellen tauschen die Pakete Nachrichten aus, fordern Dienste an oder leiten Zwischenergebnisse weiter.

Verbindungen können sowohl direkt zwischen zwei Paketen als auch zwischen Klassen unterschiedlicher Pakete bestehen. Bereits im Schritt zuvor ist bei der Paketbildung darauf zu achten, dass Abhängigkeiten zwischen Paketen bzw. ihren Klassen möglichst vermieden werden. So bewahren Sie ein Höchstmaß an Modularität in Ihrem System.

Abhängigkeitsbeziehungen zwischen Elementen verschiedener Pakete erschweren den modularen Aufbau eines Modells. Die Wiederverwendung einzelner Module kann dann zu so vielfältigen gegenseitigen Abhängigkeiten führen, dass Änderungen in einem Paket mit erheblichem Aufwand auch in anderen Paketen verbunden sind.

Die Schnittstellen selbst müssen in ihrer Struktur sämtliche bestehenden Assoziationen zwischen Elementen berücksichtigen und sollten möglichst auch auf zukünftige Anpassungen des Modells vorbereitet sein. Dies gilt insbesondere dann, wenn die Wiederverwendung einzelner Pakete vorgesehen ist. Ein ausreichendes Maß an Flexibilität darf auf der anderen Seite aber auch nicht zu Lasten der Effizienz, Stabilität und Übersichtlichkeit eines Pakets gehen.

Die folgende Checkliste unterstützt Sie bei der Ermittlung und Gestaltung der erforderlichen Schnittstellen.

Aktivität	Zu klärende Fragen
Ermittlung von Beziehungen	Welche Kommunikationsbeziehungen bestehen zwischen den Paketen? Welche Kommunikationsbeziehungen bestehen zwischen den Klassen verschiedener Pakete?

Aktivität	Zu klärende Fragen
	Welcher Art sind die Daten, die über die identifizierten Schnittstellen ausgetauscht werden?
Ermittlung von Abhängigkeiten	Welche Abhängigkeiten bestehen zwischen den Paketen? Welche Abhängigkeiten bestehen zwischen den Klassen verschiedener Pakete?
Reorganisation von Paketen	Erscheint aufgrund der ermittelten Kommunikationsbeziehungen und Abhängigkeiten eine Umgestaltung der Pakete sinnvoll?

Tabelle 8.5: Checkliste Schnittstellen zwischen Paketen

Einige Fragen dieser Checkliste können erst nach der vollständigen Definition der Pakete und ihrer Elemente beantwortet werden. Andere führen möglicherweise zu der Erkenntnis, dass die ursprüngliche Abgrenzung der Pakete einer Überarbeitung bedarf.

Statische Analyse

Nachdem Sie das System nun in groben Zügen beschrieben und in einzelne Pakete mit klar definierten Schnittstellen zerlegt haben, wechseln Sie nun die Sichtweise.

Bisher haben Sie das System aus der Außensicht weitgehend als Black Box betrachtet. Zur Modellierung der statischen Struktur analysieren Sie Ihre Problemstellung nun detaillierter, indem Sie die beteiligten Klassen mit ihren Attributen und Operationen identifizieren.

Hierzu gehört auch die Bildung von Klassenhierarchien und die Ermittlung von Assoziationen sowohl zwischen den Klassen eines Pakets als auch paketübergreifend.

Im Einzelnen besteht die Entwicklung des statischen Modells somit aus den folgenden Aktivitäten:

✔ Bei der *Identifikation von Klassen und ihren Eigenschaften* werden in einem ersten Schritt zunächst alle Elemente gesammelt, die für die Problemstellung relevant sind.

✔ Die *Klassenbeschreibung* besteht aus einer verbalen Beschreibung in Form einer Dokumentation.

✔ Mit der *Klassenstruktur* legen Sie Vererbungsbeziehungen zwischen den zuvor identifizierten und beschriebenen Klassen fest.

✔ Schließlich sind die weitergehenden *Assoziationen* zwischen den ermittelten Klassen zu definieren.

Bitte beachten Sie, dass es sich auch hier wiederum nicht um einen streng linearen Ablauf von Aktivitäten handelt. Zwar ist es in den meisten Fällen durchaus sinnvoll, zuerst Klassen und Eigenschaften zu identifizieren, bevor Sie mit den übrigen Aktivitäten fortfahren. Um eine zyklische Anpassung Ihres Modells werden Sie jedoch insbesondere bei größeren Gestaltungsprojekten nicht herumkommen.

Die Checklisten in den folgenden Abschnitten helfen Ihnen bei den genannten Aktivitäten zur Entwicklung des statischen Modells.

Checkliste Klassenbildung

Die Identifikation von Klassen, Attributen und Operationen ist zu Beginn des Modellierungsprozesses nicht allzu schwer. Im Gegenteil werden Sie häufig sehr schnell eine Vielzahl von Elementen ermitteln. Die Schwierigkeit besteht dann eher darin, die gefundenen Elemente einander sinnvoll zuzuordnen.

Als Informationsquellen können Sie dabei u.a. die folgenden heranziehen:

✔ *Ergebnisse der groben Systemanalyse*
Einige Elemente des statischen Modells haben Sie möglicherweise bereits im Rahmen der groben Systemanalyse ermittelt. In der Regel kristallisieren sich bereits bei der Paketbildung einzelne Klassen und Eigenschaften heraus.

✔ *Formulare, Listen, Verträge und andere Dokumente*
Viele Informationen über Ihre Problemdomäne werden in Form schriftlicher Dokumente vorliegen. Die Durchsicht solcher Texte fördert eine Vielzahl von Elementen zu Tage. Auch hier besteht das Hauptproblem weniger darin, überhaupt »Kandidaten« für Modellelemente zu finden, als vielmehr in deren Auswahl und Anordnung.

✔ *Dokumentationen von Geschäftsprozessen, Projekten und Software*
Geschäftsprozesse, Projekte und selbst entwickelte Software sind in der Regel dokumentiert. Ebenso wie Formulare und Listen bieten diese Dokumente einen ersten Überblick über die Problemstellung und helfen bei der Identifikation von Klassen und Eigenschaften.

✔ *Datenmodelle (Datenbanken), Bildschirmmasken etc.*
Datenmodelle geben einen tiefen Einblick in die Datenstrukturen ihres Anwendungsfalls. Gerade für die Klassenbildung lassen sich hier wertvolle Informationen finden, unabhängig davon, ob es sich um klassische oder objektorientierte Datenmodelle handelt. Auch Bildschirmmasken von Software enthalten nützliche Informationen über die Struktur und die Zusammenhänge der zu verarbeitenden Daten. Oft lässt sich aus einer einzelnen Maske sogar eine komplette Klasse ableiten. Die in der Bildschirmmaske einzugebenden Daten gehören meist thematisch zusammen und entsprechen dann den Attributen der zu bildenden Klasse.

✔ *Organigramme*
Organigramme enthalten Informationen über die Anordnung von Stellen. Auch Kommunikationswege und Datenflüsse lassen sich eventuell daraus entnehmen.

✔ *Stellenbeschreibungen*
Gerade für die Modellierung von Geschäftsprozessen sind Stellenbeschreibungen eine wichtige Informationsquelle. Sie beschreiben die konkreten Aktivitäten, die mit einer Stelle verbunden sind. Insbesondere bei der Suche nach Operationen von Objekten sollten Sie hier fündig werden.

✔ *Interviews mit Akteuren*
Interviews sind ein wichtiges Hilfsmittel, um Informationen zu sammeln, die in schriftlichen Dokumenten nicht oder nicht ausführlich genug vorliegen. Viele Zusammenhänge sind nicht formal erfassbar und nur direkt von den beteiligten Akteuren zu erfahren. Dabei handelt es sich insbesondere um Vorgänge oder Verhaltensweisen, die eher »aus dem Bauch heraus« oder »auf dem kleinen Dienstweg« erfolgen. Solche Elemente zu erfassen ist oft nicht einfach und stößt unter Umständen sogar auf aktiven Widerstand der Befragten. Durch die Kombination geeigneter Interviewtechniken lassen sich derartige Schwierigkeiten jedoch oftmals bewältigen.

✔ *Dokumentation von Modellen vergleichbarer Problemdomänen (andere Abteilungen, Fachliteratur, Erfahrungsberichte)*
Vielleicht haben Sie ähnliche Problemdomänen bereits früher schon einmal modelliert. Modelle zu verbreiteten Themen finden Sie auch in der Literatur oder im Internet. Diese werden Sie zwar nicht einfach übernehmen können – zumindest liefern sie Ihnen aber hilfreiche Ansätze und Anregungen für Ihre eigenen Modelle.

Bei der Auswertung dieser Informationsquellen deuten die gefundenen Substantive (z.B. in Textdokumenten) häufig auf potenzielle Klassen hin. Verben bieten sich als Bezeichnungen für Operationen oder Klassen an. Hinter Gruppen beschreibender Substantive verbergen sich möglicherweise Attribute (z.B. Name, Adresse und Telefonnummer auf einem Formular als Attribute einer Klasse Person).

Die genannten Informationsquellen sollten zunächst in einer Art Brainstorming zur Sammlung potenzieller Kandidaten für Klassen herangezogen werden. Planen Sie auch hier wieder ein zyklisches Vorgehen ein und verfeinern Sie so Ihre Suche nach Klassen und Eigenschaften immer weiter.

Verwenden Sie aussagekräftige Klassennamen, um die Übersichtlichkeit und Verständlichkeit des späteren statischen Objektmodells von Beginn an zu fördern. Es könnte Ihnen sonst passieren, dass Sie nach einiger Zeit nicht mehr wissen, welchen Themenbereich eine Klasse ursprünglich beschreiben sollte.

Die folgende Checkliste hilft Ihnen bei der Identifikation von Klassen, Attributen und Operationen.

Aktivität	Zu klärende Fragen
Identifikation von Klassen	Welche Klassen ergeben sich aus der Beschreibung der Geschäftsprozesse bzw. Anwendungsfälle? Welche Akteure (Personen, Abteilungen, Organisationen) sind an dem Geschäftsvorfall aktiv oder passiv beteiligt? Welche Rollen übernehmen Personen in dem Geschäftsvorfall? Welche Gegenstände werden für die zu beschreibende Aufgabe benötigt? Welche Hardware und Software wird eingesetzt? Welche Informationen werden von den Akteuren verarbeitet? An welchen Orten werden die mit den Aufgaben verbundenen Aktivitäten durchgeführt? Können Aktionen zu Funktionsbereichen zusammengefasst werden? Lassen sich strukturelle Ähnlichkeiten zwischen einzelnen Elementen feststellen? Welche (internen und externen) Ereignisse treten in dem Geschäftsvorfall auf?

Aktivität	Zu klärende Fragen
Identifikation von Attributen	Wodurch ist die betrachtete Klasse eindeutig gekennzeichnet? Welche Daten beschreiben die betrachtete Klasse? Ergeben sich Attribute aus der Vererbungsstruktur? Was unterscheidet die betrachtete von den übrigen identifizierten Klassen? Welche Zustände können die Exemplare einer Klasse annehmen? Ist das betrachtete Attribut Gegenstand von Operationen? Handelt es sich um ein Klassenattribut oder besitzt jedes Objekt individuelle Werte für dieses Attribut? Ist das Attribut so komplex, dass sich eine nähere Beschreibung in einer eigenen Klasse anbietet? Verlangen die zugreifenden Operationen die Zusicherung eines bestimmten Ergebnistyps? Welche Informationen muss die betrachtete Klasse für andere Klassen zur Verfügung stellen?
Identifikation von Operationen	Welche (Teil-) Prozesse wurden in der Beschreibung der Geschäftsprozesse bzw. Anwendungsfälle ermittelt? Welche Verhaltensweisen zeigen die beteiligten Akteure zur Bewältigung ihrer Aufgaben? Welche Aktionen werden von den beteiligten Akteuren durchgeführt? Welche Prozesse laufen in der eingesetzten Hardware und Software ab? Wer gibt Informationen weiter? Wer erhält Informationen? Über welche Kanäle werden Informationen weitergegeben? Welche anderen Klassen (bzw. Objekte) benötigen Informationen? In welcher Form benötigen andere Klassen oder Objekte diese Informationen?

Aktivität	Zu klärende Fragen
	Durch welche Ereignisse oder Aktionen ändern die Exemplare einer Klasse ihren Zustand?
Validierung	Ist der Klassenname aussagekräftig? Ist der Klassenname eindeutig (innerhalb des Pakets)? Gibt es außer dem Klassennamen Eigenschaften, welche die betrachtete Klasse von anderen Klassen signifikant unterscheidet? Enthält die Klassenbeschreibung alle erforderlichen Attribute und Operationen? Sind die geerbten Attribute und Operationen in der geerbten Form (Datentyp, Sichtbarkeit) sinnvoll? Ist die betrachtete Klasse überschaubar und übersichtlich (Anzahl und Bezeichnung der Attribute und Operationen)? Ist die betrachtete Klasse zwingend erforderlich oder kann sie auch in anderen Elementen aufgehen (z.B. als Attribut einer anderen Klasse)? Sind die Informationen der Klassenbeschreibung für den Anwender relevant? Gehört die betrachtete Klasse eindeutig zu diesem Paket oder ist unter Umständen die Zuordnung zu einem anderen Teilsystem sinnvoller? Welche Auswirkungen hat das Fehlen der betrachteten Klasse (bzw. des Attributs oder der Operation) auf die korrekte Abbildung des Problembereichs? Welche Auswirkungen hat das Fehlen der betrachteten Klasse auf das Objektmodell?

Tabelle 8.6: Checkliste Klassenbildung

Achten Sie bei der Namensgebung auf die Konventionen der UML!

Nach der Identifikation der Klassen und ihrer Eigenschaften werden diese in einer verbalen Klassenbeschreibung dokumentiert.

Checkliste Klassenbeschreibung

Ziel der Dokumentation ist die eindeutige Formulierung der Aufgaben, Inhalte und Strukturen einer Klasse. Sie beugt Missverständnissen zwischen Modellierern und Programmierern vor, da bei der späteren Implementierung die ursprüngliche Bedeutung einer Klasse stets nachvollzogen werden kann.

Ein weiterer Vorteil der schriftlichen Dokumentation liegt darin, dass Sie sich bei der Formulierung der verbalen Beschreibung noch einmal intensiv und im Detail mit Ihrem Modell auseinander setzen müssen. Dabei werden Sie häufig Fehler, Schwächen oder notwendige Erweiterungen des Modells aufdecken, die bis dahin nicht aufgefallen sind.

Von großer Bedeutung ist die schriftliche Dokumentation schließlich für die Wartbarkeit des Systems. Sie dient nach Inbetriebnahme des Systems als wichtiges Hilfsmittel für Änderungen und Ergänzungen des Objektmodells.

Ist Ihr System erst einmal einige Zeit in Betrieb, werden die Modellierer und Entwickler Einzelheiten des Modells bzw. der Implementierung recht schnell vergessen haben. Oft sind sie sogar überhaupt nicht mehr erreichbar. Wenn Sie dann ein solches, Ihnen völlig fremdes System ändern oder ergänzen müssen, werden Sie für jede schriftliche Dokumentation des Objektmodells und des Programmcodes dankbar sein.

Die folgenden Elemente sind Bestandteil einer Klassenbeschreibung.

Bestandteile	Inhalte
Klassenname	Aussagekräftiger Klassenname Auflistung (ggf. auch nähere Beschreibung) der Unterklassen
Paketname	Benennung der Paketzugehörigkeit Beschreibung der Aufgabe der Klasse innerhalb des Pakets Sichtbarkeit der Klasse innerhalb und außerhalb des Pakets
Vollständige Vererbungsstruktur zur Herkunft der Klasse	Sämtliche Oberklassen, aus denen die Klasse abgeleitet wird
Attribute	Name Datentyp Sichtbarkeit Aufteilung in geerbte und selbst definierte Attribute
Operationen	Name Sichtbarkeit Parameterliste mit Datentypen Rückgabewerte mit Datentypen Datentyp der Operation Aufteilung in geerbte und selbst definierte Operationen
Verschiedenes	Beispiele für Exemplare der Klasse Beispiele für die Benutzung der Klasse Hinweise auf Beziehungen zu anderen Klassen

Tabelle 8.7: Checkliste Klassenbeschreibung

Hypertext-Dokumente sind für die Klassendokumentation besonders geeignet. Verweise auf Ober- oder Unterklassen, geerbte bzw. vererbte Attribute und Operationen sowie Hinweise auf Beziehungen zu anderen Klassen lassen sich so sehr einfach darstellen. Zudem erleichtern sie dem Benutzer die Navigation innerhalb des Dokuments.

Zusammen mit dem Paketnamen ermöglicht der Klassenname die eindeutige Identifikation einer Klasse in einem Objektmodell, da jeder Klassenname laut UML-Konvention in einem Paket nur ein einziges Mal vergeben wird. Die Angabe der Unterklassen liefert wichtige Informationen über die Konsequenzen, die eine Änderung der Klasseneigenschaften nach sich zieht.

Über die bloße Benennung der Paketzugehörigkeit hinaus sollte auch kurz die Aufgabe oder der Zweck der Klasse innerhalb des Pakets bzw. im Rahmen des Gesamtsystems erläutert werden. Meist ist der Klassenname allein nicht aussagekräftig genug, auch wenn Sie einen sinnvollen Namen gewählt haben.

Die vollständige Vererbungsstruktur ordnet die beschriebene Klasse in eine Klassenstruktur ein und erlaubt die Feststellung des Ursprungs geerbter Attribute und Operationen.

Anhand der Attribute und ihrer Datentypen sind Aussagen über potenzielle Zustände von Objekten möglich. Die Sichtbarkeit bestimmt die Verwendung von Attributwerten bzw. deren Zugriff aus anderen Klassen. Aus der Aufteilung in geerbte und selbst definierte Attribute lässt sich deren Herkunft ersehen.

Anhand der Operationen und ihrer Sichtbarkeit lassen sich Zugriffe auf eine Klasse und ihre Instanzen sowie angebotene Dienste und deren Ergebnisse (z.B. Rückgabewerte) ermitteln. Parameterlisten informieren über verschiedene Arten des Aufrufs einer Operation. Die Aufteilung in geerbte und selbst definierte Operationen zeigt wie bei den Attributen deren Herkunft an und ermöglicht außerdem einen Überblick darüber, welche Operationen überladen oder überschrieben werden.

Mit diesen Informationen ist eine Klasse ausreichend beschrieben, um ihren Inhalt, ihre Struktur, ihren Zustandsraum und ihr Verhalten zu erkennen und sie gegebenenfalls zu modifizieren oder zu erweitern.

Checkliste Klassenstruktur

Parallel zu einer ersten detaillierteren Klassenbeschreibung sind die *Vererbungsstrukturen* der Klassen zu installieren. Bei der Definition von Attributen und der Identifikation von Operationen werden Sie schnell auf Gemeinsamkeiten einzelner Klassen stoßen, die über Vererbungsstrukturen abgebildet werden können.

Für die Vorgehensweise bei der Definition von Vererbungsstrukturen bestehen grundsätzlich zwei Möglichkeiten.

✔ Bei der *Generalisierung* sammeln Sie Klassen mit gleichen Eigenschaften und fassen die Gemeinsamkeiten der Klassen in einer eigenen Oberklasse zusammen.

✔ Umgekehrt werden bei der *Spezialisierung* bestehende Klassen daraufhin untersucht, ob sie allgemeine Sachverhalte definieren, die in speziellen Unterklassen konkretisiert werden können.

Vermeiden Sie es unbedingt, »wild drauflos« zu vererben. Untersuchen Sie jede Generalisierung oder Spezialisierung kritisch daraufhin, ob in diesem Fall eine Vererbung wirklich sinnvoll ist. Die Versuchung, jede spezielle Art einer Klasse in einer Unterklasse zu konkretisieren, ist groß. Eine wirklich sinnvolle Vererbungsstruktur liegt in den meisten Fällen nur dann vor, wenn die Unterklassen sich durch eigene Attribute und Operationen unterscheiden, die sie auch tatsächlich benötigen.

Die beiden folgenden Abbildungen zeigen die alternativen Vorgehensweisen bei der Bildung von Vererbungsstrukturen an dem bekannten Konten-Beispiel.

In der ersten Abbildung ist die Zusammenfassung von Klassen durch Generalisierung dargestellt.

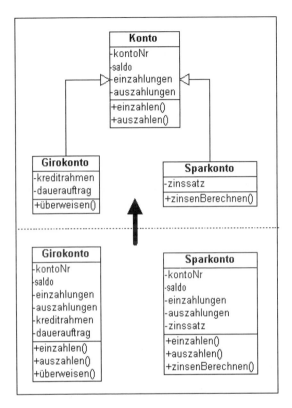

Abbildung 8.1: Zusammenfassung von Klassen durch Generalisierung

Zunächst wurden die beiden Klassen Sparkonto und Girokonto als Elemente der zu modellierenden Problemdomäne »Bank« identifiziert (untere Hälfte der obigen Abbildung). Beim Vergleich der beiden Klassen ist festzustellen, dass diese einige gemeinsame Eigenschaften aufweisen. Sie besitzen jeweils die Attribute kontoNr, saldo, einzahlungen und auszahlungen. Außerdem wird das Verhalten in beiden Fällen u.a. durch die Operationen einzahlen und auszahlen repräsentiert.

Diese gleichen Eigenschaften werden in einer gemeinsamen Oberklasse Konto zusammengefasst. Die Klasse Konto be-

schreibt nun generelle Eigenschaften von Konten (obere Hälfte der Abbildung). Girokonto und Sparkonto sind spezielle
Ausprägungen von Konten, die den von der Oberklasse geerbten (generellen) Eigenschaften eigene (spezielle) Attribute und
Operationen hinzufügen. Beim Girokonto sind dies die Attribute kreditrahmen und dauerauftrag sowie die Operation
überweisen. Die Klasse Sparkonto besitzt als zusätzliche Eigenschaften das Attribut zinssatz und die Operation zinsen-
Berechnen.

Die nächste Abbildung zeigt das umgekehrte Vorgehen bei der
Konkretisierung von Klassen durch Spezialisierung.

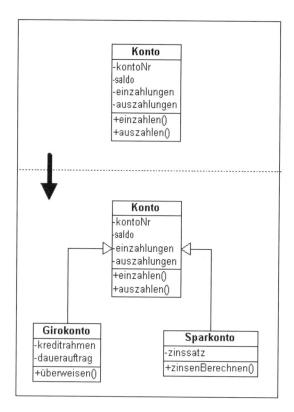

Abbildung 8.2: Konkretisierung von Klassen durch Spezialisierung

Hier wurde zunächst die Klasse Konto als Teil der Problemdomäne identifiziert. Wie in der oberen Hälfte der Abbildung zu sehen, besitzt sie die Attribute kontoNr, saldo, einzahlungen und auszahlungen sowie die Operationen einzahlen und auszahlen.

Da eine Bank verschiedene Arten von Konten führt, können diese allgemeinen Eigenschaften für spezielle Konten konkretisiert werden. Inhaber von Girokonten erhalten zusätzlich einen bestimmten Kreditrahmen und dürfen Überweisungen vornehmen, für die auch Daueraufträge eingerichtet werden können. Die Klasse Konto wird daher erweitert um die Attribute kreditrahmen und dauerauftrag sowie um die Operation überweisen. Inhaber von Sparkonten erhalten hingegen Sparzinsen, die in dem Beispiel durch das Attribut zinssatz und die Methode zinsenBerechnen repräsentiert werden.

In der unteren Hälfte der Abbildung ist die Vererbungsstruktur dargestellt, die sich aus diesen Überlegungen ergibt. Die gemeinsamen Eigenschaften von Girokonto und Sparkonto stehen in der Oberklasse Konto (Generalisierung). Sie werden durch weitere konkrete Eigenschaften in den beiden Unterklassen erweitert (Spezialisierung).

Bei der Ermittlung von Klassenstrukturen bietet es sich an, beide Verfahren zu kombinieren. Sowohl durch Generalisierung als auch durch Spezialisierung werden Sie unter den von Ihnen identifizierten Klassen geeignete Kandidaten für die Bildung von Ober- und Unterklassen finden.

Vererbungsstrukturen finden Sie auch, indem Sie nach so genannten »Ist ein«-Beziehungen suchen. Eine solche Beziehung liegt vor, wenn ein Objekt der Unterklasse sich auch als (spezielles) Objekt der Oberklasse bezeichnen lässt.

Zutreffend ist die Aussage »ist ein« beispielsweise in folgenden Fällen:

✔ »Ein PKW *ist ein* Fahrzeug.«

✔ »Ein Hund *ist ein* Tier.«

✔ »Ein Sparkonto *ist ein* Konto.«

Daraus ergeben sich sinnvolle Vererbungsbeziehungen zwischen der Oberklasse Fahrzeug und der Unterklasse PKW, zwischen der Oberklasse Tier und der Unterklasse Hund sowie zwischen der Oberklasse Konto und der Unterklasse Sparkonto.

Die folgende Checkliste unterstützt Sie bei der Bildung von Klassenstrukturen.

Aktivität	Zu klärende Fragen
Ermittlung von Vererbungsstrukturen	Gibt es Gemeinsamkeiten zwischen bereits identifizierten Klassen? Besitzen bereits identifizierte Klassen spezielle Ausprägungen, die sich ihrerseits durch zusätzliche Eigenschaften auszeichnen? Sind in der Problemdomäne hierarchische Strukturen erkennbar? Bestehen Ähnlichkeiten zwischen den Elementen der hierarchischen Struktur? Lassen sich Beziehungen der Form »A ist ein B« bilden?
Validierung	Werden alle vererbten Attribute zur Beschreibung des Zustands der Unterklasse benötigt? Repräsentieren alle vererbten Operationen das Verhalten der Unterklasse? Unterscheiden sich die Unterklassen in ihren Attributen und Operationen? Fördert die Klassenstruktur das Verständnis des Modells?

Tabelle 8.8: Checkliste Klassenstrukturen

Gehen Sie mit dem Vererbungskonzept vorsichtig um. Mehr als fünf Hierarchiestufen erschweren das Verständnis eines objektorientierten Modells.

Andererseits hängt die Vererbungstiefe von der individuellen Problemstellung ab. Im konkreten Fall können daher u.U. auch weit mehr Hierarchiestufen sinnvoll sein. Umso genauer und ausführlicher sollte dann aber auch die zugehörige schriftliche Dokumentation ausfallen. Prüfen Sie in solchen Fällen auch, ob sich die Bildung zusätzlicher Pakete anbietet.

Multiple Vererbungsstrukturen sollten vermieden werden, um Konflikte zwischen gleichnamigen Eigenschaften auszuschließen.

Wenn Sie dennoch nicht um die Mehrfachvererbung herumkommen, achten Sie auch hier auf eine ausreichende Dokumentation, die genau festhält, unter welchen Umständen welche Eigenschaften aus welcher Klasse wohin vererbt werden. Idealerweise enthält die Dokumentation zusätzliche Hinweise darüber, wann in solchen Fällen mit Konflikten zu rechnen ist, und bietet Konfliktlösungsstrategien an.

Die Vererbungsstruktur ist besonders gut geeignet, Zusammenhänge in einem Problembereich in einfacher und übersichtlicher Weise zu verdeutlichen. Sie sollte daher eine möglichst genaue Abbildung der Struktur der realen Problemstellung darstellen. Allerdings sollten Sie auch nicht versuchen, um jeden Preis Vererbungsstrukturen zu bilden. Prüfen Sie anhand der oben aufgeführten Fragen kritisch, ob sich im konkreten Fall eine Generalisierung oder Spezialisierung anbietet oder ob eine andere der objektorientierten Beziehungsstrukturen vielleicht besser geeignet ist.

Checkliste Klassenbeziehungen

Neben der Bildung von Klassenhierarchien gehört auch die Identifikation von Klassenbeziehungen zur Entwicklung des statischen Objektmodells. Mögliche Formen der Klassenbeziehungen sind die einfache Assoziation, die Aggregation und die Komposition.

Als Quellen können Sie wiederum die bereits bei der Ermittlung von Klassen verwendeten Dokumente bzw. Techniken heranziehen.

Als sinnvolle Vorgehensweise hat sich die schrittweise Konkretisierung bewährt. Zunächst werden anhand der verfügbaren Quellen Assoziationen innerhalb der Problemstellung identifiziert, ohne bereits festzulegen, ob es sich um einfache Assoziationen, Aggregationen oder Kompositionen handelt. Auch die Kardinalitäten interessieren zunächst nicht.

Beinahe jedes Element der Problemdomäne wird mit den anderen in irgendeiner Beziehung stehen. Die Hauptaufgabe des Modellierers ist es, diejenigen Beziehungen herauszufiltern, die für die Problemlösung von Bedeutung sind.

Gehen Sie bei der Modellierung von Assoziationen zu Beginn möglichst restriktiv – z.B. anhand einer Prioritätenliste – vor. So bleibt Ihr Modell zunächst überschaubar. Falls es sich als zweckmäßig erweist, können Sie die Klassenbeziehungen später immer noch ausweiten oder zur näheren Beschreibung der damit verbundenen Verarbeitungen Assoziationsklassen bilden.

Folgende Checkliste hilft Ihnen beim Aufspüren und Konkretisieren von Beziehungen.

Aktivitäten	Zu klärende Fragen
Beziehungen finden	Welche Elemente tauschen Nachrichten aus? Welche Elemente bieten Dienste für andere Elemente an? Sind Elemente vorhanden, die bestimmte Rollen einnehmen? Lassen sich zusammengehörige organisatorische Einheiten identifizieren? Welche Beziehungen lassen sich aus Datenbanken entnehmen (Primär- und Fremdschlüssel)?

Aktivitäten	Zu klärende Fragen
Beziehungen bestimmen	Setzt sich ein Element aus anderen Elementen zusammen (Aggregation)? Ist die Existenz eines Elements abhängig von der Existenz eines anderen Elements (Komposition)? Ist mit der Assoziation eine Verarbeitung verbunden (Assoziationsklasse)? Wie viele Objekte sind auf beiden Seiten mindestens an der Beziehung beteiligt? Wie viele Objekte sind auf beiden Seiten höchstens an der Beziehung beteiligt? Ist die Zahl der beteiligten Objekte auf einer der beiden Seiten stets gleich? Unterliegt die Beziehung irgendwelchen besonderen Zusicherungen?
Validierung	Ist die identifizierte Assoziation für das Modell relevant? Handelt es sich um eine Assoziation oder um eine Vererbungsbeziehung?

Tabelle 8.9: Checkliste Klassenbeziehungen

Sie können jedes Attribut aus der zugehörigen Klasse herausziehen, in einer eigenen Klasse näher beschreiben und diese dann als Aggregat der ursprünglichen Klasse wieder zuordnen. Gehen Sie aber mit dieser Option sparsam um, da sie Ihr Modell kompliziert. Verwenden Sie Aggregationen nur dann, wenn sie dem Modell wirklich wichtige Informationen hinzufügen.

Assoziationen finden Sie auch, indem Sie Ihre Problemdomäne auf Beziehungen untersuchen, die einer der folgenden Aussagen entsprechen:

✔ A hat ein B

✔ A ist Komponente von B

✔ A ist B zugeordnet

✔ A enthält B

✔ A besteht aus B

✔ A kommuniziert mit B

✔ A besitzt B

✔ A gehört zu B

✔ A benutzt B

✔ A verwaltet B

✔ A plant B

✔ A führt B aus

✔ A kontrolliert B

✔ A beschreibt B

> In einigen Fällen bietet es sich an, zwei Elemente in einer Klasse zusammenzufassen, statt eine Assoziation zu bilden. Das eine Element bildet dann ein Attribut des anderen. Dies ist z.B. dann zweckmäßig, wenn zwischen zwei Klassen mehrere verschiedene Assoziationen bestehen oder eine der Klassen nur sehr wenige eigene beschreibende Attribute besitzt.

Assoziationen sollten stets mit aussagekräftigen Bezeichnungen versehen werden. Reichen diese zum Verständnis nicht aus, kann zusätzlicher erklärender Text in das Objektmodell aufgenommen werden. Auch hier ist zur Förderung des Verständnisses und zur Erleichterung späterer Anpassungen und Erweiterungen des Modells eine ausführliche Dokumentation dringend zu empfehlen.

Dynamische Analyse

Mit dem statischen Objektmodell haben Sie die Strukturen Ihrer Problemdomäne nun weitgehend erfasst und beschrieben.

Die Definition der Klassen mit ihren Eigenschaften und Beziehungen ist bis hierher jedoch nicht viel mehr als eine Sammlung, Beschreibung und Gliederung von Begriffen. Im Rahmen der dynamischen Analyse gilt es nun, diese Strukturen »in Bewegung zu setzen«.

Die Beschreibung der Abläufe innerhalb des Objektmodells deckt eventuelle Schwächen der Problemabgrenzung und der Klassendefinition auf. Hier muss eindeutig festgelegt werden, wie die Objekte miteinander interagieren. Dabei stellt sich heraus, ob die in den Objekten gekapselten Informationen und die installierten Beziehungen der Problemlösung gerecht werden oder unter Umständen revisionsbedürftig sind.

Das dynamische Modell repräsentiert das Verhalten von Objekten. Es bildet Interaktionen, Zustände und Aktivitäten ab. Im Einzelnen sind mit der Erstellung des dynamischen Modells die folgenden Aufgaben verbunden:

✔ Ermittlung von Interaktionen

✔ Identifikation von Ereignissen

✔ Definition von Zuständen und Zustandsübergängen

✔ Identifikation von Aktivitäten

✔ konkrete Beschreibung der im Zusammenhang mit der Klassendefinition ermittelten Operationen

Aus der statischen Analyse liegen die modellierten Klassen und ihre Eigenschaften (Attribute und Operationen) vor. Außerdem wurden dort bereits Vererbungsstrukturen und Beziehungen gebildet.

Auf der Grundlage dieser Informationen können nun für das dynamische Modell die Interaktionen zwischen den beteiligten Objekten ermittelt und in Interaktionsdiagrammen näher beschrieben werden. Sequenz- und Kommunikationsdiagramme spezifizieren die Kommunikationsbeziehungen, die durch die Assoziationen in den Klassendiagrammen zunächst noch auf recht abstraktem Niveau definiert sind.

Anschließend werden die Zustände der Objekte und ihre Zustandsübergänge in Zustands- und Aktivitätsdiagrammen beschrieben. Zu diesem Teil des Modellierungsprozesses gehört auch die Identifizierung von Ereignissen, die Zustandsübergänge auslösen.

In einem weiteren Schritt sind dann die eingangs bei der Entwicklung des statischen Modells benannten Methoden auf der Grundlage der bisherigen Spezifikation des dynamischen Modells zu konkretisieren. Die Modellierungsaktivitäten umfassen dabei die Formulierung von Algorithmen zur exakten Beschreibung der von den Methoden durchgeführten Prozesse sowie die Definition von Parametern zur Realisierung von Schnittstellen.

Die folgenden Abschnitte gehen ausführlich auf diese Aufgaben bei der Entwicklung des dynamischen Modells ein und stellen Ihnen wiederum Checklisten zur Verfügung, die Sie im Verlauf des Modellierungsprozesses unterstützen.

Checkliste Interaktionen

Zahlreiche potenzielle Quellen bieten sich zur Ermittlung von Interaktionsbeziehungen an. Erste Erkenntnisse können Sie aus den Ergebnissen der bereits durchgeführten statischen Analyse beziehen:

✔ Die *Problemabgrenzung* liefert meist nur recht allgemeine Hinweise auf Interaktionen. Zumindest können Sie hieraus entnehmen, welche Elemente potenzielle Kandidaten für Interaktionsbeziehungen sind und welche nicht. Oft enthält auch eine verbale Beschreibung oder Begründung der Problemabgrenzung Anzeichen für Interaktionen zwischen Objekten.

✔ Die *Klassenbeschreibungen* enthalten Informationen über die beteiligten Operationen, die wiederum für das Verhalten der Objekte verantwortlich sind.

✔ *Vererbungsbeziehungen* können auch auf Interaktionen hinweisen, wenn beispielsweise Klassenmethoden benutzt werden oder polymorphe Zugriffe auf Operationen erfolgen.

✔ *Assoziationen* zeigen Ihnen, welche Objekte miteinander kommunizieren, um Daten oder Dienste auszutauschen.

Weitere geeignete Quellen für Interaktionsbeziehungen sind:

✔ *Verteilerlisten*
Aus Verteilerlisten können Sie entnehmen, wer von wem welche Informationen erhält.

✔ *Organigramme*
Organigramme zeigen statische Strukturen. Dennoch weisen sie durch die Zusammenfassung von Stellen auch auf Kommunikationsstrukturen hin.

✔ *Telefon- und Faxverzeichnisse*
In vielen Unternehmungen existieren speziell für die einzelnen Stellen oder Abteilungen abgestimmte Telefon- und Faxverzeichnisse. Sie enthalten nicht nur Telefon- und Faxnummern, sondern geben zudem Auskunft darüber, mit welchen Partnern die entsprechende Abteilung oder der Stelleninhaber bei der Bewältigung der anfallenden Aufgaben kommuniziert.

✔ *Netzwerkstrukturen (lokales Netzwerk, Intranet)*
Die Verbindung von Rechnern oder Teilnetzen zu Netzstrukturen zeigt Kommunikationswege auf.

✔ *Stellenbeschreibungen*
Stellenbeschreibungen sind eine gute Quelle für die Beschreibung der konkreten Aktivitäten, die mit einer Stelle verbunden sind. Diese Aktivitäten werden im Objektmodell durch Operationen repräsentiert, die wiederum das Verhalten der zugehörigen Objekte abbilden. So gelangen

Sie zu den Informationsflüssen, die einen Produktions-
oder Dienstleistungsprozess begleiten.

✔ *Berichtswesen*
Berichte geben Aufschluss darüber, wer an wen welche Informationen in welchen zeitlichen Abständen weitergibt.

✔ *Dokumentationen der eingesetzten Hard- und Software*
Die Schnittstellen zwischen den einzelnen Elementen der
Hardware- und Software-Infrastruktur geben Aufschluss
über elektronische Kommunikationswege und Datenflüsse.

✔ *Interviews*
Wie schon im Rahmen der Ermittlung von Klassenstruktu-
ren helfen Ihnen Interviews auch bei der Identifikation von
Interaktionsbeziehungen. Sie sind vor allem ein geeignetes
Mittel, um informale Kommunikationswege zu erfassen,
die nicht schriftlich dokumentiert sind.

✔ *Ablagesystem (abgeschlossene Vorgänge)*
Aus der Dokumentation abgeschlossener Vorgänge können
Sie Informationsflüsse und Kommunikationswege nach-
träglich erheben, die typisch für bestimmte Geschäftsvor-
fälle sind oder die sich auf ähnlich gelagerte, zukünftige
Fälle übertragen lassen.

✔ *Projektberichte*
In Projektberichten sind zahlreiche Hinweise auf Kommunikationswege zu finden. Verantwortliche für bestimmte
Aufgabenbereiche und ihr Informationsaustausch mit verschiedenen Kommunikationspartnern sind hier dokumentiert.

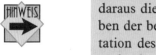

Bei der Vielzahl der zur Verfügung stehenden Quellen führt
deren Auswertung häufig zu einer riesigen Datenflut. Um
daraus die relevanten Informationen herauszufiltern, ist neben der bereits mehrfach betonten ausführlichen Dokumentation des Anwendungsfalls und der damit verfolgten Ziele
auch eine systematische Vorgehensweise bei der Auswertung erforderlich.

Eine mehrfache Auswertung von Quellen ist in der Regel nicht zu vermeiden, da Sie erst im weiteren Verlauf des Modellierungsprozesses feststellen, ob Sie alle benötigten Informationen gesammelt haben. Häufig sind Sie erst in einem späteren Stadium Ihres Modellierungsprojekts in der Lage, den Informationsstand – gerade was die dynamischen Aspekte anbelangt – erschöpfend beurteilen zu können.

Die mit der Informationsbeschaffung und -verarbeitung betrauten Personen sollten eng in die Erstellung des Objektmodells eingebunden sein, um die Relevanz der gesammelten Informationen besser beurteilen zu können. Von der Auswertung durch Hilfskräfte, die wenige oder keine Kenntnisse der objektorientierten Analyse und des konkreten Gestaltungsprojekts haben, ist ohne eingehende Schulung dringend abzuraten.

Die folgende Checkliste erleichtert Ihnen die Feststellung und Beschreibung von Interaktionsbeziehungen.

Aktivität	Zu klärende Fragen
Erfassung von Interaktionen	Welche Assoziationen enthält das statische Modell? Welche Objekte arbeiten an einer gemeinsamen Aufgabe? Welche Objekte sind Dienstleister für andere Objekte? Welche Objekte benötigen Informationen von anderen Objekten? Welche Objekte kommunizieren miteinander?
Beschreibung von Interaktionen	Durch welche Ereignisse wird eine Interaktion ausgelöst? Über welche Schnittstellen tauschen die Objekte Informationen aus? Über welche Kommunikationswege werden Informationen ausgetauscht? Welche Informationen werden ausgetauscht? Wann finden Interaktionen statt? Wo werden Informationen ausgetauscht?

Aktivität	Zu klärende Fragen
	In welcher Form werden Informationen übertragen? In welchen Zuständen werden Informationen ausgetauscht? Unterliegt die Kommunikation zweier Objekte speziellen Bedingungen? Wie ist der Lebenszyklus der beteiligten Objekte definiert? Wann werden Objekte erzeugt oder gelöscht? Welche Operationen kooperieren bei der Abbildung einer Interaktion? In welcher Reihenfolge sind die Operationen durchzuführen?
Validierung	Was ist das Ziel der Kommunikation zweier Objekte? Ist die Aufnahme der betrachteten Kommunikationsbeziehung in das Modell erforderlich? Sind alle Objekte nach dem derzeitigen Modell in der Lage, ihre Interaktionspartner zu erreichen (bestehen entsprechende Verbindungen im Modell)? Wurden alle benötigten Varianten einer Interaktion im Modell berücksichtigt? Lässt sich das Kommunikationsgeflecht durch eine Umstrukturierung von Aufgaben vereinfachen? Welche Auswirkungen hat die Umstrukturierung von Aufgaben auf die Zielerreichung des Systems? Stimmen die Interaktionsdiagramme mit den Klassendiagrammen überein?

Tabelle 8.10: Checkliste Interaktionen

Ergebnis der Analyse der Interaktionen sind verschiedene Sequenz- und Kommunikationsdiagramme.

Insbesondere dann, wenn das Ziel Ihrer objektorientierten Analyse die Entwicklung einer objektorientierten Software zur Automatisierung oder Unterstützung eines Geschäftsprozesses ist, sollten Sie bei der Erstellung des dynamischen Modells mit äußerster Sorgfalt vorgehen. Stimmen die Abläufe in der Software bzw. deren Resultate nicht mit den realen Vorgängen überein, hat dies direkte Konsequenzen für die Geschäftsprozesse selbst.

Das objektorientierte Modell ist zwar zunächst lediglich eine Repräsentation der Problemdomäne – letztendlich beeinflusst es jedoch durch die Implementierung in einem Programm auch die realen Strukturen und Vorgänge.

Die Darstellung dynamischer Aspekte einer Problemstellung ist stets mit Schwierigkeiten hinsichtlich ihrer Übersichtlichkeit verbunden. Die UML-Notation ist gegenüber ihren Vorgängerinnen und anderen Modellierungssprachen schon recht gut geeignet, Abläufe vollständig, konsistent und zugleich verständlich zu visualisieren. Dennoch werden Modelle unübersichtlich, wenn sie den Umfang weniger Bildschirm- oder Papierseiten wesentlich überschreiten. In einem gewissen Maße kann hier die Verkleinerung der Ansicht bzw. der Ausdruck auf mehrere Papierseiten oder größere Papierformate Abhilfe schaffen. Befriedigende Lösungen sind das aber nicht.

Versuchen Sie daher, möglichst übersichtliche Sequenzen zu bilden. Trennen Sie dazu, wenn möglich, umfangreiche Vorgänge in mehrere Teilsequenzen auf. Dadurch erhöhen Sie die Übersichtlichkeit und auch die Verständlichkeit Ihres Objektmodells. Änderungen und Ergänzungen sind so zudem leichter vorzunehmen. Eine Zusammenschau der Teilsequenzen kann in einem zusätzlichen Diagramm realisiert werden, das einen abstrakten Gesamtüberblick ohne Details bietet.

Alternativ können Sie auch Sequenzdiagramme einsetzen, um vollständige Abläufe abzubilden. Diese ergänzen Sie dann um Kommunikationsdiagramme, mit denen Sie die Zusammenarbeit einzelner Objekte detailliert hervorheben.

Checkliste Zustände

Neben der Abbildung von Interaktionen in Sequenz- und Kommunikationsdiagrammen gehört zu einem dynamischen Objektmodell auch die Beschreibung von Zuständen und Zustandsübergängen.

Sie werden repräsentiert durch Zustandsdiagramme, die der Darstellung der Zustände eines Objekts in seinem Lebenszyklus sowie der Abbildung von Zustandsänderungen und auslösenden Ereignissen dienen.

Denken Sie daran: Ein Zustandsdiagramm beschreibt immer nur die Zustände *eines* Objekts.

Bei der Erstellung eines Zustandsdiagramms gehen Sie am besten wie folgt vor. Ermitteln Sie zunächst den Anfangszustand des Objekts nach seiner Entstehung. Anschließend beschreiben Sie die verschiedenen Zustände, die im Laufe des Lebenszyklus eingenommen werden können. Berücksichtigen Sie dabei auch die Ereignisse, die zu einem Zustandswechsel führen.

Ein Zustand, aus dem heraus kein Zustandsübergang mehr erfolgen kann, ist ein Endzustand. Nachdem Sie die einzelnen Zustände benannt und eventuell grob beschrieben haben, wiederholen Sie den Prozess und detaillieren Ihr Zustandsdiagramm so weit wie nötig.

Die Aktivitäten zur Erstellung eines Zustandsdiagramms überlappen sich mit der im nächsten Abschnitt beschriebenen Identifikation von Ereignissen. Einige potenzielle Zustände ihrer Objekte werden Sie u.U. erst bei der Ermittlung und Beschreibung der Ereignisse erkennen, die Zustandsänderungen auslösen. Somit ist auch hier wieder ein zyklisches Vorgehen angebracht.

Bei der Ermittlung von Zuständen und Zustandsübergängen hilft die folgende Checkliste.

Aktivität	Zu klärende Fragen
Ermittlung von Zuständen	Wann wird das Objekt erzeugt? Welche Initialwerte besitzt das Objekt? Wie ist der Anfangszustand des Objekts? Welche Werte können die Attribute des Objekts annehmen? Führt das Objekt beim Eintritt in den betrachteten Zustand Aktionen aus (Entry-Aktionen)? Führt das Objekt in dem betrachteten Zustand Aktionen aus (Do-Aktionen)? Führt das Objekt beim Austritt aus dem betrachteten Zustand Aktionen aus (Exit-Aktionen)? Rufen die mit dem betrachteten Zustand verbundenen Aktionen externe Subroutinen auf (Include-Aktionen)? Welche Endzustände besitzt das Objekt? Gibt es anonyme Zustände? Endet die Existenz des Objekts mit seinem Endzustand?
Ermittlung von Zustandsübergängen	Welche Schnittstellen besitzt das Objekt? (vgl. auch die Checkliste zu den Ereignissen) Welche eigenen Operationen manipulieren die Attributwerte (= Zustand) des Objekts? Wodurch werden diese Operationen aktiviert? Welche konkreten Ereignisse führen zu einem Zustandsübergang? Unter welchen Bedingungen führt ein Ereignis zu einem Zustandsübergang? Welche impliziten Ereignisse können auftreten? Kann ein und dasselbe Ereignis unterschiedliche Reaktionen und Zustandsübergänge auslösen?

Aktivität	Zu klärende Fragen
Validierung	Sind die identifizierten Zustände für das Systemverständnis erforderlich? Sind alle im Diagramm definierten Zustände vom Anfangszustand aus durch Ereignisse und Zustandsübergänge erreichbar? Können alle Zustände (abgesehen von den Endzuständen) durch Ereignisse verlassen werden? Sind alle Folgezustände eindeutig? Gibt es zu allen identifizierten Aktionen eine entsprechende Operation im Klassendiagramm?

Tabelle 8.11: Checkliste Zustände

Eine »beliebte« Fehlerquelle bei der Entwicklung von Zustandsdiagrammen ist die Darstellung von Abläufen. Die – auch im Hinblick auf die grafischen Darstellungselemente – große Ähnlichkeit mit den Aktivitätsdiagrammen verführt dazu, die Reihenfolge von Arbeitsschritten abzubilden. Dies ist aber gerade nicht Zweck der Zustandsdiagramme.

Die Zustände an sich sind statisch. Ein Objekt verharrt für eine gewisse Zeit in einem bestimmten Zustand. Erst durch die Zustandsübergänge kommt die Dynamik ins Spiel, die Ihnen anzeigt, wann und durch welche Ereignisse ein Objekt seinen Zustand wechselt.

Erfahrungsgemäß fällt es leichter, sich auf die Beschreibung von Zuständen zu konzentrieren, indem Sie deren Benennung durch Verben vermeiden. Verwenden Sie stattdessen Adjektive. Die Bezeichnungen wirken dann zwar oft ein wenig befremdlich. Es wird Ihnen so aber weniger häufig passieren, dass Sie Abläufe statt Zustände beschreiben.

Im folgenden Abschnitt finden Sie weitere Hinweise zur Identifikation von Ereignissen, die für die Zustände bzw. die Zustandsänderungen eine wichtige Rolle spielen.

Checkliste Ereignisse

Die dynamischen Aspekte eines objektorientierten Modells sind äußerst vielfältig und in ihrer Gesamtheit meist kaum zu überblicken. Die Interaktionen der Objekte über den Aufruf von Operationen werden sehr schnell ziemlich komplex. Sie lassen sich oft nur schwer verfolgen, da jede Operation wiederum Operationen anderer Objekte aktivieren kann.

Bei diesen Vorgängen werden Ereignisse ausgelöst, die wiederum zu Zustandsänderungen führen. Im Rahmen eines komplizierten Interaktionsgeflechts ändern sich die Zustände gleich mehrerer Objekte.

Bei der Analyse von Zuständen, Zustandsübergängen und deren auslösenden Ereignissen bildet das statische Modell eine gute Ausgangsbasis. Anhand der Beziehungen zwischen Klassen bzw. Objekten lassen sich potenzielle Quellen von Ereignissen erkennen. Diese können näher daraufhin untersucht werden, inwieweit sie einzelne Objekte in ihren Zuständen beeinflussen.

Im Rahmen der dynamischen Analyse können Sie auf der Suche nach Ereignissen die folgende Checkliste zu Rate ziehen.

Aktivität	Zu klärende Fragen
Ermittlung von Ereignissen	Welche Beziehungen besitzt die Klasse bzw. das Objekt laut statischem Objektmodell? Welche Zustände sind bereits ausgemacht worden? Was unterscheidet diese Zustände? Welche externen Operationen greifen auf das Objekt zu? Welche internen Operationen führen zu Zustandsänderungen und wodurch werden diese Operationen ausgelöst?

Aktivität	Zu klärende Fragen
	Welche Ereignisse werden von Objekten ausgelöst? Welche Ereignisse werden von Personen (z.B. Anwender der Software) ausgelöst? Welche impliziten Ereignisse können auftreten? Welche zeitlichen Ereignisse (Zeitpunkt, Zeitspanne) können auftreten? Welche Bedingungen sind selbst Ereignisse?
Beschreibung der Ereignisse	Unter welchen Bedingungen werden die identifizierten Ereignisse ausgelöst? Führt ein und dasselbe Ereignis bei verschiedenen Zuständen zu unterschiedlichen Reaktionen bzw. Ergebnissen? Betrifft ein Ereignis mehrere Objekte?
Validierung	Ist das betrachtete Ereignis für das Modell von grundsätzlicher Bedeutung? Welche Konsequenzen hat der Verzicht auf die Abbildung des Ereignisses für das Modell? Ist das betrachtete Ereignis bereits in anderer Form oder unter einer anderen Bezeichnung berücksichtigt worden? Kann das betrachtete Ereignis als Spezialfall vernachlässigt werden? Kann das betrachtete Ereignis als Spezialfall in ein eigenes (Teil-) Modell ausgelagert werden?

Tabelle 8.12: Checkliste Ereignisse

Die Dynamik des Verhaltens der Objekte führt auch bei überschaubarer Problemstellung zu komplexen Wechselwirkungen zwischen Zuständen, Ereignissen und Bedingungen, so dass deren vollständige Erfassung nur in einem zyklischen Prozess gelingen kann.

Gerade im Zusammenhang mit der Identifikation von Zuständen, Zustandsübergängen und Ereignissen zeigt sich die Notwendigkeit eines evolutionären Vorgehens bei der Gestaltung des Objektmodells. Beginnen Sie mit der Sammlung und groben Strukturierung offensichtlicher Zustände und Ereignisse. Anschließend ergänzen und verfeinern Sie diese nach und nach. Mit einem streng linearen Gestaltungsprozess kommen Sie hier nicht weit.

Checkliste Aktivitäten

Aktivitätsdiagramme werden häufig mit den Zustandsdiagrammen verwechselt, da sie diesen sehr ähnlich sind. Aktivitätsdiagramme dienen der Beschreibung interner Prozesse in Objekten. Ein einzelner Arbeitsschritt innerhalb eines Prozessablaufs wird als Aktion bezeichnet. Eine Folge von Aktionen bildet umgekehrt eine Aktivität.

Zur Ermittlung von Aktivitäten und Aktionen können Sie die gleichen Quellen heranziehen, die bereits für die bisherigen Schritte zur Erstellung eines Objektmodells genannt wurden. Darüber hinaus bieten sich auch die folgenden zusätzlichen Methoden an:

✔ *Denkprotokolle*
Lassen Sie Mitarbeiter der Fachabteilung bei der Ausführung ihrer Tätigkeiten Denkprotokolle erstellen. Durch lautes Denken beschreiben die Mitarbeiter ihre Vorgehensweise. Dabei werden häufig eher unbewusste Aktionen aufgedeckt, die durch Interviews nicht zur Sprache kommen würden.

✔ *Beobachtung*
Schauen Sie den Mitarbeitern der Fachabteilung während ihrer Arbeit über die Schultern. Als Außenstehender erkennen Sie eventuell Aktionen, von denen Sie mit anderen Methoden nicht erfahren, da die Mitarbeiter sie für unwichtig halten oder vergessen zu erwähnen.

✔ *Protokollanalysen*

Analysieren Sie Vorgangs- und Besprechungsprotokolle, um mehr über Regeln, das Zustandekommen von Entscheidungen und die Vorgehensweise bei der Aufgabenlösung zu erfahren.

Berücksichtigen Sie bei der Analyse von Denkprotokollen und der direkten Beobachtung von Mitarbeitern aber auch die Widerstände, die Ihnen möglicherweise entgegentreten. Die Mitarbeiter fühlen sich (nicht zu Unrecht) beobachtet und kontrolliert. Dadurch könnten Ihre Erkenntnisse verfälscht und unter Umständen, bewusst oder unbewusst, manipuliert werden.

Bei der Analyse der genannten Dokumente und der Verwendung der oben angeführten Erhebungsmethoden können Sie die folgende Checkliste zu Rate ziehen.

Aktivität	Zu klärende Fragen
Identifikation von Aktivitäten	Welche Aktivitäten ergeben sich aus den Zustandsdiagrammen? Welche internen Prozesse laufen in einem Objekt ab? Von welchen Bedingungen hängt die Ausführung der Prozesse ab? Welchen Regeln unterliegt ein Prozess? Wer ist für die Durchführung der Aktionen verantwortlich (Swimlanes)? Welche Ergebnisse erzeugen die Prozesse? Welche alternativen Zustände sind mit einer Aktivität verknüpft? Wie lauten jeweils die Bedingungen (Entscheidungen) für das Feuern der alternativen Zustandsübergänge? Führt ein Zustandsübergang zu mehreren verschiedenen Aktionen (Splitting)? Haben mehrere parallel laufende Aktionen eine gemeinsame Folgeaktion (Synchronisation)?

Aktivität	Zu klärende Fragen
	Ist es sinnvoll, einzelne Objektzustände mit in das Aktivitätsdiagramm aufzunehmen, um Zusammenhänge zu verdeutlichen? Werden Signale an Objekte gesendet? Werden Signale von Objekten empfangen? Mit welchen Objekten werden diese Signale ausgetauscht? Wann werden die Signale ausgetauscht? Unter welchen Bedingungen werden die Signale ausgetauscht?
Validierung	Ist die betrachtete Aktion wichtig für das Verständnis der Abläufe in dem System? Wurden alle relevanten Aktionen berücksichtigt? Wurden alle vorhergehenden Aktionen erfasst? Wurden alle Folgeaktionen erfasst? Sind alle Aktivitäten als Operationen im Klassenmodell definiert?

Tabelle 8.13: Checkliste Aktivitäten

Die in Ihrem System ablaufenden Prozesse haben Sie damit schon weitgehend beschrieben. Was nun noch fehlt, ist die Spezifikation der Operationen.

Checkliste Operationen

Nachdem Sie im statischen Modell die Operationen identifiziert und mit einem Namen bezeichnet haben, wurden in den letzten Abschnitten Auslöser und Ergebnisse von Operationen ermittelt. Nun müssen die Operationen noch in ihrer konkreten internen Struktur und in ihren Abläufen definiert werden.

Sammeln Sie zunächst aus dem statischen Modell sämtliche Operationen und ordnen Sie diese den einzelnen Objekten zu.

HINWEIS

Vergessen Sie dabei nicht die Operationen, die aus Oberklassen vererbt werden.

Falls noch nicht bei der Identifikation und Beschreibung der Klassen im Rahmen der Entwicklung des statischen Modells geschehen, beschreiben Sie die Methoden verbal. Diese Dokumentation sollte einige wichtige Komponenten enthalten, die für das Verständnis und eine spätere Ergänzung oder Anpassung der Methoden unentbehrlich sind:

✔ Name der Operation

✔ Parameterliste mit zugehörigen Datentypen

✔ Zweck

✔ Datentyp der verarbeiteten Daten

✔ Datentyp der Operation selbst

✔ Vorgehensweise

✔ Ergebnis

✔ Rückgabewerte

✔ Sichtbarkeit

✔ Herkunft der Operation (Vererbungsstruktur)

Die folgende Checkliste unterstützt Sie bei der näheren Beschreibung der Operationen.

Aktivität	Zu klärende Fragen
Beschreibung der Operationen	Welchem Zweck dient die Operation? Wodurch wird die Operation ausgelöst? Welche Daten benötigt die Operation zur Durchführung ihrer Aufgabe? Wie führt die Operation ihre Aufgabe aus? In welcher Reihenfolge werden bestimmte Aktionen ausgeführt? Unter welchen Bedingungen werden bestimmte Aktionen ausgeführt?

Aktivität	Zu klärende Fragen
	Auf welche internen Attribute wird bei der Verarbeitung zugegriffen?
	Welche internen Attribute werden manipuliert?
	Welche Dienste anderer Objekte benötigt die Operation?
	Welche Informationen benötigt die Operation von anderen Objekten?
	Welche Informationen benötigen andere Objekte von dieser Operation?
	Welche Ergebnisse erzielt die Operation?
	Sendet die Operation eine Antwort an das aufrufende Objekt?
	Übermittelt die Operation ihre (Zwischen-) Ergebnisse an das aufrufende Objekt?
	In welchem Bereich ist die Operation sichtbar (public, protected, private)?
Validierung	Ist der in der Klassenbeschreibung gewählte Name der Operation aussagekräftig?
	Ist der Name der Operation in dem jeweiligen Namensraum (Paket) eindeutig?
	Wird die Operation in allen möglichen Fällen ordnungsgemäß beendet?
	Kann die Operation auf alle erforderlichen Daten (Attribute, Parameter) zugreifen?
	Hat die Operation Zugriff auf alle benötigten externen Operationen (Sichtbarkeit)?
	Ist die Operation für alle anderen Objekte, die auf sie zugreifen müssen, sichtbar?
	Ist die Parameterliste vollständig?
	Haben alle Parameter den korrekten Datentyp?
	Gibt die Operation die richtigen Werte zurück?
	Ist der Datentyp der Operation für alle möglichen Aufrufe korrekt?

Tabelle 8.14: Checkliste Operationen

Nach der zunächst verbalen Beschreibung der Operationen wird diese anschließend in eine formale Sprache umgesetzt.

Sie können hierzu eine Programmiersprache wie z.B. Java verwenden.

Häufig wird aber an dieser Stelle auch auf die formale Definition verzichtet. Im Rahmen des objektorientierten Programmierungsprozesses fällt erst später eine Entscheidung über die zu verwendende Programmiersprache. Die formale Umsetzung der Operationen wird dann im Rahmen der Implementierung vorgenommen.

KAPITEL

Modellierung von Geschäftsprozessen

Die objektorientierte Modellierung findet auch im Zusammenhang mit der Analyse von Geschäftsprozessen immer größere Beachtung. In diesem Kapitel stellen wir Ihnen die objektorientierte Analyse von Geschäftprozessen anhand des Beispiels eines Web-Shops vor.

Modellierung von Geschäftsprozessen

Die bisher vorgestellten Konzepte der UML werden in diesem Kapitel noch einmal im Zusammenhang an einem Fallbeispiel zur Geschäftsprozessanalyse verdeutlicht. Von der groben Systemanalyse über die Erstellung des statischen Modells bis hin zur Spezifikation des dynamischen Modells werden die einzelnen Schritte im Rahmen der objektorientierten Analyse und die zugehörigen UML-Diagramme für eine konkrete Anwendung entwickelt.

Als Fallbeispiel dient hierzu der Online-Shop eines Internet-Händlers. Die Vorgänge von der Bestellung durch den Kunden bis hin zur Auslieferung werden in Auszügen in einem objektorientierten Modell abgebildet.

Grobe Systemanalyse

Zunächst ist eine grobe Systemanalyse durchzuführen. Die dabei eingenommene Außensicht auf die Problemstellung behandelt die internen Abläufe des Geschäftsprozesses als Black Box. In dieser ersten Abgrenzung des zu modellierenden Systems geht es lediglich darum, grundsätzliche Elemente und Vorgänge des Geschäftsprozesses zu erfassen und zu benennen.

Im Mittelpunkt des Interesses steht hier, *was* in dem betrachteten Geschäftsprozess vorgeht. Nicht beachtet wird zunächst, *wie* diese Vorgänge im Einzelnen ablaufen.

Im Rahmen der groben Systemanalyse sind folgende Schritte durchzuführen, die im vorangegangenen Kapitel näher erläutert wurden:

✔ Beschreibung des Geschäftsprozesses,

✔ Abgrenzung des relevanten Problemausschnitts,

✔ Abgrenzung von Teilsystemen (Paketen) und

✔ Definition von Schnittstellen zwischen Paketen.

Beschreibung des Geschäftsprozesses

Zunächst ist der Geschäftsprozess in groben Zügen verbal zu beschreiben. Daraus werden die beteiligten Akteure, ihre Aufgaben und auftretende Ereignisse abgeleitet. Im Laufe der weiteren Ermittlung von Elementen und ihrer Beschreibung wird der Geschäftprozess ständig verfeinert und erweitert, unter Umständen aber auch aufgrund neuer Erkenntnisse eingeschränkt.

Die Beschreibung des Geschäftsprozesses soll im Wesentlichen die folgenden Aspekte beinhalten:

✔ Gewünschte Ergebnisse (Ziele) des betrachteten Prozesses

✔ Bedingungen oder Zusicherungen, die bei der Durchführung des Prozesses einzuhalten sind

✔ Regeln für den Prozessablauf

✔ Alternativen im Prozessablauf und Voraussetzungen, die einen alternativen Prozessverlauf auslösen

Um die benötigten Informationen zu sammeln, verwenden Sie die im achten Kapitel genannten Dokumente und Techniken.

Wir nehmen an, dass sich in unserem konkreten Beispiel nach der Befragung des Auftraggebers folgende, zunächst noch relativ grobe, verbale Beschreibung des Geschäftsprozesses »Online-Kauf« ergibt:

Der Internet-Händler verkauft online über seine Webseite Bücher und Musik-CDs. Der potenzielle Kunde ruft dazu die Internet-Seite auf und sucht in der angebundenen Datenbank nach den Artikeln, die ihn interessieren. Die Artikel werden ihm mit allen benötigten Informationen angezeigt. Dazu zählen u.a. Artikelbezeichnungen, Autoren, Bestellnummern und Preise. Zu den Büchern erscheint ein Ab-

druck des Klappentextes und das Inhaltsverzeichnis, bei den Musik-CDs sind die Titel der einzelnen Stücke aufgeführt.

Der Kunde kann sich einen Warenkorb mit Büchern und CDs zusammenstellen und diese dann online bestellen. Die Bezahlung erfolgt per Bankeinzug. Allerdings muss der Kunde zunächst registriert sein, um diesen Service nutzen zu können. Falls ein Artikel zurzeit nicht lieferbar ist, kann er auch nicht bestellt werden. Der Kunde erhält dann einen entsprechenden Hinweis.

Für die Abwicklung des Auftrags benötigt der Händler neben dem Namen und der Bankverbindung auch eine Rechnungs- und eine Lieferadresse. Außerdem wird die E-Mail-Adresse des Kunden gespeichert, um ihn über den Status seiner Bestellung zu informieren.

Die bestellten Artikel werden im weiteren Verlauf des Geschäftsprozesses gesammelt, verpackt und an den Kunden ausgeliefert. Parallel dazu wird der entsprechende Geldbetrag vom Konto des Kunden abgebucht. Sobald der Auftrag abgeschlossen ist, erhält der Kunde per E-Mail eine Bestätigung, dass die von ihm bestellten Artikel in den nächsten Tagen ausgeliefert werden.

Aus dieser verbalen Beschreibung ergeben sich einige Anhaltspunkte für die eingangs beschriebenen Aspekte, die eine solche Beschreibung enthalten soll. Sie sind in der folgenden Tabelle zusammengefasst.

Merkmale	Online-Kauf
Ziele des Geschäftsprozesses	Abwicklung der Bestellung von Büchern und Musik-CDs über das Internet
Bedingungen und Zusicherung im Rahmen des Geschäftsprozesses	Kunde muss registriert sein Ware muss lieferbar sein
Regeln für den Prozessablauf	u.a.: Reihenfolge der einzelnen Schritte (s.o.)
Alternativen und Voraussetzungen im Prozessablauf	u.a.: Falls der Kunde noch nicht registriert ist, kann er nicht bestellen

Tabelle 9.1: Merkmale des Geschäftsprozesses

Die Tabelle zeigt lediglich einige beispielhafte Merkmale des Geschäftsprozesses. Bei der Modellierung umfangreicher Prozesse ist es durchaus sinnvoll, die verbale Beschreibung noch einmal in einer Übersicht zusammenzufassen und so die einzelnen Merkmale des Prozesses deutlich hervorzuheben. Dies gilt insbesondere dann, wenn ein Prozess so komplex ist, dass die verbale Beschreibung sehr umfangreich wird.

Zur Vorbereitung des Use-Case-Diagramms für die Beschreibung des Online-Kaufs wird die Checkliste aus Kapitel 8 herangezogen.

Ermittlung von Akteuren

Zunächst wird nach möglichen Akteuren gesucht.

✔ *Welcher Akteur löst den Geschäftsprozess aus?*
Auslöser des Geschäftsprozesses ist der Kunde, der eine Bestellung aufgeben möchte.

✔ *Welche Personen sind beteiligt?*
Außer dem Kunden sind zunächst keine konkreten *Personen* erkennbar, die an dem Geschäftsprozess beteiligt sind. Weitere Akteure sind Abteilungen oder Rollen (s.u.).

✔ *Wer ist verantwortlich für die Planung des Prozesses?*
Dieser Aspekt ist hier nicht relevant.

✔ *Gibt es außer den beteiligten Personen noch weitere Akteure (z.B Softwaresysteme)?*

  ✔ Die Abteilung *Auftragsabwicklung* ist für die Zusammenstellung der bestellten Waren verantwortlich.

  ✔ Der *Lieferservice* übernimmt den Versand der Artikel.

  ✔ Es gibt eine weitere Rolle, die für die Abwicklung der Bezahlung (Abbuchung vom Konto) zuständig ist. Sie erhält den Namen *Inkasso*.

✔ Eventuell ist es sinnvoll, als weiteren Akteur eine *Datenbank* in das Modell aufzunehmen, wo die Bestellungen der Kunden und ihre persönlichen Daten gespeichert sind.

✔ *Wer ist verantwortlich für die Durchführung des Prozesses?*
Für die Durchführung sind die bereits genannten Rollen zuständig.

✔ *Wer ist verantwortlich für die Kontrolle des Prozesses?*
Es wird angenommen, dass die beteiligten Rollen selbst die Kontrolle übernehmen.

✔ *Wer benutzt das System bzw. den Prozess?*
Das System kann an sich als geschlossen betrachtet werden. Lediglich innerhalb des Systems gibt es einige Beziehungen zwischen den Anwendungsfällen.

✔ *Wer benötigt Daten oder Ergebnisse aus dem Prozess?*
Auch hier wird angenommen, dass keinerlei Daten oder Ergebnisse mit externen Instanzen oder Prozessen ausgetauscht werden.

Ermittlung von Aufgaben

Im nächsten Schritt werden die Aufgaben identifiziert, die von den ermittelten Akteuren auszuführen sind.

✔ *Welche Ziele sind mit dem Geschäftsprozess verbunden?*
Ziel des Geschäftsprozesses ist die Abwicklung des Kaufs von Waren über das Internet.

✔ *Welche Ergebnisse soll das System liefern?*
Das Ergebnis des Geschäftsprozesses ist die Lieferung der vom Kunden bestellten Artikel.

✔ *Welche Arbeitsschritte sind dazu erforderlich?*

  ✔ Bestellung der Artikel

  ✔ Registrierung des Kunden (falls noch nicht geschehen)

✔ Zusammenstellung der Artikel (interne Abwicklung des Auftrags)

✔ Abwicklung der Zahlung

✔ Auslieferung der Artikel

✔ *Welche Ziele sind mit jedem dieser Arbeitsschritte verbunden?*

  ✔ Bestellung: Erfassung der zu liefernden Artikel und Identifikation des Kunden

  ✔ Registrierung: Erfassung der Kundendaten, Verifikation der Kundendaten, Erhebung der Daten für die Zahlungsabwicklung

  ✔ Auftragsabwicklung: Zusammenstellung der bestellten Artikel, Vorbereitung der Auslieferung

  ✔ Abwicklung der Zahlung: Eingang der Zahlung

  ✔ Auslieferung: Transport der bestellten Artikel zum Kunden

Ermittlung von Schnittstellen

Anschließend werden die Schnittstellen zu anderen Systemen oder Anwendungsfällen ermittelt.

✔ *Zu welchen anderen Anwendungsfällen bestehen Beziehungen?*
Beziehungen zu anderen Anwendungsfällen sind vorhanden (u.a. zur Beschaffung oder zur Lagerhaltung), werden hier aber nicht weiter beachtet.

✔ *Benötigt das System Vorleistungen aus einem anderen System?*
Bei bereits früher erfolgter Registrierung werden die Kundendaten aus der Datenbank benötigt.

✔ *Gibt das System Daten oder Ergebnisse an andere Systeme weiter?*
Dieser Aspekt ist hier nicht relevant.

✔ *Existieren Vorgaben für die Schnittstellen zu bestimmten Akteuren (z.B. Benutzungsoberfläche für menschliche Akteure)?*
Die Benutzungsschnittstelle ist nicht Gegenstand der Analyse des Geschäftsprozesses.

Berücksichtigung von Restriktionen

Es folgt die Analyse eventueller Restriktionen, die für die einzelnen Aufgaben bzw. deren Zusammenwirken gelten.

✔ *Welche Abhängigkeiten bestehen zwischen den durchzuführenden Aufgaben?*

  ✔ Für die Zusammenstellung der gewünschten Artikel und die Bezahlung werden die Informationen aus der Bestellung benötigt.

  ✔ Abhängigkeiten ergeben sich außerdem aus den Vor- und Nachbedingungen im nächsten Punkt.

✔ *Welche Vor- und Nachbedingungen sind bei den einzelnen Aufgaben zu beachten?*

  ✔ Eine Bestellung ist nicht ohne bestehende Registrierung möglich.

  ✔ Zur Überprüfung der bestehenden Registrierung muss der Benutzer sich anmelden (Login).

  ✔ Die Artikel können nur dann ausgeliefert werden, wenn sie verfügbar sind.

  ✔ Die Auslieferung erfolgt erst, wenn die Bezahlung gesichert ist (Bonitätsprüfung).

✔ *Welche Aufgaben unterliegen organisatorischen, technischen, gesetzlichen oder natürlichen Beschränkungen?*

  ✔ Beschränkungen dieser Art sind zunächst nicht bekannt. Eventuell ergeben sie sich aber später noch.

Ermittlung von Ereignissen

Nach der Ermittlung der Restriktionen sind die Ereignisse zu analysieren, die in dem Geschäftsprozess auftreten können.

✔ *Welche Ereignisse treten standardmäßig in dem Anwendungsfall auf?*

  ✔ Der Kunde sendet eine Bestellung.

  ✔ Ein Artikel ist nicht verfügbar.

  ✔ Die bestellten Artikel sind versandfertig.

  ✔ Weitere (Detail-) Ereignisse werden später ermittelt.

✔ *Welche Auswirkungen haben diese Ereignisse?*

  ✔ Wenn der Kunde eine Bestellung sendet, ist zu prüfen, ob er registriert ist.

  ✔ Ist ein Artikel nicht verfügbar, erhält der Kunde eine entsprechende Rückmeldung.

  ✔ Sobald die Artikel versandfertig sind, wird der geschuldete Betrag abgebucht, die Artikel werden versendet und der Kunde erhält eine Benachrichtigung per E-Mail.

✔ *Welche außergewöhnlichen Ereignisse können auftreten?*

  ✔ Der Kunde ist noch nicht registriert.

  ✔ Der Kunde widerruft seine Bestellung.

  ✔ Das Konto des Kunden weist keine ausreichende Deckung auf.

✔ *Welche Auswirkungen haben diese außergewöhnlichen Ereignisse?*

  ✔ Ohne Registrierung kann die Bestellung nicht ausgeführt werden.

  ✔ Bei Widerruf der Bestellung durch den Kunde wird die Ausführung des Auftrags gestoppt.

✔ Bei nicht ausreichender Deckung des Kontos wird der Kunde benachrichtigt und der Auftrag storniert.

✔ *Sollen für den Fall solcher Ereignisse Alternativen im Prozessablauf geplant werden?*
Die Alternativen sind bereits im vorherigen Punkt benannt. Weitere Ereignisse und Alternativen ergeben sich u.U. bei der detaillierten Analyse des Geschäftsprozesses.

Strukturierung

Auch die Strukturen innerhalb des Geschäftsprozesses gehören zu einer groben Analyse hinzu. Zu deren Ermittlung dient die Beantwortung der nächsten Fragen aus der Checkliste des achten Kapitels (Zeile mit der Bezeichnung *Strukturierung*). Für die Bearbeitung dieser Fragen ist aber in der Regel, wie auch hier, bereits eine tiefere Kenntnis der internen Abläufe erforderlich. Sie werden daher normalerweise erst in einem späteren Zyklus des Analyseprozesses bearbeitet. Für das relativ stark eingegrenzte Fallbeispiel des Web-Shops sind sie weniger relevant.

Erweiterung

Gleiches gilt für den letzten Fragenkomplex der Checkliste, wo es um potenzielle Erweiterungen des Systems geht. Auch dieser Aspekt soll im Rahmen unseres Fallbeispiels nicht weiter verfolgt werden.

Quintessenz

Aus den mit Hilfe der Checkliste gesammelten Erkenntnissen für die grobe Systemanalyse lässt sich nun das folgende Use-Case-Diagramm für den Geschäftsprozess ableiten.

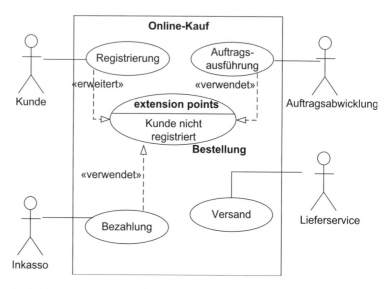

Abbildung 9.1: Geschäftsprozessdiagramm `Online-Kauf`

Dem Diagramm ist zu entnehmen, dass insgesamt fünf Anwendungsfälle unterschieden werden. Dies sind die `Registrierung`, die `Auftragsausführung`, die `Bestellung`, die `Bezahlung` und der `Versand`.

Mit diesen fünf Anwendungsfällen lässt sich der Geschäftsprozess zunächst grob beschreiben. An der Abwicklung des Prozesses sind die folgenden Rollen beteiligt:

✔ Der `Kunde` gibt seine Bestellung auf und führt eine Registrierung durch. Letztere erfolgt aber nur dann, wenn der Kunde bisher noch nicht in der Datenbank registriert ist. Damit ist die Registrierung eine *Erweiterung* der Bestellung, die nur unter bestimmten Bedingungen auftritt.

✔ Die Rolle `Auftragsabwicklung` ist für die Durchführung des Auftrags zuständig. Im Rahmen der Auftragsausführung werden Informationen aus der Bestellung benötigt. Deshalb handelt es sich zwischen den Anwendungsfällen `Bestellung` und `Auftragsausführung` um eine *Include*-Beziehung (`verwendet`).

✔ Die Bezahlung der bestellten Waren wird von der Rolle Inkasso abgewickelt. Auch sie benötigt dazu Informationen aus der Bestellung.

✔ Die Rolle Lieferservice ist schließlich für den Versand der bestellten Waren verantwortlich.

Damit ist der Geschäftsprozess im Groben beschrieben. Die Anwendungsfälle, die sich im Verlauf des Prozesses ergeben, sind benannt und die beteiligten Rollen sind identifiziert. Welche internen Abläufe sich daraus ergeben, wird später bei der Entwicklung des dynamischen Modells näher untersucht.

Abgrenzung des relevanten Problemausschnitts

Die Abgrenzung des relevanten Problemausschnitts dient dazu, für das Modell Wichtiges von Unwichtigem zu trennen. Mit Hilfe der verbalen Beschreibung wird im Rahmen eines evolutionären Prozesses der Systemanalyse der Kern der Problemstellung herausgearbeitet und ständig verfeinert.

Als Hauptkriterium sind die Ziele des Geschäftsvorfalls heranzuziehen. Ferner ist zu überlegen, auf welche Elemente in dem Objektmodell verzichtet werden kann, ohne das Abbild der realen Problemstellung zu beeinträchtigen.

Beziehungen zu Elementen außerhalb der betrachteten Problemdomäne, die dennoch eine wichtige Rolle spielen, stellen sich unter Umständen erst im weiteren Verlauf der Analyse heraus. Der Problemausschnitt wird daher immer wieder überarbeitet und angepasst.

Mit Hilfe der Checkliste aus dem achten Kapitel lässt sich der relevante Problemausschnitt eingrenzen.

Zielsetzung

Der erste Punkt bezieht sich auf die Zielsetzung der oben aufgeführten Anwendungsfälle. Sie ist bereits im Rahmen der groben Systemanalyse definiert worden.

Relevanzprüfung

Im nächsten Punkt geht es um die Relevanz der identifizierten Anwendungsfälle für den Geschäftsprozess.

✔ *Ist das betrachtete Element für die Ziele und Aufgaben des Anwendungsfalls oder Geschäftsvorfalls von Bedeutung?*

> ✔ Die Anwendungsfälle Bestellung, Auftragsausführung, Bezahlung und Versand sind zwingend erforderlich, um den Online-Kauf abzuwickeln.

> ✔ Die Notwendigkeit der Registrierung ergibt sich eher mittelbar, denn ohne die Aufnahme der Kundendaten und deren Überprüfung ist die Bezahlung nicht gewährleistet.

✔ *Welche Auswirkungen hat der Verzicht auf die Integration des betrachteten Elements für die Erfüllung der Aufgabe oder des Ziels?*

> ✔ Bestellung, Auftragsbearbeitung und Bezahlung gehören zum Kern des Geschäftsprozesses. Ohne diese Elemente ist der Geschäftsprozess nicht durchführbar.

> ✔ Der Versand ist zwar ebenfalls erforderlich, um die vom Kunden gewünschte Leistung zu erbringen und somit das Ziel des Prozesses zu realisieren. Andererseits kann die Lieferung der Artikel aber auch als ein nachgelagerter Prozess angesehen werden. Ändert man den Blickwinkel auf die Problemstellung in dieser Weise, dann könnte der Anwendungsfall Versand in unserem Objektmodell vernachlässigt werden.

> ✔ Auch die Registrierung könnte als externer Prozess angesehen werden. Der Geschäftsprozess Online-Kauf wäre dann über eine Schnittstelle mit dem Prozess Registrierung verbunden.

Die Bearbeitung des Punkts Relevanzprüfung verdeutlicht, wie wichtig die Sichtweise auf die Problemdomäne für die Gestalt des Objektmodells ist. Je nachdem welche Elemente als relevant erachtet werden, verändert sich der Aufbau des Objektmodells schon in dieser noch recht groben Analyse.

Ermittlung von Alternativen

Bei der Ermittlung der Alternativen geht es darum, andere Ansätze für die Aufgabestruktur zu finden, die der bestehenden Option möglicherweise überlegen sind.

✔ *Welche Rollen (Stellen) sind an der Aufgabe beteiligt?*
Diese Frage wurde bereits im Rahmen der groben Systemanalyse geklärt.

✔ *Welche anderen Rollen sind von der Ausführung der Aufgaben betroffen?*
Auch diese Frage wurde oben bereits geklärt.

✔ *Kann die Erfüllung von Aufgaben durch eine Umgestaltung in aufbau- oder ablauforganisatorischer Hinsicht optimiert werden?*

   ✔ Die Ablauforganisation des Geschäftsprozesses ist weitgehend vorgegeben. Welche Aufgaben in welcher Reihenfolge durchzuführen sind, ist – zumindest in dieser Phase einer relativ groben Betrachtung – eindeutig bestimmt.

   ✔ Die Aufbauorganisation könnte überdacht werden. Dazu würden einzelne Teilaufgaben aus dem Aufgabenbereich eines Akteurs herausgelöst und einem anderen Akteur übertragen. Auch hier ist es jedoch sinnvoll, die Aufgaben zunächst im weiteren Verlauf der Analyse einer detaillierteren Untersuchung zu unterziehen.

✔ *Können komplexe Wechselwirkungen durch die Einbeziehung weiterer Systeme (Systemvergrößerung) internalisiert werden?*
Komplexe Wechselwirkungen sind nach dem derzeitigen Kenntnisstand nicht vorhanden.

✔ *Können komplexe Wechselwirkungen durch eine reduzierte Systemsicht (Systemverkleinerung) vernachlässigt werden?*
Hier gilt ebenfalls: Wechselwirkungen sind nicht vorhanden.

Der Problembereich ist damit vorläufig abgegrenzt. Die oben genannten Alternativen, die Registrierung oder den Versand auszugliedern, werden hier nicht weiter verfolgt. Zur Vereinfachung wird das System als weitgehend geschlossen angesehen. Falls sich später herausstellen sollte, dass Beziehungen zu anderen Systemen bzw. Prozessen dringend benötigt werden, ist das Modell entsprechend zu ergänzen.

Abgrenzung von Teilsystemen (Paketen)

Die Bildung von Paketen schafft überschaubare Teilsysteme, die sich gegenseitig ergänzen und in einem Gesamtsystem zusammenarbeiten. Die bisherigen Ergebnisse der Beschreibung des Geschäftsprozesses und der Abgrenzung des relevanten Problemausschnitts legen eine Gliederung des Systems Web-Shop in Pakete nahe.

✔ Das erste Paket fasst alle Elemente der Problemdomäne zusammen, die mit der eigentlichen Bestellung zusammenhängen. Hierzu zählen im Wesentlichen alle Aktivitäten, in die der Kunde unmittelbar eingebunden ist.

✔ Ein zweites Paket bilden alle Elemente, die sich auf die Abwicklung eines Auftrags durch die Unternehmung beziehen. Dazu zählen etwa die Abteilungen bzw. Rollen, die an der Auftragsbearbeitung beteiligt sind. Aber auch unternehmungsinterne Abläufe (Teilprozesse) gehören in dieses Paket.

Daraus ergibt sich eine prozessorientierte Gliederung der Pakete, die sich bei der Modellierung von Geschäftsprozessen meist als die am besten geeignete Alternative erweist. Abbildung 9.2 zeigt das entsprechende Paketdiagramm.

Zwischen den beiden Paketen besteht, wie an den beiden gestrichelten Pfeilen zu erkennen ist, eine gegenseitige Abhängigkeit. Änderungen in den Elementen des einen Pakets können Änderungen in dem anderen Paket zur Folge haben.

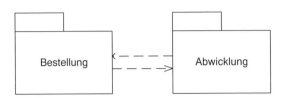

Abbildung 9.2: Pakete des Geschäftsprozesses

Die Abhängigkeitsbeziehung zwischen zwei Paketen bedeutet, dass Änderungen in dem unabhängigen Paket *möglicherweise* zu Änderungen in dem abhängigen Paket führen; sie sind also nicht zwangsläufig.

Anhand der Checkliste zu den Teilsystemen im achten Kapitel kann die hier vorgenommene Paketbildung überprüft werden.

Ermittlung von Gliederungskriterien

Zunächst wird nach Gliederungskriterien gesucht.

✔ *Ist das betrachtete System in der vorliegenden Form überhaupt teilbar?*
Die Teilbarkeit des Systems ist durchaus gegeben. Der Bereich der Bestellung lässt sich eindeutig von den Abläufen bei der Abwicklung des Auftrags trennen.

✔ *Ergeben sich bereits aus der Aufbau- oder Ablaufstruktur des Geschäftsprozesses oder Anwendungsfalls Kriterien für die Paketbildung?*
Die Abläufe legen die gewählte Paketstruktur nahe. Die Bestellung kann ebenso wie die Abwicklung als eigenständiger Bestandteil des Geschäftsprozesses angesehen werden.

✔ *Erlaubt die Gesamtaufgabe eine inhaltliche, prozessorientierte, lokale oder funktionale Gliederung?*
Diese Frage wurde bereits beantwortet. Eine prozessorientierte Gliederung liegt nahe.

Definition von Paketen

Im nächsten Schritt werden die Pakete definiert.

✔ *Handelt es sich bei dem betrachteten Element um ein isolierbares Subsystem?*
Die Bestellung und die Auftragsabwicklung lassen sich beide als isolierbare Subsysteme des Online-Kaufs betrachten.

✔ *Bildet das betrachtete Paket einen Themenbereich ab, der weitgehend für sich allein gesehen werden kann?*
Auch diese Frage ist zu bejahen. Bestellung und Abwicklung sind aus der Sicht des Auftrags inhaltlich unterscheidbare Themen.

✔ *Liegen die Vererbungsstrukturen der beteiligten Klassen weitgehend innerhalb des Pakets?*
In diesem Stadium der Analyse – wir befinden uns immer noch in der groben Systemanalyse – sind die Vererbungsstrukturen der beteiligten Klassen noch nicht bekannt. Das bedeutet für das Objektmodell, dass sich die hier gewählte Paketstruktur u.U. später im Rahmen der Klassenbildung als ungeeignet erweist. In einem evolutionären Entwicklungsprozess werden die Strukturen ständig verfeinert und an neue Erkenntnisse angepasst. Dies kann in einigen Fällen auch dazu führen, dass ein zu Beginn als sinnvoll erachteter Ansatz später komplett über Bord geworfen wird. Solange jedoch keine gegenteiligen Anzeichen erkennbar sind, kann an der derzeitigen Struktur festgehalten werden.

✔ *Können umfangreiche Subsysteme in weitere kleinere Pakete zerlegt werden?*
Die beiden Teilsysteme Bestellung und Abwicklung sind nach dem bisherigen Informationsstand nicht allzu umfangreich. Eine weitere Zerlegung ist daher nicht notwendig.

✔ *Können durch die Umgestaltung von Aufgaben, Prozessen und Zuständigkeiten Pakete gebildet werden, ohne die Ziele zu gefährden?*

Diese Frage der Checkliste zielt auf Situationen ab, in denen es schwierig ist, Pakete zu bilden. In solchen Fällen ist zu überlegen, ob eine Umgestaltung des Prozesses zu klareren Strukturen führt. In unserem Fallbeispiel ist dies aber nicht erforderlich.

Berücksichtigung von Interdependenzen

Nachdem die Pakete gebildet wurden, müssen nun Abhängigkeiten zwischen den Paketen untersucht werden.

✔ *Welche Beziehungen und Abhängigkeiten besitzt das betrachtete Element zu anderen Elementen innerhalb des Systems?*
Zwischen den beiden Paketen Bestellung und Abwicklung besteht eine gegenseitige Abhängigkeit. Änderungen im Zusammenhang mit der Bestellung führen möglicherweise auch zu Änderungen in der Auftragsabwicklung, da Letztere auf Informationen aus Ersterer zugreift. Umgekehrt hat aber auch die Umgestaltung der Auftragsabwicklung u.U. Folgen für die Art und Weise, wie eine Bestellung durchgeführt wird bzw. welche Informationen dort zu erheben sind.

✔ *Sind von der Integration des betrachteten Elements in ein (Teil-) System weitere Elemente in anderen (Teil-) Systemen betroffen, die ihrerseits wiederum Abhängigkeiten aufweisen?*
Diese Frage ist erst zu beantworten, wenn bei der detaillierteren Analyse Klassen gebildet und den Paketen zugeordnet werden.

Definition von Schnittstellen zwischen den Paketen

Die Schnittstellen zwischen den Paketen ergeben sich u.a. durch Beziehungen zwischen Klassen unterschiedlicher Pakete. Sie können daher erst nach der Identifikation der Klassen und ihrer Beziehungen definiert werden. Gleichwohl handelt es sich um einen Vorgang innerhalb des objektorientierten Analyseprozesses, der auf relativ abstrakter Ebene (also in der groben Systemanalyse) anzusiedeln ist.

An dieser Stelle zeigt sich erneut, dass die objektorientierte Analyse nicht in eine lineare Vorgehensweise eingebettet werden kann. Damit scheiden für die Objektorientierung auch die in der prozeduralen Programmierung weit verbreiteten Ansätze des Top-Down- und des Bottom-Up-Vorgehens aus. Hier ist vielmehr ein zyklischer Prozess angezeigt, der beide Ansätze zu einem Gegenstromverfahren mit zyklischem Charakter verbindet. Die ständige Anpassung der erzielten (Teil-) Ergebnisse ist unabdingbar.

Die Bearbeitung der Checkliste für die Schnittstellen zwischen den Paketen ist an dieser Stelle wenig sinnvoll. Die Beantwortung der dort aufgeführten Fragen erfordert bereits nähere Informationen über die erst noch zu bildenden Klassen. Die Checkliste sollte daher erst in einem späteren Zyklus des Analyseprozesses bearbeitet werden.

Dennoch ergibt es durchaus einen Sinn, die Definition der Schnittstellen zwischen den Paketen (grundsätzlich) an diese Stelle des Vorgehens zu setzen, wenn man sich den evolutionären Charakter der objektorientierten Analyse vergegenwärtigt. Im Laufe späterer Zyklen ergibt sich ein ständiger Informationszuwachs, was die Art der Beziehungen zwischen Klassen und Paketen sowie deren innere Struktur angeht. Die Anpassung der Pakete an den neuen Informationsstand gehört dann genau an diese Stelle: vor die Bearbeitung des statischen Objektmodells.

Statisches Modell

Die Entwicklung des statischen Modells hängt eng mit der Bildung von Paketen mit ihren Schnittstellen zusammen. Beziehungen zwischen Klassen unterschiedlicher Pakete führen zu Abhängigkeiten zwischen Paketen. Im Rahmen der Definition der Klassen und ihrer Beziehungen stellt sich zudem heraus, ob die bisherige Gliederung der Pakete sinnvoll ist oder eventuell angepasst werden muss.

Die Entwicklung des statischen Modells gliedert sich in die Aufgaben

✓ Identifikation von Klassen, Attributen und Methoden,

✓ Beschreibung von Klassen und Attributen, Ermittlung von Vererbungsstrukturen und

✓ Identifikation von Assoziationen.

Hier tritt einmal mehr der evolutionäre Charakter der objektorientierten Analyse zu Tage. Das Modell unterliegt einer ständigen Anpassung und Erweiterung im Rahmen des Analyseprozesses. Die gliederungstechnische Differenzierung der folgenden Abschnitte ist daher keineswegs als lineare Abfolge von Analysephasen zu betrachten. Sie bildet lediglich eine Struktur der bei der Entwicklung des statischen Modells anfallenden Aufgaben.

Identifikation von Elementen und Strukturen

In diesem Fallbeispiel dient allein die verbale Beschreibung des Geschäftsprozesses im vorangegangenen Abschnitt als Informationsgrundlage für das statische Modell. Bei einer realen Problemstellung werden darüber hinaus die im achten Kapitel näher erläuterten Quellen ausgewertet:

✓ Formulare, Listen, Verträge und andere Dokumente

✓ Dokumentationen von Geschäftsprozessen, Projekten und Software

✓ Datenmodelle (Datenbanken), Bildschirmmasken etc.

✓ Organigramme

✓ Stellenbeschreibungen

✓ Interviews mit Akteuren

✓ Dokumentation von Modellen vergleichbarer Problemdomänen (andere Abteilungen, Fachliteratur, Erfahrungsberichte)

Die Auswertung erfolgt mit Hilfe der Checkliste zur Klassenbildung. Im Einzelnen sind damit folgende Aktivitäten verbunden:

✔ Identifikation von Klassen

✔ Identifikation von Attributen

✔ Identifikation von Operationen

✔ Validierung

Identifikation von Klassen

Bei der Identifikation von Klassen geht es darum, Objekte mit gleichen oder ähnlichen Eigenschaften zu finden bzw. typische Muster innerhalb des Geschäftsprozesses zu ermitteln.

✔ *Welche Klassen ergeben sich aus der Beschreibung der Geschäftsprozesse bzw. Anwendungsfälle?*

  ✔ Warenkorb, Auftrag

✔ *Welche Akteure (Personen, Abteilungen, Organisationen) sind an dem Geschäftsvorfall aktiv oder passiv beteiligt?*

  ✔ Kunde

  ✔ Inkasso

  ✔ Auftragsabwicklung

  ✔ Lieferservice

✔ *Welche Rollen übernehmen Personen in dem Geschäftsvorfall?* Die Rollen entsprechen den Akteuren aus dem vorhergehenden Punkt.

✔ *Welche Gegenstände werden für die zu beschreibenden Aufgabe benötigt?*

  ✔ Bücher

  ✔ Musik-CDs

✔ Artikel

✔ *Welche Hardware und Software wird eingesetzt?*

✔ Datenbank mit Kundendaten

✔ Datenbank mit Artikeldaten

✔ Software für den Webauftritt inklusive Benutzungsoberfläche

✔ *Welche Informationen werden von den Akteuren verarbeitet?*

✔ Kunde: Titel, Autoren und Preise der Bücher; Titel, Autoren und einzelne Stücke der Musik-CDs; Warenkorb, eigene persönliche Daten; Daten der Bestellung

✔ Auftragsabwicklung: Artikelnummern der Bücher und Musik-CDs; persönliche Daten des Kunden; Daten der Bestellung

✔ Inkasso: Bankverbindung des Kunden, Daten der Bestellung; persönliche Daten des Kunden (insbesondere Rechnungsanschrift und Bankverbindung)

✔ Lieferservice: persönliche Daten des Kunden (insbesondere Lieferanschrift)

✔ *An welchen Orten werden die mit den Aufgaben verbundenen Aktivitäten durchgeführt?*

✔ innerhalb der Unternehmung

✔ am Aufenthaltsort des Kunden (z.B. zu Hause)

✔ *Können Aktionen zu Funktionsbereichen zusammengefasst werden?*
Die Anwendungsfälle Registrierung, Bestellung, Auftragsausführung, Bezahlung und Versand ergeben jeweils eigene Funktionsbereiche.

✔ *Lassen sich strukturelle Ähnlichkeiten zwischen einzelnen Elementen feststellen?*
Strukturelle Ähnlichkeiten sind vorerst nicht erkennbar.

✔ *Welche (internen und externen) Ereignisse treten in dem Geschäftsvorfall auf?*

✔ Der Kunde sendet eine Bestellung.

✔ Ein Artikel ist nicht verfügbar.

✔ Die bestellten Artikel sind versandfertig.

✔ Der Kunde ist noch nicht registriert.

✔ Der Kunde widerruft seine Bestellung.

✔ Das Konto des Kunden weist keine ausreichende Deckung auf.

Als Ergebnis der Bearbeitung dieser Fragen der Checkliste lassen sich folgende potenzielle Klassen festhalten:

✔ Warenkorb

✔ Auftrag

✔ Kunde

✔ Inkasso

✔ Auftragsabwicklung

✔ Lieferservice

✔ Buch

✔ Musik-CD

✔ Artikel

✔ Datenbank (Kunden und Artikel)

Die weitere Bearbeitung der Checkliste wird zeigen, welche dieser Klassen tatsächlich benötigt werden und welche weiteren Klassen u.U. hinzukommen.

Identifikation von Attributen

Im nächsten Schritt geht es darum, Attribute, also zustandsbeschreibende Eigenschaften, der identifizierten Klassen zu finden.

✔ *Wodurch ist die betrachtete Klasse eindeutig gekennzeichnet?*

  ✔ Warenkorb: ID-Nummer des Warenkorbs

  ✔ Auftrag: Auftragsnummer

  ✔ Kunde: Kundennummer

  ✔ Inkasso: Personalnummer

  ✔ Auftragsabwicklung: Personalnummer

  ✔ Lieferservice: Personalnummer

  ✔ Buch: Artikelnummer

  ✔ Musik-CD: Artikelnummer

  ✔ Artikel: Artikelnummer

✔ *Welche Daten beschreiben die betrachtete Klasse?*

  ✔ Warenkorb: Kunde, Artikelliste, Gesamtpreis

  ✔ Auftrag: Kunde, Warenkorb, Status, Frist

  ✔ Kunde: Name, Lieferanschrift, Rechnungsanschrift, Bankverbindung, Registrierung

  ✔ Inkasso: Name des zuständigen Mitarbeiters (Inkasso selbst ist eine Rolle), zu bearbeitende Aufträge

  ✔ Auftragsabwicklung: Name des zuständigen Mitarbeiters (Auftragsabwicklung selbst ist eine Rolle), abzuwickkelnde Aufträge

  ✔ Lieferservice: Name des zuständigen Mitarbeiters (Lieferservice selbst ist eine Rolle), abzuwickelnde Aufträge

  ✔ Buch: Titel, Autoren, Inhaltsverzeichnis, Klappentext, Lagerort, Verfügbarkeit, Preis

  ✔ Musik-CD: Titel, Autoren, Liste der einzelnen Stücke, Lagerort, Verfügbarkeit, Preis

  ✔ Artikel: Lagerort, Verfügbarkeit, Preis

✔ *Ergeben sich Attribute aus der Vererbungsstruktur?*

> ✔ Bücher und Musik-CDs sind beides Artikel. Da diese drei Klassen ähnliche Eigenschaften aufweisen, bietet sich hier eine Vererbungsstruktur mit `Artikel` als Oberklasse sowie `Buch` und `MusikCD` als Unterklassen an.

> ✔ Auch die auf Seiten der Unternehmung beteiligten Rollen haben ähnliche Eigenschaften. Eventuell sollte daher auch hier eine Vererbungsstruktur eingesetzt werden.

✔ *Was unterscheidet die betrachtete von den übrigen identifizierten Klassen?*
Die Unterschiede bezüglich der Attribute ergeben sich aus den Antworten auf die beiden vorhergehenden Fragen.

✔ *Welche Zustände können die Exemplare einer Klasse annehmen?*
Die Zustände ergeben sich durch die konkreten Attributwerte der Objekte. Wichtige Zustände sind später u.a. der Status eines Auftrags, die (nicht) vorliegende Registrierung eines Kunden oder der Zahlungseingang.

✔ *Ist das betrachtete Attribut Gegenstand von Operationen?*
Hier sind die einzelnen Attribute zu prüfen. Dieser Aspekt wird später im Zusammenhang mit dem dynamischen Modell näher untersucht.

✔ *Handelt es sich um ein Klassenattribut oder besitzt jedes Objekt individuelle Werte für dieses Attribut?*
Unter den bisher identifizierten statischen Eigenschaften ist noch kein Klassenattribut zu erkennen.

✔ *Ist das Attribut so komplex, dass sich eine nähere Beschreibung in einer eigenen Klasse anbietet?*
Einige Attribute finden sich in der obigen Auflistung gleichzeitig als identifizierte Klassen wieder. In diesen Fällen ist anzunehmen, dass es sich weniger um Attribute als vielmehr um Klassenbeziehungen handelt. Dies gilt für folgende Elemente:

✔ Registrierung

✔ Warenkorb

✔ Kunde

✔ *Verlangen die zugreifenden Operationen die Zusicherung eines bestimmten Ergebnistyps?*
Diese Frage wird im Rahmen der Definition von Operationen beantwortet. In einem evolutionären Analyseprozess wird dieser Aspekt erst in einem fortgeschrittenen Stadium behandelt.

✔ *Welche Informationen muss die betrachtete Klasse für andere Klassen zur Verfügung stellen?*
Die Informationen ergeben sich aus den bisherigen Antworten.

Identifikation von Operationen

Nach der Ermittlung der statischen Eigenschaften folgt nun die Identifikation der dynamischen Eigenschaften, die durch Operationen repräsentiert werden.

✔ *Welche (Teil-)Prozesse wurden in der Beschreibung der Geschäftsprozesse bzw. Anwendungsfälle ermittelt?*

✔ Registrierung

✔ Bestellung

✔ Auftragsausführung

✔ Bezahlung

✔ Versand

✔ *Welche Verhaltensweisen zeigen die beteiligten Akteure zur Bewältigung ihrer Aufgaben?*

✔ Kunde: Artikel auswählen, Bestellung abgeben, Auftrag stornieren, registrieren

✔ Auftragsabwicklung: Bestelldaten übernehmen, Artikel zusammenstellen, Gesamtpreis berechnen, Status melden

✔ Lieferservice: Lieferadresse ermitteln, liefern, Status melden

✔ Inkasso: Rechnungsadresse ermitteln, Bonität prüfen, abbuchen, mahnen

✔ *Welche Aktionen werden von den beteiligten Akteuren durchgeführt?*
Die Aktionen sind hier weitgehend identisch mit den Verhaltensweisen der Akteure. In manchen Problemstellungen kann es jedoch sinnvoll sein, hier noch einmal zu differenzieren, um leichter Operationen zu finden bzw. diese klarer voneinander trennen zu können.

✔ *Welche Prozesse laufen in der eingesetzten Hardware und Software ab?*
Bei der Bestellung eines Warenkorbs wird der Status der Registrierung geprüft und die Ausführung des Auftrags angestoßen.

✔ *Wer gibt Informationen weiter?*

✔ Kunde

✔ Auftragsabwicklung

✔ Lieferservice

✔ Inkasso

✔ *Wer erhält Informationen?*

✔ Kunde

✔ Auftragsabwicklung

✔ Lieferservice

✔ Inkasso

✔ *Über welche Kanäle werden Informationen weitergegeben?*

  ✔ Webseite

  ✔ E-Mail

  ✔ Persönliche Benachrichtigung (schriftlich, telefonisch)

  ✔ Software-Schnittstellen

✔ *Welche anderen Klassen (bzw. Objekte) benötigen Informationen?*

  ✔ Registrierung

  ✔ Auftragsausführung

  ✔ Bestellung

  ✔ Bezahlung

  ✔ Versand

  ✔ Warenkorb (Status der Registrierung)

✔ *In welcher Form benötigen andere Klassen oder Objekte diese Informationen?*
Dieser Aspekt wird später bei der konkreten Beschreibung der Operationen untersucht.

✔ *Durch welche Ereignisse oder Aktionen ändern die Exemplare einer Klasse ihren Zustand?*
Die konkreten Ereignisse, die Zustandsänderungen auslösen, werden bei der Entwicklung des dynamischen Modells analysiert.

Bis hierher ergeben sich aus den Checklisten die folgenden Klassen.

Für die Klasse Kunde wurden die Attribute kundennummer, name, lieferanschrift, rechnungsanschrift und bankverbindung ermittelt. Als Operationen wurden artikelAuswählen, bestellungAbgeben, auftragStornieren und registrieren identifiziert.

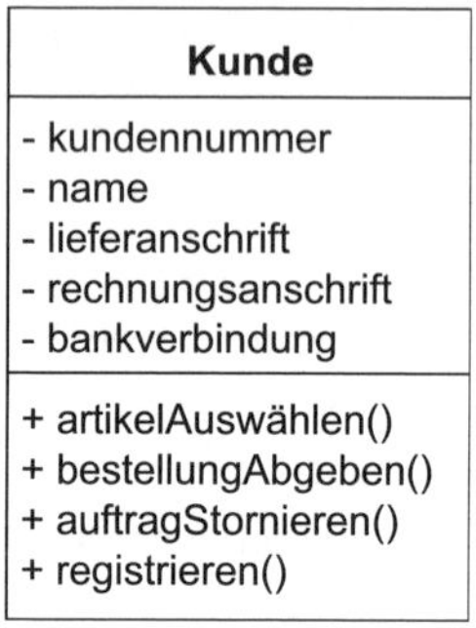

Kunde
- kundennummer   - name   - lieferanschrift   - rechnungsanschrift   - bankverbindung
+ artikelAuswählen()   + bestellungAbgeben()   + auftragStornieren()   + registrieren()

Abbildung 9.3: Die Klasse Kunde

Die Klasse Warenkorb besitzt die Attribute idNummer und gesamtpreis. Die Bestellung eines Warenkorbs durch den Kunden wird über die gleichnamige Operation ausgeführt.

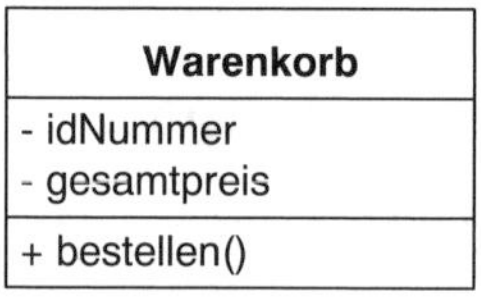

Warenkorb
- idNummer   - gesamtpreis
+ bestellen()

Abbildung 9.4: Die Klasse Warenkorb

Aufträge haben die statischen Eigenschaften auftragsNummer, status und frist. Die Operation ausführen führt zur internen Abwicklung des Auftrags.

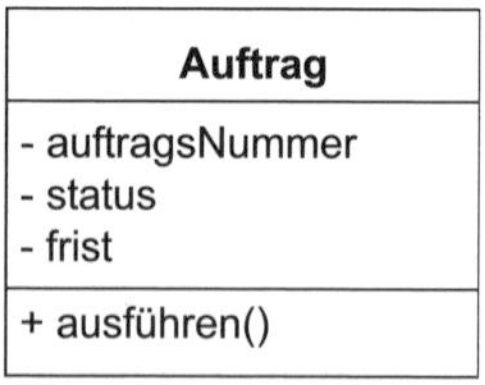

Auftrag
- auftragsNummer   - status   - frist
+ ausführen()

Abbildung 9.5: Die Klasse Auftrag

Für die Klasse Inkasso sind die Attribute personalnummer und mitarbeiterName zustandsbeschreibend. Das Verhalten der Objekte dieser Klasse äußert sich in den Operationen rechnungsadresseErmitteln, bonitätPrüfen, abbuchen und mahnen.

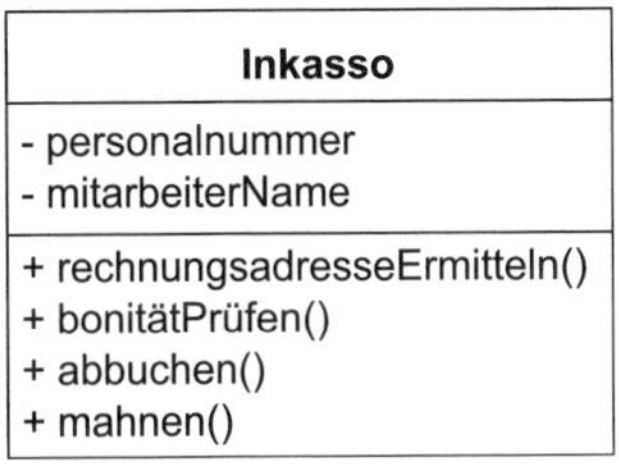

Inkasso
- personalnummer - mitarbeiterName
+ rechnungsadresseErmitteln() + bonitätPrüfen() + abbuchen() + mahnen()

Abbildung 9.6: Die Klasse Inkasso

Der Zustand der Klasse Auftragsabwicklung wird durch die gleichen Attribute wie bei der Klasse Inkasso beschrieben: personalnummer und mitarbeiterName. Als Operationen wurden bestelldatenÜbernehmen, artikelZusammenstellen, gesamtpreisBerechnen und statusMelden identifiziert.

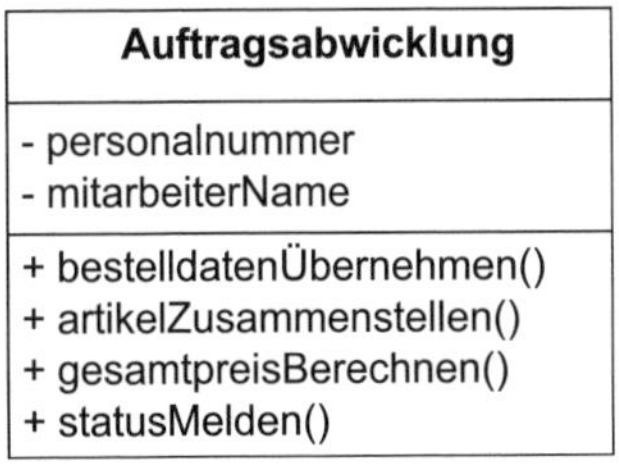

Auftragsabwicklung
- personalnummer - mitarbeiterName
+ bestelldatenÜbernehmen() + artikelZusammenstellen() + gesamtpreisBerechnen() + statusMelden()

Abbildung 9.7: Die Klasse Auftragsabwicklung

Das Klassendiagramm für den Lieferservice zeigt die Attribute personalnummer und mitarbeiterName sowie die Operationen lieferadresseErmitteln, liefern und statusMelden.

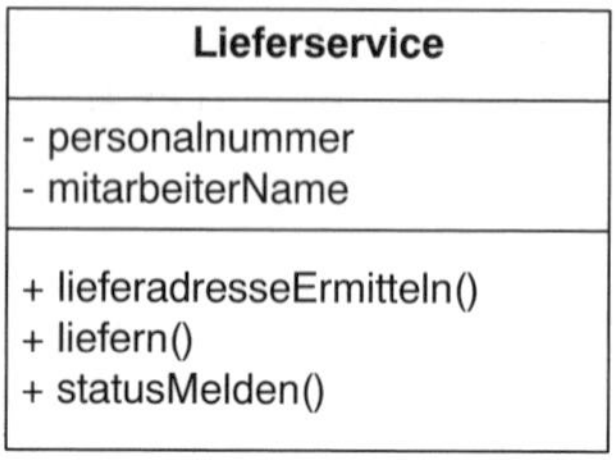

```
┌─────────────────────────────────┐
│          Lieferservice          │
├─────────────────────────────────┤
│ - personalnummer                │
│ - mitarbeiterName               │
├─────────────────────────────────┤
│ + lieferadresseErmitteln()      │
│ + liefern()                     │
│ + statusMelden()                │
└─────────────────────────────────┘
```

Abbildung 9.8: Die Klasse Lieferservice

Ein Buch wird beschrieben durch die Attribute artikelnummer, titel, autoren, inhaltsverzeichnis, klappentext, lagerort, verfügbarkeit und preis. Operationen sind vorerst nicht vorhanden.

```
┌─────────────────────────────────┐
│              Buch               │
├─────────────────────────────────┤
│ - artikelnummer                 │
│ - titel                         │
│ - autoren                       │
│ - inhaltsverzeichnis            │
│ - klappentext                   │
│ - lagerort                      │
│ - verfügbarkeit                 │
│ - preis                         │
├─────────────────────────────────┤
│                                 │
└─────────────────────────────────┘
```

Abbildung 9.9: Die Klasse Buch

Die Klasse MusikCD ähnelt der Klasse Buch in ihren Eigenschaften sehr. Auch hier gibt es vorerst keine Operationen. Statt des Inhaltsverzeichnisses und des Klappentextes hat diese Klasse das Attribut listeDerStücke, in dem die einzelnen Musikstücke aufgeführt sind (siehe Abbildung 9.10).

Wie bereits bei der Bearbeitung der Checklisten angesprochen, bietet es sich an, die Klassen Buch und MusikCD zu der Klasse Artikel zu generalisieren, da die beiden Klassen sehr ähnliche Eigenschaften haben. Zudem ergibt sich auch eine semantische Übereinstimmung, da es sich bei den Objekten beider Klassen um spezielle Artikel handelt (siehe Abbildung 9.11).

MusikCD
- artikelnummer - titel - autoren - listeDerStücke - lagerort - verfügbarkeit - preis

Abbildung 9.10: Die Klasse MusikCD

Artikel
- artikelnummer - lagerort - verfügbarkeit - preis

Abbildung 9.11: Die Klasse Artikel

Es fehlt nun noch die Klasse Registrierung. Ein Kunde muss zunächst registriert sein, bevor er eine Bestellung in Auftrag geben kann. Bei der Registrierung wird dem Kunden ein Benutzername und ein Passwort für seine zukünftigen Bestellungen zugewiesen. Außerdem muss der Status der Registrierung vor der Ausführung eines Auftrags geprüft werden (Operation getStatus). Das zugehörige Klassendiagramm auf dem derzeitigen Informationsstand zeigt Abbildung 9.12.

Damit sind die bisher ermittelten Klassen mit ihren statischen und dynamischen Eigenschaften ermittelt. Diese müssen nun noch den beiden Paketen zugeordnet werden, die bereits weiter oben definiert wurden.

Abbildung 9.12: Die Klasse Registrierung

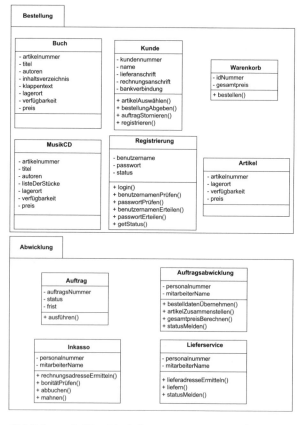

Abbildung 9.13: Die Pakete Bestellung und Abwicklung

Dem Paket Bestellung werden die Klassen Kunde, Warenkorb, Registrierung, Buch, MusikCD und Artikel zugeordnet. Diese drei Klassen sind unmittelbar an dem Bestellungsprozess beteiligt.

Das zweite Paket mit dem Namen Abwicklung bilden die Klassen Auftrag, Inkasso, Auftragsabwicklung und Lieferservice. Abbildung 9.13 zeigt die beiden Pakete im Überblick.

Validierung

Die Validierung kann an dieser Stelle noch nicht vollständig durchgeführt werden, da sich einige der zu prüfenden Aspekte erst aus späteren Aktivitäten des Analyseprozesses ergeben (z.B. die Vererbungsstruktur). Sie wird daher zunächst zurückgestellt.

Beschreibung von Klassen und Attributen

Nachdem die beteiligten Klassen mit ihren Attributen und Operationen identifiziert wurden, sind diese im nächsten Schritt in einer verbalen Beschreibung zu dokumentieren. Tabelle 9.2 enthält beispielhaft die Beschreibungen einiger der oben genannten Klassen mit ihren Attributen und Operationen.

Wenn es nicht, wie in diesem Fallbeispiel, um die Modellierung von Geschäftsprozessen geht, sondern die UML im Rahmen des Software Engineering eingesetzt wird, werden über die hier aufgeführten Inhalte hinaus noch weitere Informationen in die Klassenbeschreibung aufgenommen. Dazu gehören u.a. die Datentypen und die Sichtbarkeit von Attributen und Operationen.

Der erläuternde Text in der letzten Spalte der obigen Tabelle ist in praktischen Problemstellungen meist wesentlich ausführlicher. Dies gilt insbesondere dann, wenn das Modell eine Vielzahl von Klassen aufweist, die darüber hinaus auch noch weniger eindeutige Abgrenzungen besitzen, als dies hier der

Klasse(Oberklasse)	Paket	Attribute	Operationen	Beschreibung
Buch (Artikel)	Bestellung	Geerbte Attribute: artikelnummer titel autoren lagerort verfügbarkeit preis Eigene Attribute: inhaltsverzeichnis klappentext	Keine	Die Objekte der Klasse Buch repräsentieren die Bücher, die in dem Web-Shop angeboten werden. Jedes Objekt beschreibt ein Buch mit allen seinen Eigenschaften.
Registrierung	Bestellung	benutzername passwort status	login benutzernamenPrüfen passwortPrüfen benutzernamenErteilen passwortErteilen getStatus	Registrierung beschreibt sowohl den Vorgang der Registrierung, die ein Benutzer (Kunde) vornimmt, als auch die Eigenschaften, die dabei generiert werden. Jedes Objekt der Klasse gehört zu genau einem Kunden.
Lieferservice	Abwicklung	personalnummer mitarbeiterName	lieferadresseErmitteln liefern statusMelden	Lieferservice ist ein Akteur des Anwendungsfalls Versand. Objekte dieser Klasse wickeln den Versand der bestellten Artikel ab.

Tabelle 9.2: Beispiele für Klassenbeschreibungen

Fall ist. Für unser Fallbeispiel soll die Kurzform zur Anschauung genügen.

Ermittlung von Vererbungsstrukturen

Vererbungsstrukturen können auf zwei Arten aus bestehenden Klassen abgeleitet werden. Bei der Generalisierung werden gleiche oder ähnliche Eigenschaften bereits identifizierter Klassen in Oberklassen zusammengefasst. Umgekehrt werden bei der Spezialisierung besondere Ausprägungen einer Klasse in Unterklassen konkretisiert.

Identifikation

Die Checkliste aus Kapitel 8 schlägt für die Ermittlung von Klassenstrukturen den folgenden Fragenkatalog vor.

✔ *Gibt es Gemeinsamkeiten zwischen bereits identifizierten Klassen?*
Die Klassen Buch und MusikCD besitzen starke Ähnlichkeiten bezüglich ihrer Attribute. Beide können als Artikel durch den Kunden bestellt werden.

✔ *Besitzen bereits identifizierte Klassen spezielle Ausprägungen, die sich ihrerseits durch zusätzliche Eigenschaften auszeichnen?*
Diese Frage zielt auf die umgekehrte Vorgehensweise der Spezialisierung ab. Analog zur vorherigen Aussage besitzt die Klasse Artikel die speziellen Ausprägungen Buch und MusikCD.

✔ *Sind in der Problemdomäne hierarchische Strukturen erkennbar?*
Hierarchische Strukturen sind nicht erkennbar.

✔ *Bestehen Ähnlichkeiten zwischen den Elementen der hierarchischen Struktur?*
Hierarchische Strukturen sind nicht erkennbar.

✔ *Lassen sich Beziehungen der Form »A ist ein B« bilden?*
Denkbar wäre es, die Akteure auf Seiten der Unternehmung in einer Klasse Mitarbeiter zu generalisieren. Für

die Klasse Inkasso würde dann beispielsweise die Aussage gelten: »Ein Objekt der Klasse Inkasso ist ein Mitarbeiter.« Allerdings besteht dann (zumindest in Übereinstimmung mit dem Objektmodell) nicht mehr die Möglichkeit, die zugehörigen Aufgaben etwa zu automatisieren oder durch mehrere Mitarbeiter durchführen zu lassen.

Die folgende Abbildung zeigt die einzige Vererbungshierarchie in dem hier zu entwickelnden Objektmodell.

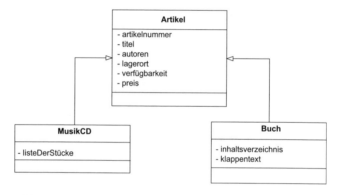

Abbildung 9.14: Die Klasse Artikel mit ihren speziellen Ausprägungen

Die Klasse Artikel ist in der Abbildung als Oberklasse zu den Klassen MusikCD und Buch installiert.

Alle drei Klassen hatten bereits bisher die Attribute artikelnummer, lagerort, verfügbarkeit und preis gemeinsam. Diese werden nun aus den eigenen Zustandsbeschreibungen der beiden Unterklassen gestrichen. Durch die Vererbungsbeziehung erben MusikCD und Buch diese Attribute nun von der Klasse Artikel.

Die weiteren Attribute titel und autoren existierten bisher nicht in der Klasse Artikel, sondern nur in den beiden Unterklassen. Auch sie wurden als gemeinsame Eigenschaften in die Oberklasse überführt. In dem stark eingegrenzten Fallbeispiel ist dies allerdings nur möglich, da außer Büchern und Musik-

CDs keine weiteren Artikel vertrieben werden und auch keine Erweiterungen vorgesehen sind. Sobald ein neuer Artikel hinzukommt, der keinen Titel und/oder Autor besitzt (z.B. Elektrogeräte), kann dieser nicht mehr in die Vererbungsstruktur eingebaut werden.

> Berücksichtigen Sie gerade beim Entwurf von Vererbungsstrukturen stets die Erweiterbarkeit Ihres Modells. Verzichten Sie vorsichtshalber auf eine zu starke Generalisierung von Eigenschaften, um die Flexibilität Ihres Modells zu erhöhen. Dies gilt in besonderem Maße im Rahmen des objektorientierten Software Engineering.

Validierung

Zur Überprüfung der ermittelten Vererbungsstruktur dienen die folgenden Fragen aus der Checkliste des achten Kapitels.

✔ *Werden alle vererbten Attribute zur Beschreibung des Zustands der Unterklasse benötigt?*
Alle vererbten Attribute werden für die Zustandsbeschreibung *aller* Unterklassen benötigt.

✔ *Repräsentieren alle vererbten Operationen das Verhalten der Unterklasse?*
Operationen werden in den drei beteiligten Klassen aus bisheriger Sicht nicht benötigt.

✔ *Unterscheiden sich die Unterklassen in ihren Attributen und Operationen?*
Diese Frage zielt darauf ab, ob tatsächlich alle Unterklassen benötigt werden oder ob sich die entsprechenden Objekte auch direkt durch die Oberklasse repräsentieren lassen. In diesem Fall rechtfertigen Musik-CDs und Bücher jeweils die Definition einer eigenen Klasse.

✔ *Fördert die Klassenstruktur das Verständnis des Modells?*
Das Modell ist aufgrund der eingegrenzten Problemstellung und der geringen Anzahl beteiligter Klassen sehr

übersichtlich. Das Verständnis wird durch die gebildete Klassenstruktur zumindest nicht behindert.

Identifikation von Assoziationen

Für die Identifikation von Beziehungen zwischen Klassen können Sie wiederum die Checkliste aus dem achten Kapitel heranziehen. Mögliche Arten von Klassenbeziehungen sind die Assoziation, die Aggregation und die Komposition.

Die Vorgehensweise lässt sich in drei Schritte aufteilen:

✔ Ermittlung von Beziehungen,

✔ Bestimmung von Beziehungen und

✔ Validierung.

Ermittlung von Klassenbeziehungen

Bei der Ermittlung von Klassenbeziehungen helfen die folgenden Fragen.

✔ *Welche Elemente tauschen Nachrichten aus?*

> ✔ Die Objekte der Klasse Kunde kommunizieren mit den verbundenen Objekten der Klasse Warenkorb, indem sie dort die gewünschten Artikel eintragen.

> ✔ Außerdem ist ein Nachrichtenaustausch zwischen der Registrierung und dem Kunden erforderlich.

> ✔ Innerhalb des Pakets Abwicklung bestehen Nachrichtenbeziehungen zwischen der Klasse Auftrag und den drei Akteuren Auftragsabwicklung, Inkasso und Lieferservice.

✔ *Welche Elemente bieten Dienste für andere Elemente an?*
Die Objekte der Klasse Registrierung leisten Dienste bei der Identifikation des Kunden. Sie erteilen Passwörter und prüfen den korrekten Login.

✔ *Sind Elemente vorhanden, die bestimmte Rollen einnehmen?*
Bei den Akteuren handelt es sich um Rollen, die von Personen eingenommen werden.

✔ *Lassen sich zusammengehörige organisatorische Einheiten identifizieren?*
Organisatorische Einheiten bilden die drei Rollen Auftragsabwicklung, Inkasso und Lieferservice. Sie kommunizieren jedoch nicht direkt miteinander, sondern erhalten ihre Informationen durch die Objekte der Klasse Auftrag.

✔ *Welche Beziehungen lassen sich aus Datenbanken entnehmen (Primär- und Fremdschlüssel)?*
Dieser Aspekt ist hier nicht relevant.

Bestimmung von Klassenbeziehungen

Nachdem die Beziehungen grundsätzlich identifiziert sind, geht es nun darum, deren Art genauer zu bestimmen. Hierbei ist zu untersuchen, ob es sich um einfache Assoziationen, Aggregationen oder Kompositionen handelt.

✔ *Setzt sich ein Element aus anderen Elementen zusammen (Aggregation)?*

   ✔ Eine Aggregation besteht zwischen den Klassen Warenkorb und Artikel, da ein Warenkorb verschiedene Artikel enthält.

   ✔ Jedes Kunden-Objekt hat einen Warenkorb. Daher besteht auch hier eine Aggregation.

   ✔ Außerdem gehört zu einem Kunden-Objekt auch ein Objekt der Klasse Registrierung.

✔ *Ist die Existenz eines Elements abhängig von der Existenz eines anderen Elements (Komposition)?*

   ✔ Warenkorb und Artikel bilden keine Komposition, da ein Artikel stets auch ohne Warenkorb existieren kann.

✔ Ein Objekt der Klasse Warenkorb kann nur als Teil eines Objekts der Klasse Kunde existieren. Daher handelt es sich hier um eine Komposition.

✔ Auch zwischen den Klassen Kunde und Registrierung besteht eine Komposition, da ein Registrierungsobjekt nur in Beziehung zu einem bestimmten Kunden existieren kann.

✔ *Ist mit der Assoziation eine Verarbeitung verbunden (Assoziationsklasse)?*
Mit den Assoziationen ist keine Verarbeitung verbunden.

✔ *Wie viele Objekte sind auf beiden Seiten mindestens an der Beziehung beteiligt?*

✔ Zu einem Warenkorb gehören kein oder mehrere Artikel. Umgekehrt kann auch jeder Artikel zu keinem oder mehreren Warenkörben gehören. Artikel ist hier eine Gattungsbezeichnung, z.B. für einen bestimmten Buchtitel. Ein konkretes Buch*exemplar* wird nicht definiert.

✔ Ein Kunde hat keinen oder maximal einen Warenkorb. Umgekehrt gehört jeder Warenkorb zu genau einem Kunden (Komposition).

✔ Ein Objekt der Klasse Registrierung gehört zu genau einem Objekt der Klasse Kunde (Komposition). Zu jedem Kunden gehört keine oder maximal eine Registrierung.

✔ Jeder Auftrag wird von jeweils genau einem Objekt der Klassen Auftragsabwicklung, Inkasso und Lieferservice bearbeitet. Umgekehrt kann jedes Objekt der drei Rollen mehrere Aufträge bearbeiten.

✔ *Wie viele Objekte sind auf beiden Seiten höchstens an der Beziehung beteiligt?*
(siehe Beantwortung der vorhergehenden Frage)

✔ *Ist die Zahl der beteiligten Objekte auf einer der beiden Seiten stets gleich?*
(siehe Beantwortung der vorhergehenden Frage)

✔ *Unterliegt die Beziehung irgendwelchen besonderen Zusicherungen?*
Die Beziehungen selbst unterliegen keinerlei weiteren Zusicherungen.

Validierung

Zum Abschluss dieser Checkliste sind die Beziehungen noch einmal zu überprüfen.

✔ *Ist die identifizierte Assoziation für das Modell relevant?*
Alle Assoziationen sind für das Modell wichtig, damit die erforderlichen Informationen ausgetauscht werden können.

✔ *Handelt es sich um eine Assoziation oder um eine Vererbungsbeziehung?*
Die einzige Vererbungsbeziehung besteht zwischen den Klassen Artikel, MusikCD und Buch.

Nach diesen Vorüberlegungen ergibt sich das in Abbildung 9.15 dargestellte Klassendiagramm für das Paket Bestellung.

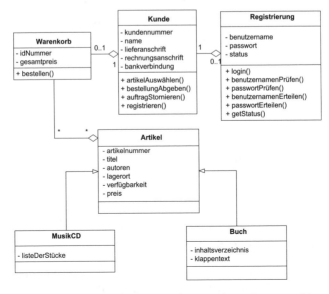

Abbildung 9.15: Klassenbeziehungen im Paket Bestellung

Für das Paket Abwicklung ergibt sich das folgende statische Modell.

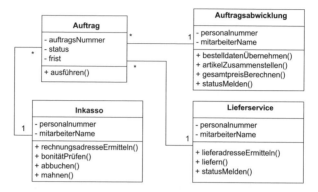

Abbildung 9.16: Klassenbeziehungen im Paket Abwicklung

Dynamisches Modell

Nachdem im statischen Modell die Klassenstruktur erstellt wurde, wird mit dem dynamischen Modell nun das Verhalten der Objekte näher untersucht. Die einzelnen Schritte bestehen dabei in

✔ der Identifikation von Interaktionen,

✔ der Definition von Zuständen und Zustandsübergängen,

✔ der Identifikation von Ereignissen,

✔ der Identifikation von Aktivitäten und

✔ der konkreten Beschreibung der im Zusammenhang mit der Klassenbeschreibung ermittelten Operationen.

Identifikation von Interaktionen

Interaktionen werden in der UML durch Sequenz- und Kommunikationsdiagramme abgebildet. Als Informationsquelle zur Identifikation von Interaktionen dient auch hier die verbale Beschreibung der Problemdomäne zu Beginn dieses Kapitels.

Beachten Sie, dass es nicht sinnvoll ist, für sämtliche potenziellen Interaktionsbeziehungen in einer Problemdomäne Diagramme zu entwickeln. Lediglich die Kernprozesse oder relativ komplizierte Interaktionen sollten durch Sequenz- oder Kommunikationsdiagramme veranschaulicht werden, um Abläufe und Zusammenhänge zu verdeutlichen.

Auch die Interaktionen werden wieder anhand der Checkliste des achten Kapitels analysiert.

Erfassung von Interaktionen

✔ *Welche Assoziationen enthält das statische Modell?*

✔ Die Klasse Kunde bildet jeweils eine Komposition mit den Klassen Warenkorb und Registrierung.

✔ Warenkorb und Artikel bilden eine Aggregation.

✔ Die Klasse Auftrag ist durch Assoziationen mit den Klassen Auftragsabwicklung, Inkasso und Lieferservice verbunden.

✔ *Welche Objekte arbeiten an einer gemeinsamen Aufgabe?*

✔ Die drei Rollen des Pakets Abwicklung bearbeiten gemeinsam einen Auftrag.

✔ Objekte der Klassen Kunde, Registrierung und Warenkorb sind an der Bestellung beteiligt.

✔ *Welche Objekte sind Dienstleister für andere Objekte?*
Im Rahmen der Bestellung ist die Registrierung Dienstleister.

✔ *Welche Objekte benötigen Informationen von anderen Objekten?*

✔ Der Informationsaustausch erfolgt im Paket Abwicklung zwischen den Objekten der Klasse Auftrag auf der einen Seite und den drei Rollen Auftragsabwicklung, Inkasso und Lieferservice auf der anderen Seite.

✔ Die Objekte der Klasse Registrierung liefern bei der Bestellung Informationen über den Login.

✔ *Welche Objekte kommunizieren miteinander?*
Die Kommunikationsbeziehungen entsprechen dem Informationsaustausch.

Beschreibung von Interaktionen

Nachdem die Interaktionen bestimmt wurden, folgt nun im Rahmen der Beschreibung eine nähere Analyse.

✔ *Durch welche Ereignisse wird eine Interaktion ausgelöst?*

   ✔ Sobald der Kunde eine Bestellung aufgibt, ist zu prüfen, ob er bereits registriert ist. Durch dieses Ereignis wird also eine Interaktion zwischen der Klasse Kunde und der Klasse Registrierung (bzw. zwischen deren Objekten) ausgelöst.

   ✔ Ist die Bestellung aufgegeben, dann wird die Abwicklung des Auftrags ausgelöst.

✔ *Über welche Schnittstellen tauschen die Objekte Informationen aus?*

   ✔ Schnittstellen zwischen Kunden-Objekten und Registrierungs-Objekten sind die Operationen bestellung-Abgeben, registrieren und login.

✔ *Über welche Kommunikationswege werden Informationen ausgetauscht?*
Kommunikationswege sind die Bestellsoftware, mit deren Benutzungsoberfläche der Kunde arbeitet, die Datenbank, in der die Aufträge gespeichert werden, sowie persönliche Gespräche zwischen den Mitarbeitern der Auftragsabwicklung.

✓ *Welche Informationen werden ausgetauscht?*

   ✓ Auftragsdaten

   ✓ Kundendaten

   ✓ Artikeldaten

✓ *Wann finden Interaktionen statt?*

   ✓ Während der Bestellung durch den Kunden

   ✓ Nach der Bestellung durch den Kunden

   ✓ Während der Auftragsabwicklung

   ✓ Nach der Auftragsabwicklung

✓ *Wo werden Informationen ausgetauscht?*
Dieser Aspekt ist hier nicht relevant.

✓ *In welcher Form werden Informationen übertragen?*
Informationen werden auf elektronischem Wege sowie schriftlich und mündlich übertragen.

✓ *In welchen Zuständen werden Informationen ausgetauscht?*
Vgl. dazu die Zustandsdiagramme weiter unten.

✓ *Unterliegt die Kommunikation zweier Objekte speziellen Bedingungen?*
Vgl. dazu die Verhaltensdiagramme weiter unten.

✓ *Wie ist der Lebenszyklus der beteiligten Objekte definiert?*

   ✓ Die Objekte der Klassen `Buch` und `MusikCD` existieren bereits vor Beginn des hier betrachteten Geschäftsprozesses und bleiben auch darüber hinaus bestehen.

   ✓ Neue Kunden werden erst während der Bestellung angelegt.

   ✓ Ein Warenkorb entsteht mit der Auswahl des ersten Artikels. Sobald der Kunde das System verlässt, endet der Lebenszyklus des Objekts vom Typ `Warenkorb`. Gibt der Kunde eine Bestellung auf, dann gehen die im Warenkorb gespeicherten Informationen in ein Objekt vom Typ Auftrag ein.

✔ Die Rollen des Pakets Abwicklung bestehen vor und auch nach dem Ablauf des hier betrachteten Prozesses.

✔ Objekte der Klasse Auftrag entstehen durch die Bestellung eines Kunden. Ihr Lebenszyklus endet, sobald der Auftrag vollständig abgewickelt ist.

✔ *Wann werden Objekte erzeugt oder gelöscht?*
Vgl. die Beantwortung der vorherigen Frage.

✔ *Welche Operationen kooperieren bei der Abbildung einer Interaktion?*
Vgl. dazu die folgenden Verhaltensdiagramme.

✔ *In welcher Reihenfolge sind die Operationen durchzuführen?*
Vgl. dazu die folgenden Verhaltensdiagramme.

Validierung

✔ *Was ist das Ziel der Kommunikation zweier Objekte?*

✔ Das Ziel der Kommunikation zwischen den Objekten der Klassen Kunde und Registrierung ist die Prüfung, ob die persönlichen Daten des Kunden bereits erhoben wurden, und sie gegebenenfalls neu zu registrieren.

✔ Die Kommunikation der drei Rollen des Pakets Auftragsabwicklung dienen der Durchführung des Auftrags.

✔ *Ist die Aufnahme der betrachteten Kommunikationsbeziehung in das Modell erforderlich?*
Alle beschriebenen Interaktionen sind Voraussetzungen für die korrekte Abwicklung des Geschäftsprozesses.

✔ *Sind alle Objekte nach dem derzeitigen Modell in der Lage, ihre Interaktionspartner zu erreichen (bestehen entsprechende Verbindungen im Modell)?*

Die erforderlichen Operationen sind im statischen Modell vorhanden.

✔ *Wurden alle benötigten Varianten einer Interaktion im Modell berücksichtigt?*
Auf dem derzeitigen Stand ist diese Frage noch nicht zu beantworten. Erst bei einer näheren Betrachtung der Verhaltensdiagramme ist hierzu eine Aussage möglich.

✔ *Lässt sich das Kommunikationsgeflecht durch eine Umstrukturierung von Aufgaben vereinfachen?*
Nach dem derzeitigen Informationsstand ist eine Umgestaltung nicht erforderlich.

✔ *Welche Auswirkungen hat die Umstrukturierung von Aufgaben auf die Zielerreichung des Systems?*
Nach dem derzeitigen Informationsstand ist eine Umgestaltung nicht erforderlich.

✔ *Stimmen die Interaktionsdiagramme mit den Klassendiagrammen überein?*
Die Übereinstimmung wird weiter unten im Text aufgegriffen.

Wie bereits erwähnt, ist es wenig sinnvoll, *sämtliche* Abläufe eines Geschäftsprozesses in einem objektorientierten Modell durch Verhaltensdiagramme abzubilden. Wir werden daher in diesem und den folgenden Abschnitten einige wesentliche Teilprozesse herausgreifen und sie mit Hilfe der dynamischen Darstellungsmittel der UML veranschaulichen.

Der Login-Prozess lässt sich mit einem Sequenzdiagramm sehr gut verdeutlichen.

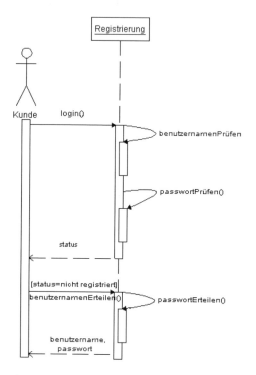

Abbildung 9.17: Sequenzdiagramm Login-Prozess

Das Sequenzdiagramm zeigt den Ablauf beim Login durch den Benutzer.

Der Kunde ist in dieser Sequenz Akteur. Er ruft die Operation login der Registrierung auf. Diese Operation prüft nun intern den Benutzernamen und das Passwort. Diese beiden Werte müssen dazu durch den Kunden als Parameter an die Operation login übergeben werden. D.h., der korrekte Aufruf der Operation lautet login(benutzername, passwort). Über den Wert von status erhält das Kunden-Objekt eine Rückmeldung über das Ergebnis seines Login.

Falls status den Wert nicht registriert hat, tritt das Objekt Kunde wiederum in Kontakt mit der Registrierung und ruft nun die Operation benutzernamenErteilen() auf. Intern wird diese ergänzt durch die Operation passwortErteilen. Beide Werte werden dem Kunden-Objekt als Antwort zurückgegeben und der Login-Prozess damit beendet.

Auch die Bestellung selbst lässt sich durch ein Verhaltensdiagramm darstellen. Zur Veranschaulichung dient in diesem Fall das folgende Kommunikationsdiagramm.

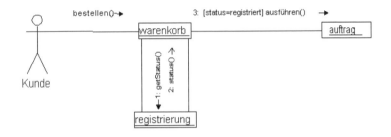

Abbildung 9.18: Kommunikationsdiagramm Bestellung

Der Akteur Kunde aktiviert die Operation bestellen des Objekts Warenkorb. Bevor die Bestellung akzeptiert werden kann, wird der Status der Registrierung mit Hilfe der Operation getStatus ermittelt und an den Warenkorb zurückgegeben. Entspricht der Status dem Wert registriert, wird die Operation ausführen des Objekts Auftrag ausgeführt, um die Bestellung abzuwickeln.

Definition von Zuständen und Zustandsübergängen

Auch für Zustandsdiagramme gilt der Grundsatz: Weniger ist mehr. Versuchen Sie nicht, ein umfassendes Modell des kompletten Problemausschnitts zu erstellen. Wählen Sie stattdessen Teilbereiche aus, die einer näheren Erläuterung oder Untersuchung bedürfen.

Für das Fallbeispiel des Web-Shops greifen wir hier das Zustandsdiagramm der Registrierung heraus. Ein Zustandsdiagramm bezieht sich immer nur auf *ein einziges* Objekt (bzw. auf eine einzige Klasse von Objekten). D.h., alle anderen Objekte, die möglicherweise an der Durchführung einer Aufgabe mit beteiligt sind, werden ausgeblendet. Zustandsdiagramme beschreiben weniger die Aktionen, die mit bestimmten Vorgängen verbunden sind, sondern in erster Linie das Verhalten eines einzelnen Objekts und seinen Wechsel von einem Zustand in den nächsten.

Die Checkliste für Zustände und Zustandsübergänge aus dem achten Kapitel enthält die folgenden Fragen:

Ermittlung von Zuständen

✔ *Wann wird das Objekt erzeugt?*
Das Objekt wird bei der ersten Registrierung des Kunden erzeugt und in einer Datenbank abgelegt.

✔ *Welche Initialwerte besitzt das Objekt?*

  ✔ Benutzername

  ✔ Passwort

  ✔ Status (zunächst false für »nicht registriert«)

✔ *Wie ist der Anfangszustand des Objekts?*
Vgl. vorherige Frage

✔ *Welche Werte können die Attribute des Objekts annehmen?*
Entscheidend ist hier das Attribut status, das die Werte true (registriert) und false (nicht registriert) annehmen kann.

✔ *Führt das Objekt beim Eintritt in den betrachteten Zustand Aktionen aus (Entry-Aktionen)?*
Benutzername und Passwort werden beim Eintritt in den Zustand prüfend anhand der Kundendaten geprüft.

✔ *Führt das Objekt in dem betrachteten Zustand Aktionen aus (Do-Aktionen)?*
Ist der Kunde noch nicht registriert, dann werden die Aktionen benutzernamenErteilen und passwortErteilen im Zustand registrierend ausgeführt.

✔ *Führt das Objekt beim Austritt aus dem betrachteten Zustand Aktionen aus (Exit-Aktionen)?*
Austrittsaktionen sind hier nicht vorgesehen.

✔ *Rufen die mit dem betrachteten Zustand verbundenen Aktionen externe Subroutinen auf (Include-Aktionen)?*
Externe Subroutinen liegen hier nicht vor.

✔ *Welche Endzustände besitzt das Objekt?*
Als Endzustände können Account erteilt (nach Registrierung eines neuen Kunden) und geprüft (nach erfolgreicher Prüfung der Anmeldung) unterschieden werden.

✔ *Gibt es anonyme Zustände?*
Anonyme Zustände sind hier nicht vorhanden.

✔ *Endet die Existenz des Objekts mit seinem Endzustand?*
Nein, der Lebenszyklus des Objekts endet nicht mit seinem Endzustand.

Ermittlung von Zustandsübergängen

✔ *Welche Schnittstellen besitzt das Objekt?*
Es existiert eine Schnittstelle zur Klasse Kunde.

✔ *Welche eigenen Operationen manipulieren die Attributwerte (= Zustand) des Objekts?*

  ✔ benutzernamenErteilen

  ✔ passwortErteilen

✔ *Wodurch werden diese Operationen aktiviert?*
Beide Operationen werden durch ein Objekt der Klasse Kunde aktiviert, falls die Überprüfung ergeben hat, dass der Kunde noch nicht registriert ist.

✓ *Welche konkreten Ereignisse führen zu einem Zustandsübergang?*

✓ Der Zustand prüfend wird durch die Bestellung des Kunden ausgelöst.

✓ Fällt die Prüfung positiv aus, folgt der Zustand geprüft.

✓ Fällt die Prüfung negativ aus, wird der Zustand registrierend erreicht.

✓ Nach der Registrierung ergibt sich der Zustand Account erteilt durch ein implizites Ereignis.

✓ *Unter welchen Bedingungen führt ein Ereignis zu einem Zustandsübergang?*
Vgl. vorherige Frage

✓ *Welche impliziten Ereignisse können auftreten?*
Ein implizites Ereignis sorgt für den Übergang von registrierend zu Account erteilt.

✓ *Kann ein und dasselbe Ereignis unterschiedliche Reaktionen und Zustandsübergänge auslösen?*
Dieser Fall tritt hier nicht auf.

Validierung

✓ *Sind die identifizierten Zustände für das Systemverständnis erforderlich?*
Alle genannten Zustände werden für die Registrierung benötigt.

✓ *Sind alle im Diagramm definierten Zustände vom Anfangszustand aus durch Ereignisse und Zustandsübergänge erreichbar?*
Ja (vgl. folgende Abbildung)

✓ *Können alle Zustände (abgesehen von den Endzuständen) durch Ereignisse verlassen werden?*
Ja (vgl. folgende Abbildung)

✓ *Sind alle Folgezustände eindeutig?*
Alle Zustände und ihre Übergänge sind eindeutig definiert.

✔ *Gibt es zu allen identifizierten Aktionen eine entsprechende Operation im Klassendiagramm?*
Alle Aktionen sind als Operationen der Klasse Registrierung definiert.

Für die Registrierung ergibt sich aus der Bearbeitung der Checkliste das folgende Zustandsdiagramm.

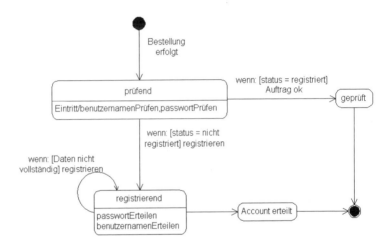

Abbildung 9.19: Zustandsdiagramm Registrierung

Durch die Aktion eines Kunden, der eine Bestellung aufgeben möchte, wird die Registrierung aktiviert. Das Objekt nimmt zunächst den Zustand prüfend an, in dem es die korrekte Eingabe des Benutzernamens und des zugehörigen Passworts durch den Kunden überprüft. Diese beiden Aktionen finden sich in der Abbildung als Eintrittsaktionen des Zustands prüfend.

In welchen Zustand das Objekt anschließend übergeht, hängt von einer Bedingung ab. Ist der Kunde bereits registriert, dann nimmt das Attribut status den Wert true an und das Registrierungsobjekt wechselt in den Zustand geprüft. In diesem Fall steht der Ausführung des Auftrags nichts mehr im Wege.

Ist der Kunde jedoch noch nicht registriert, so lautet der Folgezustand von prüfend registrierend. Das Objekt erteilt dem Kunden dann einen Benutzernamen und ein Passwort (Eintrittsaktionen). In diesem Zustand verharrt das Objekt so lange, bis der Kunde die erforderlichen Daten vollständig eingegeben hat. Erst dann wird durch ein implizites Ereignis der Zustand Account erteilt erreicht.

Die beiden Zustände geprüft und Account erteilt müssen hier nicht unbedingt Endzustände sein. Geht man davon aus, dass ein Kunde weitere Bestellungen vornimmt, dann könnten beide Zustände wieder in den Anfangszustand prüfend übergehen, sobald eine weitere Bestellung eingeht (Ereignis).

Spätestens bei der Definition der Zustände und Zustandsübergänge werden Sie feststellen, dass Sie im Verlauf des objektorientierten Analyseprozesses die Problemstellung aus ständig wechselnden Blickwinkeln betrachten. Zunächst gehen Sie von der allgemeinen Problembeschreibung aus und teilen die Domäne in Pakete auf. Anschließend dringen Sie immer tiefer in die statischen und dynamischen Strukturen dieser Pakete ein. Bei der Beschreibung der Zustände betrachten Sie dann einzelne Objekte in ihrem Lebenszyklus.

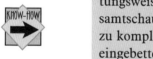

Es erfolgt also eine ständige Verschiebung der Betrachtungsweise vom Abstrakten zum Konkreten, von einer Gesamtschau zur Detailbetrachtung und vom einzelnen Objekt zu kompletten Strukturen oder Abläufen. Diese Phasen sind eingebettet in einen evolutionären Prozess der ständigen Verfeinerung und Anpassung.

Bedenken Sie, dass es sich bei der objektorientierten Analyse um einen evolutionären Prozess handelt. Jeder neue Blickwinkel, den Sie im Laufe des Modellierungsprozesses einnehmen, ergibt auch neue Erkenntnisse für vorangegangene Phasen. So hat das dynamische Modell Auswirkungen auf die Struktur des statischen Modells und umgekehrt.

Die zahlreichen Interdependenzen zwischen den unterschiedlichen Blickwinkeln, vertreten durch die verschiedenen UML-Diagramme, führen zu ständigen Anpassungen und Erweiterungen, bis ein Objektmodell für eine gegebene Problemstellung vollständig und in sich konsistent ist.

Identifikation von Ereignissen

Auch bei den Ereignissen wollen wir uns auf das Beispiel der Registrierung beschränken.

Ermittlung von Ereignissen

✔ *Welche Beziehungen besitzt die Klasse bzw. das Objekt laut statischem Objektmodell?*
Die Klasse Registrierung besitzt eine Assoziation zu der Klasse Kunde.

✔ *Welche Zustände sind bereits ausgemacht worden?*

  ✔ prüfend

  ✔ geprüft

  ✔ registrierend

  ✔ Account erteilt

✔ *Was unterscheidet diese Zustände?*

  ✔ Attributwerte

  ✔ Zeitpunkt und Fortschritt der Durchführung von Operationen

✔ *Welche externen Operationen greifen auf das Objekt zu?*
Der Zugriff erfolgt durch ein Objekt vom Typ Kunde aus seiner Operation bestellungAbgeben heraus.

✔ *Welche internen Operationen führen zu Zustandsänderungen und wodurch werden diese Operationen ausgelöst?*

    ✔ `benutzernamenErteilen`

    ✔ `passwortErteilen`

    ✔ Die Operationen werden je nach Status der Überprüfung des Kunden (registriert, nicht registriert) ausgelöst.

✔ *Welche Ereignisse werden von Objekten ausgelöst?*
Die Registrierung selbst löst beim Kunden-Objekt den Eingang einer Statusmeldung aus (vgl. obiges Sequenzdiagramm).

✔ *Welche Ereignisse werden von Personen (z.B. Anwender der Software) ausgelöst?*
Der Benutzer (Kunde) löst mit seiner Bestellung die Überprüfung der Registrierung aus.

✔ *Welche impliziten Ereignisse können auftreten?*
Ein implizites Ereignis führt zum Übergang von `registrierend` nach `Account` erteilt.

✔ *Welche zeitlichen Ereignisse (Zeitpunkt, Zeitspanne) können auftreten?*
Zeitliche Ereignisse sind nicht vorgesehen. Allerdings ist die Registrierung häufig mit einem Zeitlimit verbunden, das auch hier eingebaut werden könnte.

✔ *Welche Bedingungen sind selbst Ereignisse?*
Die Bedingung `Daten nicht vollständig` könnte durchaus auch als Ereignis betrachtet werden.

Beschreibung von Ereignissen

✔ *Unter welchen Bedingungen werden die identifizierten Ereignisse ausgelöst?*
Vgl. die Checkliste zu den Zuständen und Zustandsübergängen

✔ *Führt ein und dasselbe Ereignis bei verschiedenen Zuständen zu unterschiedlichen Reaktionen bzw. Ergebnissen?*
Dieser Fall tritt hier nicht auf.

✔ *Betrifft ein Ereignis mehrere Objekte?*

✔ Von den Ereignissen der Registrierung ist auch das Kunden-Objekt betroffen.

✔ Alle übrigen Objekte werden erst dann an dem Geschäftsprozess beteiligt, wenn die Registrierung erfolgreich abgeschlossen wurde.

Validierung

✔ *Ist das betrachtete Ereignis für das Modell von grundsätzlicher Bedeutung?*
Die Zustandsübergänge der Objekte vom Typ Registrierung und ihre auslösenden Ereignisse sind entscheidend für den weiteren Verlauf des Geschäftsprozesses. Ohne erfolgreiche Registrierung wird ein Auftrag gar nicht erst ausgeführt.

✔ *Welche Konsequenzen hat der Verzicht auf die Abbildung des Ereignisses für das Modell?*
Vgl. die Beantwortung der vorhergehenden Frage

✔ *Ist das betrachtete Ereignis bereits in anderer Form oder unter einer anderen Bezeichnung berücksichtigt worden?*
Dieser Fall ist hier nicht gegeben.

✔ *Kann das betrachtete Ereignis als Spezialfall vernachlässigt werden?*
Dieser Aspekt ist hier nicht relevant.

✔ *Kann das betrachtete Ereignis als Spezialfall in ein eigenes (Teil-) Modell ausgelagert werden?*
Auch diese Frage spielt hier keine Rolle.

Die Identifikation von Ereignissen ist weitgehend in die Beschreibung der Zustände und Zustandsübergänge eingebunden. Im Rahmen dieser Überlegungen ist zu prüfen, aufgrund welcher Ereignisse ein Zustandsübergang erfolgt. Zudem müssen Sie sich bei der Beschreibung der Zustände Gedanken darüber machen, welche Ursachen ein Ereignis hat und welche Wirkungen es entfaltet. Diese äußern sich dann in einem Ausgangs- und in einem Zielzustand.

Identifikation von Aktivitäten

Aktivitäten konkretisieren die internen Aktionen von Objekten. Sie dienen der Beschreibung einzelner Verarbeitungsschritte innerhalb eines Ablaufs. Beispielhaft werden im Folgenden die Aktivitäten und Aktionen im Rahmen der Bestellung analysiert.

Ermittlung von Aktivitäten

✔ *Welche Aktivitäten ergeben sich aus den Zustandsdiagrammen?*
Aus dem Zustandsdiagramm für die Registrierung ergeben sich die folgenden Aktionen:

✔ Benutzernamen prüfen

✔ Passwort prüfen

✔ Benutzernamen erteilen

✔ Passwort erteilen

✔ *Welche internen Prozesse laufen in einem Objekt ab?*
Neben den gerade genannten Aktionen innerhalb der Registrierungs-Objekte ergeben sich auch Aktionen der Kunden-Objekte:

✔ Artikel auswählen

✔ Bestellung abgeben

✔ Registrieren

✔ Auftrag ausführen

✔ *Von welchen Bedingungen hängt die Ausführung der Prozesse ab?*
Die Bedingungen wurden bereits im Zustandsdiagramm der Registrierung ermittelt.

✔ *Welchen Regeln unterliegt ein Prozess?*
Die Bestellung kann nur dann abgegeben und als Auftrag weiterverfolgt werden, wenn zuvor eine Registrierung erfolgt ist.

✔ *Wer ist für die Durchführung der Aktivitäten bzw. Aktionen verantwortlich (Swimlanes)?*

✔ Kunde

✔ Registrierung

✔ Auftrag

✔ *Welche Ergebnisse erzeugen die Prozesse?*
Ergebnis der Bestellung ist ein Auftrag.

✔ *Welche alternativen Zustände sind mit einer Aktivität verknüpft?*
Vgl. das obige Zustandsdiagramm

✔ *Wie lauten jeweils die Bedingungen (Entscheidungen) für das Feuern der alternativen Zustandsübergänge?*
Vgl. das obige Zustandsdiagramm

✔ *Führt ein Zustandsübergang zu mehreren verschiedenen Aktionen (Splitting)?*
Ein Splitting liegt in diesem Fall nicht vor.

✔ *Haben mehrere parallel laufende Aktionen eine gemeinsame Folgeaktivität (Synchronisation)?*
Eine Synchronisation ergibt sich nach Überprüfung der vorhandenen Registrierung, wenn der Auftrag ausgeführt wird (vgl. das Aktivitätsdiagramm weiter unten).

✔ *Ist es sinnvoll, einzelne Objektzustände mit in das Aktivitätsdiagramm aufzunehmen, um Zusammenhänge zu verdeutlichen?*
Die relevanten Zustände können als Bedingungen in das Aktivitätsdiagramm aufgenommen werden.

✔ *Werden Signale an Objekte gesendet?*

✔ Es werden Signale an die Auftragsabwicklung gesendet, falls eine Bestellung erfolgreich abgegeben wird.

✔ Auch mit der Kundendatenbank und mit der Artikeldatenbank gibt es einen Signalaustausch.

✔ *Werden Signale von Objekten empfangen?*
Es werden Signale von der Kundendatenbank und von der Artikeldatenbank empfangen.

✔ *Mit welchen Objekten werden diese Signale ausgetauscht?*
Vgl. die Beantwortung der beiden vorhergehenden Fragen

✔ *Wann werden die Signale ausgetauscht?*

✔ Der Signalaustausch mit der Auftragsabwicklung erfolgt nach erfolgreicher Bestellung.

✔ Mit der Kundendatenbank und der Artikeldatenbank werden während des Bestellvorgangs Signale ausgetauscht.

✔ *Unter welchen Bedingungen werden die Signale ausgetauscht?*

✔ Ein Signalaustausch mit der Auftragsabwicklung erfolgt nur dann, wenn die Bestellung erfolgreich ist.

✔ Der Signalaustausch mit der Kundendatenbank und mit der Artikeldatenbank ist an keine besonderen Bedingungen geknüpft.

Validierung

✔ *Ist die betrachtete Aktion wichtig für das Verständnis der Abläufe in dem System?*
Alle identifizierten Aktionen sind für die Bestellung von Bedeutung.

✔ *Wurden alle relevanten Aktionen berücksichtigt?*
Alle für die Bestellung wesentlichen Aspekte wurden berücksichtigt.

✓ *Wurden alle vorhergehenden Aktionen erfasst?*
Dieser Aspekt ist hier nicht relevant.

✓ *Wurden alle Folgeaktionen erfasst?*
Dieser Aspekt ist hier nicht relevant.

✓ *Sind alle Aktionen als Operationen im Klassenmodell definiert?*
Alle Aktionen tauchen als Operationen der Klassen Kunde, Warenkorb und Registrierung im Klassenmodell auf.

Aus der Checkliste ergibt sich das folgende Aktivitätsdiagramm.

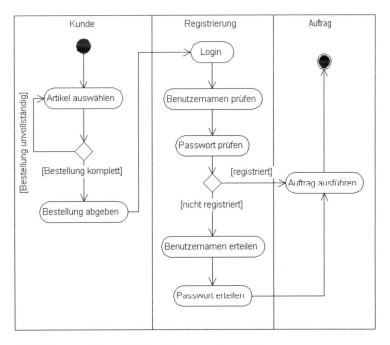

Abbildung 9.20: Aktivitätsdiagramm Bestellung

Für die Aktionen, die im Zusammenhang mit einer Bestellung anfallen, wurden drei Zuständigkeitsbereiche identifiziert: Kunde, Registrierung und Auftrag.

Der Kunde wählt so lange Artikel aus, bis er seine Bestellung komplettiert hat. Anschließend gibt er seine Bestellung ab. Die Registrierung prüft nun, ob der Kunde bereits geführt wird. Dazu werden Benutzername und Passwort geprüft. Ist diese Prüfung erfolgreich, kann der Auftrag ausgeführt werden. Falls der Kunde noch nicht registriert ist, werden ihm ein Benutzername und ein Passwort erteilt und der Auftrag erst danach ausgeführt.

Das Aktivitätsdiagramm der Registrierung verdeutlicht erneut die Bedeutung des Blickwinkels auf die Problemstellung für das Objektmodell. Das obige Modell gibt den Prozess der Bestellung noch auf einem relativ abstrakten Niveau wieder. Jede einzelne der hier aufgeführten Aktionen lässt sich bei Bedarf noch einer tiefer gehenden Analyse unterziehen, in der weitere Teilaktivitäten ermittelt werden können. Es hängt stets von den Anforderungen des Modellierers ab, wie tief er einen Geschäftsprozess analysiert.

Beschreibung von Operationen

Der letzte Schritt bei der Erstellung des dynamischen Modells ist die Beschreibung der Operationen. Bisher wurden die Operationen lediglich mit ihrem Namen und ihren groben Aufgaben identifiziert. Sie sind nun noch in ihrer Struktur und in ihrem internen Ablauf zu spezifizieren.

Wichtige Informationen zur Definition einer Operation sind neben dem Namen ihre Parameter, Zweck, Datentyp, Vorgehensweise und Ergebnis. Am Beispiel der Operation Auftrag ausführen, die zum Verhalten der Objekte vom Typ Auftrag gehört, wird die Beschreibung von Operationen verdeutlicht.

✔ Name der Operation: Auftrag ausführen

✔ Klasse: Auftrag

✔ Paket: Abwicklung

✔ Parameter: Kundendaten, Bestelldaten

✔ Datentyp: Es handelt sich um eine typlose Operation, die keine Werte zurückliefert.

✔ Verwendete Operationen anderer Klassen: `bestelldaten-Übernehmen` der Klasse `Auftragsabwicklung`, `liefern` der Klasse `Lieferservice`, `abbuchen` der Klasse `Inkasso`.

✔ Vorgehensweise: Die Ausführung des Auftrags erfolgt durch die Rollen `Auftragsabwicklung`, `Lieferservice` und `Inkasso`. Die Klasse `Auftrag` (bzw. deren Objekte) führt den Auftrag nicht selbst aus.

✔ Ergebnis: Auftrag ist ausgeführt.

Die Beschreibung der Operation `Auftrag ausführen` wird durch die Beantwortung folgender Fragen mit Inhalt gefüllt.

✔ *Welchem Zweck dient die Operation?*
Der Zweck ist die Steuerung der Auftragsdurchführung.

✔ *Wodurch wird die Operation ausgelöst?*
Die Operation wird nach vorheriger Prüfung der Registrierung durch die Bestellung des Kunden ausgelöst.

✔ *Welche Daten benötigt die Operation zur Durchführung ihrer Aufgabe?*

✔ Bestelldaten

✔ Kundendaten

✔ *Wie führt die Operation ihre Aufgabe aus?*
Es werden Operationen der drei Rollen `Auftragsabwicklung`, `Lieferservice` und `Inkasso` aufgerufen, die für die eigentliche Durchführung des Auftrags sorgen.

✔ *In welcher Reihenfolge werden bestimmte Aktionen ausgeführt?*
Die Reihenfolge spielt hier keine Rolle.

✔ *Unter welchen Bedingungen werden bestimmte Aktionen ausgeführt?*
Auch von Bedingungen soll in diesem einfachen Beispiel abgesehen werden. Denkbar ist aber beispielsweise die Ein-

führung einer Restriktion, die zunächst den Zahlungseingang verlangt, bevor die bestellten Artikel ausgeliefert werden.

✔ *Auf welche internen Attribute wird bei der Verarbeitung zugegriffen?*

  ✔ auftragsnummer

  ✔ status

  ✔ frist

✔ *Welche internen Attribute werden manipuliert?*
In der Regel ändert sich während der Bearbeitung der Operation lediglich der Status des Auftrags.

✔ *Welche Dienste anderer Objekte benötigt die Operation?*
Siehe oben

✔ *Welche Informationen benötigt die Operation von anderen Objekten?*

  ✔ Kundendaten

  ✔ Bestelldaten

✔ *Welche Informationen benötigen andere Objekte von dieser Operation?*

  ✔ auftragsnummer

  ✔ status

  ✔ frist

✔ *Welche Ergebnisse erzielt die Operation?*
Ergebnis der Operation ist die Erledigung der Kundenbe-
stellung.

✔ *Sendet die Operation eine Antwort an das aufrufende Objekt?*
Es werden keine Antworten gesendet.

✔ *Übermittelt die Operation ihre (Zwischen-) Ergebnisse an das
aufrufende Objekt?*

Auch die Übermittlung von Zwischenergebnissen ist nicht vorgesehen.

✔ *In welchem Bereich ist die Operation sichtbar (public, protected, private)?*
Die Operation muss sowohl innerhalb des eigenen Pakets als auch im Paket Bestellung sichtbar sein, da sie von dort aus der Klasse Registrierung heraus aufgerufen wird.

Zur exakten Definition von Operationen kann auch eine formale Sprache, wie beispielsweise eine Programmiersprache, verwendet werden.

Zur Validierung der ermittelten Eigenschaften einer Operation dienen die folgenden Fragen aus der Checkliste des achten Kapitels.

✔ *Ist der in der Klassenbeschreibung gewählte Name der Operation aussagekräftig?*
Die Aufgabe der Operation ergibt sich aus ihrem Namen.

✔ *Ist der Name der Operation in dem jeweiligen Namensraum (Paket) eindeutig?*
Der Name ist eindeutig.

✔ *Wird die Operation in allen möglichen Fällen ordnungsgemäß beendet?*
Diese Frage lässt sich bei der hier vorgenommenen groben Betrachtungsweise nicht beantworten.

✔ *Kann die Operation auf alle erforderlichen Daten (Attribute, Parameter) zugreifen?*
Die Beziehungen und Schnittstellen sind so gestaltet, dass alle erforderlichen Daten erreichbar sind.

✔ *Hat die Operation Zugriff auf alle benötigten externen Operationen (Sichtbarkeit)?*
Auch der Zugriff auf die benötigten anderen Operationen ist im Modell gewährleistet.

✔ *Ist die Operation für alle anderen Objekte, die auf sie zugreifen müssen, sichtbar?*
Die Operation wird aus der Klasse Registrierung aufgerufen. Dort ist sie sichtbar.

✔ *Ist die Parameterliste vollständig?*
Die Parameterliste ist auf dem vorliegenden Betrachtungsniveau vollständig.

✔ *Haben alle Parameter den korrekten Datentyp?*
Diese Frage ist hier nicht relevant.

✔ *Gibt die Operation die richtigen Werte zurück?*
Die Operation gibt gar keine Werte zurück.

✔ *Ist der Datentyp der Operation für alle möglichen Aufrufe korrekt?*
Diese Frage ist hier nicht relevant.

KAPITEL

Fallbeispiel

Die vorgestellten Konzepte der UML werden im Folgenden noch einmal im Zusammenhang an einem Fallbeispiel verdeutlicht.

10

Fallbeispiel

Als Fallbeispiel soll die Passagierabfertigung an einem Flughafen dienen. Die Vorgänge von der Gepäckaufgabe bis hin zur Einnahme des Sitzplatzes im Flugzeug sollen in Auszügen in einem objektorientierten Modell abgebildet werden.

Grobe Systemanalyse

Im Rahmen der groben Systemanalyse sind folgende Schritte durchzuführen, die im achten Kapitel allgemein beschrieben wurden:

✔ Beschreibung des Anwendungsfalls

✔ Abgrenzung des relevanten Problemausschnitts

✔ Abgrenzung von Teilsystemen (Paketen)

✔ Definition von Schnittstellen zwischen Paketen

Beschreibung des Anwendungsfalls

Zunächst ist der Anwendungsfall in groben Zügen verbal zu beschreiben. Daraus werden die beteiligten Akteure, ihre Aufgaben und auftretende Ereignisse abgeleitet. Im Laufe der weiteren Ermittlung von Elementen und ihrer Beschreibung wird der Anwendungsfall ständig verfeinert, eingeschränkt oder erweitert.

Eine grobe verbale Beschreibung des Anwendungsfalls »Passagierabfertigung« könnte wie folgt aussehen:

Auf dem Weg zu seinem Sitzplatz muss der Passagier zunächst zum Schalter der Fluggesellschaft im Flughafen-Terminal, um sich und sein Gepäck einzuchecken. Dazu legt er sein Flugticket vor und stellt sein Gepäck auf das Laufband. Das Gepäck wird gewogen und mit einem Label versehen, das mit einer Identifikationsnummer, der Flugnummer sowie Abflug- und Zielflughafen gekennzeichnet ist. Anschließend transportiert das Laufband die Gepäckstücke zur Gepäckabfertigung, damit sie in das Flugzeug geladen werden können. Überschreitet das Gepäck das zulässige Gewicht, muss der Fluggast eine zusätzliche Gebühr entrichten.

Die Angaben auf dem Ticket werden von dem Mitarbeiter des Check-In in den Computer eingegeben. Dabei bekommt der Fluggast einen Sitzplatz zugewiesen, falls er eine Festbuchung besitzt. Hat er lediglich ein Stand-by-Ticket erworben, wird er auf die Warteliste gesetzt. In diesem Fall wird auch sein Gepäck noch nicht entgegengenommen. Bei Auslandsflügen wird der Reisepass des Fluggastes bereits am Check-In kontrolliert. Passagiere mit Festbuchung erhalten ihre Bordkarte, die u.a. Informationen über den Flugsteig (Gate), die Sitzplatznummer und den voraussichtlichen Zeitpunkt für den Einsteigevorgang (Boarding) enthält.

Sobald das Flugzeug für den Einsteigevorgang bereit ist, werden die Passagiere mit Festbuchung aufgerufen und begeben sich zum Gate. Sie geben den dortigen Mitarbeitern der Fluggesellschaft ihre Bordkarte und ihren Flugschein. In einem Scan-Vorgang werden die Informationen der Bordkarte in einen Computer eingelesen, der daraus die so genannte Passenger Information List (PIL) zusammenstellt. Der Passagier erhält seine Bordkarte zurück, während der Flugschein für die spätere Abrechnung der Fluggesellschaft mit dem Reisebüro dient. Etwa 15 Minuten vor dem geplanten Abflug werden die Passagiere der Warteliste aufgerufen, falls noch Plätze im Flugzeug frei sind.

Sobald die Passagiere das Flugzeug betreten haben, weisen die Flugbegleiter ihnen ihren Platz an. Die Passagiere verstauen ihr Handgepäck und nehmen ihren Sitzplatz ein.

Währenddessen ist das Gepäck verladen worden. Am Flugzeug werden die Label der Gepäckstücke noch einmal gescannt, um Irrläufer herauszufiltern.

Der Stationsmanager vergleicht die Anzahl der eingesammelten Flugscheine mit der Zahl der Passagiere an Bord des Flugzeugs und übergibt die PIL dem Purser an Bord der Maschine. Außerdem überprüft er, ob alle Passagiere, deren Gepäck verladen wurde, auch an Bord gegangen sind. Falls nicht, müssen die entsprechenden Gepäckstücke aus Sicherheitsgründen wieder ausgeladen werden.

Wenn alle Passagiere das Flugzeug betreten haben und die Maschine komplett beladen und betankt ist, werden die Türen geschlossen. Die Passagierabfertigung ist damit abgeschlossen.

Aus den Informationen dieser groben verbalen Beschreibung lässt sich das Geschäftsprozessdiagramm der folgenden Abbildung ableiten.

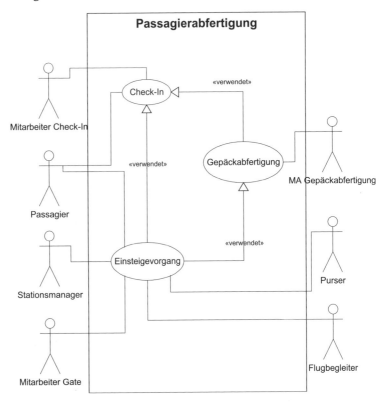

Abbildung 10.1: Geschäftsprozessdiagramm Passagierabfertigung

Beteiligte Rollen des Geschäftsprozesses Passagierabfertigung sind:

✔ Der Passagier selbst führt Aktionen während des Check-In und des Einsteigevorgangs aus.

✔ Der Mitarbeiter Check-In wickelt für die Fluggesellschaft den Check-In ab.

✔ Die Rollen Stationsmanager und Mitarbeiter Gate sind außerhalb des Flugzeugs verantwortlich für den Einsteigevorgang. Flugbegleiter und Purser nehmen die mit diesem Anwendungsfall verbundenen Aufgaben an Bord des Flugzeugs wahr.

✔ Der Mitarbeiter der Gepäckabfertigung (Rolle MA Gepäckabfertigung) sorgt dafür, dass das Gepäck in den Laderaum des Flugzeugs gelangt. Er greift dabei auf die Informationen aus dem Check-In zurück.

✔ Der Anwendungsfall Einsteigevorgang verwendet Check-In (u.a. Sitzplatzvergabe) und Gepäckabfertigung (u.a. Prüfung, ob zu jedem verladenen Koffer ein Passagier an Bord ist).

Abgrenzung des relevanten Problemausschnitts

Die Abgrenzung des relevanten Problembereichs dient dazu, für das Modell Wichtiges von Unwichtigem zu trennen. Mit Hilfe der verbalen Problembeschreibung wird im Rahmen eines evolutionären Prozesses der Systemanalyse der Kern der Problemstellung herausgearbeitet und ständig verfeinert.

Als Hauptkriterium sind die Ziele des Geschäftsvorfalls heranzuziehen. Ferner ist zu überlegen, auf welche Elemente in dem Objektmodell verzichtet werden kann, ohne das Abbild der realen Problemstellung zu beeinträchtigen. Beziehungen zu Elementen außerhalb der betrachteten Problemdomäne, die dennoch eine wichtige Rolle spielen, stellen sich u.U. erst im weiteren Verlauf der Analyse heraus. Der Problemausschnitt wird daher immer wieder überarbeitet und angepasst.

Anhand der in den Checklisten aufgeführten Fragen lässt sich der relevante Problemausschnitt wie folgt eingrenzen:

✔ *Welche Ziele werden mit dem Geschäftsprozess verfolgt?*

  ✔ Abbildung des Problembereichs »Passagierabfertigung«

  ✔ Identifikation der beteiligten Rollen, ihrer Aufgaben und Aktivitäten

  ✔ Analyse der wesentlichen Teilprozesse der Passagierabfertigung

  ✔ Aufzeigen von Zusammenhängen zwischen den Teilprozessen

✔ *Ist das betrachtete Element für die Ziele und Aufgaben des Geschäftsvorfalls von Bedeutung?*

  ✔ Einige Bereiche, die nicht unmittelbar mit der Passagierabfertigung zusammenhängen, werden an dieser Stelle ausgegrenzt.

  ✔ Dazu zählen u.a. der Sicherheitscheck, die Überbuchung, die Beladung des Flugzeugs mit Fracht (außer Gepäck), das Catering sowie das Reinigen und Betanken der Maschine.

✔ *Welche Auswirkungen hat der Verzicht auf die Integration der betrachteten Elemente für die Erfüllung der Aufgabe oder des Ziels?*

  ✔ Die ausgegrenzten Elemente haben keinen großen Einfluss auf den Check-In, die Gepäckabfertigung und den Einsteigevorgang. Sie führen lediglich zu Variationen im Ablauf, die sich später mühelos ergänzen lassen.

  ✔ Eine Beeinträchtigung der mit der Analyse verfolgten Ziele ist nicht erkennbar.

✔ *Welche Rollen sind an der Aufgabe beteiligt?*

  ✔ Beteiligte Rollen sind: Mitarbeiter Check-In, Passagier, Stationsmanager, Mitarbeiter Gate, Mitarbeiter Gepäckabfertigung, Purser und Flugbegleiter.

✔ Mit den genannten Akteuren sind, soweit bisher erkennbar, alle beteiligten Rollen erfasst.

✔ Sollten sich in der weiteren Analyse zusätzliche Rollen
ergeben, werden sie später hinzugefügt.

✔ *Kann die Erfüllung von Aufgaben durch eine Umgestaltung in
aufbau- oder ablauforganisatorischer Hinsicht optimiert werden?*

✔ Die Reorganisation ist in diesem Fallbeispiel nicht vorgesehen. Bei der Analyse Ihrer eigenen betrieblichen
Geschäftsprozesse sollten Sie jedoch die Gelegenheit
nutzen, Schwachstellen in der Aufbau- oder Ablauforganisation aufzudecken und gegebenenfalls zu beseitigen.

✔ *Welche Beziehungen und Abhängigkeiten besitzt das betrachtete
Element zu anderen Elementen innerhalb des Systems?*

✔ Die gegenseitigen Beziehungen der drei Anwendungsfälle sind der obigen Abbildung zu entnehmen. Die Gepäckabfertigung verwendet den Check-In. Der Einsteigevorgang verwendet den Check-In und die Gepäckabfertigung.

✔ *Welche Beziehungen und Abhängigkeiten besitzt das betrachtete
Element zu anderen Elementen außerhalb des Systems?*

✔ Die Beziehungen zu Elementen außerhalb des Systems
sind recht vielseitig. Die genannten Rollen werden von
Personen bekleidet, die größtenteils Mitarbeiter des
Flughafens oder einer Fluggesellschaft sind. Als solche
unterliegen sie gewissen Beschränkungen, die außerhalb
des Systems definiert werden (z.B. Tarifverträge, gesetz-
liche Bestimmungen).

✔ Auch einige der ausgeblendeten Bereiche wirken in das
System hinein. So gehören die den Fluggästen zugewie-
senen Sitzplätze zu einem Flugzeug. Das Flugzeug ist
Teil der Flotte einer Fluggesellschaft. Es ist nicht sinnvoll, das Flugzeug in dem System »Passagierabfertigung« zu modellieren. Daher erfolgen voraussichtlich

Zugriffe auf Objekte, die in anderen Systemen definiert sind. Wie diese Zugriffe konkret gestaltet werden und welche internen sowie externen Elemente betroffen sind, wird im weiteren Verlauf der Analyse ermittelt.

Abgrenzung von Teilsystemen (Paketen)

Die Bildung von Paketen schafft überschaubare Teilsysteme, die sich gegenseitig ergänzen und in einem Gesamtsystem zusammenarbeiten. Die bisherigen Ergebnisse der Beschreibung des Geschäftsvorfalls und der Abgrenzung des relevanten Problemausschnitts legen eine Gliederung des Systems »Passagierabfertigung« in drei Pakete nahe:

✔ Ein erstes Paket bildet die Fluggesellschaft. Sie ist eine organisatorische Einheit, die an dem Fallbeispiel durch ihre Mitarbeiter und ihre Flugzeuge beteiligt ist.

✔ Die Passagiere, die im Rahmen des Geschäftsvorfalls abzufertigen sind, sind Kunden der Fluggesellschaft. Alle Elemente im Einflussbereich der Kunden gehören in dieses zweite Paket. Eine spätere Ergänzung um Frachtkunden ist jederzeit möglich.

✔ Als drittes Paket lässt sich der Flughafen identifizieren. Er ist durch die Mitarbeiter der Gepäckabfertigung und die Bereitstellung der Räumlichkeiten (Abfertigungshalle, Gate etc.) an dem Geschäftsvorfall beteiligt. Die Mitarbeiter des Check-In werden in dem Fallbeispiel dem Paket Fluggesellschaft zugerechnet.

Daraus ergibt sich eine funktionale Gliederung der Pakete nach spezialisierten Rollen, die sich grafisch wie in Abbildung 10.2 darstellen lässt.

Zwischen den Paketen bestehen gegenseitige Abhängigkeiten. Die Fluggesellschaft greift bei der Abfertigung auf Daten ihrer Kunden zurück. Sollte sich die Struktur dieser Daten verändern, dann sind auch notwendige Änderungen im Paket Fluggesellschaft zu erwarten.

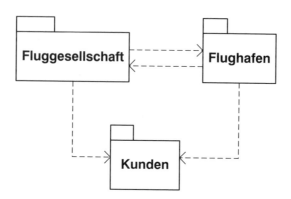

Abbildung 10.2: Pakete des Fallbeispiels »Passagierabfertigung«

Gleiches gilt für den Flughafen, der u.a. für das Gepäck der Passagiere zuständig ist. Die Mitarbeiter der Fluggesellschaft kommunizieren mit den Mitarbeitern der Gepäckabfertigung. Da Interaktionen in beiden Richtungen stattfinden, handelt es sich hier um ein gegenseitiges Abhängigkeitsverhältnis.

Die Abhängigkeitsbeziehung zwischen zwei Paketen bedeutet, dass Änderungen in dem unabhängigen Paket *möglicherweise* zu Änderungen in dem abhängigen Paket führen; sie sind also nicht zwangsläufig.

Anhand der in den Checklisten genannten Fragen kann die hier vorgenommene Paketbildung überprüft werden.

✔ *Legt die Aufbau- oder Ablauforganisation des Geschäftsprozesses bereits Kriterien für eine Paketbildung nahe?*

    ✔ Die Beschreibung der Problemdomäne »Passagierabfertigung« lässt eine organisatorische Struktur erkennen, die zumindest die Pakete Kunden und Fluggesellschaft nahe legt.

    ✔ Inwiefern die Definition des Pakets Flughafen als dritte Komponente sinnvoll ist, wird sich im Laufe der weiteren Analyse zeigen.

✔ *Erlaubt die Aufgabe eine inhaltliche, prozessorientierte, lokale oder funktionale Gliederung?*

    ✔ Die vorgenommene Gliederung ist zumindest inhaltlich möglich. Ob sie auch aus Sicht der objektorientierten Analyse sinnvoll ist, muss im weiteren Verlauf geprüft werden.

✔ *Ist die betrachtete Aufgabe teilbar?*

    ✔ Die Aufgabe ist teilbar. Es sind mehrere Rollen aus verschiedenen organisatorischen Bereichen mit der Passagierabfertigung befasst. Die zahlreichen Aktivitäten im Rahmen des Prozesses können somit aufgeteilt werden, da in der realen Problemstellung bereits eine funktionsfähige Aufteilung existiert.

✔ *Handelt es sich bei dem betrachteten Element um ein isolierbares Subsystem?*

    ✔ Vor dem Hintergrund des hier eingenommenen Blickwinkels handelt es sich bei allen drei Elementen (Fluggesellschaft, Flughafen und Kunden) um isolierbare Subsysteme.

Beachten Sie, dass eine andere Sichtweise zu anderen Ergebnissen führt. Aus der Sicht des Flughafens ergibt sich eine völlig andere Struktur. Eine objektorientierte Analyse der Problemdomäne »Flughafen« würde beispielsweise u.a. die Subsysteme »Sicherheitskontrolle«, »Passagierabfertigung« und »Flugsicherung« identifizieren. Die Perspektive des Modellierers spielt also bereits bei der groben Gliederung der Problemstellung eine entscheidende Rolle.

✔ *Können durch die Umgestaltung von Aufgaben, Prozessen und Zuständigkeiten Pakete gebildet werden, ohne die Ziele zu gefährden?*

    ✔ Diese Möglichkeit ist nicht Gegenstand der Fallstudie. Allerdings ist das Aufzeigen von Reorganisationspotenzialen eine große Stärke der objektorientierten Analyse. Häufig können so Schwächen aufgedeckt werden, deren Beseitigung auch zu einer Steigerung der organisatorischen Effizienz führt.

✔ *Welche Beziehungen und Abhängigkeiten besitzt das betrachtete Element zu anderen Elementen innerhalb des Systems?*

✔ Es bestehen wechselseitige Abhängigkeitsbeziehungen zwischen den identifizierten Paketen (vgl. obige Abbildung).

✔ *Welche Beziehungen und Abhängigkeiten besitzt das betrachtete Element zu anderen Elementen außerhalb des Systems?*

✔ In dieser Fallstudie wird zur Vereinfachung ein geschlossenes System unterstellt. Alle benötigten Elemente werden in die hier identifizierten Pakete integriert.

✔ *Sind von der Integration des betrachteten Elements in ein (Teil-) System weitere Elemente in anderen (Teil-) Systemen betroffen, die ihrerseits wiederum Abhängigkeiten aufweisen?*

✔ Die Interdependenzen zwischen Elementen der drei Pakete werden im weiteren Verlauf der Analyse untersucht.

✔ *Können umfangreiche Subsysteme in weitere kleine Pakete zerlegt werden?*

✔ Aufgrund des begrenzten Inhalts dieser Fallstudie ist eine weitere Unterteilung der Pakete zunächst nicht angebracht.

Definition von Schnittstellen zwischen Paketen

Die Schnittstellen zwischen den Paketen ergeben sich u.a. durch Beziehungen zwischen Klassen unterschiedlicher Pakete. Sie können daher erst nach der Identifikation der Klassen und ihrer Beziehungen definiert werden. Gleichwohl handelt es sich um einen Vorgang innerhalb des objektorientierten

Analyseprozesses, der auf relativ abstrakter Ebene anzusiedeln ist.

Auch hier zeigt sich wieder, dass die objektorientierte Analyse nicht in eine lineare Vorgehensweise eingebettet werden kann. Damit scheiden für die Objektorientierung auch die in der prozeduralen Programmierung weit verbreiteten Ansätze des Top-Down- und des Bottom-Up-Vorgehens aus. Hier ist vielmehr ein zyklischer Prozess angezeigt, der beide Ansätze zu einem Gegenstromverfahren mit zyklischem Charakter verbindet. Die ständige Anpassung der erzielten (Teil-)Ergebnisse ist unabdingbar.

Anhand der Fragen aus den Checklisten können an dieser Stelle einige grundsätzliche Aussagen zu den Schnittstellen der Pakete getroffen werden, die im Folgenden zu konkretisieren sind.

✔ *Welche Kommunikationsbeziehungen bestehen zwischen den Paketen?*

  ✔ Die Verflechtungen auf Ebene der Pakete bestehen vor allem aus Ergebnissen von Prozessen.

  ✔ Das Paket Flughafen ist, wie weiter unten noch ausgeführt wird, an dem Geschäftsprozess »Passagierabfertigung« durch die Gepäckabfertigung vertreten.

  ✔ Nach dem Einchecken des Fluggastes ist es Aufgabe der Akteure des Pakets Flughafen, das Gepäck zum Flugzeug zu transportieren.

  ✔ Die Pakete Kunden und Fluggesellschaft sind mit ihren Klassen an den Prozessen des Check-In und des Einsteigevorgangs beteiligt.

✔ *Welche Kommunikationsbeziehungen bestehen zwischen den Elementen der verschiedenen Pakete?*

  ✔ Die Kommunikationsbeziehungen zwischen den drei Paketen sind sehr vielseitig. Insbesondere die Pakete

Kunden und Fluggesellschaft tauschen über ihre Klassen eine Vielzahl von Botschaften aus. Während des Check-In benötigt der entsprechende Mitarbeiter als Akteur der Klasse Fluggesellschaft zahlreiche Informationen von Klassen des Pakets Kunden. Hierzu zählen u.a. das Gepäck, die Person des Fluggastes selbst, sein Ausweis, sein Ticket usw.

✔ Beim anschließenden Einsteigevorgang kommuniziert der Kunde mit weiteren Akteuren der Klasse Fluggesellschaft (Mitarbeiter am Gate, Flugbegleiter). Hier werden erneut Informationen über die Bordkarten und die Flugscheine ausgetauscht.

✔ Das Paket Flughafen ist ebenfalls beteiligt, indem es Informationen über das Gepäck des Kunden bzw. dessen Verarbeitung an den Stationsmanager übermittelt.

✔ *Welche Abhängigkeitsbeziehungen bestehen zwischen den Paketen?*

✔ Aufgrund der zahlreichen Interdependenzen bestehen wechselseitige Abhängigkeiten zwischen den Paketen. Sie wurden bereits in der obigen Abbildung veranschaulicht.

✔ *Welche Abhängigkeitsbeziehungen bestehen zwischen den Klassen verschiedener Pakete?*

✔ Die Abhängigkeiten zwischen den Klassen der verschiedenen Pakete ergeben sich aus den nachfolgenden Ausführungen.

✔ *Welche Daten werden über die identifizierten Schnittstellen ausgetauscht?*

✔ Die ausgetauschten Daten wurden bereits kurz erwähnt. Eine genauere Untersuchung findet sich bei der Analyse der Sequenzen, der Zustände und Zustandsübergänge sowie der Aktivitäten des dynamischen Modells.

✔ *Ist durch die erforderlichen Schnittstellen eine Umstrukturierung der Pakete angezeigt?*

✔ Die Notwendigkeit einer Umstrukturierung ergibt sich, falls sich die Abgrenzung der Pakete als nicht sinnvoll erweist. Auch diese Frage kann erst zu einem späteren Zeitpunkt beantwortet werden.

Die Beantwortung der vorstehenden Fragen mag Ihnen an dieser Stelle ein wenig unbefriedigend vorkommen. Dies liegt daran, dass in diesem recht frühen Stadium des Analyseprozesses noch nicht genügend Erkenntnisse zur Verfügung stehen.

Dennoch ergibt es einen Sinn, die Definition der Schnittstellen zwischen den Paketen an diese Stelle des Vorgehens zu setzen, wenn man sich den evolutionären Charakter der objektorientierten Analyse vergegenwärtigt. Im Laufe späterer Zyklen ergibt sich ein ständiger Informationszuwachs, was die Art der Beziehungen zwischen Klassen und Paketen sowie deren innere Struktur angeht. Die Anpassung der Pakete gehört dann genau an diese Stelle: vor die Bearbeitung des statischen Objektmodells.

Statisches Modell

Die Entwicklung des statischen Objektmodells hängt eng mit der Bildung von Paketen mit ihren Schnittstellen zusammen. Beziehungen zwischen Klassen unterschiedlicher Pakete führen zu Abhängigkeiten zwischen Paketen. Im Rahmen der Definition der Klassen und ihrer Beziehungen stellt sich zudem heraus, ob die bisherige Gliederung der Pakete sinnvoll ist oder eventuell angepasst werden muss.

Die Entwicklung des statischen Modells gliedert sich in die Aufgaben

✔ Identifikation von Klassen, Attributen und Methoden,

✔ Beschreibung von Klassen und Attributen,

✔ Ermittlung von Vererbungsstrukturen und

✔ Identifikation von Assoziationen.

Hier zeigt sich einmal mehr der evolutionäre Charakter der objektorientierten Analyse. Das Modell unterliegt einer ständigen Anpassung und Erweiterung im Rahmen des Analyseprozesses. Die gliederungstechnische Differenzierung der folgenden Abschnitte ist daher keineswegs als lineare Abfolge von Analysephasen zu betrachten. Sie bildet lediglich eine Struktur der bei der Entwicklung des statischen Modells anfallenden Aufgaben.

Identifikation von Elementen und Strukturen

Als Informationsgrundlage für das statische Modell dient in diesem Fallbeispiel allein die verbale Beschreibung des Geschäftsvorfalls. Bei einer realen Problemstellung werden darüber hinaus die bereits genannten weiteren Quellen ausgewertet.

Zieht man die Checklisten zur Analyse heran, dann lassen sich folgende Elemente identifizieren, die zunächst in Form eines Brainstorming gesammelt werden:

✔ *Welche Akteure (Personen, Abteilungen, Unternehmungen) sind an dem Geschäftsvorfall beteiligt?*

✔ Fluggast, Fluggesellschaft, Flughafen, Mitarbeiter Check-In, Gepäckabfertigung, Mitarbeiter Gate, Stationsmanager, Pilot, Flugbegleiter, Purser

✔ *Welche Gegenstände werden für die zu beschreibenden Aufgaben benötigt?*

✔ Ticket, Gepäck, Gepäck-Label, Ausweis, Flugzeugtür, Sitzplatz, Bordkarte, Passenger Information List (PIL), Flugschein, Warteliste

✔ *Welche Hardware und Software wird eingesetzt?*

✔ Terminal für Eingabe der Daten am Check-In, Scanner am Gate, Scanner für Gepäck-Label am Flugzeug, Datenbank zur Speicherung der Daten

✔ In dieser Fallstudie werden Hardware und Software nicht weiter berücksichtigt.

✔ *Welche Informationen werden von den Akteuren verarbeitet?*

✔ Name und Status (Vielflieger, VIP) des Passagiers, Buchungsstatus (Festbuchung, Stand-by), Maße und Gewicht des Gepäcks, Abflugort, Zielort, Flugnummer, Fluggesellschaft, reservierte Klasse, Abflugzeit, Klasse und Sitznummer der Sitzplätze, Raucher- oder Nichtraucherbereich.

✔ *An welchen Orten werden die mit den Aufgaben verbundenen Aktivitäten durchgeführt?*

✔ Abfertigungshalle (Check-In), Gate, Flugzeug, Parkposition (Gepäck verladen).

✔ *Lassen sich strukturelle Abhängigkeiten zwischen einzelnen Aufgaben feststellen?*

✔ Abhängigkeiten bestehen zwischen den Teilprozessen des Geschäftsvorfalls (Check-In, Gepäckabfertigung, Einsteigevorgang). Die Prozesse bauen teilweise aufeinander auf, sind also abhängig von den Ergebnissen anderer Prozesse. Die Gepäckabfertigung und der Einsteigevorgang hängen vom Check-In ab. Der Einsteigevorgang ist wiederum abhängig von der Gepäckabfertigung.

✔ *Welche (internen und externen) Ereignisse treten in dem Geschäftsmodell auf?*

✔ Gepäck überschreitet zulässiges Gewicht, Gepäckstück ohne Passagier an Bord, Aufruf Passagiere, Flugzeug für Einsteigevorgang bereit, Gepäck Irrläufer.

Im nächsten Schritt sind die gesammelten Informationen zu strukturieren. Als Orientierung dient dabei die Gliederung in die Pakete Kunden, Fluggesellschaft und Flughafen.

Der Fluggast bietet sich als Klasse des Pakets Kunde an. In diesen Zusammenhang gehören außerdem die Elemente Ticket, Gepäck und Ausweis. Der Fluggast besitzt einen Namen und einen Status (z.B. Vielflieger). Er führt einen Ausweis mit sich, der jedoch im Folgenden keine weitere Berücksichtigung findet.

Für das Gepäck sind Maße und Gewicht relevante Informationen bei der Passagierabfertigung. Außerdem erhält das Gepäck am Check-In ein Label. Das Gepäck wird gewogen, transportiert, gelagert, verladen, ausgeladen und überprüft. Das Label informiert über Abflug- und Zielort sowie über die Flugnummer. Diese Daten werden bei der Gepäckabfertigung über einen Scanner eingelesen.

Das Ticket enthält wichtige Informationen zum Flug. Dazu zählen der Name des Passagiers, Abflug- und Zielort, Fluggesellschaft, Flugnummer, reservierte Klasse, Abflugzeit, Status (z.B. Stand-by) und Preis. Zu dem Ticket gehört ferner ein Flugschein, der während des Einsteigevorgangs von der Fluggesellschaft eingezogen wird, um mit dem Reisebüro abzurechnen.

Alle diese Elemente, die mit Hilfe der Fragen ermittelt wurden, gehören in das Paket Kunden, für das sich nach einer ersten Analyse die folgenden Klassen ergeben.

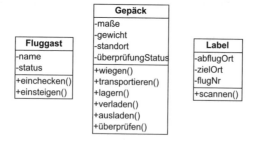

Abbildung 10.3: Klassen des Pakets Kunden

Die Klasse Fluggast wird beschrieben durch die Attribute name und status sowie durch die Methoden einchecken und einsteigen. Sie repräsentiert die Passagiere als Akteure des Geschäftsvorfalls. Das Attribut status enthält Informationen über den Fluggast und gibt beispielsweise an, ob es sich um einen Vielflieger oder VIP handelt, dem eine bevorzugte Behandlung im Rahmen der Passagierabfertigung bzw. während des Fluges gewährt wird.

Das Gepäck ist für die Fluggesellschaft vor allem durch die Eigenschaften Maße und Gewicht von Bedeutung. Sie werden durch die gleichnamigen Attribute repräsentiert. Die Methoden wiegen, transportieren, lagern, verladen, ausladen und überprüfen bezeichnen Operationen, die zur Verarbeitung des Gepäcks während der Passagierabfertigung durchzuführen sind. Dabei spielen die weiteren Attribute standort und überprüfungStatus eine Rolle. Der standort enthält jeweils aktuelle Informationen darüber, wo sich das Gepäck auf seinem Weg vom Schalter der Fluggesellschaft zum Flugzeug gerade befindet. Das Attribut überprüfungStatus hält das Ergebnis der Methode überprüfen fest, auf das später noch näher eingegangen wird.

Jedes beim Check-In aufgegebene Gepäckstück wird laut Problembeschreibung mit einem Label versehen, das Informationen über den Abflugort, den Zielort und die Flugnummer enthält. Die benötigten Daten werden mit Hilfe der Methode scannen abgefragt.

Als weitere Klassen des Pakets Kunden können Ticket, Flugschein und Bordkarte identifiziert werden, die in der folgenden Abbildung dargestellt sind.

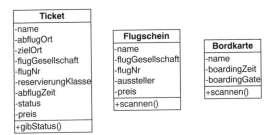

Abbildung 10.4: Weitere Klassen des Pakets Kunden

Die Klasse Ticket speichert alle Daten, die für die Reise des Fluggastes benötigt werden. Neben dem Namen des Passagiers gehören dazu der Abflugort, der Zielort, die befördernde Fluggesellschaft, die Flugnummer und die Abflugzeit. Ferner gibt das Ticket Auskunft über die gebuchte Klasse (Economy Class, Business Class, First Class), den Status sowie den Preis des Tickets. Die Methode gibStatus dient als Schnittstelle für entsprechende Anfragen anderer Objekte.

Ein weiteres Element des Pakets Kunden ist die Klasse Flugschein. Sie enthält ähnliche Informationen wie die Klasse Ticket. Sie repräsentiert die Flugscheine, die während des Einsteigevorgangs von den Mitarbeitern der Fluggesellschaft eingesammelt werden und der späteren Abrechnung mit dem Reisebüro dienen.

Die Bordkarte wird während des Einsteigevorgangs gescannt, um den zugehörigen Passagier auf die Passenger Information List zu setzen. Sie informiert mit ihren Attributen boardingZeit und boardingGate über Zeit und Ort des Einsteigevorgangs.

In dem Paket Flughafen wird für die hier zu untersuchende Problemdomäne nach der ersten Analyse lediglich eine Klasse benötigt, wie die folgende Abbildung zeigt.

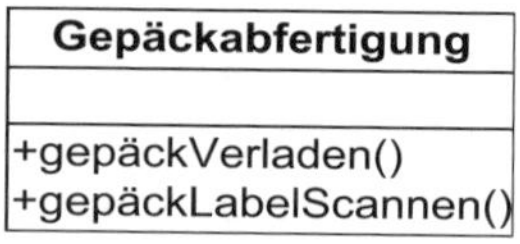

Gepäckabfertigung
+gepäckVerladen() +gepäckLabelScannen()

Abbildung 10.5: Klasse des Pakets Flughafen

Die Klasse Gepäckabfertigung besitzt die Methoden gepäckVerladen, und gepäckLabelScannen. Sie repräsentiert die Mitarbeiter des Flughafens bzw. die entsprechende maschinelle Vorrichtung, die das Gepäck zum Flugzeug transportiert.

Es ist offensichtlich, dass Gepäckabfertigung nicht die einzige Klasse des Pakets Flughafen ist. Darüber hinaus können noch zahlreiche weitere Klassen identifiziert werden. Für das hier betrachtete Beispiel ist sie jedoch die einzig relevante Klasse.

Für das dritte Paket, die `Fluggesellschaft`, sind zunächst alle Objekte rund um das einzusetzende Flugzeug von Bedeutung. Dazu zählen das Flugzeug selbst, das einen Typ und eine Flugnummer besitzt, die Sitzplätze in der Maschine, die den Passagieren zugewiesen werden, die Flugzeugtüren und die Passenger Information List.

Außerdem sind die Mitarbeiter abzubilden. Dazu zählen die Flugbegleiter, die Piloten, der Purser, der Stationsmanager sowie die Mitarbeiter am Gate und am Check-In.

Es ergeben sich die in den nächsten drei Abbildungen dargestellten Klassen für das Paket `Fluggesellschaft`.

Zunächst lassen sich die folgenden Klassen zur Repräsentation des Bodenpersonals identifizieren.

Mitarbeiter Check-In
-arbeitszeitTarif
-überStd
-grundGehalt
+gepäckWiegen()
+labelAusstellen()
+ausweisKontrollieren()

Mitarbeiter Gate
-arbeitszeitTarif
-überStd
-grundGehalt
+passagiereAufrufen()
+flugscheineVerarbeiten()
+bordkartenVerarbeiten()

Stationsmanager
-arbeitszeitTarif
-überStd
-grundGehalt
+überprüfenPIL()
+aushändigenPIL()

Abbildung 10.6: Bodenpersonal als Klassen des Pakets `Fluggesellschaft`

Die Attribute der Klassen `Mitarbeiter Check-In`, `Mitarbeiter Gate` und `Stationsmanager` sind gleich. Sie werden im weiteren Verlauf der Analyse im Zusammenhang mit den Vererbungsstrukturen noch eingehend erläutert. Die in der obigen Abbildung enthaltenen Methoden repräsentieren das Verhalten der Mitarbeiter im Rahmen der Passagierabfertigung. Sie zeigen die Aktivitäten, die von den Mitarbeitern der Fluggesellschaft während des Check-In und des Einsteigevorgangs durchzuführen sind.

Neben dem Bodenpersonal ist auch das Flugpersonal an der Passagierabfertigung beteiligt. Während des Einsteigevorgangs treten Purser und Flugbegleiter als Akteure in Erscheinung. Inwieweit die Klasse Pilot für die Analyse der Problemstellung relevant ist, muss sich im Laufe der weiteren Analyse noch zeigen.

Die folgende Abbildung enthält eine grafische Darstellung der Klassen Purser, Flugbegleiter und Pilot in der UML-Notation.

Purser	Flugbegleiter	Pilot
-stationierungOrt -seniorität -gruppe -flugStdSoll -flugStdIst -grundGehalt	-stationierungOrt -seniorität -gruppe -flugStdSoll -flugStdIst -grundGehalt	-stationierungOrt -seniorität -gruppe -flugStdSoll -flugStdIst -grundGehalt
+türenSchließen()	+passagiereBegrüßen()	+fliegen()

Abbildung 10.7: Flugpersonal als Klassen des Pakets Fluggesellschaft

Der obigen Abbildung ist zu entnehmen, dass die Klassen Purser, Flugbegleiter und Pilot weitgehend gleiche Eigenschaften haben. Hier bietet sich bereits eine Zusammenfassung in einer Oberklasse an. Die Attribute dieser Klassen haben im einzelnen Folgende Bedeutung:

✔ stationierungOrt: Einsatzort des regional gegliederten Flugpersonals (»Heimatflughafen«)

✔ senioriät: Viele organisatorische Angelegenheiten des Flugpersonals werden über die Seniorität geregelt. Dazu gehören z.B. die Positionsvergabe an Bord und die Personaleinsatzplanung. Die Seniorität wird im Wesentlichen von der Dauer der Firmenzugehörigkeit und einigen weiteren persönlichen Faktoren des Mitarbeiters bestimmt.

✔ gruppe: Einige Fluggesellschaften gliedern ihr Flugpersonal regional nach bestimmten Flugzielen (beispielsweise Nordamerika, Asien etc.).

✔ flugStdSoll: Zahl der pro Monat zu leistenden Flugstunden

✔ flugStdIst: Zahl der bisher geleisteten Flugstunden

Der Stationsmanager und die Mitarbeiter am Gate und am Check-In sind gekennzeichnet durch die Attribute:

✔ arbeitszeitTarif: Arbeitszeit laut Tarifvertrag

✔ überStd: Bisher über die tarifliche Arbeitszeit hinaus geleistete Überstunden

Die in der Abbildung 10.7 aufgeführten Methoden ergeben sich aus dem Verhalten der beschriebenen Elemente. Sie werden später noch eingehend erläutert.

Den dritten Bereich des Pakets Fluggesellschaft bilden die Klassen, die direkt mit dem eingesetzten Flugzeug zusammenhängen. Hierzu gehören neben dem Flugzeug selbst Türen, Sitzplätze und die Passenger Information List. Die nachstehende Abbildung zeigt die entsprechenden Klassen des statischen Objektmodells.

Flugzeug	FlugzeugTür	Sitzplatz	PIL
-typ -flugNr	-id +öffnen() +schließen()	-platzNr -klasse -raucher +buchen()	-flugNr -anzahlPassagiere

Abbildung 10.8: Flugzeugelemente als Klassen des Pakets Fluggesellschaft

Die Klasse Flugzeug besitzt entsprechend der obigen Abbildung die Attribute typ und flugNr. Weitere Eigenschaften sind für das Fallbeispiel nicht relevant. Jede Flugzeugtür besitzt eine eigene Kennzeichnung, die durch das Attribut id repräsentiert wird. Die Sitzplätze werden mit den Attributen platzNr, klasse und raucher beschrieben. Das Attribut raucher besitzt den Datentyp Boolean. Für den Wert true handelt es sich um einen Platz im Raucherbereich, der Wert false kennzeichnet einen Platz im Nichtraucherbereich. Die Klasse

PIL repräsentiert die Passenger Information List. Sie enthält Informationen über die Flugnummer (Attribut flugNr) und die Anzahl der an Bord befindlichen Passagiere (Attribut anzahlPassagiere). Auf weitere Daten der PIL, wie beispielsweise die Namen der Passagiere, wird hier verzichtet.

Beschreibung von Klassen und Attributen

Nachdem die beteiligten Klassen mit ihren Attributen und Methoden identifiziert wurden, sind diese im nächsten Schritt in einer verbalen Beschreibung zu dokumentieren. Die Tabelle 10.1 enthält beispielhaft die Beschreibung einiger der identifizierten Klassen mit ihren Attributen und Methoden.

Die Inhalte der Tabelle nehmen teilweise Ergebnisse späterer Phasen des Analyseprozesses vorweg. So erfolgt z.B. die Bildung von Klassenhierarchien mit Ober- und Unterklassen, die Definition der Datentypen von Attributen und die Spezifikation der Methoden erst im weiteren Verlauf der Untersuchung.

Die Klassenbeschreibung entwickelt sich mit dem Fortschritt der Analyse immer weiter. Sie wird in einem evolutionären Prozess ständig erweitert und dem jeweiligen Kenntnisstand angepasst.

Insofern bildet die obige Tabelle das Endergebnis eines ständigen Anpassungs- und Erweiterungsprozesses.

Die Informationen der Klassenbeschreibung sind teilweise redundant. Sie finden die Klassen und ihre Strukturen auch in den Objektdiagrammen der folgenden Abschnitte.

Ermittlung von Vererbungsstrukturen

Vererbungsstrukturen können auf zwei Arten aus bestehenden Klassen abgeleitet werden. Bei der Generalisierung werden gleiche oder ähnliche Eigenschaften bereits identifizierter Klassen in Oberklassen zusammengefasst. Umgekehrt werden

Klasse (Oberklassen)	Paket	Attribute (Name, Typ, Sichtbarkeit)	Methoden	Beschreibung
Fluggast	Kunden	name (String, public) status (String, public)	einchecken einsteigen	Repräsentiert die Rolle des Passagiers; der Status gibt an, ob es sich z.B. um einen Vielflieger oder VIP handelt; Akteur der Prozesse Check-In und Einsteigevorgang
Label	Kunden	abflugOrt (String, public) zielOrt (String, public) flugNr (String, public)	scannen	Komponente der Klasse Gepäck; enthält Informationen für die Beförderung des Gepäcks und seine Zuordnung zu einem Passagier
Personal	Fluggesellschaft	name (String, public) personalNr (String, protected) grundGehalt (float, protected)		Abstrakte Klasse; definiert ein Muster für die verschiedenen Arten von Mitarbeitern der Fluggesellschaft; Unterklassen: Bodenpersonal und Flugpersonal
Flugbegleiter (Flugpersonal, Personal)	Fluggesellschaft	*aus Flugpersonal:* stationierungOrt (String, protected) seniorität (String, protected) gruppe (String, protected) flugStdSoll (float, protected) flugStdIst (float, protected) *aus Personal:* name (String, public) personalNr (String, protected) grundGehalt (float, protected)	passagiere-Begrüßen	Spezielle Ausprägung der Klasse Flugpersonal; repräsentiert die entsprechenden Mitarbeiter an Bord des Flugzeugs

Tabelle 10.1: Ausgewählte Klassenbeschreibungen

bei der Spezialisierung besondere Ausprägungen einer Klasse in Unterklassen konkretisiert.

Im Laufe der Identifikation von Klassen wurden oben bereits Gemeinsamkeiten im Paket Fluggesellschaft entdeckt. Die Klassen Stationsmanager, Mitarbeiter Gate und Mitarbeiter Check-In sowie Flugbegleiter, Purser und Pilot sind gekennzeichnet durch weitgehend ähnliche Attribute.

Eine mögliche Zusammenfassung dieser Eigenschaften durch Generalisierung zeigt die folgende Abbildung. Sie enthält auch bereits die Datentypen der verschiedenen Attribute.

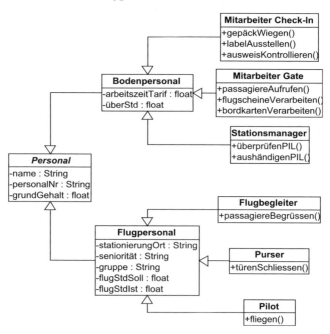

Abbildung 10.9: Personal und ihre Subklassen im Paket Fluggesellschaft

Das Personal lässt sich in Bodenpersonal und Flugpersonal gliedern. Zum Bodenpersonal gehören die Mitarbeiter von Check-In und Gate sowie der Stationsmanager. Das Flugpersonal bilden Flugbegleiter, Purser und Piloten.

Die Oberklasse Personal ist eine abstrakte Klasse, d.h., sie bildet selbst keine Objekte. Sie ist gekennzeichnet durch die Attribute name, personalNr und grundGehalt. Aus ihr werden die beiden Klassen Bodenpersonal und Flugpersonal abgeleitet.

Die Klasse Bodenpersonal spezialisiert ihre Oberklasse durch die Attribute arbeitszeitTarif (tariflich festgelegte Arbeitszeit) und überStd. Die Attribute der Klasse Flugpersonal lauten stationierungOrt, seniorität, gruppe, flugStdSoll und flugStdIst. Bodenpersonal und Flugpersonal werden im Hinblick auf die Erweiterungsfähigkeit des Objektmodells als konkrete Klassen definiert. Es ist durchaus vorstellbar, dass diese Klassen im Gegensatz zu Personal eigene Objekte instanzieren.

Aus der Klasse Bodenpersonal werden wiederum die drei Unterklassen Mitarbeiter Check-In, Mitarbeiter Gate und Stationsmanager abgeleitet. Spezielle Ausprägungen des Flugpersonals sind die Klassen Flugbegleiter, Purser und Pilot. Diese Unterklassen unterscheiden sich von ihren Oberklassen in dem Fallbeispiel durch die Methoden. Die Instanzen der Klassen zeigen verschiedene Verhaltensweisen.

Weitere Vererbungsstrukturen sind bei der gegebenen Problemstellung nicht zu erkennen.

Auch mit Hilfe der Fragen aus den Checklisten lassen sich Vererbungsstrukturen identifizieren oder vermutete Vererbungsstrukturen überprüfen. Angewandt auf die soeben beschriebene Klassenhierarchie des Personals der Fluggesellschaft ergeben sich die folgenden Überlegungen:

✔ *Gibt es Gemeinsamkeiten zwischen bereits identifizierten Klassen?*

> ✔ Diese Frage zielt auf die Bildung von Generalisierungen ab. Offensichtlich bestehen Gemeinsamkeiten zwischen den Eigenschaften verschiedener Mitarbeitergruppen sowie zwischen den Mitarbeitern insgesamt.

✔ Sie bestehen in dem konkreten Beispiel in den zustands-
beschreibenden Attributen name, personalNr und
grundGehalt.

✔ Darüber hinaus bestehen Gemeinsamkeiten innerhalb
der Gruppen des Bodenpersonals und des Flugpersonals.

✔ *Besitzen bereits identifizierte Klassen spezielle Ausprägungen, die
sich ihrerseits durch zusätzliche Eigenschaften auszeichnen?*

✔ Mit der zweiten Frage wird der umgekehrte Weg beschritten und nach Spezialisierungen bereits identifizierter Klassen gesucht.

✔ In dem Fallbeispiel wurde von der verbalen Problembeschreibung zu Beginn dieses Kapitels ausgegangen. Insofern wurde die Klassenhierarchie der Mitarbeiter
durch Generalisierung ermittelt.

✔ Eine Spezialisierung könnte sich aber beispielsweise
dann ergeben, wenn etwa die Klasse Mitarbeiter Gate
weiter nach spezielleren Aufgaben differenziert würde.

✔ *Existieren in der Problemdomäne Begriffspaare, die denselben
oder ähnliche Sachverhalte auf unterschiedlichen Abstraktionsstufen ausdrücken?*

✔ An dieser Stelle des Analyseprozesses sind solche Zusammenhänge in dem Fallbeispiel nicht zu erkennen.

✔ *Sind in der Problemdomäne hierarchische Strukturen erkennbar?*

✔ Mit dem Begriff »hierarchische Strukturen« sind hier
nicht etwa Organisationshierarchien gemeint. Die Frage
zielt vielmehr auf die Über- und Unterordnung von Prozessen ab.

✔ Denkbar ist die Bildung einer Klassenhierarchie zur Beschreibung von Teilprozessen innerhalb des betrachteten Geschäftsvorfalls. Von dieser Sichtweise wird in dem
hier betrachteten Fallbeispiel jedoch abgesehen.

✔ *Bestehen Ähnlichkeiten zwischen den Elementen der hierarchischen Struktur?*

✔ Der nächste Schritt bei der Bildung von Prozesshierarchien wäre die Untersuchung auf Ähnlichkeiten in der Vorgehensweise, in den zu bewältigenden Aufgaben und Aktivitäten oder auch in den beteiligten Personen bzw. Rollen.

✔ *Werden alle vererbten Attribute auf der Ebene der Unterklasse tatsächlich benötigt?*

✔ Diese Frage schützt den Entwickler vor der Definition von Vererbungsstrukturen, die unnötig oder nicht sinnvoll sind. Häufig gerät man in Versuchung, aus Begriffspaaren, die irgendwie zusammenzugehören scheinen, eine Vererbungsstruktur zu bilden. Oft ist es jedoch wesentlich zweckdienlicher, einfache Assoziationen oder andere Beziehungen zwischen den Klassen zu etablieren. Wenn Sie feststellen, dass die Gemeinsamkeiten einer Klasse mit einer bestehenden Oberklasse eher gering sind oder mehrere Eigenschaften nicht benötigt werden, dann entfernen Sie die Unterklasse besser aus der Klassenhierarchie.

✔ *Repräsentieren alle vererbten Methoden tatsächlich das Verhalten der Instanzen der Unterklasse?*

✔ Auf Basis der bis hierher vorliegenden Informationen sind die Klassen in ihrem Verhalten korrekt beschrieben. Unter Umständen ergibt sich jedoch im weiteren Verlauf der Analyse eine Revision.

Identifikation von Assoziationen

Auch um Beziehungen zwischen den Klassen der Problemdomäne zu ermitteln, können Sie wieder die Fragen aus den Checklisten heranziehen.

✔ *Welche Elemente der Problemstellung tauschen Nachrichten aus?*

✔ Ein Nachrichtenaustausch besteht zunächst zwischen den beteiligten Akteuren.

✔ Die Mitarbeiter des Check-In geben die bei der Erfassung der Passagiere erhobenen Informationen an ihre Kollegen am Gate und an die Gepäckabfertigung weiter.

✔ Aber auch zwischen den Klassen, die verschiedene Dokumente repräsentieren, und den menschlichen Mitarbeitern besteht ein Informationsaustausch.

✔ Bei der Suche nach Botschaften zwischen Klassen bzw. ihren Objekten werden Sie zudem in der eingesetzten Software fündig.

✔ *Welche Elemente bieten Dienste für andere Elemente an?*

✔ So genannte Client-Server-Beziehungen bestehen in dem Fallbeispiel der Passagierabfertigung u.a. in dem Computernetzwerk der Fluggesellschaft. Die Daten der Passagiere und des eingesetzten Flugzeugs sind in der Datenbank der Fluggesellschaft gespeichert. Von ihren Terminals greifen die Mitarbeiter am Check-In und am Gate auf die Datenbank zu und können so beispielsweise ermitteln, ob noch ein Fensterplatz verfügbar ist. Die eingesetzte Hard- und Software wird in der Analyse dieses Fallbeispiels jedoch nicht weiter berücksichtigt.

✔ *Setzt sich ein Element aus anderen Elementen zusammen?*

✔ Ein Beispiel für ein zusammengesetztes Element ist das Flugzeug. Es besteht u.a. aus Sitzplätzen, die für die Platzierung der Passagiere benötigt werden, und aus Flugzeugtüren.

✔ Auch die Klasse Gepäck bietet sich für eine Aggregation oder Komposition an: Jedes Gepäckstück hat ein Label, das die Informationen über seinen Abflug- und Zielort sowie die Flugnummer enthält.

✔ *Lassen sich zusammengehörige organisatorische Einheiten identifizieren?*

  ✔ Zusammengehörige organisatorische Einheiten sind z.B. die Mitarbeiter am Gate und der Stationsmanager. Sie arbeiten im Rahmen des Einsteigevorgangs zusammen und tauschen dabei ebenfalls Nachrichten aus.

✔ *Sind Elemente vorhanden, die bestimmte Rollen einnehmen?*

  ✔ Ein und derselbe Mitarbeiter kann bei der Passagierabfertigung verschiedene Rollen einnehmen.

  ✔ Denkbar ist beispielsweise, dass ein Mitarbeiter zunächst den Check-In der Passagiere vornimmt, um anschließend am Gate auch beim Einsteigevorgang der Fluggäste mitzuwirken. Ein und dieselbe Person schlüpft dann nacheinander in die Rollen Mitarbeiter Check-In und Mitarbeiter Gate.

✔ *Sind Beziehungen der Form »hat ein«, »ist ein«, »besitzt«, »gehört zu«, »benutzt«, »verwaltet«, »plant«, »führt aus«, »kontrolliert« oder »beschreibt« vorhanden?*

  ✔ Ein Flugzeug hat Sitzplätze und Türen.

  ✔ Jedes Gepäckstück hat ein Label und gehört zu einem Passagier.

  ✔ Jeder Fluggast besitzt ein Ticket.

Im Folgenden werden beispielhaft einige Assoziationen, Aggregationen und Kompositionen herausgegriffen. Darüber hinaus existieren weitere Beziehungen, die vor allem die beteiligten Rollen betreffen.

Die Beziehungen zwischen den identifizierten Klassen sind in der Problemdomäne »Passagierabfertigung« äußerst vielfältig. Aufgabe des Modellierers ist es, die relevanten Klassenbeziehungen zu finden und zu definieren. Dabei ist auch zu entscheiden, ob es sich um einfache Assoziationen, Aggregationen oder Kompositionen handelt.

Ein erstes Beziehungsgeflecht lässt sich zwischen den Klassen Fluggast, Gepäck, Label und Ticket ausmachen. Die folgende Abbildung veranschaulicht diese Beziehungen in dem Klassendiagramm für das Paket Kunden.

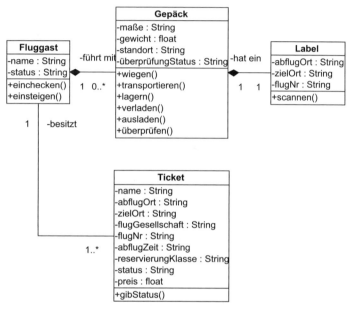

Abbildung 10.10: Klassendiagramm für das Paket Kunden

Die Eigenschaften der Klassen Fluggast, Gepäck, Label und Ticket werden als Attribute definiert. Zwischen den Klassen Fluggast und Ticket besteht eine (einfache) Assoziation, wobei jeder Kunde ein oder mehrere Tickets besitzt, jedes Ticket aber nur zu genau einem Fluggast gehören kann.

Die Beziehung zwischen den Klassen Fluggast und Gepäck ist eine Komposition. Ohne Fluggast gibt es kein Gepäck, umgekehrt kann aber ein Fluggast auch ohne Gepäck oder mit mehreren Gepäckstücken verreisen. Jedes erfasste Gepäckstück wird mit einem Label versehen, was in dem Klassendiagramm durch die Komposition der beiden zugehörigen Klassen ausgedrückt wird. Es handelt sich um eine 1:1-Beziehung.

Jedes Label gehört zu genau einem Gepäckstück und umgekehrt. Auch hier gilt: Ohne Gepäck existiert kein Label.

Zum Paket Fluggesellschaft gehören neben dem Personal, das bereits im vorangegangenen Abschnitt mit seiner Klassenhierarchie analysiert wurde, die Klassen Flugzeug, Sitzplatz, Flugzeugtür und die Passenger Information List, repräsentiert durch die Klasse PIL.

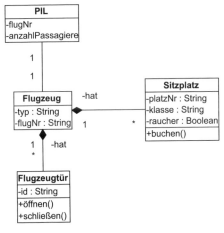

Abbildung 10.11: Die Klasse Flugzeug im Paket Fluggesellschaft

Die Klasse Flugzeug beschreibt die zu dem betrachteten Geschäftsvorfall gehörende Maschine mit ihren für das Fallbeispiel relevanten Bestandteilen. Hierzu gehören die Sitzplätze und die Flugzeugtüren.

Entsprechend besteht eine Komposition zwischen den Klassen Flugzeug und Sitzplatz sowie zwischen Flugzeug und Flugzeugtür. Die Passenger Information List bezieht sich stets auf einen bestimmten Flug, der hier zur Vereinfachung durch das Flugzeug repräsentiert wird.

Aus dem Paket Flughafen ist für die hier betrachtete Domäne »Passagierabfertigung« mit der Gepäckabfertigung nur eine einzige Klasse relevant.

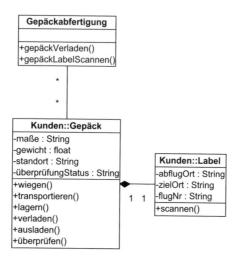

Abbildung 10.12: Die Klasse Gepäckabfertigung aus dem Paket Flughafen

Es besteht eine Assoziation zu der Klasse Gepäck aus dem Paket Kunden. Gepäckabfertigung besteht aus den Methoden gepäckVerladen und gepäckLabelScannen.

Dynamisches Modell

Nachdem im statischen Modell die Klassenstruktur erstellt wurde, wird mit dem dynamischen Modell nun das Verhalten der Objekte näher untersucht. Die einzelnen Schritte bestehen dabei in

✔ der Identifikation von Interaktionen,

✔ der Definition von Zuständen und Zustandsübergängen,

✔ der Identifikation von Ereignissen,

✔ der Identifikation von Aktivitäten und

✔ der konkreten Beschreibung der im Zusammenhang mit der Klassendefinition ermittelten Methoden.

Identifikation von Interaktionen

Interaktionen werden in der UML durch Sequenz- und Kommunikationsdiagramme abgebildet. Als Informationsquelle zur Identifikation von Interaktionen dient auch hier die verbale Beschreibung der Problemdomäne zu Beginn dieses Kapitels.

Im Wesentlichen besteht die Passagierabfertigung aus den drei Teilprozessen

✔ Check-In,

✔ Gepäckabfertigung und

✔ Einsteigevorgang.

Diese drei Teilprozesse sind auf Interaktionen zwischen den beteiligten Objekten zu untersuchen – und zwar sowohl innerhalb der Teilprozesse als auch prozessübergreifend.

Die bei der Erstellung des statischen Modells identifizierten Assoziationen dienen als eine erste Quelle für potenzielle Interaktionsbeziehungen. Benutzen Sie auch die übrigen Fragen, die in den Checklisten zur Ermittlung von Interaktionen aufgeführt wurden.

Stellen Sie fest, welche Objekte an einer gemeinsamen Aufgabe arbeiten. Die drei Teilprozesse der Passagierabfertigung stellen eine grobe Gliederung der Aufgaben dar, die in weitere Teilaufgaben differenziert werden können.

Eine ergiebige Quelle bei der Feststellung von Interaktionsbeziehungen ist auch die Frage, welche Objekte Informationen von anderen Objekten benötigen.

Zur näheren Beschreibung der identifizierten Interaktionsbeziehungen dienen dann die weiteren Fragen nach den Bedingungen des Informationsaustausches, den Zuständen, in denen eine Kommunikation erfolgt, sowie nach dem Zeitpunkt, wann Objekte erzeugt oder gelöscht werden.

Beachten Sie, dass es nicht sinnvoll ist, für sämtliche potenziellen Interaktionsbeziehungen in einer Problemdomäne
Diagramme zu entwickeln. Lediglich die Kernprozesse oder
relativ komplizierte Interaktionen sollten durch Sequenz-
oder Kommunikationsdiagramme veranschaulicht werden,
um Abläufe und Zusammenhänge zu verdeutlichen.

Für die Passagierabfertigung wird an dieser Stelle beispielhaft
ein Sequenzdiagramm für den Check-In dargestellt. Am
Check-In sind die Objekte Mitarbeiter Check-In, Fluggast,
Ticket, Sitzplatz, Bordkarte, Label und Warteliste beteiligt. Das entsprechende Sequenzdiagramm zeigt die nachstehende Abbildung.

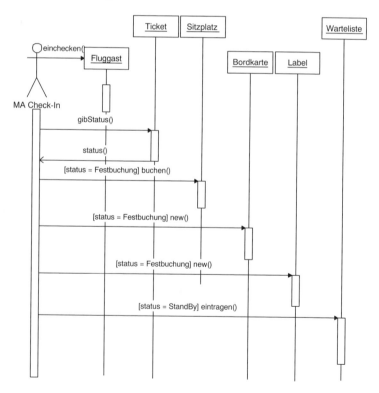

Abbildung 10.13: Sequenzdiagramm Check-In

Meldet sich ein Passagier beim Check-In, ermittelt der Mitarbeiter der Fluggesellschaft den Status des Fluggastes anhand des Tickets. Dazu dient die Methode gibStatus des Objekts Ticket. Das Objekt liefert als Antwort den Parameter status. In Abhängigkeit vom Wert dieses Parameters nimmt der Mitarbeiter bei einer Festbuchung die Buchung des Sitzplatzes vor, stellt eine Bordkarte und ein Gepäcklabel aus oder setzt Passagiere mit einem Stand-by-Ticket auf die Warteliste.

Definition von Zuständen und Zustandsübergängen

Auch für die Zustandsdiagramme gilt der Grundsatz: Weniger ist mehr. Versuchen Sie nicht, ein umfassendes Modell des kompletten Problemausschnitts zu erstellen. Wählen Sie stattdessen die Teilbereiche aus, die einer näheren Erläuterung oder Untersuchung bedürfen.

In dem Fallbeispiel bietet sich ein Zustandsdiagramm der Gepäckabfertigung an, da hier einige Bedingungen existieren, die zu wechselnden Zuständen führen und die Abfertigung des Gepäcks auf den ersten Blick ein wenig kompliziert erscheinen lassen.

Die Fragen aus den Checklisten unterstützen Sie bei der Entwicklung des Zustandsdiagramms der Gepäckabfertigung.

✔ *Wann wird ein Objekt der Klasse* Gepäck *erzeugt?*

  ✔ Ein neues Objekt der Klasse Gepäck wird erzeugt, sobald ein Passagier am Check-In erscheint und ein Gepäckstück aufgibt.

✔ *Welche Initialwerte besitzt das Objekt?*

  ✔ Einziger Initialwert ist der Standort des Gepäcks. Durch die Aufgabe am Check-In erhält das Attribut standort einen entsprechenden Wert.

  ✔ Ansonsten wird das Objekt zunächst ohne konkrete Attributwerte initialisiert.

✔ Maße und Gewicht werden erst bei der weiteren Erfassung des Gepäcks durch den Mitarbeiter der Fluggesellschaft bestimmt.

✔ *Wie ist der Anfangszustand des Objekts?*

    ✔ Alle neu erzeugten Objekte der Klasse Gepäck haben zunächst denselben Zustand, der nur durch den Standort spezifiziert ist. Er lautet aufgegeben.

    ✔ Erst durch das Wiegen beim Check-In und die Verknüpfung mit einem Label erhalten die Objekte weitere Informationen.

✔ *Welche eigenen Methoden manipulieren die Attributwerte des Objekts?*

    ✔ In der hier vorgenommenen Abgrenzung findet eine Manipulation des Zustands zum einen durch die Methode wiegen statt. Nachdem das Gepäck gewogen wurde, enthält das Objekt die Information über das ermittelte Gewicht als Attributwert.

    ✔ Die Methoden transportieren, lagern, verladen und ausladen haben durch die Manipulation des Attributs standort Einfluss auf den Zustand des Objekts vom Typ Gepäck.

    ✔ Die Methode überprüfen legt den Wert des Attributs überprüfungStatus fest.

✔ *Wodurch werden diese Methoden aktiviert?*

    ✔ Die Methode wiegen wird durch den Aufruf aus einem Objekt der Klasse Mitarbeiter Check-In ausgelöst.

    ✔ überprüfen ist eine Methode, die durch eine entsprechende Anweisung des Stationsmanagers von den Mitarbeitern der Gepäckabfertigung ausgelöst wird.

✔ *Welche konkreten Ereignisse führen zu einem Zustandsübergang?*

    ✔ Vgl. dazu die folgende Abbildung des Zustandsdiagramms

✔ *Unter welchen Bedingungen führt ein Ereignis zu einem Zustandsübergang?*

  ✔ Das Gepäck wird nur dann verladen, wenn es an seinem Bestimmungsort (das richtige Flugzeug) angekommen ist.

  ✔ Falls zu dem bereits verladenen Gepäck kein Passagier an Bord der Maschine ist, wird das Gepäck wieder ausgeladen.

✔ *Kann ein und dasselbe Ereignis unterschiedliche Reaktionen und Zustandsübergänge auslösen?*

  ✔ Liegt hier nicht vor.

✔ *Wie ist der Endzustand des Objekts?*

  ✔ Ist der zu dem Gepäck gehörende Passagier an Bord der Maschine, dann lautet der Endzustand ist verladen. Ansonsten verbleibt das Gepäck nicht im Laderaum des Flugzeugs, sondern wird auf dem Flughafen gelagert. Der Endzustand lautet dann lagernd.

✔ *Wann endet der Lebenszyklus des Objekts?*

  ✔ Der Lebenszyklus des Objekts endet nicht mit dem Abschluss des Geschäftsvorfalls Passagierabfertigung, da es am Zielflughafen weiterverarbeitet wird.

  ✔ Erst wenn der Passagier sein Gepäck am Zielort entgegengenommen hat, wird es aus dem hier abgebildeten System entfernt.

✔ *Sind alle im Diagramm definierten Zustände vom Anfangszustand aus durch Ereignisse und Zustandsübergänge erreichbar?*

  ✔ Ja. Vgl. die Abbildung des Zustandsdiagramms.

Die Ergebnisse fließen in die folgende Abbildung des Zustandsdiagramms ein.

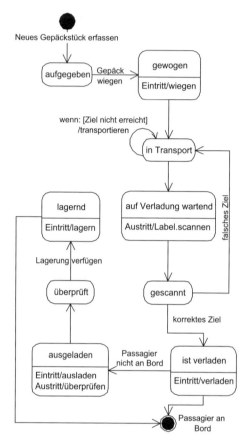

Abbildung 10.14: Zustandsdiagramm der Objekte vom Typ Gepäck

Zunächst wird das Gepäckstück erfasst und erreicht den Zustand aufgegeben. Mit diesem Zustand existiert das Objekt Gepäck überhaupt erst in der Problemdomäne. Anschließend wird mit der Eintrittsaktion wiegen der Zustand gewogen erreicht.

Durch ein implizites Ereignis geht der Zustand des Objekts nach in Transport über, der mit der Aktivität transportieren verbunden ist. Diese Aktivität wird ausgeführt, solange das Gepäck seinen Bestimmungsort noch nicht erreicht hat. Das Objekt verharrt in dem Zustand in Transport, bis das

Ziel erreicht wird, und wechselt dann in den Zustand auf
Verladung wartend.

Mit der Austrittsaktion Label.scannen wird der Zustandsübergang zu gescannt ausgelöst. Beachten Sie, dass die Methode scannen zu der über eine Komposition mit Gepäck verbundenen Klasse Label gehört. Falls das Gepäck fehlgeleitet
wurde, geht der Zustand erneut zu in Transport über. Ist es
am korrekten Flugzeug eingetroffen, wird über die Eintrittsaktion verladen der Zustand ist verladen erreicht. Mit Eintreten des Ereignisses Passagier an Bord ist das Objekt in
seinem Endzustand.

Lautet das Ereignis jedoch Passagier nicht an Bord, dann
führt die Eintrittsaktion ausladen zum Zustand ausgeladen
und anschließend die Austrittsaktion überprüfen zum Zustand überprüft. Daraufhin wird die Lagerung verfügt und
das Objekt Gepäck erreicht mit dem Eintrittsereignis lagern
den Zustand lagernd.

Im Rahmen der Erstellung von Zustandsdiagrammen stößt
man häufig auf Methoden der betrachteten Objekte, die bisher
nicht berücksichtigt wurden. Aus dem Zustandsdiagramm in
der obigen Abbildung ergeben sich für die Objekte vom Typ
Gepäck die Methoden wiegen, transportieren, verladen,
ausladen, überprüfen und lagern. Die Methode scannen gehört zu der Klasse Label. Diese Methoden sind bereits weiter
oben bei der Klassenbeschreibung aufgeführt.

Zur Ermittlung weiterer Zustände ziehen Sie wieder die
Checklisten heran. Spätestens bei der Definition der Zustände
und Zustandsübergänge werden Sie feststellen, dass Sie im
Verlauf des objektorientierten Analyseprozesses die Problemstellung ständig aus einem anderen Fokus betrachten. Zunächst gehen Sie von der allgemeinen Problembeschreibung
aus und teilen die Domäne in Pakete auf. Anschließend dringen Sie dann immer tiefer in die statischen und dynamischen
Strukturen dieser Pakete ein. Bei der Beschreibung der Zustände betrachten Sie dann einzelne Objekte in ihrem Lebenszyklus.

Es erfolgt also eine ständige Verschiebung der Betrachtungsweise vom Abstrakten zum Konkreten, von einer Gesamtschau zur Detailbetrachtung und vom einzelnen Objekt zu kompletten Strukturen oder Abläufen. Diese Phasen sind eingebettet in einen evolutionären Prozess der ständigen Verfeinerung und Anpassung.

Bedenken Sie, dass es sich bei der objektorientierten Analyse um einen evolutionären Prozess handelt. Jeder neue Blickwinkel, den Sie im Laufe des Modellierungsprozesses einnehmen, ergibt auch neue Erkenntnisse für vorangegangene Phasen. So hat das dynamische Modell Auswirkungen auf die Struktur des statischen Modells und umgekehrt.

Die zahlreichen Interdependenzen zwischen den unterschiedlichen Blickwinkeln, vertreten durch die verschiedenen UML-Diagramme, führen zu ständigen Anpassungen und Erweiterungen, bis ein Objektmodell für eine gegebene Problemstellung vollständig und in sich konsistent ist.

Identifikation von Ereignissen

Einige Ereignisse wurden bereits bei der Ermittlung von Zuständen und Zustandsübergängen identifiziert. Hierzu zählen die Ereignisse falsches Ziel, korrektes Ziel, Passagier an Bord und Passagier nicht an Bord. Da Zustandsübergänge durch Ereignisse ausgelöst werden, liegt hier eine besonders ergiebige Quelle für die Ermittlung von Ereignissen.

Einige ausgewählte Ereignisse enthält die folgende Aufstellung.

Ereignis	Beschreibung
Gepäck überschreitet zulässiges Gewicht	Konsequenz: Passagier muss Gebühr entrichten
Flugzeug für Einsteigevorgang bereit	Aktion: Passagiere gehen zum Gate

Ereignis	Beschreibung
Sitzplätze frei	Aktion: Passagiere auf Warteliste werden aufgerufen
Alle Passagiere an Bord	Aktion: Türen schließen

Tabelle 10.2: Ausgewählte Ereignisse

Mit Hilfe der Checklisten und der verbalen Beschreibung der Problemstellung zu Beginn dieses Kapitels können weitere Ereignisse gefunden werden.

Die Identifikation von Ereignissen ist weitgehend in die Beschreibung der Zustände und Zustandsübergänge eingebunden. Im Rahmen dieser Überlegungen ist zu prüfen, aufgrund welcher Ereignisse ein Zustandsübergang erfolgt. Zudem müssen Sie sich bei der Beschreibung der Zustände Gedanken darüber machen, welche Ursachen ein Ereignis hat und welche Wirkungen es entfaltet. Diese äußern sich dann in einem Ausgangs- und einem Zielzustand.

Identifikation von Aktivitäten

Aktivitäten konkretisieren die internen Aktionen von Objekten. Sie dienen der Beschreibung einzelner Verarbeitungsschritte innerhalb eines Ablaufs.

Nachdem der Prozess der Gepäckabfertigung mit Hilfe eines Zustandsdiagramms analysiert wurde, soll in diesem Abschnitt der Einsteigevorgang beispielhaft auf Aktivitäten untersucht werden. Dazu werden die in den Checklisten genannten Fragen benutzt.

✔ *Welche Verantwortlichkeiten (Swimlanes) können unterschieden werden?*

   ✔ Am Einsteigevorgang sind die Klassen Mitarbeiter Gate und Stationsmanager beteiligt. Sie besitzen unterschiedliche Aufgaben und arbeiten gemeinsam an der

Abfertigung der Passagiere. Es bietet sich daher an, diese beiden Verantwortlichkeitsbereiche zu unterscheiden.

✔ Als dritter Akteur spielt auch die Gepäckabfertigung eine Rolle. Sie ist jedoch nicht an dem Kernprozess selbst beteiligt, sondern sorgt lediglich unter bestimmten Bedingungen für das Ausladen des Gepäcks (bei Abwesenheit des zugehörigen Passagiers).

✔ *Von welchen Bedingungen hängt die Ausführung der Prozesse ab?*

✔ Einige der Aktivitäten innerhalb des Prozesses »Einsteigevorgang« sind von Bedingungen abhängig. So wird etwa die Passenger Information List erst dann an den Purser weitergegeben, wenn alle Passagiere an Bord sind und insbesondere zu jedem Gepäckstück ein Fluggast an Bord der Maschine ist.

✔ *Welche alternativen Zustandsübergänge sind mit einer Aktion verknüpft?*

✔ Besondere Bedeutung hat für den Einsteigevorgang der Zustand des Gepäcks. Der Übergang von `ist verladen` nach `ausgeladen` wird durch das Fehlen des zu dem jeweiligen Gepäckstück gehörenden Passagiers ausgelöst.

✔ *Führt ein Übergang zu mehreren verschiedenen Aktionen (Splitting)?*

✔ Ein Splitting ist bei der gleichzeitigen Durchführung mehrerer Aktionen erforderlich. Während des Einsteigevorgangs tritt dies bei der Abgabe der Bordkarten und der Flugscheine durch den Passagier auf.

✔ *Werden mehrere Aktionen zur einer Folgeaktivität zusammengeführt (Synchronisation)?*

✔ Die Aktionen zur Bearbeitung von Bordkarten und Flugscheinen werden nach der Ablage der Flugscheine und der Aushändigung der Bordkarten an die Passagiere wieder zusammengeführt.

✔ *Ist es sinnvoll, einzelne Objektzustände in das Aktivitätsdiagramm aufzunehmen, um Zusammenhänge zu verdeutlichen?*

✔ In diesem relativ gut überschaubaren Teilprozess ist die Aufnahme von Zuständen in das Aktivitätsdiagramm nicht notwendig.

✔ *Welche eingehenden und ausgehenden Signale lassen sich identifizieren?*

✔ Signale werden mit den Instanzen der Klasse Gepäck ausgetauscht, falls ein Passagier, der sein Gepäck aufgegeben hat, nicht erscheint. Der Einsteigevorgang ist erst dann beendet, wenn dessen Gepäck wieder ausgeladen wurde.

Das in Abbildung 10.15 dargestellte Aktivitätsdiagramm beschreibt die Arbeitsschritte des Einsteigevorgangs.

Die Abbildung teilt sich in die beiden Verantwortungsbereiche Mitarbeiter Gate und Stationsmanager. Zu Beginn des Einsteigevorgangs werden die Passagiere aufgerufen. Es folgt ein Split in zwei Aktionsfolgen. In der einen Folge werden die Flugscheine angenommen und zur späteren Abrechnung mit den Reisebüros abgelegt. Die zweite Aktionsfolge beschreibt die Verarbeitung der Bordkarten. Die Mitarbeiter nehmen die Bordkarten entgegen, lesen sie ein und händigen sie anschließend den Passagieren wieder aus.

Nach Abschluss dieser beiden Aktionsfolgen prüft der Stationsmanager die Passenger Information List. Sind alle Angaben in Ordnung, kann die PIL an den Purser weitergereicht werden und die Aktionen im Rahmen des Einsteigevorgangs sind beendet.

Sollte sich bei der Überprüfung jedoch herausstellen, dass Gepäck verladen wurde, zu dem kein Passagier an Bord der Maschine ist, dann erfolgt ein Signal an das Objekt Gepäck mit der Anweisung, das entsprechende Gepäckstück wieder auszuladen. Sobald das Signal zur Bestätigung des Ausladens eintrifft, geht dann die PIL an den Purser.

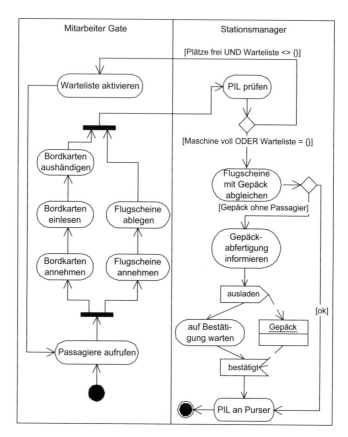

Abbildung 10.15: Aktivitätsdiagramm Einsteigevorgang

Stellt sich als drittes mögliches Ergebnis bei der Überprüfung der PIL heraus, dass alle Passagiere mit Festbuchung an Bord sind, die Maschine aber noch nicht vollständig besetzt ist, wird die Warteliste aktiviert. Die Aktionen vom Aufruf der Passagiere bis zur Weitergabe der PIL an den Purser wiederholen sich nun für die Warteliste.

Beschreibung von Methoden

Der letzte Schritt bei der Erstellung des dynamischen Modells ist die Beschreibung der Methoden. Bisher wurden die Methoden lediglich mit ihren Namen und ihren groben Aufgaben identifiziert. Sie sind nun noch in ihrer Struktur und in ihrem internen Ablauf zu spezifizieren.

Wichtige Informationen zur Definition einer Methode sind neben dem Namen ihre Parameter, Zweck, Datentyp, Vorgehensweise und Ergebnis. Am Beispiel der Methode verladen, die zum Verhalten des Objekts Gepäck gehört, wird die Beschreibung von Methoden verdeutlicht.

- ✔ Name der Methode: verladen

- ✔ Klasse: Gepäck

- ✔ Paket: Kunden

- ✔ Parameter: Lagerort

- ✔ Datentyp: Es handelt sich um eine typlose Methode. Es wird kein Wert an das aufrufende Objekt zurückgeliefert.

- ✔ Verwendete Methoden anderer Klassen: Methode Ladeluke öffnen der Klasse Ladeluke. Entsprechende Methode eines menschlichen Akteurs, der das Gepäck verlädt.

- ✔ Vorgehensweise: Ladeluke öffnen, Gepäckstück von Transportband nehmen, Gepäckstück in Laderaum heben, Gepäckstück an Lagerort ablegen.

- ✔ Ergebnis: Gepäck ist verladen; kein Rückgabewert.

Die Beschreibung der Methode verladen wird durch die Beantwortung folgender Fragen mit Inhalt gefüllt.

- ✔ *Welchen Zweck hat die Methode?*

  - ✔ Die Methode beschreibt den Vorgang des Verladens eines Gepäckstücks im Laderaum des Flugzeugs.

- ✔ *Ist der in der Klassenbeschreibung für die Methode gewählte Name aussagekräftig?*

  - ✔ Der gewählte Name drückt genau die Aufgabe der Methode aus.

✔ *Wodurch wird die Methode ausgelöst?*

  ✔ Die Methode wird ausgelöst, sobald das Gepäck gescannt wurde und bestätigt ist, dass es an das richtige Flugzeug geliefert wurde (vgl. das obige Sequenzdiagramm).

✔ *Welche Daten benötigt die Methode zur Durchführung ihrer Aufgabe?*

  ✔ Die Methode verladen benötigt den Lagerort innerhalb des Laderaums des Flugzeugs. Er wird beim Aufruf der Methode als Parameter übergeben.

✔ *Wie führt die Methode ihre Aufgabe aus?*

  ✔ Da das Gepäck sich nicht selbst verladen kann, muss ein entsprechender Dienst eines menschlichen Akteurs in Form einer Assoziation eingerichtet werden.

✔ *In welcher Reihenfolge und unter welchen Bedingungen werden bestimmte Teilaktivitäten (z.B. Berechnungen) durchgeführt?*

  ✔ Vgl. die Beschreibung der Vorgehensweise in der Methodenbeschreibung

✔ *Auf welche internen Attribute wird bei der Bearbeitung zugegriffen?*

  ✔ Die Attribute maße und gewicht des Gepäcks spielen eine Rolle bei der Wahl eines geeigneten Lagerplatzes.

✔ *Welche internen Attribute werden manipuliert?*

  ✔ Eine Manipulation von Attributen findet nicht statt.

  ✔ Denkbar ist jedoch, den Objekten der Klasse Gepäck ein Attribut mitzugeben, das ihren aktuellen Stand- oder Lagerort enthält. Dieses Attribut wird dann beim Verladen entsprechend geändert.

✔ *Sendet die Methode eine Antwort an das aufrufende Objekt?*

  ✔ Nein.

✓ *Übermittelt die Methode ihre (Zwischen-) Ergebnisse an andere Objekte?*

✓ Nein.

✓ *In welchem Bereich ist die Methode sichtbar?*

✓ Die Methode verladen muss nur innerhalb des Pakets Flughafen sichtbar sein.

Zur exakten Definition von Methoden kann auch eine formale Sprache, wie beispielsweise eine Programmiersprache, verwendet werden. Allerdings sollte dies im Rahmen der objektorientierten Softwareentwicklung erst relativ spät geschehen, wenn bereits feststeht, welche Programmiersprache bei der Implementierung zum Einsatz kommt. In der Regel wird dies erst im Laufe des objektorientierten Designs festgelegt.

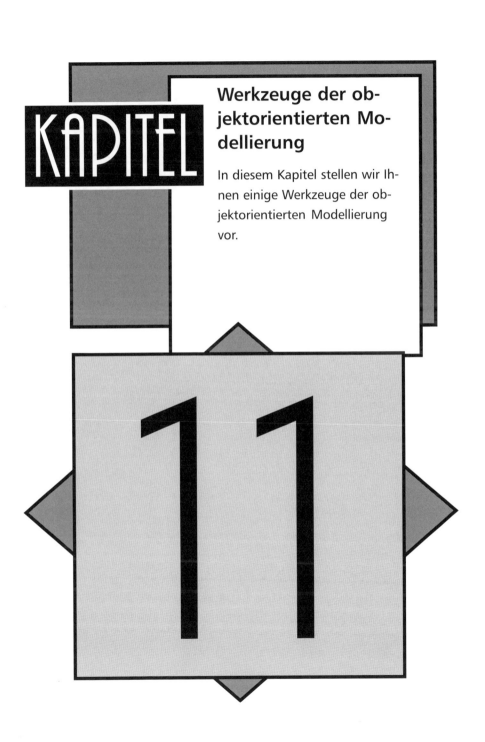

KAPITEL

Werkzeuge der objektorientierten Modellierung

In diesem Kapitel stellen wir Ihnen einige Werkzeuge der objektorientierten Modellierung vor.

11

Werkzeuge der objektorientierten Modellierung

Wir haben uns bemüht, Ihnen eine Auswahl guter und in der Praxis weit verbreiteter Werkzeuge zur Verfügung zu stellen. Mit Hilfe der Evaluationsversionen oder Vollversion erhalten Sie einen Eindruck von den jeweils verfügbaren Funktionen und der Arbeit mit der Software.

> Einige der vorgestellten Tools finden Sie als Evaluationsversionen auf der beiliegenden CD-ROM

Es würde allerdings den Rahmen dieses Taschenbuchs sprengen, die Handhabung der Tools ausführlich zu erläutern. Wir beschränken uns daher auf Hinweise zur Installation der Software (vgl. Anhang B) und auf kurze Erläuterungen zu den Benutzungsoberflächen, die Sie in den folgenden Abschnitten finden.

Der letzte Abschnitt dieses Kapitels fasst die Eigenschaften der hier vorgestellten UML-Werkzeuge in einer Übersicht zusammen.

Wenn Sie sich intensiver mit einem Tool auseinander setzen möchten, sollten Sie das jeweilige Tutorial der Hersteller zu Rate ziehen. Dort erhalten Sie ausführliche Erklärungen der Programmfunktionen. Auf den Internet-Seiten der Hersteller, deren Adressen in Anhang C aufgelistet sind, finden Sie weitere nützliche Informationen.

Together

Borland bezeichnet sein Tool *Together* als Plattform zur Entwicklung von Unternehmensanwendungen. Das Werkzeug unterstützt den Prozess der Softwareentwicklung von der Modellierung von Fachmodellen, Benutzungsschnittstellen und Datenhaltungsschnittstellen über die Programmerstellung von Benutzungsschnittstellen und Datenbankanbindungen bis hin zur Konfiguration verteilter Komponenten.

Together unterstützt alle UML-Diagramme der Version 1.5 sowie deren Umsetzung in verteilte, webbasierte Anwendungen. Die hier nicht behandelte Version *Together Designer* unterstützt die UML 2.0 Notation. Auch *Together Architect* wird in zukünftigen Versionen den UML 2.0 Standard unterstützen.

Hervorstechendes Merkmal im Bereich der UML-Modellierung ist die Life-Source-Technologie, bei der UML-Modell und Programmcode zu einer Einheit verschmelzen. Ergebnis ist die simultane Aktualisierung von UML-Klassendiagrammen und Programmcode in beide Richtungen.

Der Hersteller hebt die folgenden Eigenschaften besonders hervor:

✔ Simultanes Roundtrip Engineering für Java, C#, C++, IDL, Visual Basic

✔ Unterstützung der .NET-Technologie

✔ GUI-Builder

✔ Debugging

✔ Datenbank-Modellierung mit Roundtrip Engineering

✔ Plattformunabhängiges Arbeiten

✔ Möglichkeit der Integration aller wichtigen Entwicklungsumgebungen

✔ Unterstützung der gängigen Versionskontrollsysteme

✔ UML 1.5 und Entity-Relationship-Diagramm

✔ Patterns und Components (inkl. EJBs)

✔ Offene Java-API

✓ Multi-Level-Dokumentations-Generierung für HTML, RTF und Javadoc2

✓ Metriken und Audits

✓ View-Management und leistungsfähige Autolayout-Funktionen

Die Ihnen zur Verfügung stehende Version *Together Architect* unterstützt weitergehende Aspekte wie die Geschäftsprozessmodellierung, Datenbankmodellierung sowie die Entwicklung verteilter Anwendungen mit Entity Java Beans (EJB) im Zusammenspiel mit diversen Enterprise Application Servern.

Im Kontext dieses Buchs stehen die grundlegenden Eigenschaften zur UML-Modellierung im Vordergrund. Daher können wir auf die fortgeschrittenen Eigenschaften hier nicht weiter eingehen.

Beachten Sie die Informationen im Anhang B zur Installation und Einrichtung des Lizenzschlüssels.

Einrichten eines Projekts

Starten Sie Together, nachdem Sie das Programm installiert und freigeschaltet haben, über das Windows-Startmenü *Start / Programme / Borland TogetherArchitect / Borland Together Architect* (siehe Abbildung 11.1).

Nachdem Sie mit *Close* den *Tip of the Day* beendet haben, beginnt jede Modellierung in Together mit der Definition eines Projekts. Alle Einstellungen für die Benutzungsoberfläche, die UML-Diagramme und der erstellte Quellcode sind Bestandteil dieses Projekts (siehe Abbildug 11.2).

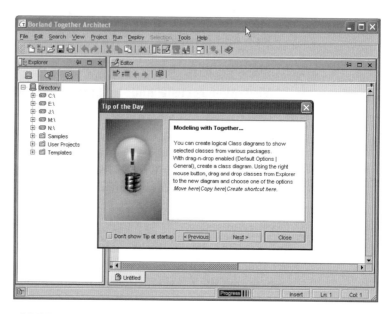

Abbildung 11.1: Together: Hauptfenster

Abbildung 11.2: Together: Projekt einrichten

Ein Assistent fragt Schritt für Schritt die notwendigen Einstellungen für ein Projekt ab. Geben Sie als Projektnamen *Anlage* und als Programmiersprache *Java* an (siehe Abbildung 10.3).

Über die *Next*-Schaltfläche gelangen Sie in einen Dialog, falls das gewählte Projektverzeichnis noch nicht existiert. Bestätigen Sie mit *Yes*, dass das Verzeichnis auf der Festplatte angelegt werden soll (siehe Abbildung 10.4).

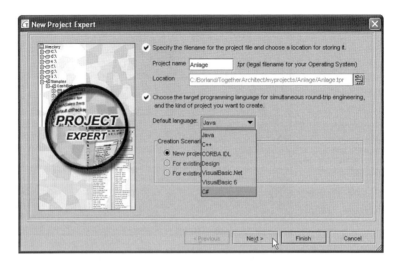

Abbildung 11.3: Together: Projekt-Optionen

Abbildung 11.4: Together: Projektverzeichnis anlegen

Nach erfolgreicher Beendigung des Dialogs nimmt der Assistent seine Arbeit wieder auf, um weitere Optionen zu erfragen. Übernehmen Sie alle weiteren Optionen mit den voreingestellten Werten, indem Sie den Assistenten durch einen Klick auf die Schaltfläche *Finish* beenden (siehe Abbildung 11.5).

Das soeben erzeugte Projekt präsentiert sich im Together-Hauptfenster mit drei unterteilten Bereichen. Diese für die bei der Installation eingestellte Developer-Sicht typische Einstellung kann durch eine Reihe von Tuning-Optionen individuell angepasst werden. Sollte Ihre Darstellung von der hier gezeigten abweichen, so liegt das an divergierenden Einstellungen.

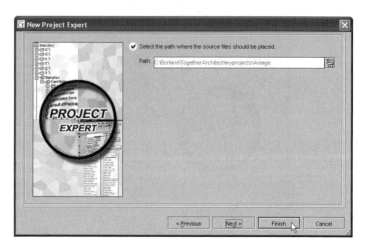

Abbildung 11.5: Together: Projekt anlegen

Das Fenster zeigt die drei Bereiche *Explorer*, *Designer* und *Editor*.

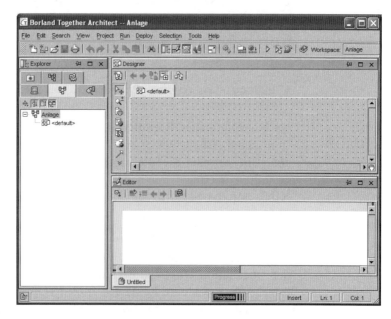

Abbildung 11.6: Together: Hauptfenster in der Developer-Sicht

Der *Designer* ist für UML-Modellierer das zentrale Werkzeug. Hier werden alle UML-Diagramme grafisch erstellt. Das Zeichnen ähnelt von der Handhabung her dabei grundsätzlich einem gängigen Grafikprogramm.

Der *Explorer* dient zur Navigation in verschiedenen Bereichen. Sie können in Verzeichnissystemen Dateien suchen, in der Hierarchie der von Ihnen erstellten Diagramme und Elemente navigieren oder durch Testfälle browsen, mit denen Sie Ihre Anwendung überprüfen.

Im *Editor* bearbeiten Sie den Quellcode in der Programmiersprache, die Sie für Ihr Projekt aus dem zur Verfügung stehenden Kanon ausgewählt haben.

Auch wenn Together mehrere Programmiersprachen unterstützt, so bietet es für die Programmiersprache Java doch die umfassendsten Funktionen. Das zeigt sich auch bei der Umsetzung von Assoziationen, Aggregationen und Kompositionen mit Hilfe von Patterns, die entsprechende Attribute und Operationen vorgeben.

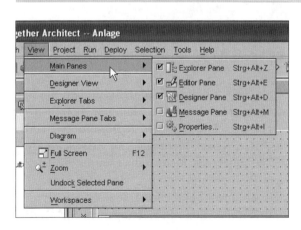

Abbildung 11.7: Together: View konfigurieren

Im Menü *View / Main Panes* haben Sie die Möglichkeit, Bereiche komplett ein- oder auszublenden.

Erstellen von Klassendiagrammen

Im Folgenden wählen wir exemplarisch das als zentrales Diagramm in unserem Projekt festgelegte Klassendiagramm, um die simultane UML-Diagramm- und Code-Erzeugung zu betrachten, die Together so bekannt und beliebt gemacht hat.

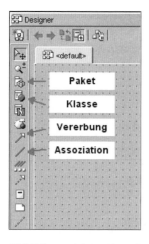

Abbildung 11.8: Together: Zeichenwerkzeuge im Klassendiagramm

Links neben dem Zeichenfeld, in dem Sie Elemente des Klassendiagramms anordnen können, befinden sich die Zeichenwerkzeuge. Die Symbole repräsentieren UML-Modellelemente. *Paket*, *Klasse*, *Vererbung* und *Assoziation* sind als grundlegende Vertreter des Klassendiagramms in der Abbildung mit einem Pfeil gekennzeichnet. Über das Assoziations-Symbol können Sie sowohl einfache Assoziationen als auch Aggregationen und Kompositions-Beziehungen in Ihr Modell einfügen.

Um ein Element im Zeichenfeld zu positionieren, klicken Sie zunächst auf das entsprechende Symbol in der Werkzeugleiste. Damit haben Sie das Symbol ausgewählt und können mit einem weiteren Klick auf der Zeichenfläche das Element als Modellelement erzeugen und an einer beliebigen Position auf dem Zeichenfeld darstellen.

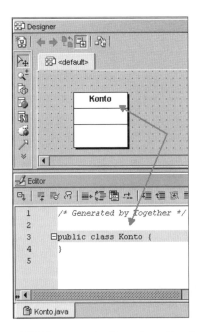

Abbildung 11.9: Together: Simultanes Roundtrip Engineering

Wählen Sie das Klassensymbol aus und klicken Sie anschließend in das Zeichenfeld, um eine neue Klasse zu erzeugen und im Klassendiagramm darzustellen.

Im nächsten Schritt klicken Sie in das erste Segment (Klassenname) der grafisch dargestellten Klasse auf dem Zeichenfeld und geben den Klassennamen Konto ein.

Drücken Sie die Tastenkombination [Strg] + [A], fügen Sie der markierten Klasse ein neues Attribut zu. Geben Sie exemplarisch das Attribut kontostand:double ein.

Mit der Tastenkombination [Strg] + [O] erhält das markierte Objekt eine neue Operation. Vereinbaren Sie hier die Operation einzahlen mit void als Rückgabetyp (das heißt, es gibt keinen Rückgabewert).

Beim Einfügen von Attributen und Operationen erkennen Sie, dass Together gleichzeitig mit dem Einfügen von Klassen, Attributen und Operationen den Programmcode in der Sprache Java generiert und im Editor auch sofort anzeigt.

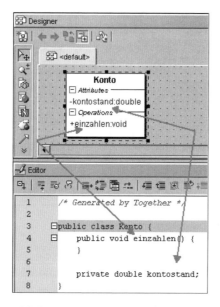

Abbildung 11.10: Together: Attribute und Operationen vereinbaren

Die Abbildung zeigt für das Attribut kontostand und die Operation einzahlen(...) die beiden simultan erzeugten Symbole im Klassendiagramm und die korrespondierenden Quellcodezeilen.

Roundtrip Engineering bedeutet, dass Änderungen im Quellcode sich genauso auf das UML-Modell und seine grafische Darstellung durchschlagen wie auch eine Änderung im UML-Element umgekehrt auf den Quellcode. Simultan bedeutet, dass die Änderungen gleichzeitig stattfinden.

Editieren Sie Änderungen von UML-Elementen wie Klassen, Attribute und Operationen alternativ im Designer-View direkt im Klassensymbol oder aktivieren Sie bei markierter Klasse über Alt + ⏎ den *Properties-Inspector*. Die dritte Möglichkeit zum Editieren ist der Quellcode. Sie sehen: Jede Änderung in einem der Bereiche schlägt sich auf die drei anderen Bereiche sofort nieder.

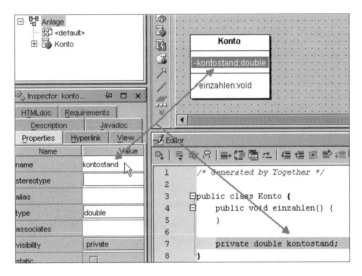

Abbildung 11.11: Together: Properties-Inspector

Fügen Sie eine weitere Klasse mit dem Namen Sparkonto hinzu. Wählen Sie anschließend in der Werkzeugleiste das Vererbungssymbol aus und definieren Sie eine Vererbungsbeziehung zwischen Sparkonto (Unterklasse) und Konto (Oberklasse), indem Sie zunächst auf Sparkonto und anschließend auf Konto klicken (siehe Abbildung 11.12).

Auch die Vererbungsbeziehung, die Sie nach Anwahl des Vererbungssymbols in der Werkzeugleiste von der Klasse Sparkonto zur Klasse Konto gezeichnet haben, ist simultan im Editor-Fenster als extends-Statement, das in der Sprache Java eine Vererbungsbeziehung zu einer Oberklasse definiert, sichtbar.

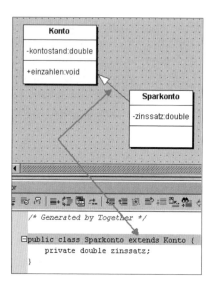

Abbildung 11.12: Together: Vererbungsbeziehung

Fügen Sie zum Abschluss noch eine Klasse Kunde und eine Assoziation Inhaber vom Kunden zum Sparkonto ein. Nachdem Sie das Assoziations-Symbol in der Werkzeugleiste gewählt haben, klicken Sie auf die Klasse Kunde und dann auf die Klasse Sparkonto.

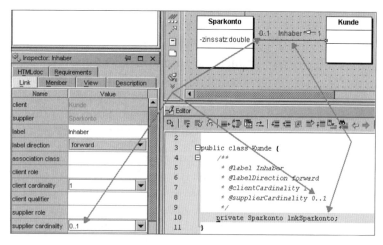

Abbildung 11.13: Together: Assoziationsbeziehung

Solange die Assoziation auf der Zeichenfläche ausgewählt ist, können Sie im Properties-Inspector die Eigenschaften der Assoziation bearbeiten. Vereinbaren Sie das *label*, die *label direction*, die *client cardinality* und die *supplier cardinality* gemäß den Vorgaben.

Sie sehen auch hier die simultane Änderung von UML-Modell und Programmcode. Die Assoziation ist als unidirektionale Beziehung über das Attribut lnkSparkonto vom Typ Sparkonto in Zeile 10 des Quellcodes implementiert. Ein solches einfaches Attribut vom Typ der bezogenen Klasse kann nur maximal ein Objekt referenzieren.

Die Kardinalitäten werden hingegen nur als erläuternde Kommentare im Quellcode hinterlegt. Aus diesen Kommentaren konstruiert Together das UML-Diagramm. Um sicherzustellen, dass die Kardinalitäten jederzeit eingehalten werden, müssen Sie speziellen Code schreiben.

Together bietet für die Sprache Java eine Reihe von Patterns, mit denen Assoziationen abgebildet werden können, die eine Beziehung zu mehreren Objekten beinhalten, geordnet sind oder andere spezielle Anforderungen besitzen.

Vom Klassen- zum Objektdiagramm

Die zeitunabhängige Struktur der Anwendung, die sich im Klassendiagramm widerspiegelt, kann in einem Objektdiagramm exemplarisch überprüft werden. Together bietet die Möglichkeit, ein Objektdiagramm in ein Klassendiagramm zu integrieren. Die Zeichenwerkzeuge, die Sie dazu benötigen, zeigt Abbildung 11.14.

Das Objekt-Werkzeug dient zur Positionierung eines Objekts im Klassendiagramm. Mit dem Assoziations-Werkzeug stellen Sie Beziehungen dar. Die Zuordnung eines Objekts zu einer Klasse, aus der es abgeleitet ist, stellt der Abhängigkeits-Pfeil dar.

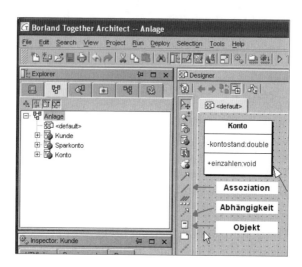

Abbildung 11.14: Zeichenwerkzeuge im Objektdiagramm

Klicken Sie auf das Objekt-Werkzeug und anschließend in das Zeichenfeld, um ein neues Objekt zu erstellen.

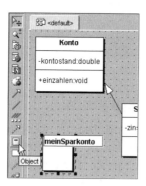

Abbildung 11.15: Together: Objekt im Klassendiagramm

Vereinbaren Sie sofort einen Namen im bereits markierten Namensfeld des Objekts. Im nächsten Schritt vereinbaren Sie eine Verbindung zur Klasse, aus der das Objekt erzeugt wurde, indem Sie einen Abhängigkeits-Pfeil vom Objekt meinSparkonto zur zugehörigen Klasse Konto zeichnen.

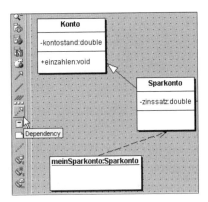

Abbildung 11.16: Together: Klassenzugehörigkeit

Klicken Sie dazu auf das Dependency-Werkzeug, mit dem Abhängigkeiten definiert werden (gestrichelter Pfeil). Anschließend klicken Sie dann auf das Objekt meinSparkonto, um den Ursprung des Pfeils zu verankern, und abschließend auf die Klasse Sparkonto, um die Pfeilspitze festzulegen. Der gestrichelte Pfeil verweist jetzt vom Objekt meinSparkonto auf die Klasse Konto und legt damit inhaltlich fest, dass das Objekt aus der zugeordneten Klasse abgeleitet ist. Diese Zuordnung zur Klasse Konto wird ebenfalls in der Objektbezeichnung meinSparkonto:Konto hinter dem Doppelpunkt vermerkt.

Nach dieser Zuordnung besitzt das Objekt meinSparkonto alle Attribute und Operationen, die in der Klasse Sparkonto und ihrer Oberklasse Konto vereinbart sind.

Die Objektattribute können Sie im *Inspector*-Fenster im Bereich *Attributes* mit Attributwerten belegen. Dazu markieren Sie im Klassendiagramm das Objekt meinSparkonto. Der *Inspector* zeigt alle Eigenschaften, die für das ausgewählte Objekt festgelegt werden können. Im Bereich *Attributes* werden jedoch Attribute von Oberklassen nicht berücksichtigt. So bleibt das Attribut kontostand, das über die Vererbungsbeziehung von der Klasse Konto an die Klasse Sparkonto vererbt wird, unberücksichtigt.

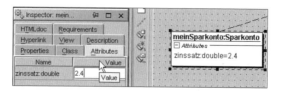

Abbildung 11.17: Together: Attributwerte festlegen

Darüber hinaus existiert keine Möglichkeit, die Attribute mit ihrer Wertbelegung im Diagramm anzuzeigen. Dadurch ist die Aussage der Objektdiagramme eingeschränkt.

Das folgende Diagramm enthält drei zusätzliche Objekte, so dass zwei Sparkonto-Objekte und zwei Kunden-Objekte dargestellt werden. Da zwischen den zugehörigen Klassen eine Inhaber-Assoziation definiert ist, stellen wir diese Verbindung auch zwischen den Objekten her.

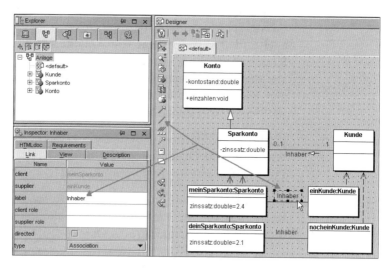

Abbildung 11.18: Together: Objektverbindungen

Wählen Sie durch Klicken das Assoziations-Werkzeug aus und klicken Sie anschließend im Diagramm die beteiligten Objekte an. Zwischen diesen Objekten ist damit eine Verbindung definiert. Die Bezeichnung Inhaber für die im Diagramm ausgewählte Verbindung vereinbaren Sie im *Inspector* im Bereich *Link* unter der *Label*-Eigenschaft.

Sind in einem Klassendiagramm bereits sehr viele Elemente abgebildet, können Sie das Objektdiagramm auch in einem Kollaborationsdiagramm darstellen.

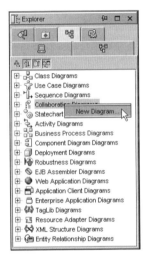

Abbildung 11.19: Together: Kollaborationsdiagramm erstellen I

Ein neues Diagramm erstellen Sie, indem Sie im Explorer die Diagramm-Sicht wählen und auf den gewünschten Typ mit der rechten Maustaste klicken. Anschließend klicken Sie auf *New Diagram*, um den folgenden Auswahldialog zu aktivieren (siehe Abbildung 11.20).

Geben Sie dem Diagramm einen beliebigen Namen und erstellen Sie es über den *Ok*-Button. Im danach angezeigten Kollaborationsdiagramm können Sie Ihre Objekte genauso erstellen wie im Klassendiagramm. Eine Zuordnung zu einer Klasse können Sie hier im Unterschied zum Klassendiagramm jedoch nur über die direkte Namenseingabe ...:Sparkonto oder den Auswahl-Dialog *instanciates* im *Properties*-Bereich des *Inspector* vornehmen.

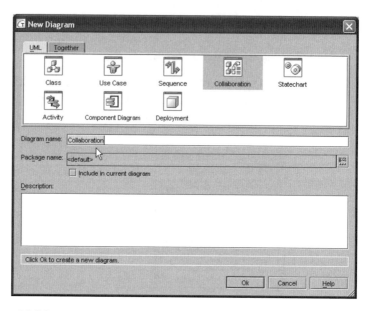

Abbildung 11.20: Together: Kollaborationsdiagramm erstellen II

Vom Klassen- zum Zustandsdiagramm

Um die Veränderungen eines Objekts während seines Lebenszyklus zu zeigen, erstellen Sie ein Zustandsdiagramm. Nachdem Sie bereits die Möglichkeit kennen gelernt haben, ein Diagramm über den Diagramm-Explorer zu erzeugen, wählen wir hier den Weg über das *File*-Menü.

Abbildung 11.21: Together: Zustandsdiagramm erstellen I

Wählen Sie den Menüpunkt *File / New* aus oder drücken Sie die Tastenkombination ⌈Strg⌋ + ⌈N⌋ und Sie gelangen in die *Ob-*

ject Gallery, in der Sie alle verfügbaren Elemente, also auch Diagramme, erstellen können.

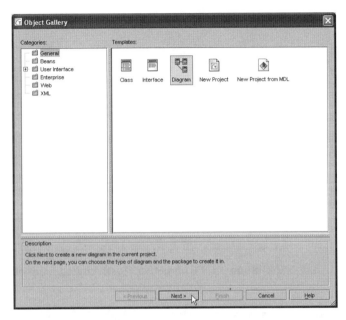

Abbildung 11.22: Together: Zustandsdiagramm erstellen II

Markieren Sie im *Templates*-Fenster das *Diagram*-Symbol und klicken Sie danach auf die Schaltfläche *Next*. Nun gelangen Sie wiederum in den *New Diagram*-Dialog. Wählen Sie das *Statechart*-Symbol aus, vereinbaren Sie einen Namen und erstellen Sie das Zustandsdiagramm über den *Finish*-Knopf (siehe Abbildung 11.23).

Das erstellte Zustandsdiagramm enthält die folgenden elementaren Zeichenwerkzeuge, die Sie benötigen, um Veränderungen von Objekten und anderen Systemelementen zu beschreiben (siehe Abbildung 11.24).

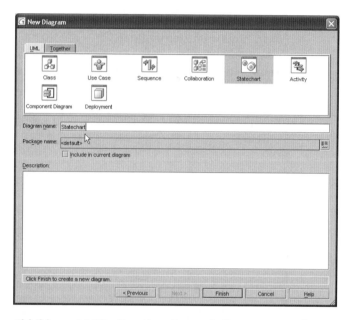

Abbildung 11.23: Together: Zustandsdiagramm erstellen III

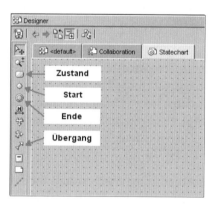

Abbildung 11.24: Together: Werkzeuge im Zustandsdiagramm

Erstellen Sie zunächst einen Start- und einen Endpunkt, indem Sie die Symbole anwählen und wie gewohnt auf der Zeichenfläche positionieren.

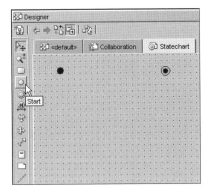

Abbildung 11.25: Together: Zustandsdiagramm Start und Ende

Für ein Konto definieren wir zwei Zustände: KontostandPositiv und KontostandNegativ. Dazu klicken Sie auf das *State*-Symbol in der Werkzeugleiste und anschließend auf die Position der Zeichenfläche, an der Sie den Zustand platzieren möchten. Geben Sie anschließend die Zustandsbezeichnung KontostandPositiv in das bereits markierte Bezeichnungsfeld ein.

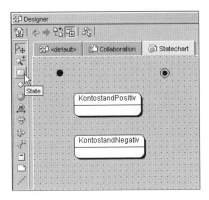

Abbildung 11.26: Together: Zustandsdiagramm Zustand

Wiederholen Sie den Vorgang für den Zustand KontostandNegativ. Nach der Vereinbarung der Zustände müssen noch die Zustandsübergänge festgelegt werden, damit Sie sehen können, wie und unter welchen Bedingungen Zustände eintreten und verlassen werden.

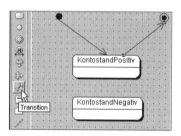

Abbildung 11.27: Together: Zustandsdiagramm Übergang I

Wählen Sie das *Transition*-Werkzeug und klicken Sie nacheinander auf den Ausgangspunkt (Start-Punkt) und dann auf das Ziel (KontostandPositiv) des zu definierenden Zustandsübergangs. Wiederholen Sie das Verfahren zur Definition eines Übergangs vom Zustand KontostandPositiv zum End-Punkt.

Weitere Zustandsübergängen können Sie zwischen den Zuständen KontostandPositiv und KontostandNegativ definieren.

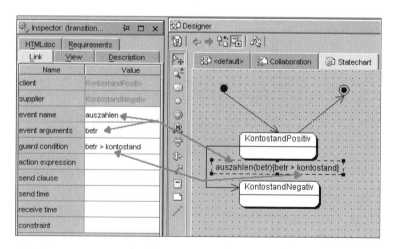

Abbildung 11.28: Together: Zustandsdiagramm Übergang II

Nachdem ein Übergang zwischen den Zuständen Kontostand-Positiv und KontostandNegativ vereinbart ist, markieren Sie den Übergang im Diagramm und vereinbaren im *Inspector* einen Ereignisnamen (*event name*: auszahlen), Argumente (*event arguments*: betr) und Bedingungen (*guard condition*: betr > kontostand), die an den Übergang geknüpft sind.

Abschließend sei kurz angemerkt, dass auch Übergänge definiert werden können, die Ursprung und Ziel im selben Zustand besitzen. Klicken Sie dazu nach ausgewähltem *Transition*-Werkzeug zweimal auf den betreffenden Zustand.

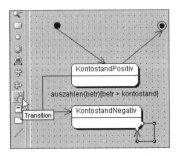

Abbildung 11.29: Together: Zustandsdiagramm Selbstreferenz

Zustände und Zustandsübergänge sind in Together nicht an Klassendefinitionen gebunden. So lassen sich Zustände und Übergänge unabhängig formulieren. Eine syntaktische Prüfung kann demgemäß auch nicht erfolgen.

Vom Klassen- zum Sequenzdiagramm

Im Gegensatz zum Zustandsdiagramm ist das Sequenzdiagramm eng mit dem Klassendiagramm verzahnt. Erstellen Sie ein neues Sequenzdiagramm, indem Sie im Explorer mit der rechten Maustaste das Kontextmenü für die *Sequence Diagrams* aktivieren.

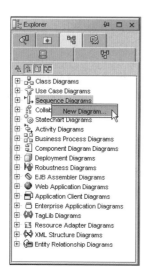

Abbildung 11.30: Together: Sequenzdiagramm erstellen I

Klicken Sie anschließend auf *New Diagram*, um den *New Diagram*-Dialog aufzurufen. Geben Sie einen Namen für das Sequenzdiagramm ein und bestätigen Sie den Dialog über den *Ok*-Button.

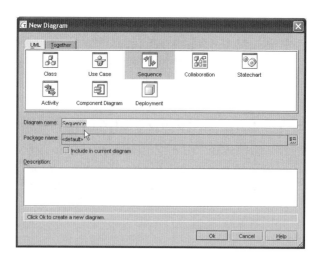

Abbildung 11.31: Together: Sequenzdiagramm erstellen II

Ein neues Sequenzdiagramm erscheint im Zeichenbereich und stellt Ihnen die folgenden elementaren Zeichenwerkzeuge zur Verfügung.

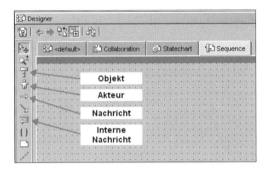

Abbildung 11.32: Together: Werkzeuge im Sequenzdiagramm

Im Folgenden demonstrieren wir kurz den Einsatz der Werkzeuge, um sehr schnell formal korrekte Diagramme zu erstellen. Wählen Sie das Akteur-Werkzeug aus und klicken Sie auf die Zeichenfläche. Geben Sie dem erstellten Akteur die Bezeichnung Bankberater.

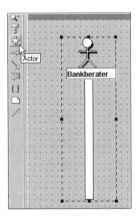

Abbildung 11.33: Together: Sequenzdiagramm Akteur

Das Diagramm zeigt nun den externen Akteur Bankberater mit Lebenslinie und Aktivitätsbalken. Erstellen Sie im Folgenden ein Konto mit dem Objekt-Werkzeug und geben Sie ihm den Namen meinKonto.

Das Diagramm zeigt das erstellte Objekt mit seiner Lebenslinie.

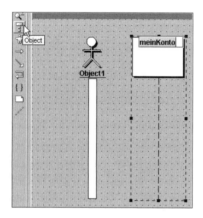

Abbildung 11.34: Together: Sequenzdiagramm Objekt einfügen

Im nächsten Schritt legen Sie fest, aus welcher Klasse das Objekt meinKonto abgeleitet ist. Dazu klicken Sie mit der rechten Maustaste auf das Objekt meinKonto und wählen im Menü *Choose Class* die Klasse Sparkonto aus.

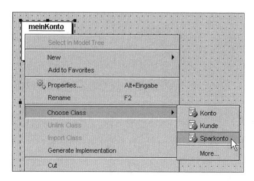

Abbildung 11.35: Together: Sequenzdiagramm Klasse zuordnen

Unterhalb des Namens meinKonto wird die ausgewählte Klasse Sparkonto nun angezeigt. Im nächsten Schritt vereinbaren Sie mit Hilfe des Nachrichten-Werkzeugs eine Nachricht, die der Bankberater an das Sparkonto-Objekt meinKonto übermittelt.

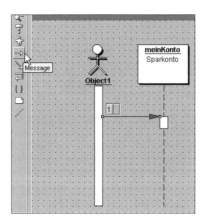

Abbildung 11.36: Together: Sequenzdiagramm Nachricht einfügen

Klicken Sie dazu nach der Auswahl des *Message*-Werkzeugs zunächst auf den Aktivitätsbalken des Bankberater-Akteurs und anschließend auf die Lebenslinie des Objekts meinKonto. Im Ergebnis sehen Sie einen Nachrichtenpfeil, der vom Bankberater auf das Sparkonto verweist. Auf der Lebenslinie des Sparkonto-Objekts befindet sich jetzt ebenfalls ein Aktivitätsbalken.

Mit dieser Nachricht aktiviert der Bankberater somit eine Operation des Objekts meinKonto, das ja aus der Klasse Sparkonto abgeleitet ist.

Klicken Sie mit der rechten Maustaste auf den Nachrichtenpfeil, um den Operationsnamen festzulegen (siehe Abbildung 11.37).

Wählen Sie aus dem Kontextmenü *Choose Operation* die Option *More*, um alle Operationen der Vererbungslinie der Klasse Sparkonto anzuzeigen.

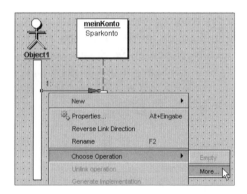

Abbildung 11.37: Together: Sequenzdiagramm Operation
einfügen I

Wählen Sie im erscheinenden Dialogfenster *Choose Operation
Name* die Operation einzahlen(...)aus, die durch die Vererbung von der Klasse Konto an die Klasse Sparkonto weitergegeben wird.

Abbildung 11.38: Together: Sequenzdiagramm Operation
einfügen II

Beenden Sie den Dialog, indem Sie Ihre Auswahl mit dem *Ok*-
Knopf bestätigen.

Im Diagramm sehen Sie nun über dem Nachrichtenpfeil den
Namen der ausgewählten Operation (siehe Abbildung 11.39).

Eine weitere Option dient dazu, interne Nachrichten, die ein
Objekt an sich selbst schickt, zu erzeugen. Darüber hinaus bietet Together wohl die ausgereifteste Verbindung aller Tools
zwischen Sequenzdiagramm und Java-Quellcode.

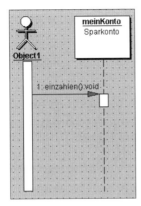

Abbildung 11.39: Together: Sequenzdiagramm Operation

Sie können visuell Code-Sequenzen für einzelne Aktivitätsbalken definieren, die zwar nicht simultan, aber doch auf Anforderung in den Java-Quellcode der im Aktivitätsbalken aktiven Operation übernommen werden.

Damit haben wir nur einen Bruchteil der Optionen von Together angerissen. Das Tool besitzt eine Fülle weiterer Optionen, um die Effektivität und die Effizienz der Softwareentwicklung zu steigern, die wir hier leider nicht besprechen können. Together ist sicherlich die innovativste Entwicklungsumgebung, die in den letzten Jahren im Bereich der objektorientierten Systementwicklung angeboten wird.

Im Menü *File* können Sie mit der Anweisung *Exit* Together wieder verlassen.

Enterprise Architect

Die Firma Sparx Systems bezeichnet ihr Produkt *Enterprise Architect* als ein Werkzeug zur Spezifikation, Dokumentation und Entwicklung von Software. Mit Hilfe der Notation und der Semantik der UML können komplexe Softwaresysteme gestaltet werden. Das Tool erlaubt die Ableitung von Programmcode aus den erstellten UML-Modellen sowie umgekehrt das Reverse Engineering und unterstützt dabei zahlreiche verbreitete Programmiersprachen.

Die folgende Auflistung gibt einen Überblick über einige Programmfunktionen:

✔ Forward und Reverse Engineering mit C++, Java, C#, VB.NET, Delphi, PHP und Visual Basic (nur in der Professional und der Corporate Edition)

✔ Modellierung von Abhängigkeiten zwischen Projektelementen

✔ Definition von Classifiern

✔ Erstellen von Dokumentationen im RTF- und HTML-Format

✔ Input und Output von Modellen im XMI-Format

✔ Versionsverwaltung im XMI-Format über SCC und CVS

✔ Speichern und Laden kompletter Diagramme als UML-Patterns

✔ Relationship Matrix zur Darstellung von Verbindungen zwischen Modelelementen in Tabellenform

✔ Verbindung zu Datenbanken (SQL Server, MySQL und Oracle9i nur in der Corporate Edition)

Bei der Installation von Enterprise Architect wird ein Programmsymbol auf dem Desktop angelegt. Durch einen Doppelklick darauf können Sie das Programm starten. Nach dem ersten Start müssen Sie zunächst auswählen, welche Version der Software Sie während der 30-tägigen Testphase einsetzen möchten (siehe Abbildung 11.40).

Die *Desktop Edition* ist für den Einzelanwender gedacht, der lediglich Analyse- und Designmodelle erstellen möchte. Diese Version verfügt über sämtliche Eigenschaften der Professional Edition mit Ausnahme des Code Engineering (Import und Export von Quellcode) der ActiveX-Schnittstelle und der Möglichkeit, Modelle mit anderen Benutzern gemeinsam zu nutzen.

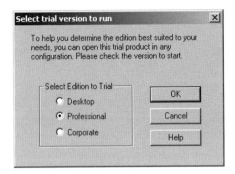

Abbildung 11.40: Auswahl der Softwareversion

In der *Professional Edition* ist die gemeinsame Bearbeitung von Projekten möglich. Sie richtet sich in erster Linie an Workgroups und Entwicklerteams. Dateien können in einem Netzwerk gemeinsam genutzt werden. Die Professional Edition verfügt über eine ActiveX-Schnittstelle zur Untersuchung von Projekten. Informationen können im XMI-Format herausgefiltert werden. Sie unterstützt darüber hinaus den Import, den Export sowie die Synchronisation von Modellelementen und Quellcode. Zu Oracle, SQL Server und MS Access besteht die Möglichkeit der Datenbankanbindung.

Die *Corporate Edition* richtet sich insbesondere an größere Entwicklerteams. Sie bietet über die Funktionalität der Professional Edition hinaus weitergehende Möglichkeiten der Datenbankanbindung (MySQL, PostgreSQL, Sybase) und Sicherheitsfunktionen, wie etwa das Anlegen von Benutzerkonten, Benutzergruppen und das Einrichten verschiedener Sicherheitszonen mit beschränktem Zugriff.

Nach dem Programmstart öffnet sich ein Fenster mit der Benutzungsoberfläche von Enterprise Architect (siehe Abbildung 11.41).

In der Mitte der Oberfläche wird zu Beginn ein Fenster mit der Bezeichnung *Start Page* eingeblendet. Dieses Fenster dient als Einstiegspunkt in die wichtigsten Programmfunktionen, die Sie zu Beginn Ihrer Arbeit mit der Software benötigen.

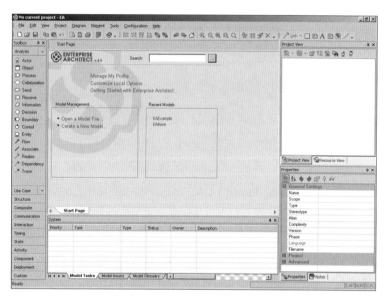

Abbildung 11.41: Benutzungsoberfläche von Enterprise Architect

Im linken Teil des Fensters befindet sich der Bereich *Model Management* mit, je nach Edition, zwei bis drei Optionen.

✔ Öffnen eines Modells (*Open a Model File*)

✔ Erstellen eines neuen Modells (*Create a New Model*)

Falls Sie die Corporate Edition ausgewählt haben, wird Ihnen als zusätzliche Option die Verbindung zu einem Datenbank-Repository angeboten.

Der rechte Teil der Start Page ist mit *Recent Models* bezeichnet. Hier können Sie später direkt die zuletzt bearbeiteten Modelle öffnen.

Die folgende Abbildung verdeutlicht die Aufteilung der Oberfläche von Enterprise Architect bei der Arbeit an einem konkreten Projekt.

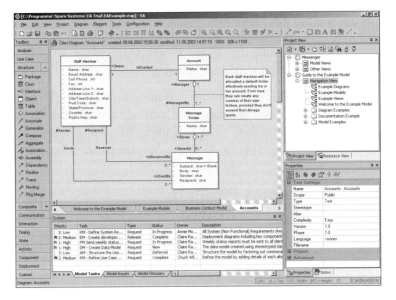

Abbildung 11.42: Arbeitsbereiche der Benutzungsoberfläche

Der *Project Browser* (*Project View*) im rechten oberen Bereich dient zur Navigation in einem Projekt. Die dort eingetragenen Pakete werden mit einem Doppelklick geöffnet. Ein Klick auf die rechte Maustaste öffnet ein Kontextmenü mit den jeweils verfügbaren Funktionen für die verschiedenen Projektelemente.

Im unteren rechten Bereich des Fensters befindet sich der *Property Browser*, über den sich verschiedene Informationen zum gerade geladenen Projekt abrufen lassen, wie z.B. die Eigenschaften der Modellelemente.

Die Diagrammansicht (*Diagram View*) in der Mitte nimmt den größten Teil der Oberfläche ein. Sie zeigt das erstellte UML-Modell in der grafischen Ansicht.

Auf der linken Seite befindet sich die *Toolbox*, aus der Sie die von der UML vorgesehenen grafischen Modellelemente und Beziehungstypen auswählen und in die Diagrammansicht einfügen können.

Im oberen Bereich des Arbeitsplatzes befinden sich das *Hauptmenü* und verschiedene *Schaltflächen*, über die Sie zahlreiche häufig benötigte Programmfunktionen mit einem Mausklick direkt aufrufen können.

Die *Systemansicht* im mittleren unteren Bereich fasst verschiedene Informationen zum aktuellen Modell tabellarisch zusammen, wie etwa die noch zu erledigenden Aufgaben oder ein Glossar, das einzelne Modellelemente begrifflich erläutert.

Einrichten eines Projekts

Um ein UML-Modell zu erstellen, müssen Sie zunächst ein neues Projekt einrichten. Klicken Sie dazu in der *Start Page* auf den Link *Create a New Model* oder wählen Sie im Menü *File* den Eintrag *New* aus.

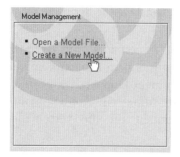

Abbildung 11.43: Projekt anlegen

Es öffnet sich ein Fenster, in dem Sie den Namen und das Zielverzeichnis des Projekts bestimmen können (siehe Abbildung 11.44).

In Abbildung 11.44 sehen Sie die Einträge, die Enterprise Architect standardmäßig für Sie vornimmt. Das Textfeld *New Project* enthält den Projektnamen und das Verzeichnis, in dem Ihr Projekt gespeichert werden soll. *Model Project* bestimmt das Basismodell, auf dem Ihr Projekt beruht. Hier können Sie jedes bereits bestehende Modell auswählen.

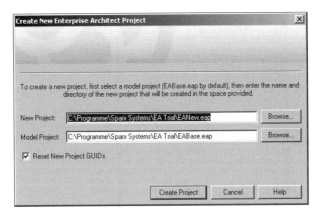

Abbildung 11.44: Projektnamen und Verzeichnis angeben

Jedes Projekt beruht auf einem Basisprojekt (*Base Model Project*). Enterprise Architect erstellt bei der Installation ein solches Basisprojekt, von dem Sie Ihre eigenen Projekte ableiten können. Es ist jedoch auch möglich, eigene Basisprojekte anzulegen, die etwa einheitliche Unternehmensstandards vorgeben.

Selbstverständlich können Sie einen eigenen Projektnamen und ein individuelles Verzeichnis eintragen. Klicken Sie auf die Schaltfläche *Create Project*, um das Projekt anzulegen.

Nachdem Sie das Projekt angelegt haben, wird sein Name auf der *Start Page* in den Bereich *Recent Models* eingetragen.

Rechts oben im *Project Browser* sind nun die verschiedenen Sichten (*Views*) Ihres Projekts vorbereitet (siehe Abbildung 11.45).

Wie Sie der Abbildung entnehmen können, entsprechen diese Sichten den verschiedenen Betrachtungsweisen einer Problemstellung in der UML. Es existieren unter anderem eine dynamische und eine statische Sicht sowie eine Komponenten- und eine Verteilungssicht Ihres Projekts, die als Pakete zur Strukturierung der verschiedenen Teilmodelle dienen.

Abbildung 11.45: *Project View*

Dies sind die Vorgaben aus dem Basisprojekt *EABase*. Sie können auch eigene Views hinzufügen oder die bestehenden Sichten löschen. Klicken Sie dazu mit der rechten Maustaste auf einen der Einträge und wählen Sie die gewünschte Option (z.B. *Delete*) aus. Bei einem Klick mit der rechten Maustaste auf das Root-Verzeichnis (*Views*) steht Ihnen auch die Option *New View* zur Verfügung, um ein neues Paket anzulegen.

Erstellen von Klassendiagrammen

Im nächsten Schritt wird das noch leere Projekt nun mit Inhalt gefüllt. Dazu legen wir beispielhaft einige Klassen an und fügen Sie in das Projekt ein.

Erweitern Sie den Eintrag *Logical View* im *Project Browser* durch einen Klick auf das Erweiterungssymbol (+). Es erscheinen die beiden Ordner *Data Model* und *Logical Model*. Wir wollen ein Klassendiagramm im Strukturmodell anlegen. Öffnen Sie daher den Ordner *Logical Model* wiederum durch einen Klick auf das Erweiterungssymbol. In dem Ordner befindet sich ein gleichnamiger Eintrag. Ihr *Project Browser* sollte nun der folgenden Abbildung entsprechen.

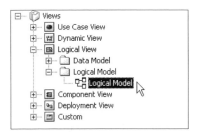

Abbildung 11.46: Ordner für Klassendiagramm wählen

Mit einem Doppelklick auf den Eintrag *Logical View* öffnen Sie die entsprechende Sicht im mittleren Fenster der Benutzungsoberfläche. Dort verfügen Sie nun über eine leere Seite, auf der Sie Ihr Klassendiagramm anlegen können.

Die einzelnen verschiedenen UML-Elemente, die Sie für Ihr Diagramm benötigen, beziehen Sie aus der *Toolbox* am linken Rand der Benutzungsoberfläche.

Abbildung 11.47: Toolbox

Die Sprachelemente der Toolbox sind nach den verschiedenen Diagrammarten geordnet. Die für ein Klassendiagramm erforderlichen Elemente befinden sich im Bereich *Structure*, den Sie durch einen einfachen Mausklick öffnen können.

Klicken Sie nun einmal mit der linken Maustaste auf den Eintrag *Class*. Ihre Auswahl wird farblich hervorgehoben und sobald Sie den Mauszeiger auf das Diagrammfenster in der Mitte bewegen, ändert sich dessen Form wie in der nachfolgenden Abbildung dargestellt.

Abbildung 11.48: Auswahl des Klassensymbols

Wenn Sie nun innerhalb des Diagrammfensters die linke Maustaste klicken, wird ein Klassensymbol in das Diagramm eingefügt und es öffnet sich ein Editor, mit dem Sie die Eigenschaften der anzulegenden Klasse bestimmen können.

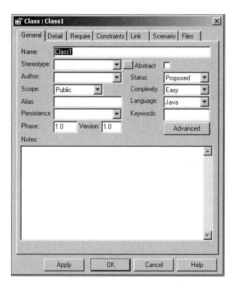

Abbildung 11.49: Klasseneditor

In dieser Ansicht können Sie unter anderem den Namen der Klasse festlegen. Im Rahmen unseres kleinen Beispiels ändern Sie den Namenseintrag Class1 in Konto. Die Attribute und Operationen der Klasse Konto können über die Registerkarte *Detail* bearbeitet werden. Mit einem Mausklick auf das Register im oberen Bereich des Editorfensters wechseln Sie dorthin.

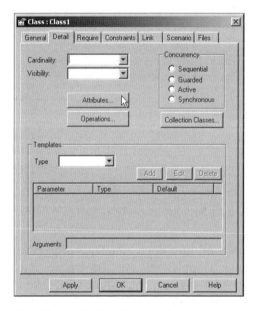

Abbildung 11.50: Register *Detail*

Klicken Sie nun auf die Schaltfläche *Attributes*, um die Attribute der Klasse zu definieren (siehe Abbildung 11.51).

Neben dem Namen des jeweiligen Attributs können Sie den Datentyp und die Sichtbarkeit (*Scope*) festlegen. Ein Klick auf die Schaltfläche *Save* fügt ein Attribut der Klassenbeschreibung hinzu. Es wird dann in das Textfeld im unteren Bereich des Attribut-Editors eingetragen. Falls Sie noch weitere Attribute anlegen möchten, klicken Sie auf die Schaltfläche *New*. Über *OK* verlassen Sie den Editor.

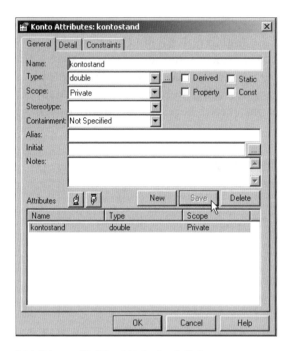

Abbildung 11.51: Attribute definieren

Die Klasse soll nun noch eine Operation erhalten. Führen Sie dazu einen Doppelklick auf das Klassensymbol in der Diagrammansicht aus, um den Editor wieder zu öffnen. Wechseln Sie wie vorher in die Registerkarte *Detail* und klicken Sie dort auf die Schaltfläche *Operations*.

Einträge in den Operationen-Editor erfolgen ähnlich denen des Attribut-Editors. Legen Sie eine Operation mit dem Namen einzahlen an. Sie soll den Datentyp void (kein Rückgabewert) und die Sichtbarkeit public besitzen.

Nachdem Sie den Editor wieder verlassen haben, sollte Ihre Diagrammansicht die Klasse Konto wie folgt darstellen.

Abbildung 11.52: Klasse Konto

Die vorgenommenen Änderungen wurden auch in der Projektansicht übernommen.

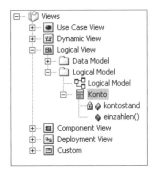

Abbildung 11.53: Klasse Konto in der Projektansicht

Fügen Sie nun eine weitere Klasse Sparkonto hinzu, die als einzige Eigenschaft das Attribut zinssatz vom Typ double mit der Sichtbarkeit private erhält. Die Klasse Sparkonto soll aus der Klasse Konto abgeleitet werden (Vererbungsbeziehung). Wählen Sie dazu aus der Toolbox das Element *Generalize* aus. Klicken Sie dann mit der linken Maustaste auf die Unterklasse Sparkonto, halten Sie die Maustaste gedrückt und ziehen Sie die Maus auf das Symbol der Klasse Konto. Wenn Sie nun die Maustaste wieder loslassen, wird zwischen den beiden Klassensymbolen ein Pfeil zur Darstellung der Vererbungsbeziehung eingezeichnet. Gleichzeitig öffnet sich ein Editor, in dem Sie angeben können, welche Operationen der Oberklasse Konto Sie in der Unterklasse überschreiben wollen. Schließen Sie dieses Fenster für unser Beispiel einfach mit *OK*. Es ergibt sich die folgende Diagrammansicht.

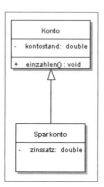

Abbildung 11.54: Vererbungsbeziehung

Vermutlich werden die Symbole in Ihrer Diagrammansicht nicht exakt ausgerichtet sein. Um sie zu zentrieren, halten Sie die ⌨Strg⌨-Taste gedrückt und klicken dabei nacheinander auf die beiden Klassensymbole, um sie zu markieren. Nachdem Sie die ⌨Strg⌨-Taste losgelassen haben, klicken Sie mit der rechten Maustaste auf eines der Symbole und wählen in dem sich öffnenden Pop-Up-Menü den Eintrag *Align Centres* und dort wiederum *Align Vertically*. Die beiden Klassensymbole liegen nun zentriert übereinander.

Fügen Sie schließlich noch eine Klasse Kunde und eine Assoziation Inhaber von Kunde zu Sparkonto ein. Verfahren Sie dabei genauso wie zuvor bei der Vererbungsbeziehung, nur dass Sie diesmal das Symbol *Associate* aus der Toolbox auswählen. Die Assoziation selbst können Sie nach einem Doppelklick auf die zwischen den Klassen eingefügte Linie in einem eigenen Editor bearbeiten (siehe Abbildung 11.55).

Hier können Sie einen Bezeichner (Inhaber) für die Assoziation vergeben, die Richtung bestimmen und über die Registerkarten *Source Role* und *Target Role* die Multiplizitäten festlegen. Das Ergebnis sollte etwa wie in Abbildung 11.56 dargestellt aussehen.

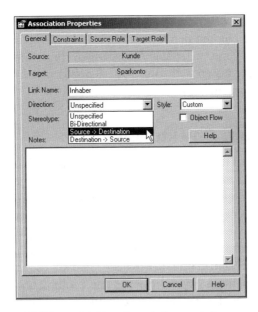

Abbildung 11.55: Assoziation erstellen

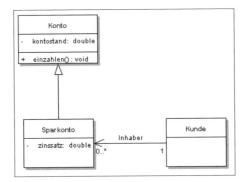

Abbildung 11.56: Klassendiagramm des Beispiels

Zu diesem UML-Klassendiagramm kann Ihnen Enterprise Architect nun den entsprechenden Programmcode generieren. Klicken Sie dazu mit der rechten Maustaste in der Projektansicht auf den Ordner *Logical Model*. Wählen Sie dort den Eintrag *Code Engineering* und hier wiederum *Generate Source Code* aus. Sie können den Quellcode mit dem Diagramm synchronisieren. Wenn Sie später Änderungen direkt am Quellcode vornehmen, lassen sich diese auf Knopfdruck in das Diagramm übernehmen.

Vom Klassen- zum Objektdiagramm

Um ein Objekt in das Klassendiagramm einzufügen, wählen Sie das Symbol *Object* aus der Toolbox und legen es in der Diagrammansicht ab. Daraufhin öffnet sich ein Editor, in dem Sie die Eigenschaften dieses neuen Objekts bearbeiten können. Geben Sie dem Objekt den Namen meinSparkonto. Bestimmen Sie anschließend die Beziehung zwischen dem Objekt meinSparkonto und der Klasse Sparkonto. Dazu wählen Sie die Beziehung *Dependency* aus der Toolbox und verbinden, wie zuvor bei der Vererbungsbeziehung, die beiden Symbole. In dem Editor, der sich daraufhin öffnet, können Sie die Eigenschaften der Beziehung festlegen.

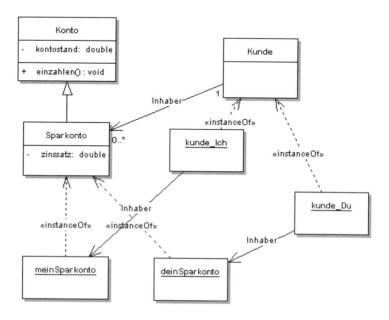

Abbildung 11.57: Objekt im Klassendiagramm

Die obige Abbildung zeigt einige Erweiterungen des Beispiels. Hier wurden zwei Kunden-Objekte und ein weiteres Sparkonto-Objekt angelegt. Außerdem zeigt das Diagramm die Inhaber-Beziehung hier auch auf Objektebene.

Vom Klassen- zum Zustandsdiagramm

Zustandsdiagramme verdeutlichen die Zustandsänderungen eines Objekts in seinem Lebenszyklus. Es werden also dynamische Aspekte der betrachteten Problemstellung dargestellt.

Um ein neues Zustandsdiagramm anzulegen, wechseln Sie daher in der Projektansicht zunächst in den Bereich *Dynamic View* und öffnen dort den Ordner *Statecharts*. Mit einem Doppelklick auf den gleichnamigen Eintrag öffnet sich in der Diagrammansicht ein neues Fenster, in dem Sie nun das Zustandsdiagramm zeichnen können. In diesem Fenster befindet sich bereits ein Rahmen für das Zustandsdiagramm. Durch einen Doppelklick in den Rahmen haben Sie die Möglichkeit, dessen Eigenschaften (Name, Linienart etc.) zu bestimmen.

Gleichzeitig wechseln in der Toolansicht die angebotenen UML-Sprachelemente. Dort stehen Ihnen nun die grafischen Symbole für Zustandsdiagramme aus dem Bereich *State* zur Verfügung.

Abbildung 11.58: Toolbox für Zustandsdiagramme

Es soll ein Zustandsdiagramm für ein Konto-Objekt angelegt werden. Der Umgang mit den Symbolen gleicht der Vorgehensweise im Rahmen der Klassendiagramme. Zunächst benötigen wir einen Startzustand und einen Endzustand. In der Toolbox sind die beiden Symbole mit *Initial* und *Final* bezeichnet. Sobald Sie eines der Symbole in die Diagrammansicht einfügen, öffnet sich ein Editor, mit dem Sie die Eigenschaften des jeweiligen Elements festlegen können. Für unser Beispiel definieren wir die beiden Zustände KontostandPositiv und KontostandNegativ.

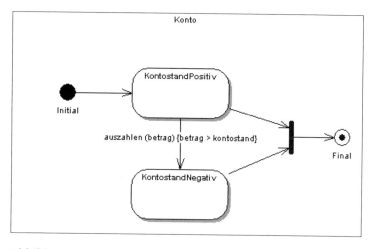

Abbildung 11.59: Zustandsdiagramm für ein Konto

Im Beispiel ist der Ausgangszustand eines Kontos immer KontostandPositiv. Eine Transition in den Zustand KontostandNegativ ergibt sich durch die Operation auszahlen unter der Bedingung, dass der auszuzahlende Betrag größer ist als der aktuelle Kontostand. Das Beispiel berücksichtigt keinen erneuten Wechsel in den Ausgangszustand durch eine vorgenommene Einzahlung. Zustandsübergänge legen Sie genauso an wie die Beziehungen zwischen Klassen im Klassendiagramm. Wählen Sie dazu das Symbol *Transition* aus der Toolbox und verbinden Sie die beiden Zustandssymbole.

Vom Klassen- zum Sequenzdiagramm

Bei einem Sequenzdiagramm handelt es sich um eine spezielle Form der Interaktionsdiagramme. Klicken Sie daher in der Projektansicht doppelt auf den Eintrag *Interactions*, um eine neue Diagrammansicht zu öffnen. Daraufhin bietet Ihnen die Toolbox die entsprechenden Sprachelemente der UML an.

Das folgende Beispiel verdeutlicht die grobe Vorgehensweise bei der Entwicklung von Sequenzdiagrammen anhand des Konten-Beispiels.

Legen Sie zunächst einen Akteur in dem Diagramm an, indem Sie das entsprechende Symbol aus der Toolbox verwenden. Erzeugen Sie dann im Klassendiagramm ein neues Objekt vom Typ Konto mit dem Namen meinKonto und definieren Sie die Abhängigkeitsbeziehung zur Klasse Konto. Anschließend wählen Sie mit der linken Maustaste aus dem *Logical View* das eben angelegte Objekt meinKonto aus. Halten Sie die Maustaste gedrückt und ziehen Sie den Zeiger in die Diagrammansicht. Wenn Sie die Maustaste wieder freigeben, wird das Objekt meinKonto mit seiner Lebenslinie in das Sequenzdiagramm übernommen.

Im nächsten Schritt vereinbaren Sie mit Hilfe des Werkzeugs *Message* eine Nachricht, die der Akteur Bankberater an das Objekt meinKonto übermittelt. Die Vorgehensweise entspricht wiederum dem Anlegen einer Beziehung zwischen zwei Klassen. Der Editor zur Bearbeitung der Nachrichteneigenschaften bietet Ihnen die Operation einzahlen() gleich als *Message* an. Wählen Sie diese aus und verlassen Sie den Editor mit einem Klick auf *OK*. Abbildung 11.60 zeigt das Ergebnis.

Auch für Enterprise Architect gilt, dass in diesem Buch nur ein sehr geringer Teil der Funktionen dieses Softwareprodukts vorgestellt werden kann. Sie haben jedoch die grundsätzliche Handhabung des Werkzeugs und seiner Funktionen kennen gelernt. Wenn Sie sich intensiver mit dem Tool beschäftigen möchten, nutzen Sie auch die ausführliche Hilfefunktion, die Sie im Hauptmenü unter *Help / Help Contents* finden.

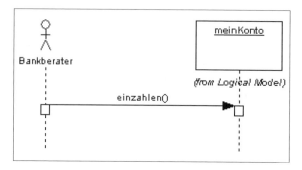

Abbildung 11.60: Sequenzdiagramm des Beispiels

MagicDraw

MagicDraw der Firma No Magic liegt inzwischen in der Version 9.0 vor. Das Tool unterstützt die Entwicklung im Team sowie zusätzlich die Modellierung von Enterprise Java Beans, Datenbanken sowie das Forward und Reverse Engineering für die Programmiersprachen Java und C++, IDL, Java Bytecode und Enterprise Java Beans. Darüber hinaus beherrscht Magic-Draw das Mapping von Inhalten relationaler Datenbanken auf Klassen.

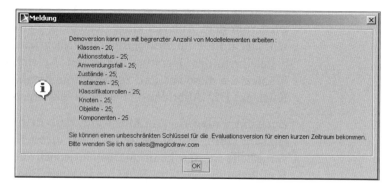

Abbildung 11.61: Nutzungsbeschränkungen der Demoversion

Die Demoversion stellt alle Funktionen des Werkzeugs zur Verfügung, beschränkt allerdings den Umfang Ihrer Modelle und den Zeitraum der Nutzung.

Einrichten eines Projekts

Rufen Sie MagicDraw unter Windows über *Start / Programme / MagicDraw UML / MagicDraw UML* auf.

Auch MagicDraw organisiert die Modellierung in Projekten, die alle Elemente der Modellierung sowie die individuellen projektspezifischen Einstellungen der Entwicklungsumgebung zu einer Einheit bündeln.

Legen Sie über das Menü *Datei / Neues Projekt* ein neues Projekt an.

Abbildung 11.62: MagicDraw: Neues Projekt anlegen

Im Gegensatz zu vielen anderen Tools müssen Sie keine Parameter bestimmen und können ohne Zeitverlust sofort mit der Modellierung beginnen. Ihr Projekt trägt bis zum ersten Speichern die Bezeichnung *Ohne Titel1*.

Das Hauptfenster zeigt im linken Bereich eine hierarchische Anordnung der Modellelemente (siehe Abbildung 11.63).

Auch MagicDraw unterscheidet das UML-Modell (*Data*) von seiner grafischen Repräsentation (blauer Bereich) und dem erzeugten Code (*Code Engineering Sets*).

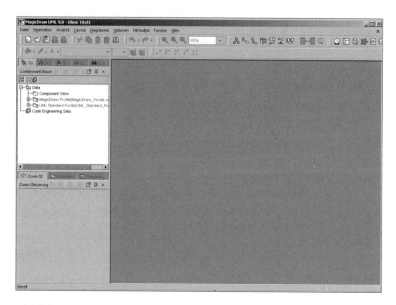

Abbildung 11.63: MagicDraw: Projektstart

Erstellen von Klassendiagrammen

Wählen Sie das Menü *Diagramme / Klassendiagramme*, um ein Klassendiagramm zu erstellen, das insbesondere die grafischen Fähigkeiten von MagicDraw andeutungsweise zeigt.

Abbildung 11.64: MagicDraw: Klassendiagramm erstellen

MagicDraw startet einen Assistenten, der die notwendigen Angaben zum Erstellen einer Klasse erfragt.

Abbildung 11.65: MagicDraw: Klassendiagramm einfügen

Der Dialog bietet eine Übersicht aller Klassendiagramme, die im aktuellen Projekt vereinbart sind. In unserem Fall ist die Liste leer. Klicken Sie auf die Schaltfläche *Einfügen*, um ein Klassendiagramm zu erstellen.

Abbildung 11.66: MagicDraw: Name für Klassendiagramm eingeben

Geben Sie *Anlage* als Namen für das Klassendiagramm ein und bestätigen Sie die Eingabe mit einem Klick auf den *OK*-Button.

Die Liste der erstellten Klassendiagramme wird sofort aktualisiert und zeigt das Klassendiagramm mit dem Namen *Anlage* an.

Abbildung 11.67: MagicDraw: Klassendiagramm erstellen

Bestätigen Sie mit dem *OK*-Knopf, dass Sie das neu erstellte Diagramm beibehalten wollen, so gelangen Sie zurück zum Hauptfenster.

Auch MagicDraw teilt den Bildschirm in verschiedene Bereiche ein. Der schon von anderen Tools bekannte Explorer befindet sich auch bei MagicDraw im linken Bereich. Er stellt die Modellelemente und Quellcode-Informationen in einer hierarchischen Übersicht dar.

Darunter befindet sich ein so genannter Flieger, mit dem man schnell in großen Diagrammen navigieren kann, ohne die Übersicht zu verlieren. Der Flieger zeigt eine verkleinerte Gesamtsicht auf das Diagramm im Zeichenbereich, der sich rechts befindet. Den sichtbaren Ausschnitt können Sie auf der fixen Grafik verschieben. Der dargestellte Ausschnitt im rechten Zeichenfenster zeigt dann immer den links festgelegten sichtbaren Bereich.

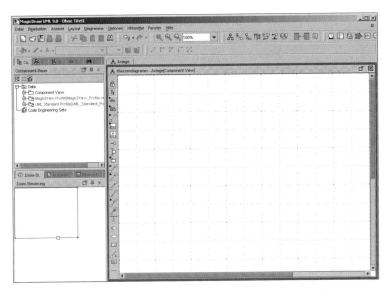

Abbildung 11.68: MagicDraw: Hauptfenster mit Klassendiagramm

Der rechte Bereich zeigt ein gewähltes UML-Diagramm, wie gewohnt mit den Werkzeugen, die sich in der Werkzeugleiste links neben der Zeichenfläche befinden.

Abbildung 11.69: MagicDraw: Zeichenwerkzeuge im Klassendiagramm

Die Abbildung zeigt die wichtigsten Symbole für *Klasse*, *Paket*, *Vererbung*, *Assoziation*, *Aggregation* und *Komposition*. Diese Werkzeuge werden wir im Folgenden einsetzen, um einige Klassen zu modellieren.

Zunächst erstellen Sie die Klasse Konto, die Ihnen aus vielen Kontexten des Buchs bereits bekannt ist.

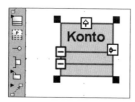

Abbildung 11.70: MagicDraw: Neue Klasse vereinbaren

Klicken Sie dazu auf das *Class*-Symbol in der Werkzeugleiste und anschließend auf die Zeichenfläche, um eine Klasse im Modell und gleichzeitig als grafische Repräsentation im Klassendiagramm zu erzeugen.

Den Namen der Klasse (Konto) können Sie nach dem Erstellen direkt über die Tastatur eingeben, da die Klasse zu dem Zeitpunkt noch selektiert ist.

Um weitere Angaben zur Klasse in das Modell aufzunehmen, aktivieren Sie das Kontextmenü der Klasse Konto (Klick mit der rechten Maustaste auf das Klassensymbol). Lobenswert ist der saubere Aufbau dieses Menüs, das für fast jedes Element die Menüpunkte *Spezifikation* und *Symboleigenschaften* besitzt (siehe Abbildung 11.71).

Hier zeigt sich die saubere Trennung zwischen Modell (*Spezifikation*) und grafischer Darstellung (*Symboleigenschaften*), die MagicDraw vorbildlich umsetzt.

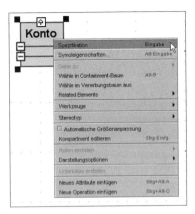

Abbildung 11.71: MagicDraw: Trennung Visualisierung und Modell

Wählen Sie den Menüpunkt *Spezifikation*, um Attribute und Operationen für die erstellte Klasse zu vereinbaren. Klicken Sie anschließend auf die Registerkarte *Attribute* und definieren Sie über den Button *Einfügen* ein neues Attribut.

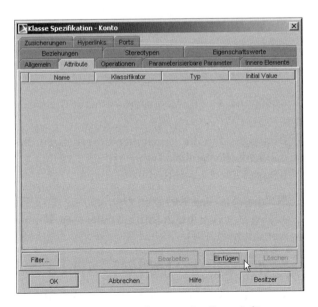

Abbildung 11.72: MagicDraw: Attribut einfügen

MagicDraw startet einen Folgedialog zur Vereinbarung der Attributeigenschaften. Geben Sie im Eingabefeld *Name* den Namen kontostand ein. Weitere Angaben zu Typ, Modifikatoren und Sichtbarkeiten lassen wir außer Acht.

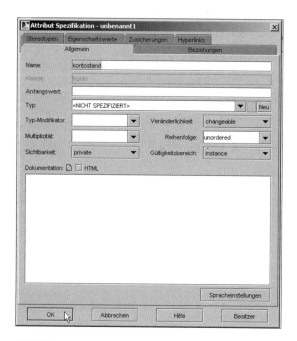

Abbildung 11.73: MagicDraw: Attribut-Optionen vereinbaren

Bestätigen Sie die gemachten Angaben durch einen Klick auf die Schaltfläche *OK*. Damit ist das Attribut kontostand in der Klasse Konto vereinbart.

Wählen Sie das Register *Operationen*. Die Festlegung erfolgt analog zur Attributdefinition über den Knopf *Einfügen* (siehe Abbildung 11.74).

Auch hier startet MagicDraw einen Dialog zur Eingabe der Operations-Optionen. Legen Sie den Namen einzahlen fest. Von der Definition von Parametern, die sich hinter dem gleichnamigen Register verbergen, wollen wir bei dieser kurzen Einführung absehen (siehe Abbildung 11.75).

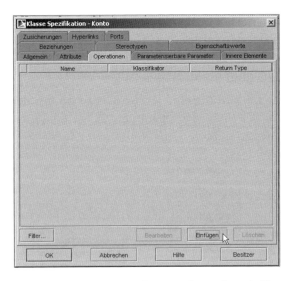

Abbildung 11.74: MagicDraw: Operation einfügen

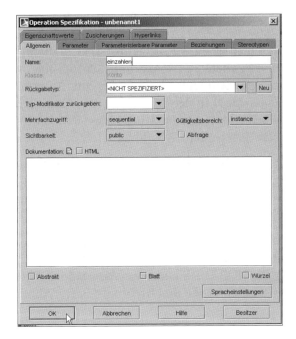

Abbildung 11.75: MagicDraw: Operations-Optionen vereinbaren

Bestätigen wir die begonnenen Dialoge jeweils mit *OK*, so gelangen wir zurück zum Hauptfenster und sehen in den beiden unteren Segmenten des Klassensymbols das Attribut konto-stand und die Operation einzahlen().

Vereinbaren Sie eine Klasse Girokonto mit dem Attribut dispolimit sowie der Operation überweisen().

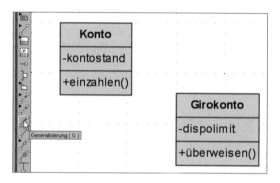

Abbildung 11.76: MagicDraw: Vererbung

Auch hier sehen wir die aktualisierte grafische Repräsentation. Um zwischen Girokonto und Konto eine Vererbungsbeziehung zu definieren, klicken Sie zur Auswahl auf das Vererbungssymbol in der Werkzeugleiste. Anschließend klicken Sie nacheinander auf die Unterklasse Girokonto und die Oberklasse Konto (siehe Abbildung 11.77).

Die Vererbungsbeziehung wird durch den Vererbungspfeil grafisch dargestellt. Um die rechtwinklige in eine geradlinige Verbindung umzuwandeln, klicken Sie auf die entsprechende Schaltfläche oberhalb der Zeichenfläche.

Zwischen einem Kunden und einem Girokonto vereinbaren wir eine Assoziation. Gehen Sie analog zur Vererbungsdefinition vor. Klicken Sie auf das Assoziations-Werkzeug sowie auf die Klassen Kunde und Girokonto (siehe Abbildung 11.78).

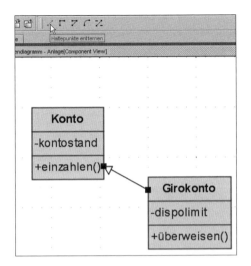

Abbildung 11.77: MagicDraw: Feintuning des Vererbungspfeils

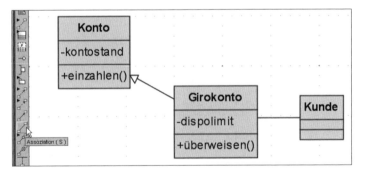

Abbildung 11.78: MagicDraw: Assoziation

Über das Kontextmenü (rechte Maustaste) der Assoziation und *Spezifikation* gelangen Sie zu dem unten abgebildeten Dialog, in dem Sie den Namen und die Kardinalitäten der Assoziation vereinbaren und mit *OK* bestätigen können.

Um in den Editor der nachfolgenden Abbildung zu gelangen, klicken Sie mit der rechten Maustaste möglichst in die

Mitte des Assoziations-Symbols und wählen dann den Eintrag *Spezifikation*.

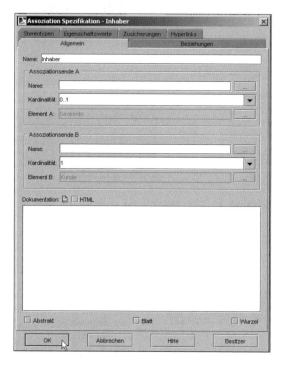

Abbildung 11.79: MagicDraw: Assoziations-Optionen eingeben

Im Hauptfenster sehen wir die vereinbarten Optionen. Alle im Klassendiagramm dargestellten Elemente finden ihre Entsprechung im Modell-Explorer. So finden Sie in der Datenhierarchie auch die Klasse Girokonto mit ihren Elementen.

Alle Elemente im Zeichenbereich sind ebenfalls im Modell vereinbart. Umgekehrt muss nicht jedes Element des Modells in einem Diagramm dargestellt sein. Damit enthalten Diagramme immer eine unechte Untermenge der definierten Modell-Elemente.

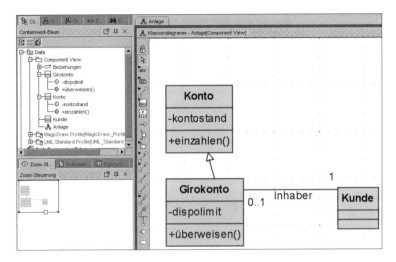

Abbildung 11.80: MagicDraw: Visuelle Sicht und Modell-Sicht

Die sauber definierte Struktur, die sich auch in einer übersichtlich und klar strukturierten Benutzungsoberfläche widerspiegelt, macht die Entwicklungsumgebung gerade für Einsteiger, die schnell produktiv arbeiten wollen, sehr interessant.

Vom Klassen- zum Objektdiagramm

MagicDraw integriert Objektdiagramme in Kommunikationsdiagramme. Im Klassendiagramm ist es dort nicht möglich, Objekte im Kontext der sie beschreibenden Klassen darzustellen.

Erstellen Sie ein Kommunikationsdiagramm über die Schaltfläche in der Toolbar (siehe Abbildung 11.81).

MagicDraw arbeitet noch mit der Bezeichnung »Kollaborationsdiagramm«.

In einem Dialogfenster vereinbaren Sie einen Namen für das Diagramm und bestätigen Ihre Eingabe mit dem *OK*-Button (siehe Abbildung 11.82).

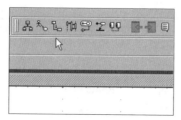

Abbildung 11.81: MagicDraw: Kommunikationsdiagramm erstellen I

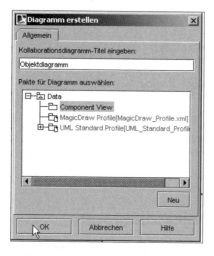

Abbildung 11.82: MagicDraw: Kommunikationsdiagramm erstellen II

Eine neue Zeichenfläche erscheint, in der Sie zur Darstellung eines Objektdiagramms nur die beiden Werkzeuge zur Erstellung von Objekten und deren Verbindungen benötigen (siehe Abbildung 11.83).

Zur Erstellung eines Objekts wählen Sie zunächst das *Objekt-*Werkzeug aus und klicken anschließend auf die Zeichenfläche. Tippen Sie danach direkt den Objektnamen ein (siehe Abbildung 11.84).

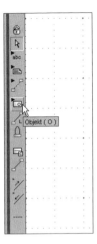

Abbildung 11.83: MagicDraw: Werkzeuge im Kommunikations-diagramm

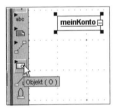

Abbildung 11.84: MagicDraw: Kommunikationsdiagramm Objekt

Die Zuordnung des Objekts zur Klasse Girokonto vereinba-ren Sie, indem Sie mit der rechten Maustaste auf das Objekt meinKonto klicken und im erscheinenden Menü *Klassifikator* und dann die Option Girokonto auswählen (siehe Abbildung 11.85).

Der festgelegte Typ erscheint dann hinter dem Objektnamen durch einen Doppelpunkt getrennt (siehe Abbildung 11.86).

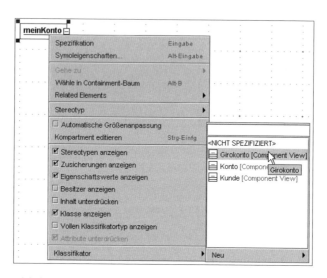

Abbildung 11.85: MagicDraw: Kommunikationsdiagramm Objekt-Klasse I

Abbildung 11.86: MagicDraw: Kommunikationsdiagramm Objekt-Klasse II

Erstellen Sie ein zweites Objekt einKunde nach dem gleichen Vorgehen. Verbinden Sie die beiden Objekte mit dem *Link*-Werkzeug. Klicken Sie dazu nach Auswahl des Werkzeugs nacheinander auf die beiden Objekte meinKonto und einKunde.

Abbildung 11.87: MagicDraw: Kommunikationsdiagramm Assoziation

Die Objekte sind nun, wie in der Assoziation im Klassendiagramm festgelegt, miteinander verbunden.

Oft ist es sinnvoll, Attribute und Attributwerte für ein oder mehrere Objekte zu zeigen, um die Aussagekraft des Diagramms zu erhöhen.

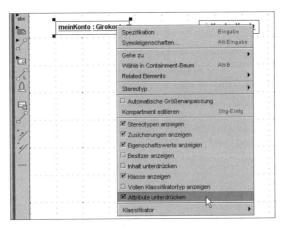

Abbildung 11.88: MagicDraw: Kommunikationsdiagramm Attribute zeigen

Klicken Sie dazu mit der rechten Maustaste auf das betreffende Objekt und schalten Sie im erscheinenden Menü die Option *Attribute unterdrücken* aus.

Attributwerte legen Sie am schnellsten fest, wenn Sie auf das nun angezeigte Attribut dispolimit klicken. Geben Sie nun an der Stelle des blinkenden Cursors den Wert ein (ohne Gleichheitszeichen), der dem Attribut zugewiesen werden soll.

Abbildung 11.89: MagicDraw: Kommunikationsdiagramm Attributwerte

Nach der Eingabe sieht das Diagramm wie folgt aus.

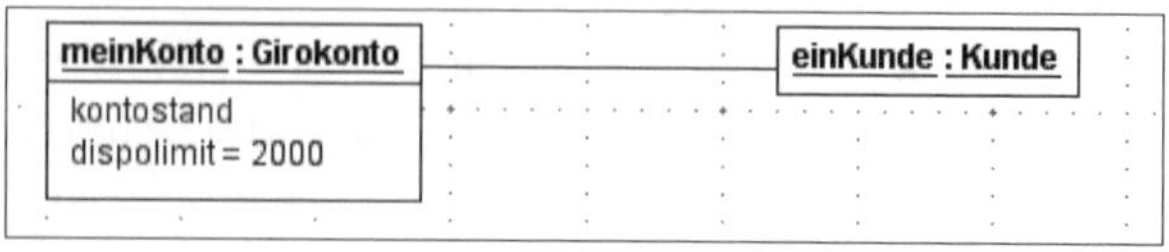

Abbildung 11.90: MagicDraw: Kommunikationsdiagramm

Die Abbildung zeigt, dass auch das Attribut kontostand, das aus der Oberklasse Konto an die Unterklasse Girokonto vererbt wurde, in der Objektbeschreibung von meinKonto aufgeführt ist.

Das Diagramm lässt sich mit den gezeigten Verfahren um weitere Objekte und Verbindungen erweitern.

Vom Klassen- zum Zustandsdiagramm

Ein Zustandsdiagramm ist auch bei MagicDraw nicht syntaktisch an das Klassendiagramm gekoppelt, so dass auch dort keine automatische Zuordnung von Attributen und Operationen zu Zuständen und Zustandsübergängen möglich ist. Das entspricht der formalen Spezifikation der UML, ist jedoch für den Fall von Objekt-Lebenszyklen unpraktisch.

Wählen Sie im Menü *Diagramme* die Option *Zustandsdiagramme* aus, um ein neues Zustandsdiagramm zu erstellen (siehe Abbildung 11.91).

Drücken Sie im Dialog *Zustandsdiagramme* den *Einfügen*-Knopf und legen Sie anschließend den Diagrammnamen fest. Bestätigen Sie beide Dialogfenster über den *OK*-Button (siehe Abbildung 11.92).

Eine neue Zeichenfläche, die alle wichtigen Werkzeuge zum Zeichnen von Zustandsdiagrammen enthält, wird im Zeichenbereich angezeigt (siehe Abbildung 11.93).

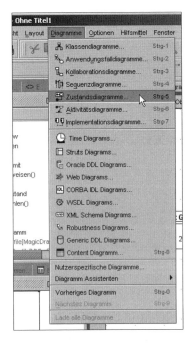

Abbildung 11.91: MagicDraw: Erstellen eins Zustandsdiagramms I

Abbildung 11.92: MagicDraw: Erstellen eines Zustandsdiagramms II

Abbildung 11.93: MagicDraw: Werkzeuge im Zustandsdiagramm

Um elementare Zustandsdiagramme zu zeichnen, benötigen Sie nur die vier Werkzeuge, um Zustände, die Pseudozustände Start und Ende sowie Übergänge zwischen den Zuständen zu definieren.

Wählen Sie diese Werkzeuge nacheinander mit einem Mausklick aus und klicken Sie auf die Zeichenfläche, um die Elemente zu positionieren.

Zustände definieren Sie mit dem *Status*-Werkzeug. Möchten Sie spezielle Zustände vereinbaren, so können Sie mit der rechten Maustaste auf das *Status*-Werkzeug klicken. Sie erhalten dann eine Auswahl aller Zustandsarten, die Sie festlegen können.

Enthält das Symbol eines Zeichen-Werkzeugs in der linken oberen Ecke eine schwarze Pfeilspitze, so können Sie mit der rechten Maustaste das Zeichen-Werkzeug auf spezielle Zeichen-Werkzeuge umstellen. Jedes Symbol besitzt dann ein anderes spezielles Piktogramm.

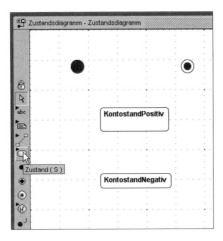

Abbildung 11.94: MagicDraw: Zustandsdiagramm Zustände definieren

Tippen Sie, direkt nachdem Sie einen Zustand erzeugt haben, seine Bezeichnung ein.

Die Bezeichnung eines beliebigen Elements kann direkt über die Tastatur eingegeben werden, wenn das entsprechende Element markiert wurde.

Wählen Sie das *Übergang*-Werkzeug aus, um die Übergänge zwischen den Zuständen zu definieren. Klicken Sie bei ausgewähltem *Übergang*-Werkzeug zuerst auf den Ausgangs- und dann auf den Zielzustand (siehe Abbildung 11.95).

Benennen Sie Ihre Übergänge, indem Sie einen Übergangs-Pfeil auswählen und anschließend die ⎵⏎-Taste drücken.

Im folgenden Dialog vereinbaren Sie alle Eigenschaften des markierten Übergangs (siehe Abbildung 11.96).

Vereinbaren Sie zumindest einen Namen, der die inhaltliche Bedeutung eines Übergangs vermittelt.

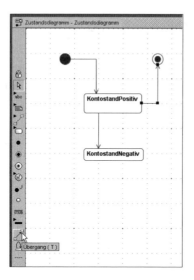

Abbildung 11.95: MagicDraw: Zustandsdiagramm Übergänge

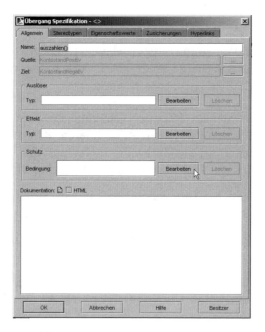

Abbildung 11.96: MagicDraw: Zustandsdiagramm Übergang Name

Dient das Zustandsdiagramm wie in dem hier abgebildeten Fall dazu, einen Objekt-Lebenszyklus zu beschreiben, so sind die Zustände durch Attributwerte und die Übergänge durch Operationsaufrufe dargestellt.

Ist der Übergang an eine *Guard-condition*, was in der deutschen Übersetzung als *Schutz* bezeichnet ist, gebunden, so vereinbaren Sie diese Bedingung im Bereich *Schutz* über den *Bearbeiten*-Knopf. Nur wenn eine solche Bedingung erfüllt ist, findet der Zustandsübergang statt.

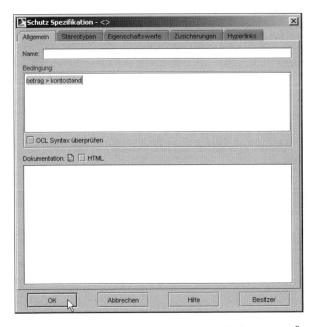

Abbildung 11.97: MagicDraw: Zustandsdiagramm Übergang Guard

Geben Sie die Bedingung in das gleichnamige Feld im Dialog *Schutzspezifikation* an. Beenden Sie den Dialog, indem Sie den *OK*-Button drücken.

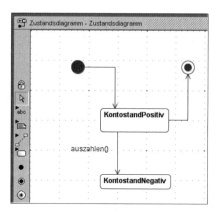

Abbildung 11.98: MagicDraw: Schutzbedingung

Auf der Zeichenfläche sehen Sie jetzt den Namen auszahlen()
über dem ausgewählten Zustand, nicht aber die Schutzbedingung. In MagicDraw gibt es keine Möglichkeit, diese Bedingung anzuzeigen. Sie können jedoch alternativ die Schutzbedingung als Constraint eintragen, der sich dann anzeigen lässt.

Vom Klassen- zum Sequenzdiagramm

Das Sequenzdiagramm ist auch in MagicDraw formal mit dem
Klassendiagramm verknüpfbar.

Erstellen Sie ein Sequenzdiagramm über die Werkzeugleiste
mit einem Klick auf das Sequenzdiagramm-Symbol.

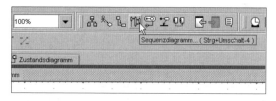

Abbildung 11.99: MagicDraw: Sequenzdiagramm erstellen I

Vereinbaren Sie einen Namen für das neue Diagramm und klicken Sie auf den *OK*-Button, um die Eingabe zu bestätigen.

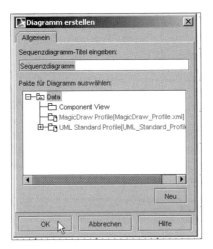

Abbildung 11.100: MagicDraw: Sequenzdiagramm erstellen II

Das neu erzeugte Sequenzdiagramm erscheint auch als Zeichenfläche mit den obligatorischen Zeichen-Werkzeugen.

Abbildung 11.101: MagicDraw: Werkzeuge im Sequenzdiagramm

Auch hier setzen wir nur die elementaren Zeichen-Werkzeuge *Objekt*, *Nachricht* und *Interne Nachricht* ein, mit denen wir bereits sinnvoll arbeiten können.

Positionieren Sie zunächst zwei Objekte auf der Zeichenfläche. Wählen Sie dazu das *Klassifikator-Rolle*-Objekt aus. Die Bezeichnung *Klassifikator-Rolle* deutet an, dass es sich bei den Objekten im Sequenzdiagramm um anonymisierte Objekte handelt, die stellvertretend für alle Objekte dieser Klasse eine Abfolge von Nachrichten darstellen.

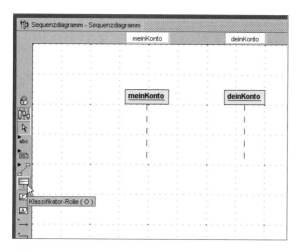

Abbildung 11.102: MagicDraw: Sequenzdiagramm Objekte erstellen

Die Namen tippen Sie bei markiertem Objekt, wie bei allen anderen Diagrammelementen auch, einfach ein.

Eine Verbindung zum Klassendiagramm stellen Sie her, indem Sie für die anonymisierten Objekte des Klassendiagramms einen Basisklassifikator festlegen, der angibt, aus welcher Klasse dieses Objekt abgeleitet ist.

Per Doppelklick oder durch Drücken der ⌐⌐-Taste bei markiertem Objekt gelangen Sie in den Dialog *Klassifikatorrolle Spezifikation*.

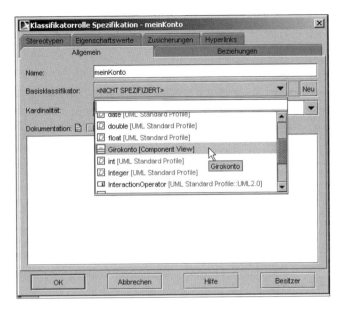

Abbildung 11.103: MagicDraw: Sequenzdiagramm Objekte klassifizieren

Vereinbaren Sie als *Basisklassifikator* für das Objekt meinKonto die Klasse Girokonto und für das Objekt deinKonto die Klasse Konto.

Im nächsten Schritt wählen Sie das *Nachricht*-Werkzeug aus und definieren eine Nachricht, die vom Objekt meinKonto an das Objekt deinKonto sendet (siehe Abbildung 11.104).

Da die Objekte einer Klasse zugeordnet sind, bietet Magic-Draw die Möglichkeit, die Operationen dieser Klasse für einen Nachrichtenaufruf direkt auszuwählen.

Klicken Sie mit der rechten Maustaste auf den Nachrichtenpfeil. Unter dem Menü *Aufrufaktion* werden alle Operationen der zugeordneten Klasse zur Auswahl angeboten. Wählen Sie die Operation einzahlen() aus (siehe Abbildung 11.105).

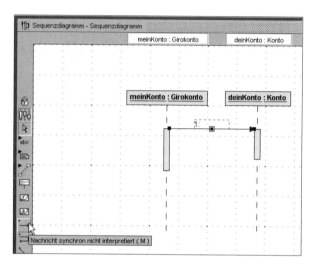

Abbildung 11.104: MagicDraw: Sequenzdiagramm Nachricht erstellen

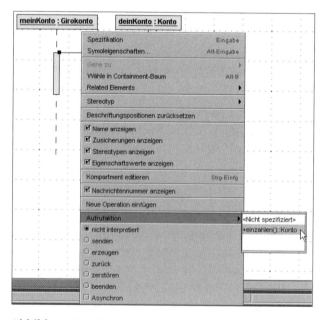

Abbildung 11.105: MagicDraw: Sequenzdiagramm Operation festlegen

Um einen externen Akteur in ein Sequenzdiagramm einzufügen, vereinbaren Sie ein Use-Case-Diagramm und erstellen dort einen Akteur. Diesen Akteur können Sie aus dem Modell-Explorer per Drag&Drop in ein Sequenzdiagramm übertragen.

Speichern Sie Ihr Projekt über das Menü *Datei / Projekt speichern* mit anschließendem *Speichern*-Dialog und verlassen Sie danach das Programm über *Datei / Ausgang*.

MagicDraw ist für Designer, die intuitive Bedienbarkeit schätzen und Wert auf eine exakte Umsetzung der UML-Spezifikation legen, ein hervorragend geeignetes Tool.

Poseidon

Poseidon von der Hamburger Gentleware AG ist ein junges Tool in der Reihe der hier vorgestellten Programme. Es basiert jedoch auf der bekannten Open-Source-Software ArgoUML und hat somit einen konsolidierten Kern.

Poseidon ist ein ganz auf UML und Java ausgerichtetes Werkzeug. Innerhalb dieses Bereichs weist das Programm jedoch viele innovative und gut durchdachte Ansätze zur Effizienzsteigerung der Modellierung, aber auch der Handhabung des Werkzeugs selbst auf. Neben der hier beschriebenen Community Edition bietet die Gentleware AG weitere kommerzielle Versionen des Tools an.

Hervorzuheben ist der perspektivische Explorer, der die Modellelemente nach verschiedenen Kriterien anordnet. So können die Modellelemente nach den folgenden Gesichtspunkten geordnet werden.

✔ Pakete

✔ Diagramme

✔ Vererbung

✔ Klassen und Assoziationen

✔ Navigierbare Assoziationen

✔ Assoziationen

Darüber hinaus verwaltet Poseidon eine Tätigkeitsliste, deren Einträge ebenfalls perspektivisch sortiert werden können. Poseidon unterscheidet zwischen den Sichten:

✔ Priorität

✔ Entscheidung

✔ Ziel

✔ Verursacher

✔ Poster

✔ Wissenstyp

Zur Prüfung Ihrer erstellten Modelle stehen so genannte *Kritiken* zur Verfügung.

Erwähnenswert sind ebenfalls die so genannten *Rapid Buttons*, die ausgehend von einem grafischen Symbol schnell die Anbindung weiterer Elemente ermöglichen. Für Klassen werden Sie die Rapid Buttons kennen lernen.

Starten Sie Poseidon aus dem Windows Start-Menü über *Programme / Poseidon for UML CE 3.0 / Poseidon for UML*.

Wie Sie mit dem Registrierungsdialog verfahren, erklärt Ihnen Anhang B, der wichtige Informationen zur Installation und zu den Lizenzschlüsseln gibt.

Einrichten eines Projekts

Auch Poseidon arbeitet projektorientiert. Über das Menü *Datei / Neues Projekt* vereinbaren Sie ein neues Projekt. Nach dem ersten Start ist automatisch das Projekt *modell 1* verfügbar. Die Zeichenfläche für ein Klassendiagramm ist ebenso verfügbar.

Poseidon unterteilt sein Hauptfenster ebenfalls in unterschiedliche Bereiche. Links finden wir die bereits erwähnten perspektivischen Werkzeuge Explorer (oben) und Tätigkeits-Liste (unten). Oben rechts befindet sich wie bei den anderen Tools auch die Zeichenfläche für Diagramme.

Unterhalb des Diagramm-Editors finden Sie einen für viele Elemente sehr unübersichtlichen Bereich, den man als Eigenschafts-Editor bezeichnen könnte. Hier stellen Sie Optionen für das ausgewählte Element des Diagramm-Editors bzw. des Modell-Explorers ein.

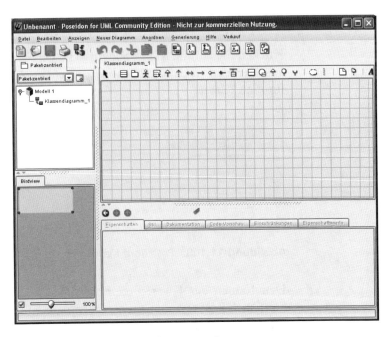

Abbildung 11.106: Poseidon: Hauptfenster

Erstellen von Klassendiagrammen

Poseidon stellt eine Zeichenfläche für ein Klassendiagramm beim Anlegen eines neuen Projekts bereits zur Verfügung.

Die Werkzeugleiste befindet sich in Poseidon oberhalb des Diagramm-Editors und enthält die auch von anderen Tools bekannten Elemente. Einige wichtige Symbole stellt die nächste Abbildung im Überblick dar.

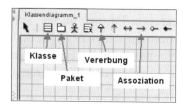

Abbildung 11.107: Poseidon: Werkzeuge im Klassendiagramm

Klicken Sie auf die *Klasse*-Schaltfläche der Werkzeugleiste und anschließend in das Zeichenblatt, erscheint ein neues Symbol für eine Klasse.

Abbildung 11.108: Poseidon: Klasse definieren

Den Namen der Klasse vereinbaren Sie, indem Sie bei markiertem Klassensymbol die Zeichenfolge einfach über die Tastatur eintippen.

Ein Klick auf das Attribut-Segment des Klassensymbols ermöglicht das direkte Eingeben eines neuen Attributs über die Tastatur (siehe Abbildung 11.109).

Alternativ lassen sich Attribute und Operationen auch über den Eigenschaftsbereich unterhalb des Diagramm-Editors festlegen.

Abbildung 11.109: Poseidon: Attribut vereinbaren

Um eine Operation hinzuzufügen, klicken Sie auf das entsprechende Symbol (Klassensymbol mit blau hinterlegtem Operations-Segment).

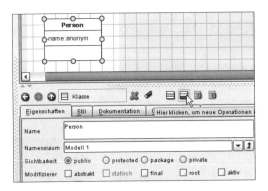

Abbildung 11.110: Poseidon: Operation hinzufügen

Der folgende Dialog legt die Operation getName() im Eigenschaftsbereich fest. Dazu geben Sie im Feld *Name* den Operationsnamen getName (ohne Klammern) an (siehe Abbildung 11.111).

Auch in diesem Dialog befindet sich die Schaltfläche, um weitere Operationen hinzuzufügen. Der Cursor zeigt in der obigen Abbildung auf dieses Symbol.

Die Community Edition erzeugt aus Klassendiagrammen automatisch Java-Code. Die erzeugten Code-Skelette sind jedoch nicht editierbar. Sie sind im Eigenschafts-Editor über die Registerkarte *Java Source* erreichbar, wenn eine Klasse, ein Attribut oder eine Operation aktuell ausgewählt ist (siehe Abbildung 11.112).

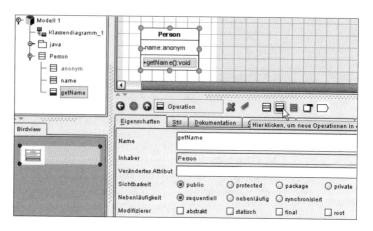

Abbildung 11.111: Poseidon: Operationsnamen festlegen

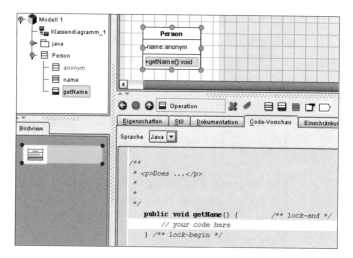

Abbildung 11.112: Poseidon: Java-Anbindung

Auswählen können Sie eine Klasse, ein Attribut oder eine Operation im Diagramm-Editor oder alternativ auch im Modell-Explorer. Für die Operation getName(), die Sie durch einen Klick im Modell-Explorer auswählen, zeigt der Bereich unter dem *Java Source*-Register im Eigenschaftsbereich das erzeugte Java-Skelett.

Blau hinterlegte Bereiche sind fix und nicht editierbar. Operationsrümpfe sind in ihrem Inneren editierbar. Der weiße Hintergrund kennzeichnet solche Bereiche. So haben Sie die Möglichkeit, Ihre Klassen zu vervollständigen.

Um Vererbungsbeziehungen zu definieren, können die Rapid Buttons für Klassen eingesetzt werden. Klicken Sie dazu auf die Klasse Mitarbeiter. Bewegen Sie jetzt den Mauszeiger innerhalb der Klasse, so erscheinen vier Rechtecke, die an allen vier Seiten des Klassensymbols andocken.

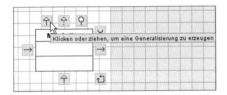

Abbildung 11.113: Poseidon: Rapid Button für Vererbung

Per einfachem Klick auf den oberen Rapid Button können Sie Oberklassen, die in einer Vererbungsbeziehung zur aktuellen Klasse stehen, vereinbaren. Durch einen Klick auf den unteren Button entsteht eine Unterklasse, die ebenfalls über den Vererbungspfeil mit der aktuellen Klasse verbunden ist. Über die Rapid Buttons links und rechts vom Klassensymbol erstellen Sie Assoziationen, Aggregationen und Kompositionen.

Im hier vorliegenden Fall bestehen die beiden Klassen Mitarbeiter und Person bereits, die über eine Vererbungsbeziehung miteinander verbunden werden sollen. Klicken Sie auf den oberen Rapid Button und ziehen Sie den Vererbungspfeil bei gedrückter Maustaste in die Klasse Person (siehe Abbildung 11.114).

Klicken Sie anschließend auf den rechten Rapid Button, um eine neue Klasse zu erzeugen, die mit der aktuellen Klasse Mitarbeiter über eine einfache Assoziation verbunden ist (siehe Abbildung 11.115).

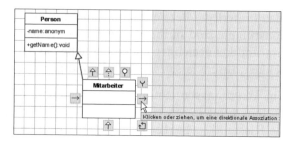

Abbildung 11.114: Poseidon: Rapid Button für Assoziationen I

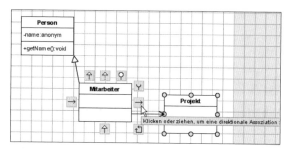

Abbildung 11.115: Poseidon: Rapid Button für Assoziationen II

Die neu erstellte Klasse erhält den Namen Projekt. Im Eigenschaftsbereich tragen Sie im Feld *Name* die Bezeichnung arbeitet in als Assoziations-Namen ein (siehe Abbildung 11.116).

Oben rechts im Eigenschaftsbereich markiert der Mauszeiger das Assoziationsende Mitarbeiter. Ein einfacher Klick öffnet einen Dialog zur Vereinbarung von Optionen für das Assoziationsende, das in die Klasse Mitarbeiter mündet.

Im Auswahlmenü *Multiplizität* wählen Sie 1..*, um festzulegen, dass einem Projekt mindestens ein Mitarbeiter zugeordnet wird (siehe Abbildung 11.117).

Die Kardinalität auf der Projekt-Seite können Sie noch für das zweite Assoziationsende festlegen, indem Sie die *Multiplizität auf* 0..1 festlegen. Damit kann ein Mitarbeiter höchstens einem Projekt zugeordnet werden (siehe Abbildung 11.118).

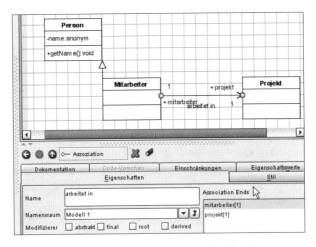

Abbildung 11.116: Poseidon: Assoziations-Name

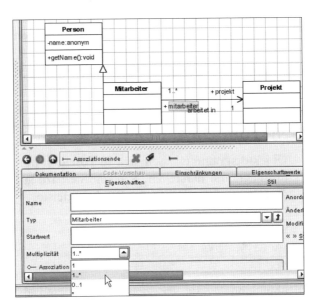

Abbildung 11.117: Poseidon: Kardinalität im Eigenschaftsbereich

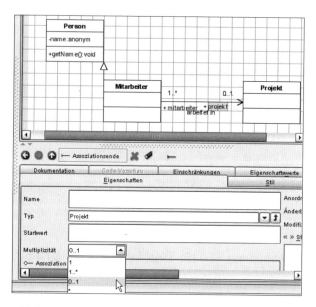

Abbildung 11.118: Poseidon: Kardinalität per Kontextmenü

Ausgehend von diesem Klassendiagramm lassen sich weitere Diagramme in Poseidon erstellen.

Vom Klassen- zum Objektdiagramm

Objektdiagramme lassen sich in Poseidon nur im Kollaborationsdiagramm darstellen. Klicken Sie dazu auf das *Kollaborationsdiagramm*-Symbol in der Werkzeugleiste.

Abbildung 11.119: Poseidon: Kollaborationsdiagramm erstellen

Oberhalb der neu angelegten Zeichenfläche erscheint eine Werkzeugleiste mit den folgenden Zeichen-Werkzeugen.

Abbildung 11.120: Poseidon: Kollaborationsdiagramm Werkzeuge

Die Assoziation ist hier eine Verbindung zwischen Objekten. Da sie sich formal aus der Assoziation, die im Klassendiagramm vereinbart ist, herleitet, übernehmen wir diese Bezeichnung auch für das Objektdiagramm.

Wählen Sie das *Objekt*-Werkzeug (*Classifier Role*) aus und klicken Sie danach auf die Zeichenfläche.

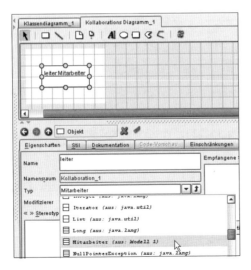

Abbildung 11.121: Poseidon: Kollaborationsdiagramm Klasse

Den Namen des Objekts leiter tragen Sie im *Eigenschaften*-Register im *Name*-Feld ein.

Erstellen Sie die in der nächsten Abbildung gezeigten Objekte nach dem gleichen Vorgehen.

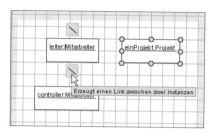

Abbildung 11.122: Poseidon: Kollaborationsdiagramm Objektverbindung I

Um die Objektverbindungen anzuzeigen, klicken Sie einmal
auf das Ausgangsobjekt, bewegen den Mauszeiger auf den
Rand des Objekt-Symbols, klicken auf einen Rapid Button
und ziehen die Objektverbindung bei gedrückter Maustaste
bis zum Zielobjekt.

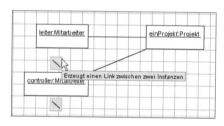

Abbildung 11.123: Poseidon: Kollaborationsdiagramm Objektverbindung II

Im Ergebnis entsteht ein Projekt, dem zwei Mitarbeiter zugeordnet sind.

Vom Klassen- zum Zustandsdiagramm

Ein Zustandsdiagramm ist in Poseidon ausschließlich zur Erklärung eines Anwendungsfalls oder einer Klasse verfügbar.
Folgerichtig erwartet Poseidon, dass Sie einen Anwendungsfall oder eine Klasse markieren, bevor Sie ein Zustandsdiagramm erstellen können.

Markieren Sie die Klasse Projekt auf der Zeichenfläche des Klassendiagramms.

Abbildung 11.124: Poseidon: Zustandsdiagramm erstellen

Eine Zeichenfläche für das neu erstellte Diagramm wird zusammen mit der zugehörigen Werkzeugleiste eingeblendet.

Auch hier finden Sie die für das Zustandsdiagramm obligatorischen Zeichen-Werkzeuge für Pseudo-Zustände, Zustände und Übergänge.

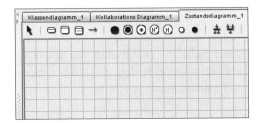

Abbildung 11.125: Poseidon: Zustandsdiagramm Werkzeuge

Wählen Sie mit einem Klick das *Zustand*-Werkzeug aus. Klicken Sie auf die Zeichenfläche, um einen Zustand im Diagramm zu positionieren (siehe Abbildung 11.126).

Tippen Sie für den ausgewählten Zustand den Namen vorgeschlagen über die Tastatur ein. Er erscheint dann der UML-Konvention entsprechend im oberen Bereich des *Zustand*-Symbols.

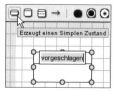

Abbildung 11.126: Poseidon: Zustandsdiagramm Zustand einfügen

Vereinbaren Sie drei weitere Zustände freigegeben, in Realisierung und abgeschlossen. Die elementaren Phasen eines Projekts werden jetzt durch Zustände abgedeckt.

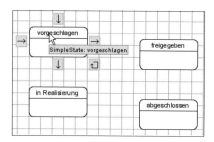

Abbildung 11.127: Poseidon: Zustandsdiagramm Zustände benennen

Im nächsten Schritt vereinbaren Sie die Zustandsübergänge, die dann zusammen mit den Zuständen einen typischen Ablauf eines Projekts verdeutlichen.

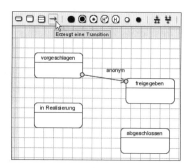

Abbildung 11.128: Poseidon: Zustandsdiagramm Übergang

Wählen Sie dazu das *Transition*-Werkzeug aus und klicken Sie anschließend auf den Ausgangszustand vorgeschlagen und danach auf den Zielzustand freigegeben.

Beschriften Sie den Übergang mit Freigabe prüfen. Geben Sie die Bezeichnung im Eigenschaftsfenster im Eingabefeld *Name* ein.

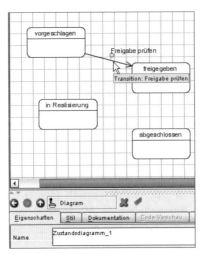

Abbildung 11.129: Poseidon: Zustandsdiagramm Übergang Bezeichnung

Erstellen Sie weitere Übergänge sowie die Pseudo-Zustände Start und Ende. Poseidon bietet leider keine Möglichkeit, interne Übergänge zu vereinbaren.

Poseidon bietet außer der obligatorischen Zuordnung des gesamten Diagramms zu einer Klasse oder einem Anwendungsfalldiagramm keine formale Bindung von Zuständen an Attributwerte oder von Übergängen an Operationen.

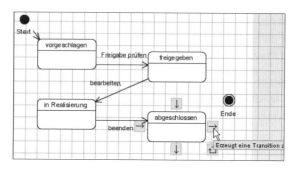

Abbildung 11.130: Poseidon: Zustandsdiagramm Übergang Rapid Button

Besonders schnell vereinbaren Sie einen Übergang, indem Sie einen Zustand markieren und den Mauspfeil zum Rand des Zustand-Symbols bewegen.

Markieren Sie den Zustand abgeschlossen. Bewegen Sie den Mauszeiger zum rechten Rand des Zustand-Symbols. Klicken Sie auf den Rapid Button, der einen ausgehenden Pfeil zeigt, und ziehen Sie bei gedrückter Maustaste den Übergangspfeil bis auf den Pseudo-Zustand Ende. Lassen Sie die Maustaste los.

Jetzt zeigt das Zustandsdiagramm vier grundlegende Zustände eines Projekts und seine Zustandsfolge.

Guard-Conditions oder Constraints können in Poseidon für Übergänge nicht vereinbart werden.

Vom Klassen- zum Sequenzdiagramm

Erstellen Sie ein neues Sequenzdiagramm, indem Sie im Menü *Neues Diagramm* die Option *Sequenzdiagramm* auswählen (siehe Abbildung 11.131).

Die neu erstellte Zeichenfläche enthält elementare Zeichen-Werkzeuge, mit denen die Elemente auf der Zeichenfläche erstellt werden.

Abbildung 11.131: Poseidon: Sequenzdiagramm erstellen

Neben dem *Nachricht*-Symbol können Sie weitere spezielle Nachrichtenarten auswählen.

Abbildung 11.132: Poseidon: Werkzeuge im Sequenzdiagramm

Erstellen Sie ein Objekt, indem Sie das *Objekt*-Werkzeug auswählen und anschließend auf die Zeichenfläche klicken. Dort erscheint ein Objekt mit einem Aktivitätsbalken.

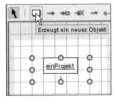

Abbildung 11.133: Poseidon: Sequenzdiagramm Objekt

Im nächsten Schritt vereinbaren Sie den Namen und den Typ des Objekts.

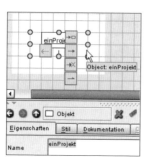

Abbildung 11.134: Poseidon Sequenzdiagramm Objektname

Geben Sie für das markierte Objekt im *Name*-Feld des Registers *Eigenschaften* die Bezeichnung einProjekt ein. Der Name erscheint auch im Objektsymbol auf der Zeichenfläche, gefolgt von einem Doppelpunkt.

Vereinbaren Sie danach den Typ des Objekts. Dazu wählen Sie die Klasse aus, aus der das Objekt erzeugt wurde.

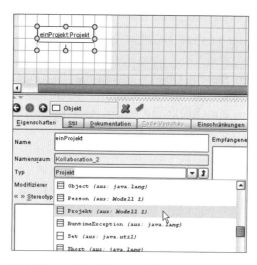

Abbildung 11.135: Poseidon: Sequenzdiagramm Objekttyp

Wählen Sie dazu im *Eigenschaften*-Register in der Auswahlliste *Typ* die Klasse Projekt aus. Der ausgewählte Typ wird auch im

Objektsymbol im Diagramm hinter dem Objektnamen angezeigt.

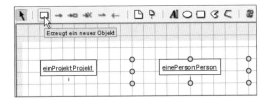

Abbildung 11.136: Poseidon: Sequenzdiagramm Objekt editieren

Vereinbaren Sie ein zweites Objekt mit dem *Objekt*-Werkzeug.
Name und Typ des Objekts können Sie alternativ direkt in das
markierte Objekt eingeben. Geben Sie dabei zuerst den Objektnamen einePerson, danach einen Doppelpunkt und dahinter den Typ Person an. Diese Angaben werden auch in die
entsprechenden Stellen des *Eigenschaften*-Registers übernommen.

Das Zusammenspiel der Objekte vereinbaren Sie mit dem *Call
Stimulus*-Werkzeug, das einen Nachrichten-Pfeil erzeugt.

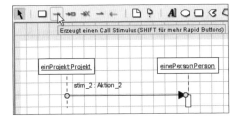

Abbildung 11.137: Poseidon: Sequenzdiagramm Nachricht

Wählen Sie das *Call Stimulus*-Werkzeug aus und klicken Sie
mit der Maus nacheinander auf die Lebenslinien des Aus-
gangsobjekts einProjekt und des Zielobjekts einePerson.

Der neu erzeugte Nachrichten-Pfeil verbindet die Aktivitätsbalken der beteiligten Objekte miteinander.

Um die Nachricht zu beschriften, markieren Sie die Bezeichnung :new action oberhalb des Nachrichten-Pfeils. Geben Sie in das Feld *Aktion* die Bezeichnung berichtErstellen ein.

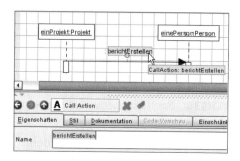

Abbildung 11.138: Poseidon: Sequenzdiagramm Aktion

 Eine formale Bindung der Nachrichten an die Operationen kann Poseidon nicht vereinbaren, obwohl die Objekte formal an eine Klasse gebunden werden können.

Speichern Sie Ihr Projekt über das Menü *Datei / Projekt speichern* und folgen Sie dem anschließenden *Datei*-Dialog. Damit haben Sie das Handling von Poseidon grundlegend kennen gelernt. Beenden Sie die Anwendung, indem Sie das Menü *Datei / Beenden* auswählen.

Nachdem Sie die auf der CD zusammengestellten Tools kennen gelernt haben, stellt der folgende Abschnitt noch einmal die Eigenschaften der Tools einander gegenüber, die für den UML-Modellierer wichtig sind.

Toolübersicht

In den folgenden Tabellen haben wir wesentliche Eigenschaften der vorgestellten Tools in einer Übersicht zusammengefasst. Weitere Informationen über die Werkzeuge erhalten Sie in den jeweiligen Dokumenten auf der CD-ROM oder über die Internet-Seiten der Hersteller.

Tool	Hersteller	Internet-Adresse
Together	TogetherSoft	*http://www.togethersoft.de*
Enterprise Architect	Sparx Systems	*http://www.sparxsystems.com*
MagicDraw	No Magic	*http://www.magicdraw.com*
Poseidon	Gentleware	*http://www.gentleware.de*

Tabelle 11.1: Hersteller und Internet-Adressen

Die folgende Übersicht zeigt die von den Tools unterstützten UML-Diagramme und Programmiersprachen.

Tool	Unterstützte UML-Diagramme	Forward Engineering	Reverse Engineering
Together	Use Cases Klassendiagramme Zustandsdiagramme Aktivitätsdiagramme Sequenzdiagramme Kollaborationsdiagr. Komponentendiagr. Verteilungsdiagramme	C++ Java C# Visual Basic CORBA IDL	C++ Java C# Visual Basic CORBA IDL
Enterprise Architect	Unterstützt alle 13 Diagramme der UML 2.0	C++ Java C# Visual Basic VB.NET Delphi PHP	C++ Java C# Visual Basic VB.NET Delphi PHP
MagicDraw	UML 2.0 Notation UML 1.4 Metamodell Use Cases Klassendiagramme Zustandsdiagramme	C++ Java C# (nur Profes- sional und	C++ Java C# (nur Profes- sional und

Tool	Unterstützte UML-Diagramme	Forward Engineering	Reverse Engineering
	Aktivitätsdiagramme Sequenzdiagramme Kollaborationsdiagr. Komponentendiagr. Verteilungsdiagramme	Enterprise Edition)	Enterprise Edition)
Poseidon	Use Cases Klassendiagramme Zustandsdiagramme Aktivitätsdiagramme Sequenzdiagramme Kollaborationsdiagr. Komponentendiagr. Verteilungsdiagramme	Java	

Tabelle 11.2: Diagrammarten und Code-Generierung

Die folgende Übersicht gibt Ihnen Information darüber, ob das jeweilige Tool auch die Modellierung von Geschäftsprozessen unterstützt, für welche Plattformen es verfügbar ist und welche Besonderheiten zu erwähnen sind.

Tool	Geschäftsprozessanalyse	Plattformen	Sonstiges
Together	ja	Windows 2000 Windows XP LINUX Macintosh Solaris	Metriken Patterns GUI-Builder Debugging Versionsverwaltung Datenbanken EJB
Enterprise Architect	nein	Windows 98 SE Windows Millennium Windows NT 4.0 (Service Pack 5) Windows 2000	Benutzerdefinierbare Patterns Mehrbenutzerbetrieb Projektmanagement-Tools

Tool	Geschäftspro-zessanalyse	Plattformen	Sonstiges
		Windows XP LINUX OS (Kernel 2.4)	Datenmodellierung Test-Tools
MagicDraw	nein	Jede Java-1.4-kompatible Virtual Machine: Windows 95, 98, NT, 2000, XP LINUX Mac OS X	Mehrbenutzerbetrieb GUI-Builder OCL-Unterstützung Datenmodellierung
Poseidon		Java	Community Edition ist frei verfügbar Basiert auf der bekannten Open-Source-Software ArgoUML

Tabelle 11.3: Weitere Merkmale

Legen Sie bei der Evaluation von Tools Kriterien und Rahmenbedingungen fest und erarbeiten Sie eine Evaluierungsstrategie, die auf Ihre individuellen organisatorischen und technischen Rahmenbedingungen zugeschnitten ist.

Wir wünschen Ihnen viel Freude und vor allem Erfolg bei der Evaluation der Tools.

TEIL

Anhang

Im Anhang finden Sie Informationen
über die CD-ROM, die diesem Buch
beiliegt. Darüber hinaus enthält der
Anhang ein Glossar mit den wichtigsten Begriffen der Objektorientierung im Allgemeinen und der UML
im Besonderen. Eine kommentierte
Linkliste mit Verweisen auf Internet-
Adressen gibt Ihnen Hinweise auf
Quellen mit weiterführenden Informationen zum Thema.

V

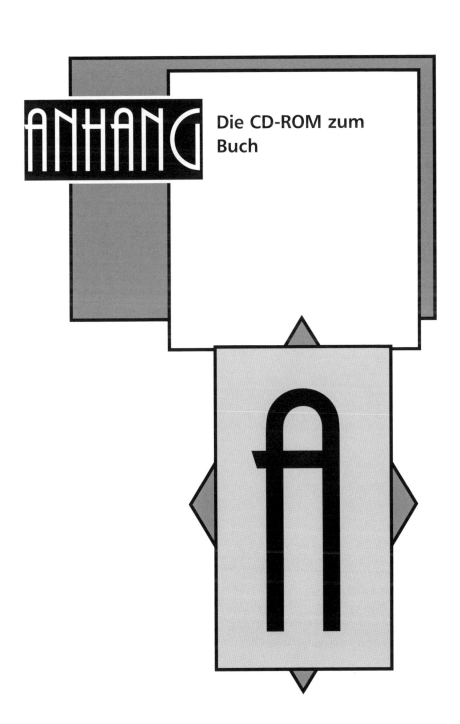

ANHANG

Die CD-ROM zum Buch

Die CD-ROM zum Buch

Auf der beiliegenden CD-ROM finden Sie einige Evaluations-versionen der objektorientierten Entwicklungswerkzeuge, die wir Ihnen in diesem Buch kurz vorstellen.

Wir haben uns bemüht, Ihnen eine Auswahl guter und in der Praxis weit verbreiteter Werkzeuge zur Verfügung zu stellen. Mit Hilfe der Evaluationsversionen erhalten Sie einen Eindruck von den jeweils verfügbaren Funktionen und der Arbeit mit der Software.

Wenn Sie sich intensiver mit einem Tool auseinander setzen möchten, sollten Sie das jeweilige Tutorial der Hersteller zu Rate ziehen. Dort erhalten Sie ausführliche Erklärungen der Programmfunktionen. Auf den Internet-Seiten der Hersteller, deren Adressen in Anhang C aufgelistet sind, finden Sie weitere nützliche Informationen.

Die Dateien der Entwicklungswerkzeuge sind in dem Ordner *Tools* abgelegt. Jedes Tool befindet sich wiederum in einem eigenen Verzeichnis. Anhang B erklärt die Vorgehensweise bei der Installation der Softwarewerkzeuge. Sollten Sie darüber hinaus weitergehende Informationen benötigen, so finden Sie in den jeweiligen Verzeichnissen Hilfedateien der Softwarehersteller. Sie geben detaillierte Auskünfte über Hardware- und Softwareanforderungen. Außerdem sind dort Tutorials abgelegt, die Ihnen die ersten Schritte bei der Arbeit mit den Tools erleichtern.

Weitere Informationen zum Inhalt der CD entnehmen Sie bitte der readme-Datei auf der Buch-CD.

ANHANG

Installation der Tools

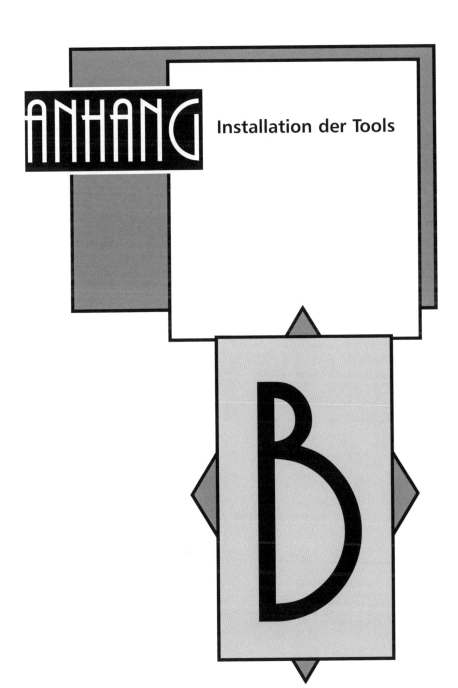

B

Installation der Tools

Die folgenden Abschnitte unterstützen Sie bei der Installation der UML-Tools, die sich auf der CD-ROM zum Buch befinden.

Together

Borland Together Architect von der Firma Borland finden Sie auf der mitgelieferten CD-ROM im Ordner *Tools* und darin im Unterverzeichnis *Together*.

Um mit dem Programm arbeiten zu können, müssen Sie es von der CD-ROM installieren. Zusätzlich benötigen Sie einen Lizenzschlüssel, der Ihnen eine Evaluation über 15 Tage ermöglicht.

Den Lizenzschlüssel erhalten Sie über das Internet bei Borland Deutschland unter *http://www.borland.de*.

Beachten Sie die im Folgenden aufgeführten Systemanforderungen und gehen Sie bei der Installation des Programms und des Lizenzschlüssels nach der darauf folgenden Installationsanleitung vor.

Systemanforderungen

Borland bietet Together für verschiedene Betriebssysteme an. Auf der CD finden Sie die Windows-Version.

Aus Platzgründen enthält die CD nur die Windows-Version. Die LINUX-Variante sowie die Versionen für andere UNIX-Derivate und Macintosh können Sie als Evaluierungsversion auf der Webseite von TogetherSoft unter *http://www.borland.de* abrufen. Hier finden Sie auch jederzeit die aktuelle Version der Windows-Variante.

Verwenden Sie Together in der Windows-Version, sollte Ihr System laut Herstellerangaben die folgenden Voraussetzungen erfüllen:

Ressource	Spezifikation	Bemerkungen
CPU	Pentium-II, 350 MHz	Empfohlen: Pentium III, 500 MHz oder schneller
Hauptspeicher	512 MB erforderlich	768 MB empfohlen
Festplatten-speicher	NTFS oder FAT 32: 230-310 MB FAT: 230-460 MB ab-hängig von der Clus-tergröße	
Video	SVGA, High Color Modus, Auflösung 1024*768	Empfohlene Auflösung: 1280x1024 oder mehr
OS	Windows XP Profes-sional® Windows 2000 (SP2)®	Service Pack 2 erforderlich für Windows 2000
Java JDK	Sun® Java2™SDK Version 1.4.2	
HTML-Browser	Microsoft Internet Explorer 5.0 oder höher; Netscape Navigator 4.6 oder höher	Erforderlich zum Anzei-gen und Drucken der HTML-Hilfe-Dokumentati-on und selbst generierter HTML-Dokumentationen
Internet-Verbindung	Für Updates und Support	Erforderlich zum Installie-ren/Downloaden und zur Aktualisierung von Infor-mationen

Tabelle B.1: Systemanforderungen von Together

Installation

Starten Sie das Installationsprogramm *tg_architect_winsetup. exe*, das Sie im Verzeichnis *Tools/Together/* der beiliegenden CD-

ROM finden. Nach dem Aufruf erscheint das folgende Fenster auf Ihrem Bildschirm.

Abbildung B.1: Together: Installationsvorbereitung

Warten Sie, während das Installationsprogramm die Installation vorbereitet. Achten Sie darauf, dass möglichst keine Programme oder Tasks im Hintergrund laufen und die Performance senken.

Abbildung B.2: Together: Start der Installation

Klicken Sie auf den *OK*-Button, um die Installation fortzuführen. Im nächsten Fenster können Sie die Lizenzbedingungen von Together lesen und mit *I accept...* bestätigen.

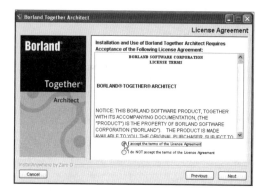

Abbildung B.3: Together: Lizenzbedingungen

Wählen Sie wieder die *Next*-Schaltfläche, um die Installation fortzusetzen.

Abbildung B.4: Together: Installationspfad

Übernehmen Sie den vom Programm vorgeschlagenen Installationspfad *C:\Borland\TogetherArchitect*. Alle weiteren Dateioperationen im folgenden Text beziehen sich auf diesen Pfad. Sollten Sie durch direkte Eingabe in das Eingabefeld oder den Dialog über die Schaltfläche *Choose* ein anderes Programmverzeichnis bestimmen, so müssen Sie auch alle weiteren Dateioperationen in dem von Ihnen vereinbarten Verzeichnis vornehmen.

Gehen Sie wieder mit *Next* zum nächsten Fenster.

Hier können Sie bestimmen, ob unter Windows eine neue Programmgruppe angelegt wird und ob die für alle registrierten User verfügbar ist.

Abbildung B.5: Together: Programmgruppe wählen

Wählen Sie die erste Option *In a new Program Group: Borland Together Architect*. Setzen Sie ein Häkchen vor *Create Icons for All Users*, damit alle weiteren registrierten User Together nutzen können.

Next führt Sie zum nächsten Schritt. Hier können Sie wählen, welche Dateinamenserweiterungen mit Together verknüpft werden sollen (siehe Abbildung B.6).

Wählen Sie eine Option an, so können Sie per Doppelklick auf eine zugehörige Datei diese mit Together zusammen starten. Aus Together heraus lassen sich unabhängig von der hier getroffenen Wahl alle Dateitypen bearbeiten. Die Verknüpfung macht nur dann Sinn, wenn Sie einen bestimmten Dateityp ausschließlich mit Together bearbeiten.

Mit dem *Next*-Knopf gelangen Sie zum letzten Schritt der Installation. Hier können Sie festlegen, ob eine für die Testwerkzeuge von Together notwendige Bibliothek dem *JDK* hinzugefügt werden soll (siehe Abbildung B.7).

Abbildung B.6: Together: Dateiverknüpfungen wählen

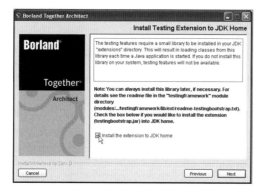

Abbildung B.7: Together: Erweiterung des JDK

Diese Option können Sie bestätigen und gelangen mit *Next* zum Abschluss der Eingabe von Optionen für die Installation (siehe Abbildung B.8).

Mit Klick auf den *Install*-Button startet die Installation, die einige Zeit in Anspruch nimmt (siehe Abbildung B.9).

Die letzte Aktion ist die Wahl der Sichtbarkeit und Anordnung der Werkzeuge. Je nachdem welche Schwerpunkte Sie bei der Arbeit mit Together setzen, bietet das Tool für die Benutzertypen *Business Modeler*, *Designer*, *Developer* und *Programmer* unterschiedlich angeordnete Benutzungsoberflächen an.

Abbildung B.8: Together: Installations-Einstellungen

Abbildung B.9: Together: Installationsprozedur

Wählen Sie den *Developer*, da hier die Oberfläche so ausgerichtet ist, dass die meisten Optionen im schnellen Zugriff liegen (siehe Abbildung B.10).

Betätigen Sie die *Next*-Schaltfläche, um zum nächsten Dialog zu gelangen. Hier legen Sie das Speicherformat für Together-Modelle fest (siehe Abbildung B.11).

Wählen Sie nur dann *TXV*, wenn ihre neu erstellten Modelle nicht kompatibel zu älteren Together-Versionen sein sollen. Betätigen Sie die *Next*-Schaltfläche (siehe Abbildung B.12).

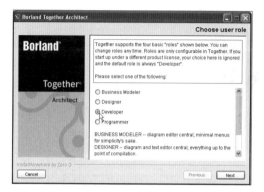

Abbildung B.10: Together: Ausrichtung der Benutzungsoberfläche

Abbildung B.11: Together: Speicherformat

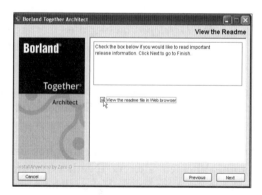

Abbildung B.12: Together: Systeminformationen anfordern

Wenn Sie ein Häkchen vor *View the readme file in Web browser* setzen, erhalten Sie Informationen über Together.

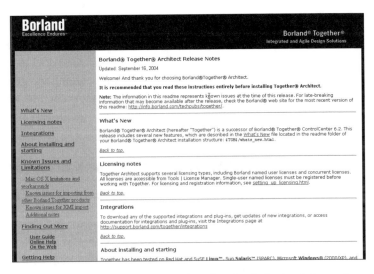

Abbildung B.13: Together: Readme-Datei mit Systeminformationen

Wechseln Sie, wenn Sie die Informationen zu Together studiert haben, zurück zur Installationsroutine, um mit *Done* im letzten Dialogabschnitt, die Installation abzuschließen.

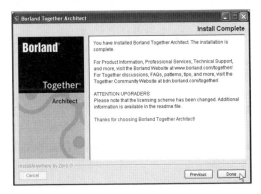

Abbildung B.14: Together: Abschluss der Installation

Damit ist das System vollständig installiert. Zusätzlich benötigen Sie einen Lizenzschlüssel, den Sie bei Borland wie bereits beschrieben erhalten.

Sie erhalten als Lizenzschlüssel eine Datei mit dem Namen *reg559.txt*. Kopieren Sie die erhaltene Lizenzschlüssel-Datei in das passende Verzeichnis *C:\TogetherSoft\Together6.0\bin*. Sollten Sie ein anderes Programmverzeichnis gewählt haben, so kopieren Sie die Datei in das entsprechende Verzeichnis. Achten Sie darauf, dass Sie die Datei auch dort im Unterverzeichnis *\bin* ablegen.

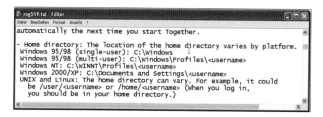

Abbildung B.15: Together: Verzeichnisse für die Lizenzschlüsseldatei

Starten Sie jetzt Together über das Start-Menü *Start / Programme / Borland Together Architect / Borland Together Architect*. Erhalten Sie als Ergebnis den folgenden Fehlerdialog, sollten Sie überprüfen, ob die Lizenzschlüssel-Datei *reg559.txt* im korrekten Verzeichnis abgelegt ist.

Abbildung B.16: Together: Start ohne Lizenzschlüssel

Alternativ können Sie den Speicherort der Lizenzschlüssel-Datei über den Button *Get License* festlegen.

Wenn Sie die Lizenzschlüssel-Datei im korrekten Verzeichnis abgelegt haben und Together über das Start-Menü *Start / Programme / Borland Together Architect / Borland Together Architect* aktivieren, so sollte folgender Startbildschirm erscheinen.

Abbildung B.17: Together: Start mit korrektem Lizenzschlüssel

Nachdem die Fortschrittsanzeige signalisiert, dass der Lizenzschlüssel korrekt installiert ist, erscheint der folgende Startbildschirm. Die Installation war erfolgreich.

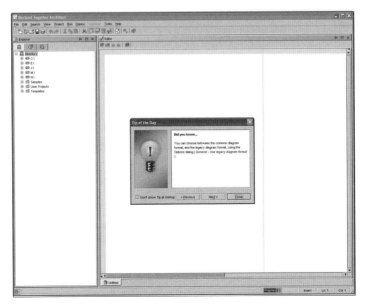

Abbildung B.18: Together: Eingangsbildschirm

Eine kurze Einführung in Together haben Sie in Kapitel 11 erhalten.

Enterprise Architect

Enterprise Architect ist ein Tool zur Spezifikation und Dokumentation von Softwaresystemen mit Hilfe der UML. Es wurde von der Firma Sparx Systems (Australien) entwickelt, die Sie im Internet unter *http://www.sparxsystems.com.au* erreichen. Dort können Sie auch eine aktuelle Evaluationsversion des Modellierungswerkzeugs herunterladen, die nach der Installation 30 Tage ohne funktionale Einschränkungen genutzt werden kann. Das Entwicklungswerkzeug wird in einer Windows- und in einer LINUX-Version angeboten.

Im Folgenden wird die Windows-Version von Enterprise Architect 4.5 kurz beschrieben.

Auf der beiliegenden CD finden Sie neben der Installationsdatei *easetup.exe* auch eine ausführliche Anleitung im PDF-Format (*eauserguide.pdf*).

Systemanforderungen

Die Systemanforderungen für den Einsatz des Tools können Sie den folgenden Tabellen entnehmen. Zunächst die Hardware- und Software-Anforderungen für die Windows-Version.

Systembestandteile	Mindestanforderungen
CPU	Intel Pentium (oder besser)
Betriebssystem	Windows 98 SE Windows Millennium Windows NT 4.0 (Service Pack 5) Windows 2000Windows XP

Systembestandteile	Mindestanforderungen
RAM	Windows 98 SE: 32 MB Windows NT und 2000: 64 MB Windows XP: 128 MB
Freier Festplatten-speicher	30 MB
Grafik	1024x768 empfohlen 800x600 brauchbar 640x480 nicht zu empfehlen

Tabelle B.2: Systemanforderungen Enterprise Architect (Windows-Version)

Die zweite Tabelle fasst die Anforderungen für die LINUX-Version von Enterprise Architect zusammen.

Systembestandteile	Mindestanforderungen
CPU	Intel Pentium II (oder vergleichbar)
Betriebssystem	CodeWeavers' CrossoverOffice 2.1.0 (oder aktueller) Microsoft DCOM95 Microsoft Internet Explorer 6 Microsoft Data Access Components 2.8 (MDAC) LINUX OS (Kernel 2.4)
RAM	32 MB Minimum 128 MB oder mehr empfohlen
Freier Festplatten-speicher	30 MB
Grafik	1024x768 empfohlen 800x600 brauchbar 640x480 nicht zu empfehlen

Tabelle B.3: Systemanforderungen Enterprise Architect (LINUX-Version)

In der Corporate Edition unterstützt Enterprise Architect zudem die folgenden Datenbanksysteme:

✔ SQL-Server

✔ MySQL

✔ Oracle 9i

✔ PostgresSQL

✔ MSDE

✔ Adaptive Server

✔ MS Access

Installation

Auf der CD-ROM zu diesem Buch finden Sie eine Evaluationsversion der Software *Enterprise Architect* in der Version 4.5. Der Name der Installationsdatei lautet *easetup.exe*. Sie finden die Datei im Verzeichnis *Tools* und dort im Unterverzeichnis *Enterprise Architect*.

Bevor Sie die Software installieren, sollten Sie alle anderen Anwendungen schließen. Nach der Installation ist es empfehlenswert, das Betriebssystem zunächst neu zu starten, bevor Sie mit der Software arbeiten.

Um mit der Installation zu beginnen, führen Sie die Datei *easetup.exe* aus. Es öffnet sich der Startbildschirm des Installations-Assistenten

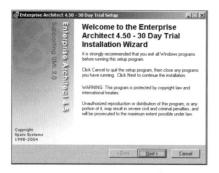

Abbildung B.19: Startbildschirm des Installations-Assistenten

Klicken Sie auf die Schaltfläche *Next*, um mit der Installation zu beginnen. Es öffnet sich ein Fenster mit der Lizenzvereinbarung.

Nachdem Sie diese gelesen haben, akzeptieren Sie die Lizenzvereinbarung durch Auswahl der entsprechenden Option und bestätigen wiederum mit einem Klick auf die Schalfläche *Next*.

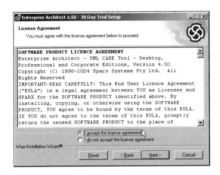

Abbildung B.20: Lizenzvereinbarung

Das nächste Fenster erläutert das weitere Vorgehen im Rahmen der Installation und stellt in einer Übersicht die Hardwareanforderungen von Enterprise Architect bezüglich der verschiedenen Betriebssysteme zusammen.

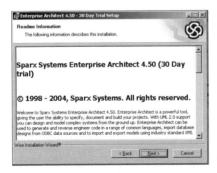

Abbildung B.21: Installationsbeschreibung und Hardwareanforderungen

Auch hier gelangen Sie durch einen Mausklick auf *Next* zum
nächsten Installationsschritt, der die Eingabe des Benutzernamens und der Firma verlangt.

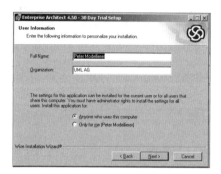

Abbildung B.22: Eingabe der Benutzerinformationen

Sie können jederzeit durch Betätigen der Schaltfläche *Back*
zum vorhergehenden Bildschirm zurückkehren, um beispielsweise die Installationshinweise noch einmal einzusehen. Ein
Mausklick auf *Next* bringt Sie zum nächsten Schritt.

Abbildung B.23: Auswahl des Zielverzeichnisses

Übernehmen Sie die Voreinstellung oder wählen Sie über die
Funktion *Browse* ein anderes Verzeichnis, in das der Installations-Assistent die Programmdateien kopieren soll.

Danach teilt Ihnen der Assistent mit, dass nun mit der Installation der Programmdateien begonnen werden kann.

Abbildung B.24: Die Installation kann beginnen

Auch diese Meldung müssen Sie noch mit *Next* bestätigen, bevor es endlich losgeht. Mit der nachfolgenden Anzeige bestätigt Ihnen der Installations-Assistent den erfolgreichen Abschluss der Installation.

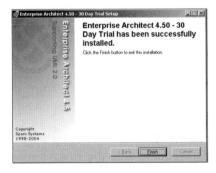

Abbildung B.25: Erfolgreiches Ende des Installationsvorgangs

Klicken Sie auf die Schaltfläche *Finish*, um dieses Fenster zu schließen. Ein Neustart des Betriebssystems ist nicht unbedingt erforderlich, wird aber empfohlen.

Um das Programm zu starten, wählen Sie im Startmenü aus dem Programmordner zu Enterprise Architect (die standard-

mäßige Benennung des Ordners lautet *Enterprise Architect 4.5*)
den Eintrag *Enterprise Architect* aus.

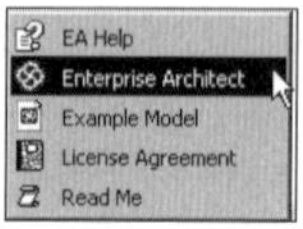

Abbildung B.26: Programmstart

Eine kurze Einführung in die Grundfunktionen des Programms haben Sie Kapitel 11 erhalten.

MagicDraw

Im Internet finden Sie die Firma No Magic, die das UML-Tool
MagicDraw anbietet, unter *http://www.nomagic.com*. Die Webseite zum Tool MagicDraw ist unter *http://www.magicdraw.com*
auch direkt erreichbar.

Sollte der Evaluationszeitraum abgelaufen sein oder der Lizenzschlüssel nicht mehr funktionieren, sollten Sie eine aktuelle Version von *http://magicdraw.com* abrufen.

Sie erhalten jederzeit eine aktuelle Demoversion von Magic-
Draw im Web unter *http://www.magicdraw.com*.

Beachten Sie bei der Installation die im Folgenden aufgeführten Systemanforderungen und die Installationsanleitung.

Systemanforderungen

Der Hersteller legt die folgenden Systemanforderungen fest.

	Minimum	Sinnvoll
CPU	Pentium III 500	Pentium 4 1600
RAM	256 MB	512 MB 1 GBfür große Projekte
Festplattenplatz	200 MB	200 MB oder mehr
Auflösung	800x600 mit 64k Farben	1280x1024 mit 64k Farben
Betriebssystem	Alle mit JVM 1.4	Windows 2000, XP oder LINUX

Tabelle B.4: MagicDraw: Systemanforderungen

Installation

Das Tool MagicDraw befindet sich leider nicht auf der CD-ROM zum Buch. Rufen Sie es von der Webseite ab und starten das Installationsprogramm der Community Edition *MD_UML_90_CE_win.exe* oder eine andere Version von Magic-Draw.

Warten Sie einen Augenblick, bis die Vorbereitungen zur Installation getroffen sind. MagicDraw ist in verschiedenen Sprachen verfügbar. Voreingestellt ist immer die Sprache des Windows-Betriebssystems, auf dem das Tool installiert wird.

Abbildung B.27: MagicDraw: Sprache wählen

Sollten Sie eine andere Sprache als die in der Voreinstellung
vorgeschlagene bevorzugen, können Sie die Auswahl ändern.
Später haben Sie über die Programm-Optionen jederzeit die
Möglichkeit, die Sprache zu wechseln. Beachten Sie, dass in jeder Sprachversion die System-Hilfe nur in Englisch verfügbar
ist.

Bestätigen Sie Ihre Wahl mit einem Klick auf den *OK*-Button.

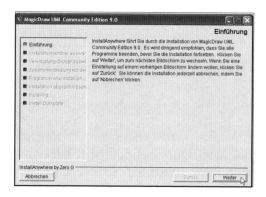

Abbildung B.28: MagicDraw: Einführung zur Installation

Beenden Sie alle Programme und Dienste, die die Performance
des Systems bremsen, damit die Installation zügig voran-
schreiten kann.

Über die *Weiter*-Schaltfläche gelangen Sie zum nächsten Dialog (siehe Abbildung B.29).

MagicDraw ist ein reinrassiges Java-Programm und benötigt
als solches eine *JVM* (*Java Virtual Machine*). Übernehmen Sie
die Voreinstellung *Java-VM speziell für diese Anwendung installieren*. So laufen Sie nicht Gefahr, eine inkompatible oder kor-
rupte Version der JVM zu verwenden.

Klicken Sie auf die Schaltfläche *Weiter*, um den folgenden Dialog zu aktivieren (siehe Abbildung B.30).

Legen Sie in diesem Dialog fest, in welchem Ordner Magic-
Draw installiert wird.

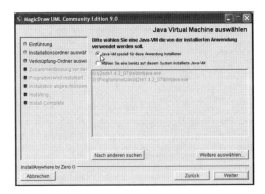

Abbildung B.29: MagicDraw: Virtuelle Maschine wählen

Abbildung B.30: MagicDraw: Installationsordner festlegen

Übernehmen Sie, wenn auf Laufwerk *C:* genügend Platz vorhanden ist, die Voreinstellung *C:\Programme\MagicDraw UML Community Edition*. Ein anderes Verzeichnis können Sie direkt in das Eingabefeld eingeben oder über den *Wählen*-Dialog bestimmen.

Verlassen Sie auch diesen Bildschirm mit *Weiter* (siehe Abbildung B.31).

Sind alle Einstellungen korrekt, starten Sie die Installation über die Schaltfläche *Installieren* (siehe Abbildung B.32).

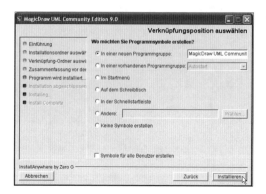

Abbildung B.31: MagicDraw: Installation starten

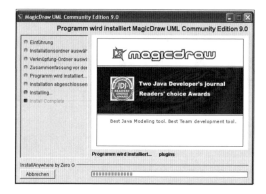

Abbildung B.32: MagicDraw: Installation läuft

Warten Sie, bis die Installation vollständig erfolgt ist und der abschließende Dialog erscheint (siehe Abbildung B.33).

Mit einem Klick auf den *Fertig*-Button wird die Installation abgeschlossen. Starten Sie über das Start-Menü die Anwendung mit *Start / MagicDraw UML Community Edition / MagicDraw UML Community Edition* (siehe Abbildung B.34).

Sie haben dann beim ersten Start die Möglichkeit, Einstellungen älterer Versionen zu übernehmen oder die Standardeinstellungen mit *Use Default* zu wählen (siehe Abbildung B.35).

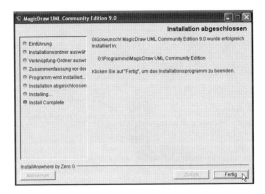

Abbildung B.33: MagicDraw: Installation abgeschlossen

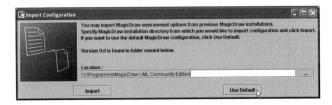

Abbildung B.34: MagicDraw: Übernahme von Einstellungen

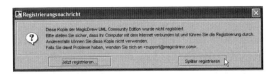

Abbildung B.35: MagicDraw: Registrierung

Die Version von MagicDraw muss über das Internet bei No Magic registriert werden. Nach der Registrierung sollte dann der in Abbildung B.36 gezeigte Startbildschirm erscheinen.

Sie besitzen nun die Möglichkeit, Diagramme nach UML-2.0-Standard zu erstellen.

Eine kurze Einführung in die Grundfunktionen des Programms haben Sie Kapitel 11 erhalten.

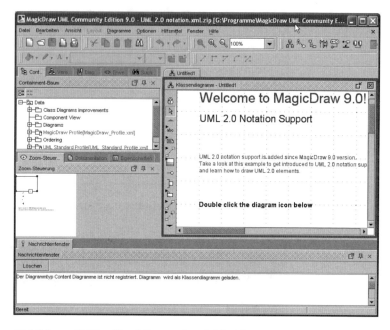

Abbildung B.36: MagicDraw: Startbildschirm

Poseidon

Poseidon von der Gentleware AG ist das einzige Tool auf der CD-ROM zum Buch, das wir Ihnen in der Community Edition als Vollversion zur Verfügung stellen können. Sie finden die Programmdatei der Windows-Version *PoseidonCE1_2_1Installer.exe* im Verzeichnis *Tools/Poseidon*.

Über die Webseite *http://gentleware.de* können Versionen für alle Betriebssysteme, für die eine JVM (Java Virtual Machine) existiert, abgerufen werden.

Systemanforderungen

Als Installationsvoraussetzungen führt der Hersteller lediglich die Existenz einer JVM der Java 2 Platform SDK 1.3 an.

Installation

Starten Sie die Installationsroutine, indem Sie das Programm *PoseidonCE_3_0_1_03_Installer.exe* im Verzeichnis *Tools/Poseidon* von der Buch-CD starten.

Der Installer bereitet anschließend die Installation vor.

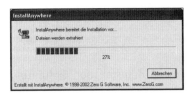

Abbildung B.37: Poseidon: Vorbereitung der Installation

Nach einer kurzen Wartezeit erscheint der folgende Zwischenbildschirm.

Abbildung B.38: Poseidon: Abschluss der Installationsvorbereitung

Anschließend meldet sich der Einführungsdialog zur Vereinbarung der Installations-Optionen. Klicken Sie auf die Schaltfläche *Next*, um zum nächsten Dialog zu gelangen (siehe Abbildung B.39).

Hier legen Sie nun das Verzeichnis fest, in dem das Programm installiert wird (siehe Abbildung B.40).

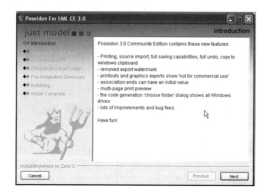

Abbildung B.39: Poseidon: Installation Einführung

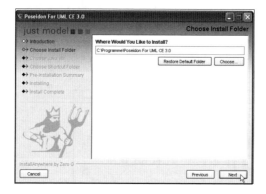

Abbildung B.40: Poseidon: Wahl des Installationsverzeichnisses

Übernehmen Sie die von der Installationsroutine vorgeschlagene Pfadangabe *C:\Programme\Poseidon For UML CE 3.0*. Sollte das Laufwerk *C:* nicht genügend freien Speicher besitzen, können Sie auch einen beliebigen anderen Pfad angeben. Mit *Next* gelangen Sie in den Dialog zur Festlegung einer JVM (Java Virtual Machine), die für das in Java geschriebene Tool notwendige Voraussetzung ist.

Sollte auf Ihrem System keine JVM installiert sein, so installieren Sie zuerst eines der Tools, die eine JVM enthalten (Together oder MagicDraw). Am Beispiel von Together zeigen wir, wie Sie die dort installierte JVM auch für Poseidon nutzen können.

Wählen Sie die Schaltfläche *Choose Another*, um in dem anschließenden *Datei*-Dialog die Datei *java.exe* im Verzeichnis *C:\Borland\TogetherArchitect\jdk\jre\bin* auszuwählen. Bestätigen Sie Ihre Auswahl mit *Öffnen*.

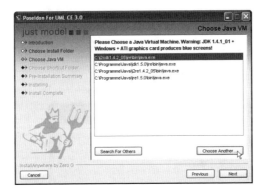

Abbildung B.41: Poseidon: Wahl des JVM

Anschließend wählen Sie die jetzt im Auswahlfenster des Installations-Dialogs erscheinende JVM aus und gehen mit *Next* zur nächsten Auswahl über.

Wählen Sie eine neue Programmgruppe (*In a new Program Group*) mit der vorgegebenen Bezeichnung aus. Setzen Sie ein Häkchen vor die Option *Create Icons for All Users*, damit alle User des Systems einen schnellen Zugriff auf Poseidon erhalten (siehe Abbildung B.42).

Beenden Sie den Dialog mit *Next*.

Die folgende Übersicht zeigt noch einmal alle gewählten Installations-Optionen an (siehe Abbildung B.43).

Wählen Sie *Install*, um den Installationsprozess zu starten. Der Fortschrittsbalken im unteren Teil zeigt den Fortgang der Installation an (siehe Abbildung B.44).

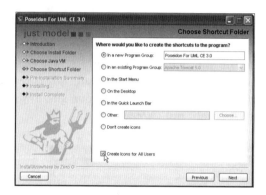

Abbildung B.42: Poseidon: Schnellwahl definieren

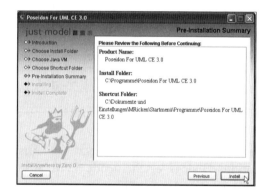

Abbildung B.43: Poseidon: Installations-Parameter

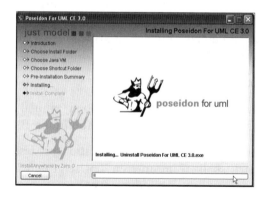

Abbildung B.44: Poseidon: Installationsprozedur

Bestätigen Sie das Ende der Installation, indem Sie auf die Schaltfläche *Done* klicken.

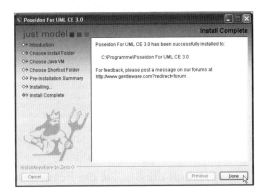

Abbildung B.45: Poseidon: Installation beenden

Damit ist Poseidon vollständig installiert und kann über das Start-Menü von Windows aufgerufen werden.

Zum Abschluss der Installation kann Poseidon gestartet werden. Wählen Sie die Schaltfläche *Yes*.

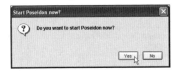

Abbildung B.46: Poseidon: Startdialog

Nachdem Sie die Lizenzbedingungen mit *Accept* bestätigt haben, startet Poseidon (siehe Abbildung B.47).

Später starten Sie Poseidon über das Start-Menü. Wählen Sie dazu *Start / Programme / Poseidon for UML CE 3.0 / Poseidon for UML*.

Die Entwicklungsumgebung startet mit einem Dialog zur Registrierung der Software. Starten Sie das Programm vor dem 31.05.2005, können Sie das Fenster ohne Registrierung schließen.

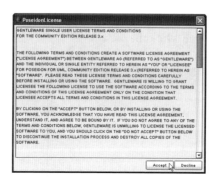

Abbildung B.47: Poseidon: Lizenzbedingungen akzeptieren

Nach diesem Datum müssen Sie die Registrierung vornehmen.

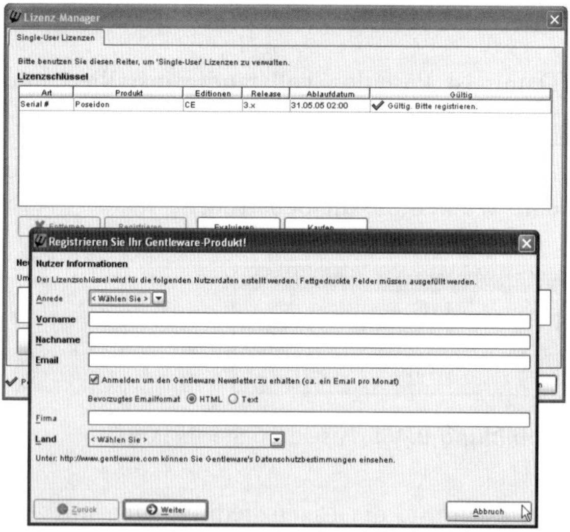

Abbildung B.48: Poseidon: Final-Key-Dialog

Starten Sie Poseidon über die Schaltfläche *Poseidon starten* (siehe Abbildung B.49).

Nach einer Wartezeit, die durch die Anzeige des folgenden Bildes überbrückt wird, startet das Programm (siehe Abbildung B.50).

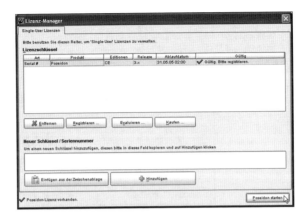

Abbildung B.49: Poseidon: Interim-Key-Dialog

Abbildung B.50: Poseidon: Ladevorgang

Sehen Sie den folgenden Hauptbildschirm, ist die Installation geglückt und alles korrekt verlaufen.

Eine kurze Einführung in die Grundfunktionen des Programms haben Sie Kapitel 11 erhalten.

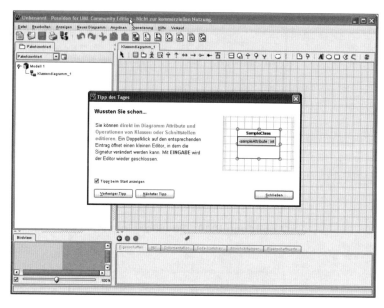

Abbildung B.51: Poseidon: Hauptfenster

ANHANG

Internet-Adressen

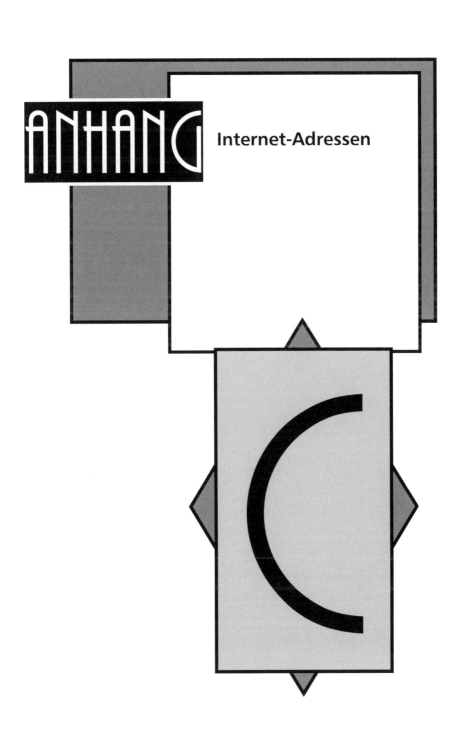

Internet-Adressen

Das Internet ist eine ergiebige Informationsquelle zu Themen rund um die UML. Sie finden dort neben einführenden Online-Tutorials auch zahlreiche Beispiele für die einzelnen Diagrammarten. Interessant sind auch viele Aufsätze, die sich kritisch mit der UML auseinander setzen. Über die Internet-Seiten der Object Management Group können Sie zudem die Fortschritte bei der Weiterentwicklung der UML verfolgen.

Die folgende Auswahl beschränkt sich auf Adressen, die entweder nach unserer subjektiven Meinung sehr informativ sind oder die sich als Ausgangspunkt für weitere Recherchen in besonderem Maße eignen. Da Internet-Angebote oft recht kurze Lebenszyklen haben, enthält die folgende Auflistung weitgehend Adressen, die schon länger existieren und bei denen wir davon ausgehen, dass sie auch dauerhaft verfügbar sind.

http://uml-buch.mindx.de
Die Webseite zum UML-Taschenbuch. Hier erhalten Sie aktuelle Informationen über neue Versionen der Tools, die sich auf der CD-Rom befinden, und weitere nützliche Informationen zur UML.

http://www.csharp-info.de
Möchten Sie mehr über die Sprache C# erfahren, die wir in Teil III zur Umsetzung von UML-Modellen in ein objektorientiertes Programm eingesetzt haben, können wir Ihnen unser Einsteigerseminar C# empfehlen. Die Webseite zum Buch zeigt alle Listings und weitere Informationen für Einsteiger zur Sprache C#

http://www.objectmind.de
Die Webseite von Michael Ricken informiert über Workshops, Coaching und Beratung rund um die objektorientierte Systementwicklung mit UML, C# und Java sowie die objektorientier-

te Gestaltung von Geschäftsprozessen und Organisationsstrukturen.

http://www.mindx.de

Studenten, die an Universitäten, Fachhochschulen und Akademien Michael Rickens Vorlesungen und Praktika besuchen, finden hier Informationen zu den aktuellen Veranstaltungen. Die Seite enthält neben Seminar-Informationen regelmäßig auch virtuelle Ausstellungen von Programmen, Ideen und Konzepten, die Studenten in den Veranstaltungen von Michael Ricken entwickelt haben.

http://www.stratim.de

Thomas Erler stellt hier seine Dienstleistungen rund um die objektorientierte Systementwicklung dar. Darüber hinaus finden Sie auf diesen Seiten Informationen und Links zu den Themen Objektorientierung, UML, Java und C#.

http://www.oose.de

Auf den Seiten des Autors und Beraters Bernd Österreich, einem der bekanntesten Fachleute für die objektorientierte Analyse mit UML im deutschsprachigen Raum, finden Sie Glossare, Notationsübersichten, Aufsätze und mehr.

http://www.umlsig.de

Eines der wenigen Portale, die für den deutschsprachigen Raum wertvolle Links und Informationen zur UML zusammenstellen. Die Informationen sind hervorragend recherchiert und gut strukturiert präsentiert.

http://www.uml.org

Dies sind die UML-Seiten der Object Management Group (OMG). Sie enthalten Informationen zum aktuellen Stand der UML-Weiterentwicklung. Hier können Sie die Diskussionen über neue Versionen der UML verfolgen. Außerdem finden Sie einige kurze, einführende Artikel über die Grundlagen der UML. Die Linkliste ist nicht gerade umfangreich. Dafür verweist sie jedoch auf inhaltlich wertvolle Seiten.

http://www.omg.org/technology/documents/ modeling_spec_catalog.htm
Wenn Sie sich intensiver mit der UML beschäftigen, sind die UML-Spezifikationen der OMG eine unverzichtbare Informationsquelle. Unter dieser Adresse finden Sie einen Download-Katalog der OMG, der u.a. die aktuelle UML-Spezifikation im PDF-Format enthält.

http://www.martinfowler.com/
Martin Fowler ist im Bereich der objektorientierten Analyse schon seit einigen Jahren recht bekannt. Auf seiner Homepage finden Sie zahlreiche Artikel u.a. zu den Themen UML, Analyse und Design sowie Software Engineering.

http://softdocwiz.com/UML.htm
Auf dieser Seite ist u.a. ein umfangreiches englischsprachiges Glossar mit Begriffen der UML zu finden.

http://www.umlconference.org
Dies ist die Homepage der »Annual International Conference on the Unified Modeling Language«. Sie enthält inhaltliche und organisatorische Informationen über die nächste Tagung. Links verweisen auf die vergangenen UML-Konferenzen.

http://www.objectsbydesign.com/tools/ umltools_byCompany.html
Diese Seite von »Objects by Design« enthält einen Überblick kommerziell verfügbarer UML-Tools. Die Darstellung ist sehr übersichtlich und enthält neben Informationen zu Preisen, Versionsnummern und benötigter Plattform auch Links zu den Herstellern der Tools.

http://www.objectsbydesign.com/tools/ modeling_tools.html
Ebenfalls von »Objects by Design« ist diese Sammlung von Auswahlkriterien für UML-Tools.

http://www.cetus-links.org/oo_uml.html
Die wohl umfangreichste Linksammlung (nicht nur) zur
UML. Auch zu nahezu allen anderen Bereichen der Objektori-
entierung sollten Sie hier unbedingt einmal vorbeischauen.
Die Sammlung enthält auch zahlreiche Verweise auf deutsch-
sprachige Seiten und Bücher.

http://forums.objectsbydesign.com/
Hier bietet »Objects by Design« eine Liste verschiedener eng-
lischsprachiger Foren mit den Themen UML und Objektorientierung an.

http://groups.yahoo.com/group/uml-forum/
Auch bei Yahoo gibt es ein UML-Forum.

http://www-306.ibm.com/software/de/rational/
Dies ist die Homepage Rational (gehört jetzt zu IBM), die u.a.
das Tool Rational Rose zur objektorientierten Modellierung
entwickelt hat.

http://www.nomagic.com
Das Entwicklungswerkzeug MagicDraw wird von der Firma
No Magic hergestellt.

http://www.popkin.com
Die Firma Popkin Software ist der Hersteller des Tools System
Architect.

http://www.togethersoft.de/together/index.html
TogetherSoft (gehört jetzt zu Borland) entwickelt das Werkzeug Together, das Sie ebenfalls auf der beiliegenden CD-ROM
finden. TogetherSoft bietet die aktuelle Version als Evaluationsversion zum Download an.

http://www.gentleware.de
Gentleware ist der deutsche Hersteller des UML-Tools Poseidon, das Sie über diese Adresse in der Community Edition als
Freeware herunterladen können. Sie finden das Werkzeug
auch auf der CD-ROM.

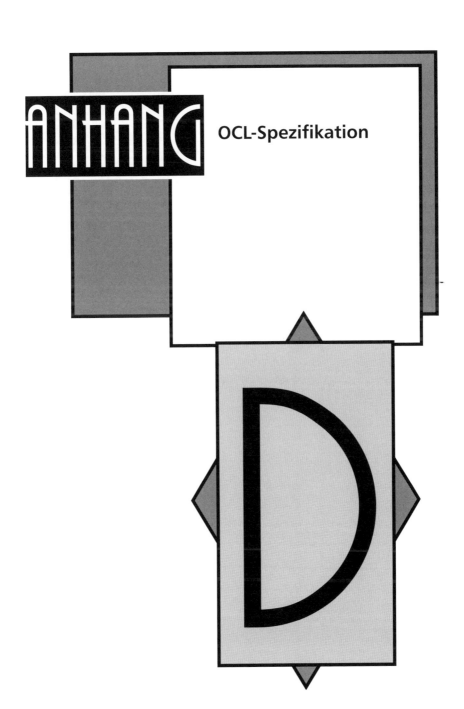

ANHANG

OCL-Spezifikation

D

OCL-Spezifikation

In Teil II dieses Buchs wurde die UML-Notation mit ihren Standardelementen vorgestellt. Sie dienen dazu, Modellelemente, Beziehungen und Zusicherungen zu verfeinern und zu verdeutlichen. Häufig ist es mit den Standardelementen der UML allerdings nicht oder nur schwer möglich, eine Problemstellung ausreichend detailliert und zugleich einfach zu beschreiben. In diesen Fällen kann mit der *Object Constraint Language (OCL)* eine formale Sprache eingesetzt werden, die Objektmodelle der UML ergänzt und verfeinert.

OCL als Ergänzung der UML

Mit der OCL können Constraints (Zusicherungen) spezifiziert werden, die durch Stereotypen und Kommentare nicht oder nur sehr umständlich zu beschreiben sind. OCL ist eine formale Sprache, die ursprünglich unter dem Namen *IBEL (Integrated Business Engineering Language)* von der Firma IBM entwickelt wurde, um Geschäftsprozesse zu modellieren.

Die OCL dient ausschließlich der Auswertung von Ausdrücken. Das Ergebnis ist immer ein Wert und führt zu keinerlei Veränderungen im Objektmodell. Es handelt sich nicht um eine Programmiersprache, mit der Prozesse oder Aktivitäten angestoßen werden können.

Außer den Zusicherungen lassen sich mit der OCL Invarianten, Vor- und Nachbedingungen (Invariants, Pre- und Postconditions) für Operationen sowie Navigationspfade für Objektnetze beschreiben. Es handelt sich um eine rein formale Spezifikationssprache, die in Ergänzung zur UML eingesetzt wird. Implementierungsaspekte können mit der OCL nicht dargestellt werden.

Kontext und Invarianten

OCL-Ausdrücke werden in UML-Diagrammen als Text in der Schriftart Courier dargestellt:

```
'Dies ist ein OCL-Ausdruck.'
```

Der *Kontext* eines Ausdrucks wird durch das Schlüsselwort context angegeben und leitet jeden OCL-Ausdruck ein. Die UML-Stereotypen «invariant», «precondition» und «post-condition» werden in der OCL durch die Schlüsselwörter inv, pre und post repräsentiert. Nach einem Doppelpunkt steht dann der eigentliche OCL-Ausdruck. Ein OCL-Ausdruck hat also die Form:

```
context TypName inv:
'Dies ist ein OCL-Ausdruck mit dem Stereotyp «invariant»
im Kontext von TypName' = 'String'
```

Invarianten sind Zusicherungen, die über einen bestimmten Zeitraum (in der Regel für die Lebensdauer einer Instanz) Gültigkeit besitzen. Sie werden durch das Schlüsselwort inv gekennzeichnet. Zur Hervorhebung können die Schlüsselwörter fett gedruckt werden. Nachfolgend einige Beispiele aus dem Kontext einer Unternehmung.

Einfache Zusicherungen beziehen sich auf die Werte von Attributen. Der Ausdruck

```
context Unternehmung inv:
anzahlMitarbeiter > 100
```

definiert die Zusicherung, dass die beschriebene Unternehmung stets mehr als 100 Mitarbeiter hat. Diese Zusicherung bezieht sich auf Instanzen des Typs Unternehmung. Um dies zu verdeutlichen, wird das Schlüsselwort self hinzugefügt. Der OCL-Ausdruck lautet dann (mit derselben Bedeutung):

```
context Unternehmung inv:
self.anzahlMitarbeiter > 100
```

self bezeichnet hier die Instanz, auf die sich der Ausdruck bezieht. In Fällen wie diesem Beispiel ist der Bezug eindeutig, so dass das Schlüsselwort self hier auch entfallen kann. Eine alternative Schreibweise bei Verzicht auf self ist die Einführung einer Konstanten als Name für den Kontext:

```
context u : Unternehmung inv:
u.anzahlMitarbeiter > 100
```

u steht in dieser Variante als Platzhalter für den Kontext Unternehmung.

Vor- und Nachbedingungen

Vorbedingungen (*Preconditions*) sind Bedingungen, die beim Aufruf einer Methode gelten müssen. *Nachbedingungen* (*Postconditions*) bleiben auch nach dem Aufruf einer Methode bestehen. Auch diese beiden Standardelemente können Teil eines OCL-Ausdrucks sein.

Die Schlüsselwörter pre und post werden dabei vor die jeweilige Bedingung gesetzt. Die Syntax eines Ausdrucks mit Vorbzw. Nachbedingung und einer Operation sieht etwa wie folgt aus:

```
context TypName::operationName (param1:Typ1, …):Rückgabe-
Typ
pre: param1 > 7
post: result = param1 + 5
```

TypName bezeichnet wiederum den Kontext, operationName ist die Bezeichnung der Operation und RückgabeTyp der Datentyp, den die Auswertung des Ausdrucks annimmt. Die an die Operation übergebenen Parameter besitzen jeweils einen bestimmten Datentyp und können im Rahmen der Auswertung des Ausdrucks verarbeitet werden. result bezeichnet das Ergebnis der Auswertung und enthält den Wert, den der Ausdruck ermittelt hat und zurückliefert. In dem Beispiel lautet die Vorbedingung, dass der Parameter param1 beim Aufruf des Ausdrucks einen Wert größer als 7 haben muss. Die Nachbedingung verlangt als Ergebnis des Ausdrucks (result) die Summe von param1 und 5.

Eine Nachbedingung kann also beispielsweise lauten:

```
context Mitarbeiter::sollArbeitszeit():Integer
post: result = 35
```

Die Instanz Mitarbeiter ist Kontext dieses Ausdrucks. Mit dem Ausdruck ist eine Operation verbunden, die den Namen sollArbeitszeit trägt und vom Typ Integer (ganzzahlig) ist. Die Nachbedingung legt als Ergebnis des Ausdrucks den Wert 35 (result = 35) fest. Statt der Schlüsselwörter pre und post kann den Bedingungen auch ein Name zugewiesen werden.

Basistypen und -operationen

Die OCL besitzt einige *Basistypen*, die bereits vordefiniert und somit jederzeit einsetzbar sind. Mit Integer haben Sie schon einen dieser Basistypen kennen gelernt. Die folgende Tabelle enthält eine Übersicht der verfügbaren Basistypen.

Typ	Werte	Beispiel
Integer	Positive und negative ganze Zahlen	-12, 0, 5, 9580
Real	Reelle Zahlen	-18522, -12.5, 0, 335.0987
String	Zeichenketten	'Objektorientierung'
Boolean	Wahr oder falsch (0 oder 1)	true, false
Set	Mengen ohne doppelte Werte	{5, 27, 133}, {-0.5, 1.3, 4.0}, {'eins', 'zwei', 'drei'}

Typ	Werte	Beispiel
Bag	Mengen; doppelte Werte erlaubt	{5, 33, 1}, {5, 1, 5, 33, 1}
Sequence	Wie Bag, jedoch geordnet	{1, 5, 33}, {1, 1, 5, 5, 33,}

Tabelle D.1: Vordefinierte Basistypen

Integer, Real, String und Boolean sind auch in Programmiersprachen häufig verwendete Datentypen. Oft werden diese Typen nach ihren Wertebereichen weiter differenziert (z.B. Short Integer, Long Integer). Auch die Verarbeitung von Mengen ist in vielen Programmiersprachen gängig. Die OCL unterschiedet drei verschiedene Arten von Mengen, deren Operationen jedoch weitgehend gleich sind, wie Sie später noch erfahren werden. Im Unterschied zum Datentyp Set erlauben Bag und Sequence das mehrfache Auftreten eines Elements in einer Menge. Mengen vom Typ Sequence sind darüber hinaus auch noch geordnet.

Operationen der Basistypen »Integer«, »Real«, »String« und »Boolean«

Neben Datentypen definiert die OCL auch Operationen, die mit den Basistypen durchführbar sind. Die folgende Tabelle führt die wichtigsten Operationen für die Typen Integer, Real, String und Boolean auf.

Typ	Operationen
Integer	+, -, *, /, =, div, mod, abs
Real	+, -, *, /, =, abs, round
String	+, -, =, toUpper, toLower, substring, size
Boolean	=, and, or, xor, not

Tabelle D.2: Operationen der Basistypen Integer, Real, String und Boolean

Der Tabelle ist zu entnehmen, dass es sich bei den Operationen im Wesentlichen um diejenigen handelt, die Ihnen von den meisten Programmiersprachen her bekannt sind.

✔ div und mod liefern die Ergebnisse der ganzzahligen Division.

✔ abs berechnet den absoluten Wert einer Zahl.

✔ round rundet einen Wert vom Typ Real auf den nächsten ganzzahligen Wert.

✔ toUpper und toLower wandeln eine Zeichenkette in Groß- bzw. Kleinbuchstaben um.

✔ substring liefert einen bestimmten Ausschnitt aus einer Zeichenkette.

✔ size ermittelt die Länge einer Zeichenkette. In OCL-Ausdrücken wird die Operation size mit einem Punkt an den Namen der Zeichenkette angehängt, z.B.: result = s.size.

✔ Der Ausdruck A and B liefert das Ergebnis true, wenn sowohl A als auch B wahr sind.

✔ A or B ergibt true, wenn A, B oder beide wahr sind.

✔ A xor B ist true, wenn entweder A oder B wahr sind (exklusives oder).

✔ not A ist die Umkehrung von A. Ist A falsch, dann lautet das Ergebnis von not A: true.

Achten Sie bei der Verwendung der Operationen auf die korrekte Kombination der Datentypen. Gültige Ausdrücke sind 3.54 + 17 + 4.083 und 'Tisch' + 'Bein'. Das Ergebnis des ersten Ausdrucks hat den Datentyp Real (Ergebnis: 24.623), das zweite Ergebnis ist vom Typ String (Ergebnis: 'Tisch-Bein'). Nicht zulässig ist hingegen ein Ausdruck wie beispielsweise 7 * true, da der Typ Integer nicht mit dem Typ Boolean verarbeitet werden kann bzw. die Datentypen nicht zu der Operation passen.

Operationen der Basistypen »Set«, »Bag« und »Sequence«

Set, Bag und Sequence sind Unterklassen der Klasse Collection. Sie besitzen daher einige gemeinsame Operationen und erweitern die Definition von Collection um zusätzliche eigene Methoden. Es handelt sich bei allen drei Basistypen um Mengen. Eine Auswahl der Operationen für die Basistypen Set, Bag und Sequence zeigt die folgende Tabelle.

Typ	Operationen
Set	size, includes, excludes, count, isEmpty, notEmpty, sum, exists, forAll, intersection, select, reject, collect, asSequence, asBag
Bag	size, includes, excludes, count, isEmpty, notEmpty, sum, exists, forAll, intersection, select, reject, collect, asSequence, asSet
Sequence	size, includes, excludes, count, isEmpty, notEmpty, sum, exists, forAll, append, prepend, subsequence, at, first, last, select, reject, collect, iterate, asBag, asSet

Tabelle D.3: Operationen der Basistypen Set, Bag und Sequence

Auch hierzu einige Beispiele zur Verdeutlichung der Operationen, die durch einen Pfeil mit dem Namen der zu verarbeitenden Menge verbunden werden:

✔ size bestimmt die Anzahl der Elemente in einer Menge. Der entsprechende OCL-Ausdruck der Bedingung, dass eine Unternehmung mehr als 50 Mitarbeiter hat, lautet z.B.:
self.mitarbeiter -> size > 50
mitarbeiter ist in diesem Beispiel eine Menge vom Typ Set, Bag oder Sequence, die als Elemente die Daten der einzelnen Mitarbeiter enthält.

✔ `includes` ist ein Ausdruck mit dem Ergebnistyp `Boolean`. Der Ausdruck liefert den Wert `true`, wenn das genannte Objekt in der angegebenen Menge enthalten ist: `self.mitarbeiter -> includes (Peter)`

✔ `excludes` prüft analog zu `includes`, ob ein Objekt *nicht* in der betrachteten Menge enthalten ist. Der Ausdruck hat somit den Wert `false`, wenn das Objekt Teil der Menge ist. Es gilt: `excludes (x) = not (includes (x))`.

✔ `count` zählt, wie oft ein Objekt in einer Menge enthalten ist.

✔ Mit der Operation `isEmpty` wird überprüft, ob eine leere Menge vorliegt. `self.kunden -> isEmpty`.

✔ Auch hier existiert mit `notEmpty` wieder eine Umkehrung der Operation.

✔ `sum` addiert sämtliche Elemente einer Collection (`Set`, `Bag` oder `Sequence`). Voraussetzung ist, dass die einzelnen Elemente einen Datentyp besitzen, der die Addition unterstützt.

✔ Die Operation `exists` prüft, ob mindestens ein Element der betrachteten Menge eine bestimmte Bedingung erfüllt. Das Ergebnis ist vom Typ `Boolean`. Mit dieser Operation lässt sich also nicht feststellen, wie viele Elemente die Bedingung erfüllen. Es ist nur eine Aussage darüber möglich, ob es überhaupt (mindestens) ein solches Element gibt. Der Ausdruck für die Abfrage, ob einer der Mitarbeiter mehr als 100.000 € verdient, lautet: `self.mitarbeiter -> exists (gehalt > 100000)`.

✔ `forAll` testet, ob eine Bedingung für *alle* Elemente der Menge gilt. Auch hier ist das Ergebnis wieder `true` oder `false`. Der OCL-Ausdruck zur Überprüfung, ob alle Mitarbeiter mehr als 40.000 € verdienen, heißt: `self.mitarbeiter -> forAll (gehalt > 40000)`.

✔ Die Operation intersection ermittelt die Schnittmenge zweier Mengen.

✔ Mit select wird die Untermenge einer Menge ermittelt, für die eine bestimmte Bedingung gilt. Um etwa die Menge aller Mitarbeiter zu erhalten, die mehr als 40.000 € verdienen, verwendet man den Ausdruck: self.mitarbeiter -> select (gehalt > 40000).

✔ Die Umkehrung der Operation select heißt reject. Folgender Ausdruck ermittelt somit die Menge der Mitarbeiter, die maximal 40.000 € verdienen:
self.mitarbeiter -> reject (gehalt > 40000).

✔ collect liefert einen Bag (eine ungeordnete Menge), der die Ergebnisse der Überprüfung des entsprechenden Ausdrucks für alle Elemente der jeweiligen Menge enthält. Angenommen, Sie haben eine Menge mit fünf Mitarbeitern, die folgende Gehälter beziehen: {MA1.gehalt = 35000, MA2.gehalt = 88000, MA3.gehalt = 40000, MA4.gehalt = 37500, MA5.gehalt = 95000}. Der OCL-Ausdruck
self.mitarbeiter -> collect (gehalt > 40000)
liefert dann als Ergebnis die Menge: {false, true, false, false, true}.

✔ asSet, asSequence und asBag wandeln die verschiedenen Arten von Collections jeweils in eine andere Art um (Typ-Konvertierung).

✔ append hängt die zweitgenannte Sequenz an die erstgenannte Sequenz an.

✔ prepend hängt die erstgenannte Sequenz an die zweitgenannte Sequenz an.

✔ Mit der Operation at(i) lässt sich das Element an der Stelle i in einer Sequenz bestimmen.

✔ first liefert das erste, last das letzte Element einer Sequenz.

✔ Die Operation iterate ermöglicht die aufeinander folgende Auswahl aller Elemente einer Sequenz. Die komplette
Sequenz wird in ihrer Reihenfolge, beginnend mit dem ersten Element, bis zum letzten Element durchlaufen.

Auch bei den Operationen mit Mengen ist darauf zu achten,
dass die Datentypen korrekt eingesetzt werden. Vergewis-
sern Sie sich daher immer, welche Arten von Elementen Sie
mit einem OCL-Ausdruck verarbeiten und welchen Datentyp das Ergebnis des Ausdrucks annimmt.

Die Operationen der OCL ergänzen die UML um zahlreiche
Möglichkeiten, Objektmodelle zu verfeinern. Darüber hinaus
können OCL-Ausdrücke um einige Funktionen erweitert werden, die auch in Programmiersprachen verfügbar sind.

Eine dieser Funktionen ist der Ausdruck let, der die Einführung von Variablen in OCL-Ausdrücken ermöglicht. Auch
Kontrollstrukturen, wie etwa bedingte Anweisungen, können
verwendet werden. Ein Beispiel für einen solchen Ausdruck
bietet die folgende Zusicherung:

```
context Mitarbeiter inv:
let stundenzahl : Real = self.stelle.zeit -> sum in
if self.alter < 18 then
    stundenzahl <= 35
else stundenzahl > 35
endif
```

In diesem Ausdruck wird mit stundenzahl eine Variable vom
Datentyp Real eingeführt, in der die gesamte Arbeitszeit eines
Mitarbeiters aufgenommen wird. Die bedingte Anweisung (if
... endif) legt in Abhängigkeit vom Alter des Mitarbeiters
fest, wie hoch die Zahl der geleisteten Stunden sein darf. Die
Zusicherung besagt, dass Mitarbeiter unter 18 Jahren maximal
35 Stunden arbeiten dürfen. Mitarbeiter über 18 Jahren müssen mehr als 35 Stunden Arbeit leisten.

Bei der OCL handelt es sich nicht um eine Programmiersprache. Auch wenn sie einige Konstrukte enthält, die auch aus Programmiersprachen bekannt sind, dient sie ausschließlich der verfeinerten Beschreibung von Constraints. Ein OCL-Ausdruck liefert immer einen Wert als Ergebnis. Insbesondere sind Manipulationen des zugehörigen Objektmodells nicht möglich.

Kommentare in OCL-Ausdrücken werden durch zwei aufeinander folgende Bindestriche gekennzeichnet. Der Kommentar gilt jeweils bis zum Ende der jeweiligen Zeile. In dem letzten Beispiel zu der Arbeitszeit sehen Kommentare wie folgt aus:

```
context Mitarbeiter inv:
let stundenzahl : Real = self.stelle.zeit -> sum in
if self.alter < 18 then
    stundenzahl <= 35       -- unter 18J. max. 35 Std.
else stundenzahl > 35       -- ab 18J. mehr als 35 Std.
endif
```

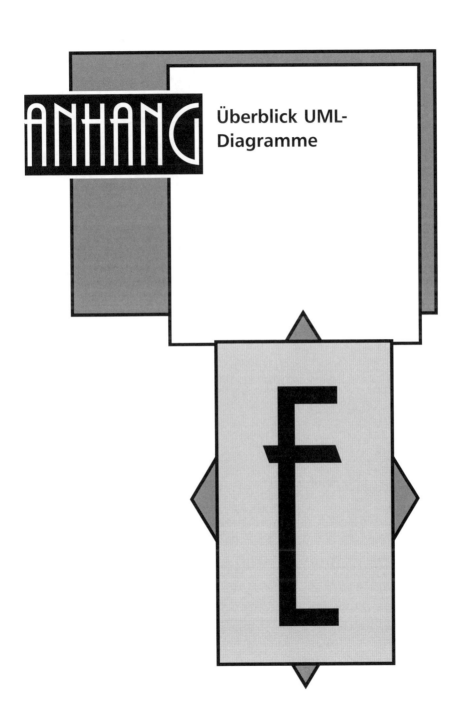

ANHANG

Überblick UML-
Diagramme

Überblick UML-Diagramme

Auf den folgenden Seiten geben wir Ihnen einen Überblick über die verschiedenen Diagramme der UML. Er soll Ihnen als optische Hilfe dienen, um sich schnell in den Darstellungsmöglichkeiten der UML zurechtzufinden.

Klassendiagramm

Fahrzeug
- besitzer
- typ
- farbe
- geschwindigkeit
+ fahren()
+ bremsen()

Abbildung E.1: Konkrete Klasse

Ein Klassendiagramm besteht aus den drei Elementen Name, Zustand (Attribute) und Verhalten (Operationen, Methoden).

Fahrzeug
- besitzer
- typ
- farbe
- geschwindigkeit
+ fahren()
+ bremsen()

Abbildung E.2: Abstrakte Klasse

Abstrakte Klassen werden durch einen kursiv gedruckten Klassennamen symbolisiert.

Vererbung

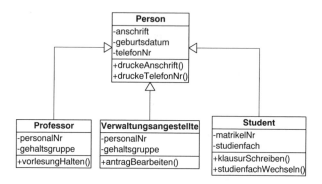

Abbildung E.3: Vererbung

Vererbungsstrukturen werden mit einem durchgezogenen Pfeil von der Unterklasse zur Oberklasse dargestellt. Die geerbten Eigenschaften werden in den Unterklassen nicht noch einmal explizit aufgeführt. Sie gelten als implizit vorhanden.

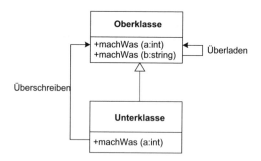

Abbildung E.4: Überschreiben und Überladen

Nur beim Überschreiben einer Operation wird diese in der Unterklasse noch einmal aufgeführt. Sie zeigt dann ein anderes (spezielles) Verhalten als in der Oberklasse definiert. Zum Überladen wird ein und dieselbe Methode innerhalb einer Klasse mit unterschiedlicher Signatur mehrfach aufgeführt.

Use Case

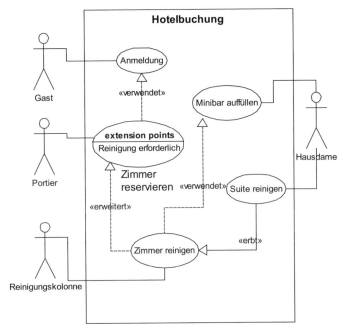

Abbildung E.5: Use-Case-Diagramm

Use-Case-Diagramme bestehen aus Anwendungsfällen, die jeweils einem Akteur zugeordnet sind. Zwischen den Anwendungsfällen können verschiedene Arten von Beziehungen bestehen.

Assoziation

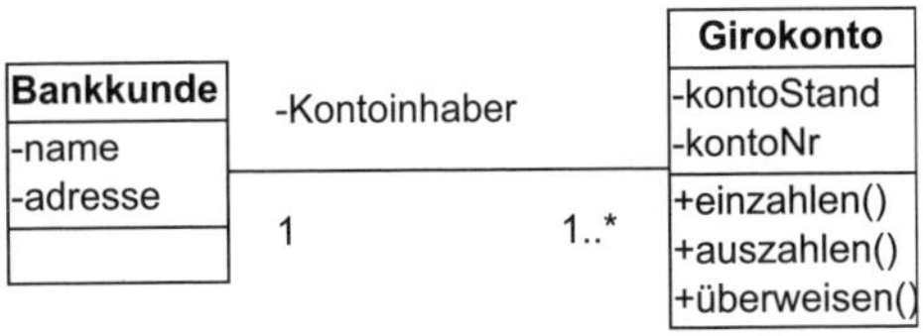

Bankkunde	-Kontoinhaber	Girokonto

Abbildung E.6: Binäre Assoziation

In einer binären Assoziation stehen genau zwei Klassen zueinander in Beziehung.

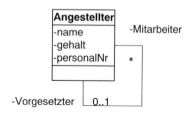

Abbildung E.7: Reflexive Assoziation

Ein Sonderfall der Assoziation ist der Selbstbezug (reflexive Assoziation), der eine Verbindung zwischen zwei Objekten derselben Klasse definiert.

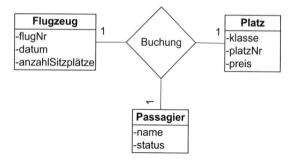

Abbildung E.8: N-äre Assoziation

Mehrgliedrige (n-äre) Assoziationen sind Beziehungen zwischen mehreren Klassen.

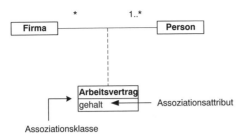

Abbildung E.9: Assoziationsklasse

Assoziationsklassen besitzen in ihrer Definition neben Attributen und Operationen auch Beziehungen zu anderen Klassen.

Zusicherung

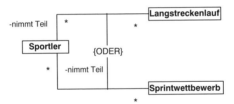

Abbildung E.10: Zusicherung ODER

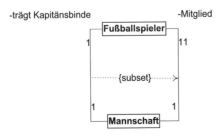

Abbildung E.11: Zusicherung subset

Zusicherungen sind Bedingungen, die Elemente oder Beziehungen in einem Objektmodell stets erfüllen müssen.

Aggregation

Abbildung E.12: Aggregation

Eine Aggregation ist eine besondere Form der Assoziation. Sie stellt eine Beziehung dar, bei der sich die Objekte der einen Klasse aus Objekten einer anderen Klasse zusammensetzen.

Komposition

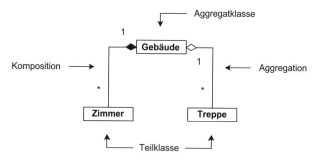

Abbildung E.13: Komposition

Eine Komposition ist eine strenge Form der Aggregation. Dabei können die Teile nicht ohne das Ganze (Aggregat) existieren.

Paket

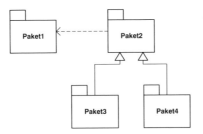

Abbildung E.14: Pakete

Mit Hilfe von Paketen lassen sich Problemstellungen gliedern. Sie bilden ein konsistentes Teilmodell und umfassen alle für den jeweiligen Problembereich relevanten Klassen.

Sequenzdiagramm

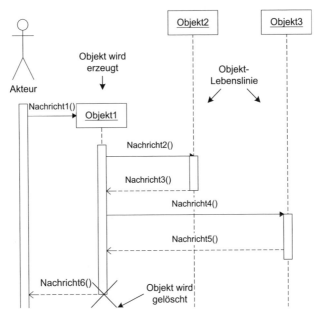

Abbildung E.15: Sequenzdiagramm

Sequenzdiagramme veranschaulichen Interaktionen zwischen Instanzen im Zeitablauf.

Kommunikationsdiagramm

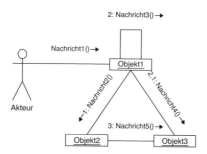

Abbildung E.16: Kommunikationsdiagramm

Kommunikationsdiagramme definieren die Verbindungen zwischen einer Menge von Objekten in einer bestimmten Situation.

Zustandsdiagramm

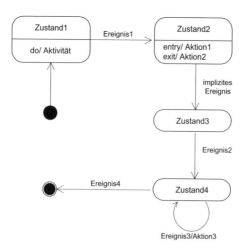

Abbildung E.17: Zustandsdiagramm

Ein Zustandsdiagramm dient der Darstellung der Zustände eines Objekts in seinem Lebenszyklus sowie der Abbildung von Zustandsänderungen und auslösenden Ereignissen.

Aktivitätsdiagramm

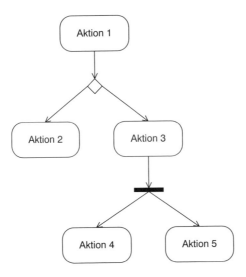

Abbildung E.18: Kontrollfluss in Aktivitätsdiagrammen

Aktivitätsdiagramme bilden Prozesse oder Teile von Prozessen ab, die sich aus mehreren Aktionen zusammensetzen.

Objektknoten

Daten und Werte werden in einer Aktivität durch Objektknoten repräsentiert. Als Symbol wird hierfür ein Rechteck verwendet, das mit einer Beschriftung zur Kennzeichnung des Knotentyps versehen ist.

Alternativ kann die Pin-Notation verwendet werden. Ein eingehender Objektknoten wird dann in Flussrichtung an den Anfang des Aktionssymbols angehängt.

Abbildung E.19: Objektknoten als Action-Pin

Erhalten Aktionen während ihres Ablaufs einen ständigen Strom von Parametereingängen oder produzieren sie selbst dauernd Ergebnisse, werden die Objektknoten als Streams dargestellt.

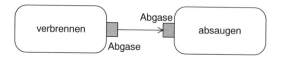

Abbildung E.20: Objektknoten als Stream

Die Ausführung einer Aktion kann in Aktivitätsdiagrammen an das »Werfen« einer Exception geknüpft werden. Die betreffende Aktion wird nur dann ausgeführt, wenn die entsprechende Ausnahme auftritt. Die grafische Darstellung erfolgt mittels eines Dreiecks, das neben dem Symbol der werfenden Aktion an die ausgehende Kante gesetzt wird.

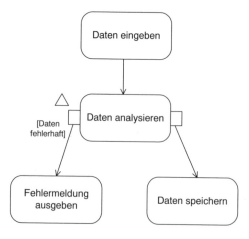

Abbildung E.21: Exception

Exception Handler übernehmen beim Auftreten einer Ausnahme die weitere Vorgangssteuerung.

Timing-Diagramm

Timing-Diagramme (Zeitverlaufsdiagramme) bilden Interaktionen zwischen Objekten im Zeitverlauf ab.

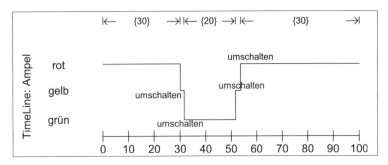

Abbildung E.22: Timing-Diagramm

Alternativ kann auch die Darstellung als Wertverlaufsdiagramm eingesetzt werden.

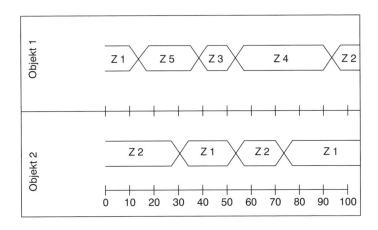

Abbildung E.23: Wertverlaufsdiagramm

Komponentendiagramm

Abbildung E.24: Komponentendiagramm

Komponentendiagramme stellen Komponenten (wiederverwendbarer Programmcode) grafisch dar und verdeutlichen darüber hinaus die Abhängigkeiten zwischen den Software-Komponenten sowie ihren Schnittstellen.

Verteilungsdiagramm

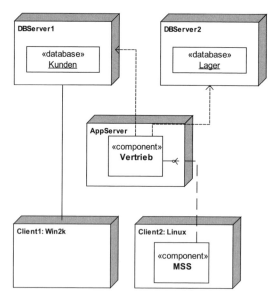

Abbildung E.25: Verteilungsdiagramm

Verteilungsdiagramme enthalten die Konfiguration einer Hard- und Softwareumgebung.

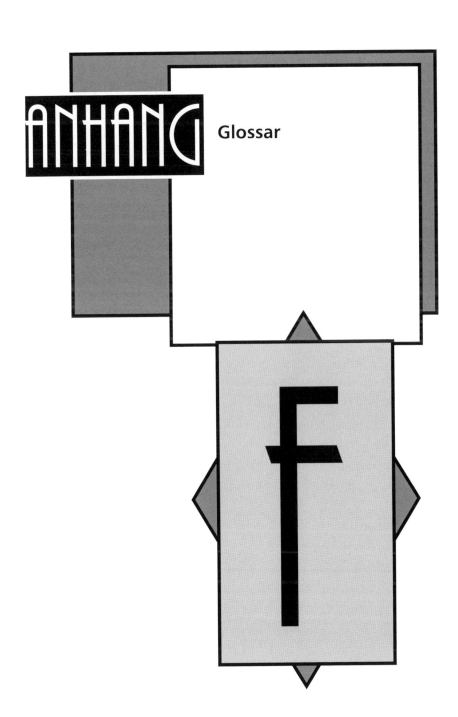

ANHANG

Glossar

f

Glossar

Abhängigkeit
Eine Abhängigkeitsbeziehung zwischen zwei Elemente eines Objektmodells führt dazu, dass Änderungen des unabhängigen möglicherweise auch Änderungen des abhängigen Elements nach sich ziehen.

Abstrakte Klasse
Eine abstrakte Klasse bildet selbst keine Objekte. Sie beschreibt lediglich ein Muster für die Ableitung konkreter Klassen.

Abstraktion
Unter einer Abstraktion versteht man die Beschränkung eines Modells auf die für die jeweilige Sichtweise relevanten Modellelemente.

Aggregation
Die Aggregation ist eine spezielle Form der Assoziation. Sie beschreibt eine Beziehung zwischen zwei Klassen, bei der sich die Instanzen der einen Klasse aus Instanzen der anderen Klasse zusammensetzen.

Akteur
Ein Akteur ist eine Rolle, die von einer Person oder einem System außerhalb des betrachteten Systems eingenommen wird. Akteure stoßen Anwendungsfälle an.

Aktion
Eine Aktion ist ein einzelner Verarbeitungsschritt, der durch ein Ereignis ausgelöst wird. In Zustandsdiagrammen existieren Eintritts- und Austrittsaktionen. Erstere werden beim Eintritt, Letztere beim Verlassen eines Zustands ausgelöst.

Aktivität

Eine Aktivität ist ein Vorgang, der sich aus einer Folge elementarer Verarbeitungsschritte (Aktionen) zusammensetzt.

Aktivitätsdiagramm

Aktivitätsdiagramme gehören zu den Verhaltensdiagrammen der UML. Sie zeigen, wie einzelne Verarbeitungsschritte (Aktionen) gemeinsam zu einem Ergebnis in einem (Teil-)Prozess führen.

Analyse

Die Analysephase dient im Rahmen der objektorientierten Softwareentwicklung der Ermittlung und Definition der Anforderungen an ein Softwaresystem. Ergebnis der Analysephase ist eine Leistungsbeschreibung des zu entwickelnden Systems in Form eines objektorientierten Modells.

Anwendungsfall

Ein Anwendungsfall beschreibt alle Aktivitäten sowie die beteiligten Akteure eines Systems. Anwendungsfälle werden von Akteuren initiiert und besitzen ein eindeutiges Resultat.

Anwendungsfalldiagramm

Anwendungsfalldiagramme beschreiben Anwendungsfälle mit ihren Beziehungen untereinander und zu beteiligten Rollen, Ereignissen oder Prozessen durch eine grafische Darstellung.

Assoziation

Eine Assoziation beschreibt eine Beziehung zwischen den Objekten von Klassen. Neben den beteiligten Klassen enthält die Beschreibung auch Kardinalitäten, Assoziations- und Rollennamen sowie mögliche Zusicherungen.

Assoziationsklasse

Eine Assoziationsklasse ist eine Assoziation, die selbst Attribute und Methoden besitzt. Assoziationsklassen können ihrerseits auch Assoziationen zu anderen Klassen bilden.

Attribut
Attribute beschreiben den Zustand eines Objekts. Sie definieren als statische Komponente die Daten, die Objekte einer Klasse enthalten können. Attribute haben einen bestimmten Datentyp und nehmen Attributwerte an. Alle Objekte einer Klasse besitzen dieselben Attribute.

Ausnahme
Synonym: Exception

Botschaft
Objekte kommunizieren über Botschaften (alternative Bezeichnung: Nachrichten). Ein Objekt (Client) sendet eine Botschaft an ein anderes Objekt (Server), um über dessen Methoden eine Dienstleistung nachzufragen. Das Server-Objekt reagiert mit der Ausführung einer Methode und antwortet gegebenenfalls seinerseits mit einer Botschaft.

Classifier
Ein Classifier ist eine Sammlung von Instanzen mit gemeinsamen Eigenschaften, wie etwa Schnittstellen, Klassen, Datentypen und Komponenten.

Constraint
Synonym: Zusicherung

Destruktor
Ein Destruktor ist eine Methode, die ein Objekt löscht. Sie wird in Objektmodellen meist als implizit vorhanden betrachtet und nicht gesondert aufgeführt (implizite Methode).

Domäne
Als Domäne wird eine reale Problemstellung bezeichnet, die in einem Softwaresystem in Ausschnitten abgebildet werden soll.

Dynamisches Binden

Beim dynamischen (späten) Binden wird einer Nachricht (Botschaft) erst zur Laufzeit des Programms eine bestimmte Methode eines Objekts zugeordnet. Im Gegensatz zum dynamischen Binden erfolgt diese Zuordnung beim frühen Binden bereits während der Kompilation eines Programms.

Dynamisches Modell

Das dynamische Objektmodell beschreibt das Verhalten des betrachteten Systems. Die Dynamik äußert sich in den Methoden der Objekte.

Einfachvererbung

Bei der Einfachvererbung gehört zu jeder Unterklasse maximal eine Oberklasse, deren Eigenschaften sie erbt. Es entsteht eine Baumstruktur.

Ereignis

Ein Ereignis tritt zu einem bestimmten Zeitpunkt auf. Es besitzt keine zeitliche Ausdehnung. Ereignisse lösen Zustandsübergänge aus. Sie können verkörpert werden durch Signale, Botschaften (Nachrichten) sowie als zeitliche Ereignisse durch das Verstreichen eines bestimmten Zeitraums oder das Erreichen eines bestimmten Zeitpunkts.

Exception

Eine Exception (dt.: Ausnahme) ist ein Signal, das üblicherweise in Fehlersituationen gesendet wird. Der Sender einer Exception beendet die weitere Ausführung seiner Aktionen, während der Empfänger der Exception die weitere Vorgangssteuerung übernimmt.

Exemplar

Der Begriff Exemplar ist eine alternative Bezeichnung für ein Objekt oder eine Instanz.

Geheimnisprinzip
Das Geheimnisprinzip bezeichnet die Unsichtbarkeit von Attributen und Methodenspezifikationen einer Klasse oder eines Objekts für andere Elemente des Objektmodells.

Generalisierung
Bei der Generalisierung werden Klassen mit ähnlichen Eigenschaften zu einer Oberklasse zusammengefasst. Gemeinsame Attribute, Methoden und Assoziationen der Unterklassen werden in der Oberklasse definiert und an die Unterklassen vererbt.

Geschäftsprozess
Ein Geschäftsprozess (Use Case) besteht aus einer Folge von Aktivitäten, die der Erfüllung einer zuvor definierten Aufgabe dienen.

Instanz
Der Begriff Instanz ist eine alternative Bezeichnung für ein Objekt oder ein Exemplar.

Instanzierung
Unter dem Begriff Instanzierung (auch: Instanziierung) versteht man das Erzeugen eines Exemplars einer Klasse.

Interaktionsdiagramm
Interaktionsdiagramme bilden dynamische Aspekte (Verhalten) eines Systems ab. Zu dem Interaktionsdiagrammen gehören Sequenz-, Kommunikations-, Timing- und Interaktionsübersichtsdiagramme.

Interface
Synonym: Schnittstelle

Kapselung
Als Kapselung bezeichnet man die Zusammenfassung von Name, Zustand und Verhalten eines Objekts.

Kardinalität

Die Kardinalität bezeichnet die Anzahl der Objekte, die an einer Assoziation beteiligt sind.

Klasse

Eine Klasse definiert die Eigenschaften einer Menge von Objekten mit ihren Attributen (Zustandsraum), Methoden (Verhalten) und Beziehungen. Alle Objekte einer Klasse besitzen dieselben Eigenschaften. Jede Klasse ist in einem Paket durch ihren Namen eindeutig identifizierbar.

Klassenattribut

Klassenattribute beschreiben Eigenschaften einer ganzen Klasse von Objekten.

Klassendiagramm

Klassendiagramme sind eine grafische Darstellung der Klassen, ihrer Assoziationen und Vererbungsstrukturen.

Klassenmethode

Klassenmethoden beschreiben das Verhalten einer Klasse. Sie operieren nicht auf einem einzelnen Objekt, sondern auf der Klasse selbst.

Kommunikationsdiagramm

Ein Kommunikationsdiagramm bildet Interaktionen zwischen Objekten im Verlauf ihres Lebenszyklus ab.

Komponente

Eine Komponente ist ein wiederverwendbarer Programmcode, der eine abgegrenzte Aufgabe erfüllt.

Komponentendiagramm

Ein Komponentendiagramm ist die grafische Darstellung der Komponenten eines Systems. Es zeigt neben den Komponenten selbst auch deren gegenseitige Abhängigkeiten sowie ihre Schnittstellen.

Komposition

Die Komposition ist eine strenge Form der Aggregation. Die Existenz der Teile ist abhängig von der Existenz des Ganzen. Gleichwohl kann das Ganze ohne (alle) seine Teile existieren.

Konkrete Klasse

Eine konkrete Klasse ist eine Klasse, die Objekte erzeugen kann.

Konstruktor

Ein Konstruktor ist eine Methode, die Objekte einer Klasse erzeugt und initialisiert. Sie wird in Objektmodellen meist als implizit vorhanden betrachtet und nicht gesondert aufgeführt (implizite Methode).

Mehrfachvererbung

Bei der Mehrfachvererbung (multiple Vererbung) können zu einer Unterklasse mehrere Oberklassen gehören, deren Eigenschaften sie erbt. Es entsteht eine Netzstruktur. Bei dieser Form der Vererbung kann es bei Namensgleichheit von Attributen oder Methoden zu Konflikten kommen, die durch entsprechende Konfliktlösungsmechanismen kanalisiert werden sollten.

Metaklasse

Metaklassen besitzen als Exemplare wiederum Klassen.

Metamodell

Ein Metamodell ist ein Modell zur Beschreibung einer Modellierungssprache.

Methode

Methoden beschreiben ein Vorgehen bei der Lösung einer bestimmten Aufgabe. In der UML ist eine Methode die Implementierung einer Operation. Häufig werden die Begriffe Methode und Operation synonym verwendet.

Multiple Vererbung
Synonym: Mehrfachvererbung.

Nachbedingung
Eine Nachbedingung ist ein Zustand, der nach der Verarbeitung einer Methode erreicht werden muss.

Nachricht
Synonym: Botschaft

Oberklasse
Eine Oberklasse ist eine Klasse in einer Vererbungsstruktur, die ihre Eigenschaften an mindestens eine andere Klasse (Unterklasse) vererbt.

Object Constraint Language
Die Object Constraint Language (OCL) ist eine formale Sprache, mit der Constraints (Zusicherungen, Bedingungen) in Objektmodellen der UML spezifiziert werden können.

Object Management Group
Die Object Management Group (OMG) ist eine Vereinigung von zurzeit ca. 1.000 Entwicklern und Anwendern objektorientierter Technologien, die versuchen, allgemein anerkannte Standards und Spezifikationen für die Objektorientierung zu schaffen, welche die Entwicklung offener objektorientierter Systeme ermöglichen.

Objekt
Ein Objekt ist die Repräsentation einer identifizierbaren, aus einem bestimmten Kontext isolierbaren Einheit, die durch einen Namen, einen Zustand und ein bestimmtes Verhalten beschrieben ist.

Objektdiagramm
Ein Objektdiagramm ist die grafische Darstellung der Objekte einer Problemdomäne und ihrer Beziehungen zu einem bestimmten Zeitpunkt.

Objektidentität

Jedes Objekt ist in einem objektorientierten Modell einzigartig und eindeutig identifizierbar. Auch wenn zwei Objekte zu einem bestimmten Zeitpunkt dieselben Attributwerte besitzen, so hat dennoch jedes seine eigene Identität.

Objektorientierte Analyse

Die objektorientierte Analyse (OOA) dient im Rahmen der objektorientierten Softwareentwicklung der Ermittlung und Definition der Anforderungen an ein Softwaresystem. Ergebnis der objektorientierten Analyse ist eine Leistungsbeschreibung des zu entwickelnden Systems in Form eines objektorientierten Modells.

Objektorientiertes Design

Das objektorientierte Design (OOD) baut auf dem Modell der objektorientierten Analyse auf und verfeinert es aus Sicht der Realisierung. Ergebnis dieser Phase der objektorientierten Softwareentwicklung ist ein Designmodell.

Objektorientierte Programmierung

Die objektorientierte Programmierung (OOP) implementiert die Ergebnisse der Analyse und des Designs in einer objektorientierten Programmiersprache.

Objektorientierte Softwareentwicklung

Die objektorientierte Softwareentwicklung ist ein Konzept zur Herstellung von Software, das auf den objektorientierten Paradigmen beruht. Die Vorgehensweise gliedert sich dabei in die Phasen objektorientierte Analyse (OOA), objektorientiertes Design (OOD) und objektorientierte Programmierung (OOP).

Operation

Operationen sind Dienstleistungen, die Objekte anderen Objekten nach Aufforderung über eine Nachricht zur Verfügung stellen. In der UML werden Operationen durch Methoden implementiert. Häufig werden die Begriffe Operation und Methode synonym verwendet.

Paket

Ein Paket fasst zusammengehörige Modellelemente unter einem gemeinsamen Namen zusammen. Mit Hilfe von Paketen lassen sich Problemstellungen gliedern. Jedes Paket umfasst alle für den jeweiligen Problembereich relevanten Klassen.

Parameter

Ein Parameter ist eine Variable, die einer Methode bei ihrem Aufruf zur Verarbeitung übergeben wird.

Persistenz

Persistenz bezeichnet die Eigenschaft eines Objekts, über die Laufzeit des Programms hinaus zu existieren. Ein solches persistentes Objekt steht beim Neustart des Programms wieder zur Verfügung, ohne dass Informationen verloren gehen.

Polymorphismus

Polymorphismus bedeutet »Vielgestaltigkeit«. In der Objektorientierung ist Polymorphismus ein Konzept, das es Objekten erlaubt, auf ein und dieselbe Nachricht unterschiedlich zu reagieren.

Problemstellung

Synonym: Domäne

Reflexive Assoziation

Reflexive Assoziationen beschreiben Beziehungen zwischen Objekten ein und derselben Klasse.

Rolle

Rollen repräsentieren Klassen bzw. Objekte in Assoziationen.

Schnittstelle

Als Schnittstelle bezeichnet man die Menge der Signaturen, die in den Methoden einer Klasse definiert sind.

Sequenzdiagramm

Sequenzdiagramme gehören zu den Verhaltensdiagrammen der UML. Ein Sequenzdiagramm ist die grafische Darstellung der zeitlichen Abfolge von Interaktionen zwischen einer ausgewählten Menge von Objekten.

Sichtbarkeit

Die Sichtbarkeit bestimmt die Zugriffsmöglichkeiten auf Attribute und Methoden. Die UML unterscheidet die Sichtbarkeiten public, protected und private.

Signatur

Die Signatur einer Methode besteht aus dem Namen, den Parametern und dem Rückgabewert der Methode.

Spätes Binden

Synonym: dynamisches Binden

Spezialisierung

Bei der Spezialisierung werden allgemeine Eigenschaften einer Klasse (Oberklasse) in Unterklassen konkretisiert und erweitert. Die Unterklassen erben die Eigenschaften der Oberklasse, passen sie ihren speziellen Anforderungen an und ergänzen sie um weitere Eigenschaften (Attribute, Methoden, Beziehungen).

Statisches Modell

Das statische Objektmodell beschreibt die Elemente des betrachteten Systems. Es umfasst die Klassen mit ihren Assoziationen und ihrer Vererbungsstruktur. Darüber hinaus definiert es die Attribute mit ihren Datentypen und benennt die Methoden.

Stereotyp

Stereotypen sind spezifische Erweiterungen der Modellelemente der UML.

Subklasse
Synonym: Unterklasse

Superklasse
Synonym: Oberklasse

Swimlane
Synonym: Verantwortlichkeitsbereich

Timing-Diagramm
Timing-Diagramme zeigen Zustandsänderungen von Objekten in Abhängigkeit vom Zeitverlauf. Sie zählen zu den Interaktionsdiagrammen.

Transition
Eine Transition ist ein Zustandsübergang. Sie verbindet einen Ausgangszustand mit einem Folgezustand und wird durch ein Ereignis ausgelöst.

Überladen
Beim Überladen wird der Methodenname innerhalb einer Klassenbeschreibung mehrfach aufgeführt. Jede dieser Methoden besitzt eine andere Parameterliste. Beim Methodenaufruf erfolgt die Identifikation der »richtigen« (also tatsächlich gemeinten) Methode durch die übergebene Parameterliste.

Überschreiben
Beim Überschreiben wird in einer Unterklasse die aus einer Oberklasse geerbte Methode neu definiert.

Unterklasse
Eine Unterklasse ist eine Klasse in einer Vererbungsstruktur, die Eigenschaften einer anderen Klasse (Oberklasse) erbt, diese ihren Anforderungen anpasst und durch eigene Eigenschaften erweitert. Eine Unterklasse kann die Eigenschaften einer (Einfachvererbung) oder mehrerer Oberklassen (Mehrfachvererbung) erben.

Use Case
Synonym: Anwendungsfall

Verantwortlichkeitsbereich
Der Verantwortlichkeitsbereich (Swimlane) definiert in einem Aktivitätsdiagramm die Zuständigkeit von Rollen für eine bestimmte Menge von Aktivitäten.

Vererbung
Die Vererbung ist eine Beziehung zwischen einer Oberklasse (Generalisierung) und einer Unterklasse (Spezialisierung). Die Unterklasse übernimmt (erbt) die Eigenschaften der Oberklasse, verändert und ergänzt sie um eigene Eigenschaften. Bei der Einfachvererbung gehört zu jeder Unterklasse genau eine Oberklasse. Bei der Mehrfachvererbung (multiple Vererbung) hat eine Unterklasse mehr als eine Oberklasse.

Verhalten
Unter dem Verhalten eines Objekts versteht man seine Aktionen und seine Reaktionen auf die Botschaften anderer Objekte. Das Verhalten eines Objekts wird in seinen Methoden definiert.

Verhaltensdiagramm
Ein Verhaltensdiagramm repräsentiert dynamische Sachverhalte innerhalb eines objektorientierten Modells. Es stellt die Auswirkungen der Ausführung von Methoden grafisch dar. Die UML unterscheidet vier Arten von Verhaltensdiagrammen: Anwendungsfalldiagramme, Interaktionsdiagramme, Zustandsdiagramme und Aktivitätsdiagramme.

Verteilungsdiagramm
Ein Verteilungsdiagramm ist die grafische Darstellung der Konfiguration einer Hard- und Softwareumgebung. Es zeigt, welche Komponenten auf welchen Knoten (physische Objekte wie Computer, Speicher, Prozessoren) verarbeitet werden und welche Kommunikationsbeziehungen zwischen den Knoten bestehen.

Vorbedingung
Eine Vorbedingung ist ein Zustand, der vor der Verarbeitung einer Methode erreicht werden muss.

Zeitverlaufsdiagramm
Synonym: Timing-Diagramm

Zusicherung
Zusicherungen sind Bedingungen in einem objektorientierten Modell. Sie schränken Inhalte oder Zustände ein und definieren bestimmte Eigenschaften, die in jedem Fall vorhanden sein müssen.

Zustand
Ein Zustand ist eine bestimmte Zeitspanne im Lebenszyklus eines Objekts. Er wird definiert durch die Werte, die den Attributen des Objekts während eines Zeitraums zugeordnet sind. Ein Zustand besteht so lange, bis ein Ereignis eintritt, das zu einem Zustandsübergang führt. Während eines Zustands kann ein Objekt Aktionen ausführen.

Zustandsautomat
Ein Zustandsautomat besteht aus einer Menge von Objektzuständen und Transitionen. Dazu gehört stets ein Anfangszustand und möglicherweise ein Endzustand.

Zustandsdiagramm
Zustandsdiagramme gehören zu den Verhaltensdiagrammen der UML. Ein Zustandsdiagramm stellt die Zustände eines Objekts in seinem Lebenszyklus sowie die Zustandsübergänge und die auslösenden Ereignisse grafisch dar.

Zustandsübergang
Synonym: Transition

Index